verbanden sich die →Lombardische Liga und der V. B. zu einem allg. Städtebund (»Concordia«). F. M. Vaglienti

Q. und Lit.: G. B. C. GUILIARI, Le fonti prime della storia veronese, 1880 – C. CIPOLLA, Verona e la guerra contro Federico Barbarossa, 1895 – C. MANARESI, Gli atti del Comune di Milano fino all'anno 1216, 1919, 195–206 – L. SIMEONI, Il comune di Verona sino ad Ezzelino e il suo primo statuto, 1920 – V. CAVALLARI, Un episodio veronese della prima discesa del Barbarossa, Atti Accad. Verona, s. VI, vol. VI, 1956, 213ff. – L. SIMEONI, L'indirizzo politico del comune e l'evoluzione dei partiti sino al 1228 (Verona e il suo territorio, II, 1964), 257–266.

Veronika, hl. (Fest: 4. bzw. 27. Febr.). Der Name ist abgeleitet von dem angebl. durch V. vermittelten 'wahren Bild' des Antlitzes Christi auf einem Tuch (→Vera icon). Die Legenden ranken sich v. a. um zwei Bilder, ein östl., das 944 von Edessa nach Byzanz gelangte, und ein röm. in St. Peter. Nach oriental. Legende läßt Kg. →Abgar v. Edessa, ein aus Eusebios bekannter Zeitgenosse Christi, ein Porträt des Heilandes malen, das Wunderkraft besaß (→Mandilion). Papst Gregor III. kannte es als nicht von Hand geschaffen. Ks. →Konstantin VII. faßte es als Abdruck in einem Schweißtuch (Sudarium) auf, wie es der Apostel Thomas besaß. Nach späterer Tradition soll es Abgars Tochter Berenike empfangen haben. – In westl. Legende erscheint V. in den Akten des →Pilatus. Im Prozeß Jesu tritt eine V./Berenike auf, die sich als Blutflüssige aus Mk 5, 25 vorstellt. Der Römer Volusianus entreißt ihr das Tuch und heilt damit die Lepra des Ks.s Tiberius. Nach anderer Lesart begleitet V., die da wunderbar entstandene Bild von Christus erhielt, Volusianus freiwillig zum Ks. in Rom. Laut jüngerer Ansicht vermacht sie das Hl. Antlitz dem Papst Clemens. – Entsprechend Bildfassungen, die Christus mit der Dornenkrone zeigen, zählte man V. später auch zu den Frauen am Kreuzweg Christi (Lk 23, 27). Die populäre, aber unhist. Hl.e wurde noch mit anderen Frauen des NT identifiziert und soll in Soulac an der Girondemündung begraben sein. Sie ist Patronin der Sterbenden und Verwundeten sowie der Leinenweber, Wäscherinnen und Weißnäherinnen. K. H. Krüger

Lit.: BHG 779s, 793–796m, 1702–1705 – BHL 4218–4222n, 8549, 9035 – Bibl.SS XII, 1044–1048 – LCI VIII, 544f. – LThK² X, 728 – H. BELTING, Bild und Kult, 1990, 233–252 – A. ANGENENDT, Hl.e und Reliquien, 1994, 188.

Verpfändung → Pfand, →Pfandleihe, →Pfandschaft

Verrat → Felonie, →Majestätsverbrechen, →Treason, →Verbrechen

Verrocchio (Andrea di Michele di Francesco de' Cioni, gen. del V.), it. Goldschmied, Bildhauer und Maler, * um 1435 in Florenz, † 1488 in Venedig. V., zu dessen Schülern Leonardo da Vinci zählte, war einer der vielseitigsten Künstler der Frührenaissance. Nach seiner Lehrzeit bei dem Goldschmied Antonio di Giovanni Dei trat er in den frühen 1460er Jahren zunächst als Marmorbildhauer, seit 1466 auch als Bronzebildner hervor. Skulpturale Hauptwerke der folgenden Jahre sind der Bronzedavid (Florenz, Bargello, vor 1469), das Grabmal für Piero und Giovanni de' →Medici in der Alten Sakristei von S. Lorenzo in Florenz (1483–88), das Kenotaph für den Kard. Forteguerri im Dom v. Pistoia (Auftrag 1476) und die 1483 vollendete Bronzegruppe »Christus und der ungläubige Thomas« für Orsanmichele in Florenz. Als Maler war V. v. a. in den frühen 1470er Jahren tätig. In dieser Zeit entstand u. a. die von Leonardo vollendete »Taufe Christi« (Florenz, Uffizien). In seinen letzten Lebensjahren arbeitete V. in Venedig am großen bronzenen Reiterbild des Bartolomeo →Colleoni, das von A. Leopardi vollendet und 1496 bei SS. Giovanni e Paolo aufgestellt wurde. J. Poeschke

Lit.: G. Vasari, Le Vite, 1550, ed Vasari, Le Vite, 1568, ed. G. MILAN V. als Maler, 1959 [DERS., V., 1969] V., 1971 – J. POESCHKE, Die Sku Donatello und seine Zeit, 1990.

Vers- und Strophenbau

I. Lateinische Literatur – II. Deutsche Literatur – III. Romanische Literaturen – IV. Englische Literatur – V. Skandinavische Literaturen – VI. Byzantinische Literatur – VII. Slavische Literaturen.

I. LATEINISCHE LITERATUR: Den Formen der lat. Dichtung des MA liegen dreierlei ganz verschiedene Gestaltungsprinzipien zu Grunde: 1. das metrische, 2. das rhythmische und 3. das der →Sequenz.

Die metrische Ordnung mit geregelter Folge von langen und kurzen Silben ist von der Antike ererbt und wird während des ganzen MA in der Schule gelehrt. Fundstellen und Vorbilder der verschiedenen metr. Versformen sind v. a. die Prosimetren des →Boethius und des →Martianus Capella, die Werke des →Prudentius und der betreffenden Kommentatoren (z. B. →Johannes Scottus, →Heiric und →Remigius v. Auxerre). Theoretisches wird den antiken Grammatikern entnommen (→Servius) und von ma. Autoren gelehrt (→Beda). Prosod. Hilfen geben →Aldhelm, Mico und die »Versus differentiales«, z. B.: sub nostro latere credas bene posse latere (→Serlo v. Wilton). Die häufigste metr. Form ist der *Hexameter* (versus heroicus, carmen). Das (eleg.) *Distichon* folgt an zweiter Stelle, im 13. Jh. nimmt seine Häufigkeit zu. V. a. in Kriegs- und Siegesliedern wird der *troch.* →Tetrameter gebraucht, gewöhnl. in dreizeiligen Strophen (vgl. z. B. →Prudentius, Perist. 1: Scripta sunt caelo duorum martyrum vocabula), →Venantius Fortunatus (Pangue lingua gloriosi proelium certaminis). Durch die →Hymnen des →Ambrosius wird der *jamb.* Dimeter (Aeterne rerum conditor) in meist acht vierzeiligen Strophen zur Hauptform der metr. Hymnendichtung. Ebenfalls v. a. in Hymnen findet sich die *sapph.* Strophe. Adonier verwenden →Columbanus und Alkuin. Weitere Formen wie *Asklepiadeus*, *Glykoneus* werden gelegentlich benutzt. Unter den karol. Dichtern beherrscht →Wandalbert v. Prüm eine Vielzahl von Metren, um 1000 →Dudo v. St-Quentin; entsprechend ihren antiken Vorbildern bieten viele →Prosimetren verschiedene Formen. Der →Reim breitet sich v. a. seit dem 10. Jh. auch in der metr. Dichtung aus. Im Hexameter reimt oft die Zäsur auf den Versschluß (*leoninischer Reim:* Curia Romana non curat ovem sine lana), vom 12. Jh. an ist eine Anzahl mehrfach gereimter Hexameterformen in Gebrauch, die man seit dem 13. Jh. gelegentl. in Listen zusammenstellte, mit sehr unterschiedl. Benennungen. Am meisten verbreitet ist der leonin. Hexameter; Hexameter mit Endreimpaaren heißen »caudati« (aa), mit jeweils paarweise reimender Zäsur und Versschluß u. a. »collaterales« (abab) oder »unisoni« (aaaa), mit gekreuztem Reim »cruciferi« (abba); mit Reim an drei Stellen (zwei Zäsuren und Versschluß) »tripertiti (dactylici)«, →Trinini salientes«. Spezielle Formen innerhalb der metr. Dichtung sind »reciproci« oder »paraceterici«: »Ordiar unde tuas laudes o maxime Lari / Munificas dotes ordiar unde tuas« (MGH PP 1, 42), »Singula singulis« oder »Versus rapportati«, in denen jedes Wort mit dem an entsprechender Stelle im nächsten Vers oder in den nächsten Versen stehenden eine syntakt. Einheit bildet (vgl. Carmina burana [= CB] 5), die »retrogradi«, die sich vorwärts und rückwärts lesen lassen, manchmal mit entgegengesetztem Sinn: »Laus tua, non tua fraus, virtus, non copia rerum / Scandere te fecit hoc decus eximium« (MEYER I, 94).

Der Bau der *rhythm. Verse* (→Rhythmen) beruht auf der geordneten Abfolge von betonten und unbetonten Silben nach dem gewöhnl. Wortakzent, manchmal auch auf bloßer Silbenzählung. Maßgebl. für die Analyse des Verses sind die Silbenzahl und der Versschluß. Zur Bezeichnung dienen verschiedene Formeln: a) Die Termini »jamb.«, »troch.« werden heute wegen irreführender Analogie zu metr. Verhältnissen gemieden. Zur Angabe des Schlusses dienen: b) »steigend« (= unbetont–betont), »fallend« (betont–unbetont). c) xx́ oder ~´ (steigend), x́x, ´~ (= fallend). d) pp (= proparoxyton, Ton auf der drittletzten Silbe), p (= paroxyton, Ton auf der vorletzten Silbe) (NORBERG); e) 7'= 7 Silben, steigend, 7 = 7 Silben, fallend (vgl. Lit., SCHALLER). Nur wenige rhythm. Formen haben eigene Namen, z. B. die »*Vagantenstrophe*« aus vier Vagantenzeilen (7'6: »Meum est propositum in taberna mori«), »*Vagantenstrophe mit auctoritas*« (die vierte Zeile wird durch ein metr. Zitat aus einer klass. Dichtung gebildet), die »*Stabat-Mater-Strophe*«, der »*Alexandriner*«. Meist muß die Form durch Angabe der Silbenzahl, des Versschlusses und der Arten der Reimbindung sowie der Zeilenzahl innerhalb der Strophen bezeichnet werden. Ebenso wird die Form für den →Refrain angegeben. Rhythm. Dichtung kam auf, als in der Spätantike die Quantitäten der Vokale und Silben nicht mehr gehört wurden. Eines der frühesten Beispiele ist der »Psalmus contra partem Donati« des Augustinus. Ein Teil der rhythm. Formen entstand entweder aus metrischen, indem die Silbenzahl, die Möglichkeiten der Akzentverteilung und eventuell auch die Wortgrenzen des metr. Vorbilds nachgeahmt wurden, oder indem an die Stelle der metr. Versikten betonte Silben traten, so z. B. im *rhythm. ambrosian. Vers* (Qui cólunt cácodémonés, CB 46, 7) und im *rhythm. Fünfzehnsilber* (Aurora cum primo mane tetram noctem dividet, MGH PP 2 139). Andere Formen entstanden als freie Neubildungen, gelegentl. wohl auch als Nachbildungen volkssprachl. Poesie. Die rhythm. Dichtung ist von Anfang an gereimt und (auch später häufig) gesungen. In der Frühzeit ist der bloße Vokalreim (Assonanz) verbreitet, wobei e-i und o-u miteinander reimen können. Bestimmte Formen wie manche Motettentexte sind von der Art der Melodie bestimmt (vgl. z. B. CB 22).

Zum dritten Gestaltungsprinzip →Sequenz. Mischung verschiedener Formprinzipien findet sich z. B. bei →Petrus v. Blois, »Ver prope florigerum« (WALTHER 20138), ferner CB 65. →Akrostichon, →Conductus, →Figurengedicht, →Motette. G. Bernt

Lit.: I trattati medievali di ritmica lat., hg. G. MARI, 1899 – W. MEYER, Gesammelte Abh. zur mlat. Rythmik, 3 Bde, 1905–36 – D. NORBERG, Introd. à l'ét. de la versification lat. médiév., 1958 – V. PALADINI – M. DE MARCO, Lingua e letteratura mediolatina, 1970, § 5: I virtuosi versificatori, 74–81 – P. KLOPSCH, Einf. in die mlat. Verslehre, 1972 – P. G. SCHMIDT, Das Zitat in der Vagantendichtung, AuA 20, 1974, 74–87 – D. SCHALLER, Bauformeln für akzentrhythm. Verse und Strophen, MJb 14, 1979, 2–21 – P. STOTZ, Sonderformen der sapph. Dichtung, 1982 – P. BOURGAIN, Le vocabulaire technique de la poésie rythmique, ALMA 51, 1992, 139–193.

II. DEUTSCHE LITERATUR: [1] *Allgemein:* Die Metrik der →Deutschen Lit. des MA lebt von den Elementen des Akzents, des Reims und in mehreren Gattungen der Melodie (→Musik). Abgesehen von diesen Grundbedingungen unterscheiden sich die Verssysteme in ahd., frühmhd. und mhd. Zeit grundlegend, die spätma. Metrik entwickelt weitere Besonderheiten.

[2] *Althochdeutscher und frühmittelhochdeutscher Vers:* Die Metrik des ahd. Stabreimverses (→Stabreim) kann sich nur auf die wenigen Denkmäler der ahd. Stabreimlit. stützen. Sie ist konstitutiv verbunden mit dem gemeingerm. namengebenden Stabreim (Alliteration), der die Hauptbetonungen des Verses unterstützt. Der Stabreimvers baut sich aus Langzeilen aus zwei Halbzeilen auf, deren jede meist zwei Ikten trägt, an denen die Stäbe plaziert werden können. Zwischen den beiden Halbzeilen liegt ein syntakt. Einschnitt (Zäsur). Streng taktierende Interpretation (HEUSLER) wird heute nur noch selten vertreten. Deutl. Akzentuierung und syntakt. Zeilenstruktur sichern den Verscharakter.

Der ahd. Otfrid-Vers ist von →Otfrid v. Weißenburg (dort auch zur Metrik) für sein »Evangelienbuch« neu aus dem Vers der lat. Hymnenstrophe entwickelt. Von ihr stammt vermutlich auch der erstmals konsequent verwendete Endreim. Otfrid gebraucht einen vierhebigen Paarreimvers mit freier Silbenzahl (zw. 1 und 4 pro Takt), jedoch mit im Verlauf des Werkes zunehmender Neigung zu Alternation. Sein Vers kann als Vorform des mhd. Paarreimverses gelten und führt den Endreim (konsequent) in die dt. Dichtung ein.

Endgereimt ist auch der Vers der frühmhd. Epik, doch ist er im Gegensatz zum Otfrid-Vers und zum Vers der höf. Dichtung in seiner Füllung so frei, daß er nicht als regelmäßig vierhebig aufgefaßt werden kann.

[3] *Mittelhochdeutscher Vers:* Grundlage der mhd. Metrik seit →Heinrich v. Veldeke ist eine regelmäßige Verteilung der Akzente, die nicht nach einer bestimmten Zahl von Silben wiederkehren, sondern in der die Silben quantierend gemessen werden und so auf die Verteilung der Akzente Einfluß nehmen (taktierendes Prinzip). Das natürliche dreistufige Betonungssystem des Dt. wird dabei in ein metr. zweistufiges umgewandelt, in dem der Nebenton nur rhythm., nicht metr. Bedeutung gewinnt. Obwohl zeitgenössisch nicht theoretisch abgesichert, hat sich das Modell des HEUSLERschen »Zweivierteltaktes« für den mhd. Vers bewährt, sieht man von den seltenen sog. »Daktylen« des Minnesangs ab. Dagegen läßt sich HEUSLERS Annahme einer in der Regel geraden Zahl von Takten pro Zeile, die von Beobachtungen an klass. Musik ausgeht, nicht beweisen. Darum unterscheidet man im männl. Ausgang der Kadenz auch meist nicht mehr eine gesonderte stumpfe Kadenz, in der nach ungerader Taktzahl ein ganzer pausierter Text anzusetzen wäre. Anders verhält es sich beim weibl. Versausgang: Hier kommen sowohl (weiblich) klingende Kadenz, die die letzte Silbe in einen eigenen Takt verlegt, als auch weiblich volle Kadenz, in der die reimende Hebung und die beteiligte Nachsilbe im selben Takt belassen werden, vor. Allerdings sind die Fälle nicht immer zu scheiden, sofern man auch hier nicht von einer prinzipiell geraden Taktzahl ausgeht.

Der mhd. gesprochene Reimpaarvers der »Blütezeit« ist stets vierhebig mit männl. oder klingender Kadenz. Er ist das Medium des höf. →Romans, der kürzeren Erzählungen und des größeren Teils der →lehrhaften Lit. Stroph. Dichtung dagegen ist in der Verslänge sowie in der Zahl und Reimordnung der Verse frei. Die Strophe ist die Form der Lyrik, aber auch der →Heldenepik und teilweise der didakt. Dichtung.

Im SpätMA verliert der Vers, unterstützt von sprachl. Änderungen, seine quantierenden Qualitäten. Er wird entweder in Richtung auf reine Alternation, häufig mit geregeltem Auftakt, fortgeschrieben oder ohne Beachtung der Silbenlängen zu einer frei um meist vier Ikten gruppierten Zeile verändert. Den letzteren Vers nennt man freien Knittelvers, der erstere entwickelt sich unter Aufgabe der akzentuierenden Ordnung zum rein silbenzählenden strengen Knittelvers der Frühen NZ.

[4] *Strophik:* In ihrer Genese sind Strophen (mhd. *liet*) musikal. Gebilde und auf formgleiche Wiederholung angelegt. Die Einheit von Melodie samt der dependenten metr. und Reimschemastruktur heißt im MA →'Ton'. Da die stroph. Anlage des →»Hildebrandsliedes« nicht gesichert ist, ist die früheste nachgewiesene dt.sprachige Strophenform die Otfrid-Strophe aus je zwei vierhebigen Zeilenpaaren. Auch zu ahd. Zeit bereits dürfte es *winileot* (Liebeslieder) gegeben haben. Das ganze MA hindurch ist dt. Strophik stets gesungen oder prinzipiell sangbar (→Vortragsformen). Die Strophik der mhd. Zeit findet man zunächst im →Minnesang, in der Sangspruchdichtung (→Spruchdichtung) und in der Heldenepik, später in weiteren lyr. Gattungen. Entscheidend für die Strophengestaltung sind die absolute Länge und das Längenverhältnis der Verse (Gleichversigkeit, Ungleichversigkeit), die Anordnung des Reimschemas und die Teilung in musikal.-metr. Bauteile; die Überlieferungslage bei den Melodien ist allerdings v.a. in der Frühzeit schlecht.

Der frühe →Minnesang scheint von durchkomponierten Formen und von der zweiteiligen Liedform bestimmt, d. h. die Strophe ist von zwei etwa gleich großen deutlich unterschiedenen Teilen bestimmt (AB). Daneben stehen aber auch schon stollige Melodien. Neben zwei- und dreiteilige Formen treten bei →Walther von der Vogelweide in der Sangspruchdichtung vierteilige aus zwei gleichen Doppelversikeln. Es sind randständige Formen der Kanzonen- oder stolligen Form (auch Barform, Da-Capo-Strophe [→Bar, →Canzone]) mit der Grundform AAB (Stollen, Stollen, Abgesang), der wichtigsten ma. Strophenform, die zahlreiche Unterformen ausgebildet hat, unter denen die verbreitetste die mit Drittem Stollen ist (AABA; bei unvollständiger Reprise der Stollenmelodik spricht man von Rundkanzone). Im Minnesang des 13. Jh. kommt es auch zunehmend zu Reimspielereien mit Reimhäufungen und bes. Reimarten.

Epische Strophenformen wie die Nibelungenstrophe bauen sich ganz oder überwiegend aus Langzeilen auf. Nahezu die gesamte Heldenepik, dazu die dt. Chanson de geste sind strophisch organisiert.   J. Rettelbach

Lit.: U. PRETZEL, Dt. Verskunst (MERKER–STAMMLER², III), 2324–2466 – A. HEUSLER, Dt. Versgesch., 3 Bde, 1925–29 – S. BEYSCHLAG, Altdt. Verskunst in Grundzügen, 1969⁶ – W. HOFFMANN, Altdt. Metrik, 1981².

III. ROMANISCHE LITERATUREN: Die Metrik in den roman. Sprachen entwickelt sich hauptsächl. durch den Einfluß der mittelalt. rhythm. Dichtung (s. Abschnitt I), von der sie Strukturelemente übernimmt, die sich v.a. in der Hymnendichtung und in der sog. Vagantendichtung durchgesetzt hatten, d.h. den rhythm. Akzent, die Silbenmessung, Assonanz, Reim und Strophenbau. Für bestimmte Elemente läßt sich auch der Einfluß älterer und »volkstümlicher« Faktoren annehmen (aus dem it., kelt. und arab. Bereich).

[1] *Versbau:* Bei den Versformen sind zwei Kategorien zu unterscheiden: a) die ein lat. Vorbild voraussetzen, b) roman. Eigenentwicklungen. Zur ersten Kategorie gehört ein Kurzvers wie der Achtsilber, der eine gewisse Regelmäßigkeit in Silbenzahl, Gebrauch des Homoioteleuton und des rhythm. Akzents aufweist und sich wahrscheinl. vom Hemistichion des trochäischen Achtsilbers herleitet. Unabhängig von der ma. Rhythmik ist hingegen anscheinend der span. epische Vers: Im »Cantar de mio Cid« ist der Vers nicht isosyllabisch, die einzige Klauselform besteht in der einfachen Assonanz. In Frankreich fungiert als Langvers der *décasyllabe*: er wird zum wichtigsten Metrum des Epos, zunächst mit Assonanz, später mit Reim, und bietet zwei Varianten, bei denen die Zäsur wie das Versende behandelt wird, d.h. eine unbetonte Silbe zählt metrisch, nicht (epische Zäsur): a) a minori 4+6 Silben (mit obligator. Akzent auf der 4. Silbe). b) als seltenere Form a maiori, 6+4 Silben (mit obligator. Akzent auf der 6. Silbe). Als Kurzvers diente der *octosyllabe*, ohne Zäsur, verwendet im höf. Ritterroman, in den Lais, in den Fabliaux, Pastorellen, Canzonen, Geistlichen Spielen und Farcen. – In der altprov. Lit. setzt sich ein Zehnsilber (4+6 Silben) durch, der eine epische Zäsur mit paroxytonalem Quaternar oder eine lyr. Zäsur (mit Vorverlegung des Ictus von der 4. auf die 3. Silbe und paroxytonalem Ausgang des ersten Verssegmentes) bildet. – Auf der Iber. Halbinsel setzt sich nach dem Langvers des »Cantar de mio Cid« (zwei Hemistichien von stark variierender Länge) in der 'volkstümlichen' Literatur der Achtsilber durch, der für die »romances viejos« typisch wird, bereits in der Troubadourlyrik vom Ende des 12. Jh. vertreten war und sich später in der höf. galiz.-ptg. Dichtung verbreitete, während in der gelehrten (moral.-religiösen) Dichtung der →*Alexandriner* (Zwölfsilber mit sechssilbigen Hemistichien) und der →*Arte mayor-Vers* bevorzugt werden. – In Italien verwenden die siz. Lyrik (→Sizilian. Dichterschule) und später die toskan. oder toskanisierende Dichtung hauptsächl. den Elfsilber (→*Endecasillabo*), der den Hauptakzent zumeist auf den Silben 4, 8, 10 (oder 4, 7, 10 oder 6, 10) trägt und wie im frz. décasyllabe Zäsuren a minori (erster Hauptakzent auf der 4. Silbe) und a maiori (erster Hauptakzent auf der 6. Silbe) aufweist, sowie den Siebensilber (*Settenario*, verschieden akzentuiert) und den Achtsilber (*Ottonario*). Dieser ist in der volkstüml. Dichtung und in Norditalien häufiger verbreitet, ist nicht isosyllabisch und tritt gleich dem Neunsilber (*Novenario*) in der Dichtung →Guittones d'Arezzo und seiner Nachahmer auf. Typ. für die didakt.-moralisierende Dichtung Norditaliens ist der doppelte Settenario. Im 14. Jh. trägt der Einfluß →Dantes und →Petrarcas zur überwiegenden Verwendung des Endecasillabo und des Settenario bei.

[2] *Strophenbau:* In der Entstehungsphase der Metrik der roman. Sprachen wurde die Unregelmäßigkeit der Versmaße nicht nur von den Zäsuren, sondern auch durch Formen des Homoioteleuton kompensiert; die Assonanz und v.a. der Reim erfüllten eine Ordnungsfunktion in anfängl. elementaren (Distichen, Quartinen und Laissen mit gleichgebauten und monorimen Versen), später in zunehmend komplexeren Bildungen, die auch verschiedene Verstypen kombinierten. Die Troubadourlyrik, von der die Dichtung der anderen roman. Gebiete beeinflußt wird, verwendet Strophen mit gleichgebauten Versen mit verschiedenen Reimschemata, die sich von Strophe zu Strophe wiederholen. Die bevorzugte Form, die *canso,* hat eine variable Strophenzahl (*coblas,* deren Verse zumeist das gleiche Metrum aufweisen), die eine einfachere Gliederung aufweist als die frz. und ital. Ableitungen; die Verknüpfung der Strophen in den Reimsequenzen wird auf verschiedene Weise erzielt (die *coblas singulars* variieren jeden Reim, die *doblas* bilden nach jedem Strophenpaar neue Reime, die *unissonans* wiederholen die gleichen Reime im gesamten Text usw.). Eine bes. komplexe Struktur, die ebenfalls von der it. Lyrik aufgenommen wurde, hat die →Sestine (sechs je sechszeilige Strophen mit dem Schema: ABCDEF, FAEBDC, CFDABE... und »tornada« [Geleitstrophe] aus drei Versen, in deren sechs Hemistichien die sechs Reimwörter wiederkehren). Keine feste Form hat der →*Descort,* dessen Struktur (Brüche des Strophenkanons) die innere Aufgewühltheit des Dichters

durch die Liebesleidenschaft spiegelt. Eine zirkuläre Struktur kennzeichnet die lit. Formen für Chor und Solisten, d. h. *balada* (→Ballade) und →*dansa*, die auf der Verwendung eines Kehrreims (*refranh*) aufgebaut sind. In der nordfrz. Dichtung unterscheidet sich die höf. deutl. von der epischen Dichtung, die auf die elementare und einförmige Struktur der einfach assonierenden Laissen zurückgreift: neben die *chanson courtoise*, deren Strophe in *front* und *pieds* zerfällt, gleich der it. *canzone* und der prov. *canso*, treten zirkulare Formen, in denen die ursprgl. Bestimmung für den Tanz am Ende jeder Strophe zur Wiederholung der Anfangsverse führt: es konnte sich dabei um eine vollständige (wie im *Virelai*, das mit einem Refrain ausgestattet ist) oder teilweise Wiederholung handeln, wie im *rondeau* und dem *triolet*; die *ballade* und der *chant royal* sind keine Tanzformen (14.–15.Jh.); ein beabsichtigter Bruch des stroph. Prinzips ist für den *descort* kennzeichnend, in Nachahmung des prov. descort. In der frz. Erzähllit. werden die verschiedensten Strophenformen verwendet, etwa die zwölfzeilige Hélinand-Strophe (→Hélinand v. Froidmont) und bes. im SpätMA der *huitain*. – Die it. Dichtung zeigt größere Regelmäßigkeit und Stabilität des Strophenbaus: es herrschen dort die geschlossenen Formen vor, in denen Versmaße und Konstruktionsprinzipien (binaren, ternaren oder zirkularen Typs) nach strengen Regeln verwendet werden. Es sei hier nur an die Unterscheidung von *fronte* und *sirma* im →Sonett und in den Stanzen der →*Canzone* erinnert (bei der *fronte* und *sirma* weiter unterteilt werden können), ferner an die sechs Verse mit alternierendem Reim sowie ein Distichon mit Reimpaar umfassende →Ottava der Erzähllit., an die Binnengliederung der *ballata* (eine *ripresa*, zwei oder drei *mutazioni* und eine morphologisch der *ripresa* ähnliche *volta*) sowie an die Verknüpfung der Reime in Dantes →Terzine (ABA BCB CDC...). Neben dem *discordo* begegnet – auch in der Traktatliteratur – eine freie Form, die *frottola*, die volkstüml.-sentenzenhafte Züge aufweist; ihre zumeist kurzen Verse kennen keine Festlegung des Rhythmus, der Silbenzahl oder der Reimform. – Auf der Iber. Halbinsel verwendet man einreimige Quartinen (→*cuaderna via*) für den *alejandrino* und Distichen für den *octosilabo*; die übliche Struktur der *copla de* →*arte mayor* beruht auf der Verbindung von Tetrastichia, wobei sich drei Reime kreuzen (ABBA ACCA) oder zwei miteinander abwechseln (ABAB ABAB); unter den traditionellen Formen ist das *zéjel* (in Achtsilbern) hervorzuheben, das die typ. Form AABBA aufweist. In den galiz.-ptg. →*cancioneiros* ahmen die →*cantigas* die prov. Strukturen nach, wobei die *finida*, ein Abschlußsegment, die Reime der letzten Verse der *copla* wiederaufnimmt. Es ist evident, daß die verschiedenen Formen des V.- und S.s zum Großteil – und v. a. bei den älteren Formen – von der Art der Musikbegleitung abhängen, von der jedoch nur relativ spärliche Zeugnisse erhalten sind. G. Capovilla

Lit.: T. Navarro, Métrica española. Reseña histórica y descriptiva, 1956 – C. Cunha, Estudos de poética trovadoresca. Versificação e ecdótica, 1961 – Th. W. Elwert, Frz. Metrik, 1962² – C. di Girolamo, Elementi di versificazione provenzale, 1979 – S. Oliva, Métrica catalana, 1980 – M. Bordeianu, La versification roumaine, 1983 – M. Gasparov, Storia del verso europeo, 1989 [it. Ausg. hg. S. Garzonio, 1993] – P. Beltrami, La metrica it., 1994² – R. Baehr, Grundbegriffe und Methodologien der roman. Metrik. Die führenden Versarten der Romania, Lex. der Romanist. Linguistik, II, 1, 1996, 435–468, 469–528 – zu musikal. Formen siehe die Artikel im Hwb. der musikal. Terminologie, hg. H. H. Eggebrecht, 1971, sowie den Sachteil im MGG², 1994.

IV. Englische Literatur: [1] *Altenglisch:* Die etwa 30000 überlieferten Verse metr. gebundener Dichtung der Angelsachsen (7.–11. Jh.) folgen ausnahmslos den Regeln der altgerm. Stabreimtechnik (→Alliteration, A; →Stabreim). Deren Grundvereinbarung lautet: Eine Langzeile besteht aus zwei Halbzeilen (mit je zwei Hebungen), die jeweils 1–2 alliterierende »Stäbe« tragen können – die 1. Halbzeile variabel auf der 1. und/oder 2. Hebung, die 2. stets auf der 1. Der Reim spielt in der ae. Dichtung zunächst keine Rolle; er findet sich gelegentl. in wenigen Texten: eher zufällig (z. B. im Epos →»Beowulf«) oder sinnbetonend im Versinnern (so in »The Ruin« [→Elegie, V]). Erst in spätae. Zeit tritt der Reim allmähl. in Konkurrenz zum Stabreim (sporad. in der »Battle of →Maldon«, häufiger in →»Elene«, durchgehend im daher sog. →»Reimgedicht«) – wohl unter dem Einfluß der reimenden mlat. Hymnendichtung. Strophen finden sich in der ae. Dichtung so gut wie nicht. Lediglich in den Elegien →»Deor« und →»Wulf and Eadwacer« wird der Text durch eine Art →Refrain (IV) in ungleich lange Abschnitte gegliedert.

[2] *Mittelenglisch:* In der Dichtung dieses Zeitraums vollziehen sich zahlreiche vers- und reimtechn. Umbrüche: Stabreimdichtung wird seit dem 12. Jh. obsolet – der Reim setzt sich nunmehr durch –, eine modifizierte (oft mit Reim kombinierte) Abwandlung der ae. Stabreimtechnik wird während des 14. und 15. Jh. v. a. in W- und N-England beliebt (sog. »Alliterative Revival«; →Alliteration, C), stroph. Gliederung wird im Verlauf der me. Zeit immer häufiger. Als metr. Gemeinsamkeit (wenngleich unterschiedl. gehandhabt) bleibt vielen me. Dichtungen die auch in der Stabreimdichtung geltende »Füllungsfreiheit der Takte« (Heusler) erhalten – wesentl. Unterscheidungsmerkmal dieses akzentuierenden Systems gegenüber dem streng silbenzählenden Prinzip der roman. Literaturen. In der me. Dichtung werden die einzelnen Verse sehr variantenreich zu größeren – stichisch oder stroph. gebauten – Texten zusammengestellt. In der Gruppe stichischer, nichtstroph. Muster wurde das vier- oder fünfhebige Reimpaar sehr häufig für erzählende Dichtungen verwendet (z. B. mehrheitl. in →Chaucers »Canterbury Tales«). Die beliebtesten stroph. Muster waren – v. a. in narrativen Texten – der siebenzeilige, fünfhebige →*rhyme royal* (ababbcc; z. B. in Chaucers Versroman »Troilus and Criseyde«) und verschiedene Varianten der Schweifreimstrophe (a⁴ a⁴ b³ c⁴ c⁴ b³; in zahlreichen →Romanzen, II). Feste Gedichtformen spielen erst im 14. und 15. Jh. eine größere (→*carols* und *ballades* [→Ballade, B. II. 2]) und kleinere Rolle (*virelais* und *rondels*; →Refrain, IV) und folgen frz. Vorbildern. Th. Stemmler

Lit.: J. Schipper, Engl. Metrik, 2 T. e in 3 Bd. en, 1881–88 – A. Heusler, Dt. Versgesch., 3 Bde, 1925–29 – H. J. Diller, Metrik und Verslehre, 1978 – J. Raith, Engl. Metrik, 1980² – E. Standop, Abriß der engl. Metrik, 1989.

V. Skandinavische Literaturen: Altnord. gebundene Dichtung (→Altnord. Lit.) beruht auf der Halbzeile (*vísuorð*), die je nach Versmaß zwei (*Fornyrðislag*), drei (*Dróttkvaett*) oder vier (*Hrynhent*) Hebungen aufweist. Zwei Halbzeilen bilden eine Langzeile (*vísufjórðungr*).

Die wichtigsten Versmaße sind das →*Fornyrðislag*, das →*Ljóðaháttr*, das *Kviðuháttr* und das →*Dróttkvætt*. Im *Fornyrðislag* ('Versmaß für alte Sagen') sind die meisten epischen Götter- und Heldenlieder gehalten, dieses Versmaß setzt am ehesten die germ. Form der Langzeilendichtung fort, wie sie auch in ae. Heldendichtung bewahrt ist, und zeichnet sich durch den ebenmäßigen Wechsel von Hebungen und Senkungen in den kurzen, zweihebigen Halbversen aus. Die eddische Lehr- und Wissensdichtung (→Edda, Eddische Dichtung) bevorzugt das Versmaß

Ljóðaháttr ('Spruchton'), welches durch den Wechsel von zwei Halbzeilen und einer nur in sich selbst stabenden »Vollzeile« gekennzeichnet ist. Diese Form der Alliteration (→Stabreim) könnte auf ältere Kurzformen gnom. Dichtung zurückgehen. Das Versmaß Kviðuháttr (etwa 'Balladenton') wird weniger in der Preisdichtung als vielmehr in der genealog.-hist. skald. Dichtung (→Skald) verwendet, wobei hier stumpfe und klingende zweihebige Kurzverse miteinander abwechseln; das Kviðuháttr nimmt eine Zwischenstellung zw. Fornyrðislag und Dróttkvætt ein, wobei es sich von letzterem v. a. durch das Fehlen der Binnenreime unterscheidet. Zwei Drittel aller erhaltenen gebundenen altnord. Dichtung stehen jedoch im anspruchsvollen skald. Versmaß des höfischen Preislieds, dem Dróttkvæt ('Fürstenton'), welches sich neben der Silbenzählung und Stabreimbindung auch durch Binnenreime auszeichnet. Das Dróttkvætt hat aber in der langen Zeit seiner Verwendung zahlreiche Sonderformen entwickelt, die zwar selten größere Verbreitung erlangten, jedoch von →Snorri Sturluson im »Háttatal« seiner Edda beispielhaft verzeichnet wurden. Eine schon früh auftretende Variante des Dróttkvætt, bei den statt Stabreim Endreim verwendet wurde, das *Rúnhent*, konnte sich ebenfalls nicht durchsetzen.

Die Strophen, die in der skald. Dichtung auch semant. Einheiten sind, bestehen im Dróttkvætt und Kviðuháttr aus je zwei Halbstrophen von je vier Verszeilen, im Ljóðaháttr bilden zwei Paare von je einer Langzeile und Vollzeile eine Strophe. Im Fornyrðislag gibt es eine dem Dróttkvætt nahestehende Strophenform aus vier Langzeilen, wobei die ältesten Eddalieder (»Atlakviða«, »Völundarkviða«) noch sehr unregelmäßige Strophen aufweisen. Im Dróttkvætt reichen syntakt. Einheiten von einer Halbstrophe (*helmingr*) der Strophe (*vísa*) zur zweiten, in den anderen Versmaßen sind die Halbstrophen syntaktisch meist abgeschlossen. R. Simek

Lit.: A. Heusler, Dt. Versgesch., 1, 1925 – Kl XII, 55f. [H. Lie] – K. v. See, Germ. Verskunst, 1967 – G. Turville-Petre, Scaldic Poetry, 1976 – G. Kreutzer, Die Dichtungslehre der Skalden, 1977.

VI. Byzantinische Literatur: Im Gegensatz zu der so gut wie ausschließl. akzentuierende Modelle verwendenden →Hymnographie (eine Ausnahme stellen lediglich einige iambische Kanones mit eleg. Distichen als Akrostichis dar, die →Johannes Damaskenos zugeschrieben wurden, heute aber in das frühe 9. Jh. gesetzt werden) kennt die Metrik der nichtliturg. (profanen wie religiösen), byz. Dichtung ein Nebeneinander von antiken quantitierenden und genuin byz. akzentuierenden Systemen, die bisweilen auch in einem und demselben Verstyp einander überlagern. Der *Hexameter* wird durch alle Jahrhunderte hindurch gelegentl. verwendet (vorwiegend für ep.-panegyr. Inhalte, aber auch für religiöse Epigramme), spielt aber eine untergeordnete Rolle und macht keine Entwicklung durch, die etwa dem versus leoninus im Mittellatein an die Seite zu stellen wäre. Man bemüht sich, ep. Versbildung und Diktion nachzuahmen, in den frühen Jahrhunderten auch noch unter Beachtung der strengen nonnian. Regeln. Eleg. Distichen kommen selten, stich. verwendete Pentameter ganz vereinzelt vor. Die *Anakreonteen* haben einen festen Platz v. a. in der religiösen Dichtung, meist als erbauliche Alphabete. In dem von →Sophronios v. Jerusalem (7. Jh.) eingeführten Modell werden Strophen zu je vier anakreonteischen Versen (anaklast. ion. Dimeter) durch alphabet. Akrostichis miteinander verbunden; dazwischen werden an einigen Stellen anders gebaute Verspaare als Kukullion (oder Anaklomenon) eingeschoben. Neben den Gesetzen der quantitierenden Metrik wird auch eine gewisse Akzentregulierung in der Form der Tendenz zum paroxytonen Versschluß beachtet. Selten sind rein akzentuierende paroxytone Achtsilber (z. B. in den Hymnen →Symeons des Neuen Theologen). Der *iambische Trimeter* ist der wohl am weitesten verbreitete Vers in der hochsprachl. byz. Dichtung. Er ist der Epigrammvers schlechthin, aber auch für umfangreichere Gedichte wie z. B. Epitaphien, ja auch für ganze Romane bedient man sich dieses Verses. Die byz. Autoren sprechen stets von Iamben und sind bemüht, die alten Prosodieregeln zu beachten (manchmal bes. konsequent, oft jedoch auf optisch erkennbare Quantitätsunterschiede beschränkt). Eine markante Neuerung besteht darin, daß, bedingt durch den im Laufe der Spätantike erfolgten Schwund des Gefühls für die Quantitäten, die Auflösung einer Länge in zwei Kürzen bei →Georgios Pisides nur mehr selten, später überhaupt nicht mehr erfolgt (daher die von P. Maas geprägte Bezeichnung »byz. Zwölfsilber«). Enjambement wird weitgehend gemieden, und auch der Binnenschluß (stets nach der 5. oder 7. Silbe) ist meist ein stärkerer Einschnitt als die Zäsur des antiken Verses. Die genuin byz. Akzentregulierung besteht einerseits im sehr konsequent gesuchten paroxytonen Versschluß, andererseits in gewissen Betonungstendenzen vor dem Binnenschluß (Oxytonon oder Paroxytonon vor B 5, Proparoxytonon vor B 7). Prosodielose, nur die Akzentregulierungen beachtende Verse sind in Gebrauchstexten (etwa Inschriften) häufig, im lit. Bereich die Ausnahme (Symeon der Neue Theologe). In der Epigrammatik sind Gruppierungen von je zwei oder vier Zwölfsilbern häufig, kompliziertere Strophenbildungen kommen nicht vor, wohl aber →Figurengedichte. Eine echt byz. Neuschöpfung ist der *politische Vers,* ein akzentuierender alternierender paroxytoner Fünfzehnsilber mit starkem Binnenschluß nach der achten Silbe. Die Frage seiner Entstehung ist nicht restlos geklärt, doch dürfte angesichts des rein akzentuierenden Charakters von einem volkstüml. Ursprung auszugehen sein (die von byz. Theoretikern gezogene Verbindung zum iambischen und trochäischen Tetrameter ist wohl gelehrte Spekulation). Von seinem (abgesehen von frühen Spuren in Kirchendichtung und Akklamationen) frühesten Auftreten um 900 an ist er eng verbunden einerseits mit religiöser Dichtung (erbauliche Alphabete, Hymnen Symeons), andererseits mit dem Ks.hof (Hymnen im Rahmen des Zeremoniells). Etwas später kommt das Genus des Lehrgedichts dazu, und schließlich bedient sich die ab dem 12. Jh. entstehende Dichtung in der Volkssprache für geraume Zeit prakt. ausschließlich dieses Verses. Stroph. Gliederung (Dekasticha, Dodekasticha, Refrains, kunstvolle Verschränkung zweier Gedichte) begegnet v. a. in der ksl. Sphäre – im 10., aber auch noch im 12. und 13. Jh. – und weist auf Funktion und Aufführungspraxis hin (alternierender Vortrag durch Chöre der Demen, verschiedene Stationen einer Zeremonie). Sowohl bei den polit. Versen als auch bei den Anakreonteen finden sich in den Hss. vereinzelt Hinweise auf musikal. Vortrag. W. Hörandner

Lit.: P. Maas, Der byz. Zwölfsilber, BZ 12, 1903, 278–323 – Th. Nissen, Die byz. Anakreonteen, 1940 – I. Ševčenko, Poems on the Deaths of Leo VI and Constantine VII in the Madrid Ms. of Scylitzes, DOP 23–24, 1969–70, 185–228 – M. J. Jeffreys, The Nature and Origins of the Political Verse, ebd. 28, 1974, 141–195 – Ders., Byz. Metrics: Non-Literary Strata, JÖB 31/1, 1981, 313–334; 1/2, 1982, 241–245 – J. Koder, Kontakion und polit. Vers, ebd. 33, 1983, 45–56 – B. Lavagnini, Alle origini del verso politico, 1983 – W. Hörandner, Poetic Forms in the Tenth Cent. (Constantine VII Porphyrogenitus and His Age, 1989), 135–153 – Ders., Visuelle Poesie in Byzanz, JÖB 40, 1990, 1–42 – M. J. Jeffreys-O. L. Smith, Political Verse for Queen

Atossa, CM 42, 1991, 301–304 – C. POCHERT, Die Reimbildung in der spät- und postbyz. Volkslit., 1991 – W. HÖRANDNER, Beobachtungen zur Literarästhetik der Byzantiner, Byzslav 56, 1995, 279–290 – M. LAUXTERMANN, The Velocity of Pure Iambs. Byz. Observations on the Metre and Rhythm of the Dodecasyllable, JÖB 48, 1998.

VII. SLAVISCHE LITERATUREN: Im altslav. Schrifttum begegnet außerhalb der liturg. Dichtung, die aus dem Griech. übersetzt wurde und nur annähernd deren metr. Regeln folgt, so gut wie kein Text nach einem eindeutigen Versmaß. Weniger als ein halbes Dutzend altslav., nicht übersetzter Kompositionen werden als »Gedichte« (so z. B. das →Konstantin-Kyrill bzw. dem Priester →Konstantin v. Preslav zugeschriebene »Alphabetische Gedicht« oder »Proglas« zum Evangelium) betrachtet. Sie weisen jedoch kein regelmäßiges Versmaß auf. Dieselbe Lage charakterisiert das russ. sowie das serb. und das bulg. Schrifttum des MA. Lediglich in Böhmen, unter Einfluß der lat. Dichtung, und später in Polen entwickelte sich im MA eine Poesie, die V. und S. kennt (→Tschechische Sprache und Literatur). Das älteste religiöse Lied aus Böhmen, →»Hospodine pomiluj ny«, besteht aus 7 Achtsilbern mit einem Refrain und geht vermutl. auf das Ende des 10. Jh. zurück. Ab dem 13. Jh. haben wir dann auch eine weltl. Epik und Lyrik, die auf dem Achtsilber basiert und die Verse mit den Reimen AABB verbindet. In der Lyrik des 14. Jh. taucht ein S. auf, bestehend aus 4 Achtsilbern, die durch gemeinsamen Reim verbunden sind (z. B. Kunhutina modlitba).

Im »Kampf der Seele mit dem Leib« (Spor duše s tělem) aus dem 1. Viertel des 14. Jh. wird der vierzeilige S. dadurch gekennzeichnet, daß das dritte Achtsilber jeder Strophe eine Zäsur nach der vierten Silbe aufweist, wobei die vierte und die achte Silbe einen Reim bilden (z. B. Jáz klekánie i vzdýchanie 47). Am Ausgang des MA, im 15. Jh., sprengen lyr. Dichter den strengen Rahmen des Achtsilbers und entwickeln kunstvollere Strophen.

Eine Dichtung in poln. Sprache taucht erst am Ende des 15. Jh. im Zusammenhang mit der Renaissance auf. Wahrscheinl. im 14. Jh. entstand das Marienlied →Bogurodzica dziewica, das aus Achtsilbern besteht. Der S. wird im älteren Teil durch Reim und Refrain Kyrieeleison hervorgehoben. Ch. Hannick

Lit.: K. HORÁLEK, Studio o slovanském verši, Sborník filologický 12, 1946, 261–343 – R. JAKOBSON, The Slavic Response to Byz. Poetry, Actes XIIe Congr. Internat. d'Ét. byz. 1, 1963, 249–267 – ST. URBAŃCZYK, »Bogurodzica« – Problemy czasu powstania i tła kulturalnego, Pamiętnik literacki 69, 1978, 35–70 – L. PSZCZOŁOWSKA, Wierz, Słownik literatury staropolskiej, 1990, 891–901.

Versammlung (→placitum, colloquium, Reichsv.). Der gemeinsamen Beratung anstehender Entscheidungen gaben alle ma. Gruppen breiten Raum. Konsensbildung durch Beratung begegnet im herrschaftl. Bereich (→Lehen, -swesen; →König) ebenso wie in genossenschaftl. strukturierten Gruppen der Stadtgemeinde (→Stadt), der →Gilden und →Zünfte oder anderer 'coniurationes'. Solche Beratungen schildert schon Tacitus als Charakteristikum der Willensbildung in den germ. Stämmen (Germ., cap. 11 und 22). Aus dieser Beratungspflicht resultieren die zahllosen, mehr oder weniger regelmäßigen V.en ma. Gruppen, unter denen die der Kg.e mit ihren Großen quellenmäßig am besten faßbar sind (Hoftag, →Reichstag). Mit aufwendigen kirchl. wie säkularen Feiern und Festlichkeiten (→Fest; →Spiel, A. II; Herrscherliturgie) dienten die V.en der Herrschaftsrepräsentation, aber auch der polit. Willensbildung, die sich eben in Beratungen konkretisierte. Namentlich für die früh- und hochma. Jahrhunderte ist es nicht immer leicht, die Sphäre der Beratung und des →Gerichts zu unterscheiden. Ob Rat (consilium) oder Urteil (iudicium) vom Herrn erfragt wurde, scheint im MA nicht so unterschiedlich bewertet worden zu sein, wie wir dies heute auffassen. Grundsätzlich zu unterscheiden sind im Ablauf solcher V.en Bereiche der Vertraulichkeit und der Öffentlichkeit. In letzterer dominierte demonstrativ-rituelles Handeln. In feierl. Inszenierung wurde der Glanz der Herrschaft gezeigt, die Rangordnung abgebildet, Neuerungen offenkundig gemacht, Verpflichtungshorizonte – etwa der des chr. Herrschers – demonstrativ anerkannt. Derartige V.en stabilisierten die Ordnung, da Mitmachen ein verbindl. Versprechen für zukünftiges Verhalten war. Folgerichtig wurde Dissens durch Fernbleiben von diesen V.en zum Ausdruck gebracht, seltener auch durch provokative Störungen des →Zeremoniells. Auch die öffentlich durchgeführten Beratungen hatten Inszenierungscharakter, da die Entscheidungen vertraulich vorbereitet worden waren. In diese Sphäre der Vertraulichkeit dringen Q. selten ein; sie betonen vielmehr, die 'secreta regis' nicht anrühren zu wollen. Dennoch sind die Techniken vertraulicher Vorklärung auf solchen V.en für das Verständnis der Funktionsweise des 'Systems' höchst wichtig. So war der Zugang zum Herrn oder Herrscher bestimmten Restriktionen unterworfen. Zugang hatten die familiares (→familia), vertraute Ratgeber, Verwandte, Freunde. Andere benötigten deren Hilfe, um zum Ohr des Herrschers vorzudringen. Damit zusammenhängend dominierten Techniken des Sich-Verwendens, des Fürsprechens, der Intervention. Netzwerke von Freunden und Klientelsysteme hatten hier ihre verdeckten Tätigkeitsfelder. Ma. Hofkritik kämpfte intensiv, aber vergeblich gegen die negativen Begleiterscheinungen solcherart verdeckten Einflusses. Zu offenen und möglicherweise kontroversen Austragungen der Meinungsbildung (→Publizistik) waren solche V.en deshalb nicht in der Lage, weil Rang und Ehre öffentl. Widerspruch nicht ertrugen. G. Althoff

Lit.: O. v. GIERKE, Das dt. Genossenschaftsrecht, 4 Bde, 1868–1913, Bd. 1, 228ff. – WAITZ, Bd. 3, 1883², 554ff.; Bd. 6, bearb. G. SEELIGER, 1896², 323ff. [mit reichem Belegmaterial] – E. SEYFARTH, Frk. Reichsv.en unter Karl d. Gr. und Ludwig d. Frommen [Diss. Leipzig 1910] – F. KERN, Gottesgnadentum und Widerstandsrecht im früheren MA, 1914 [Nachdr. 1954] – M. LINTZEL, Die Beschlüsse der dt. Hoftage von 911–1056, 1924 – H. KELLER, Zur Struktur der Kg.sherrschaft im karol. und nachkarol. Italien. Der »consiliarius regis« in den it. Kg.sdiplomen des 9. und 10. Jh., QFIAB 47, 1967, 123–223, bes. 125ff. – C. UHLIG, Hofkritik im England des MA und der Renaissance. Stud. zu einem Gemeinplatz der europ. Moralistik, 1973 – J. HANNIG, Consensus fidelium. Frühfeudale Interpretationen des Verhältnisses von Kgtm. und Adel am Beispiel des Frankenreiches, 1982 – H. WENZEL, Öffentlichkeit und Heimlichkeit in Gottfrieds 'Tristan', ZDPh 107, 1988, 335–361 – P. MORAW, Hoftag und Reichstag von den Anfängen im MA bis 1806 (Parlamentsrecht und Parlamentspraxis in der Bundesrepublik Dtl. Ein Hb., hg. H.-P. SCHNEIDER–W. ZEH, 1989), 3–47, bes. 12ff. – G. ALTHOFF, Colloquium familiare–Colloquium secretum––Colloquium publicum. Beratung im polit. Leben des früheren MA, FMASt 24, 1990, 145–167 – DERS., Demonstration und Inszenierung. Spielregeln der Kommunikation in ma. Öffentlichkeit, ebd. 27, 1993, 27–50. – DERS., Spielregeln der Politik im MA, 1997.

Verschlüsse. Die Teile des →Ringelpanzers wurden durch Schnallriemen, Haken oder Verschnürung geschlossen. Beim →Plattenharnisch herrschten Riemen und Schnallen vor, welche die auf der Gegenseite durch Scharniere zusammengehängten Harnischteile verschlossen. An Arm- und Beinröhren gab es auch Schnappbolzen, eingenietete Stifte, die in ein Loch auf der Gegenseite einschnappten. Die Verstärkungsstücke des it. Harnischs wurden durch Schlitzbolzen und durchgesteckte Splinte befestigt. O. Gamber

Verschweigung bedeutet im ma. dt. Recht überwiegend das Nichtgeltendmachen eines Rechts mit der Folge seines Verlustes, ähnl. der →Verjährung nach entsprechenden Fristen: Wer dem widerrechtl. Zustand nicht binnen →Jahr und Tag widerspricht, verliert sein Recht (Magdeburger Weistum für Breslau 1261). Die V. war ein sehr gebräuchl. Rechtsinstitut in unterschiedl. Sachzusammenhängen (Schuld-, Erb-, Sachen-, Prozeß-, Strafrecht). Nach dreißigjähriger V. und Jahr und Tag verliert der Sachse sein Recht an Grundstücken (Sachsenspiegel Ldr. I, 29). Mit der Auflassung von Eigen mit Erbenlaub vor gehegtem Ding (ebd. I, 52, 1) sind Dritte aufgefordert, dem angestrebten Übergang der →Gewere bei eventuell entgegenstehenden Rechten zu widersprechen. Erst nach Ablauf der V.sfrist erlangt der Erwerber die rechte Gewere. In den Magdeburger Schöffensprüchen erscheint V. überwiegend als Beweismittel für das (Nicht-)Bestehen von Forderungen. Wer sein Recht verschwiegen hat und es dennoch behaupten will, muß beweisen, daß es ihm immer noch zusteht (Beweislastumkehr). Das Recht ging durch V. nicht verloren, wenn der Betroffene außer Landes war. Nach Sachsenspiegel Ldr. I, 61, 1 kann jedermann seinen Schaden verschweigen, d. h. niemand ist gezwungen, sein Recht durchzusetzen (ähnl. Schwabenspiegel 97 a). Solange er nicht das →Gerüfte erhebt, mit dem die Klage beginnt, kann sich der Geschädigte verschweigen. Nach Ablauf der entsprechenden Frist ist die Durchsetzung des Rechts jedoch nicht mehr möglich. Die V. verlegte somit den Anfang der Strafverfolgung nach dem Ablauf von Fristen, die von der Art des Delikts abhingen. Schwere Delikte unterlagen nicht der V.; ihre Verfolgung war nur sofort möglich. In einigen (westfries.) Rechten sind sie sogar ausdrückl. von der V. ausgenommen, während geringere Delikte verschwiegen werden konnten (Sachsenspiegel Ldr. III, 31, 3). Neben der häufig belegten Jahresfrist begegnen 1–6 Monate. Sehr kurze Fristen für Schläge und Wunden sind drei Tage (Keure v. Brügge 1281) und eine Nacht (Zipser Willkür 1370). Mit dem Aufkommen des →Inquisitionsprozesses lag die Einleitung des Verfahrens nicht mehr ausschließl. in der Hand des Geschädigten. Damit verlor auch die V. von Delikten an Bedeutung. Die Verfolgung der Straftaten von Amts wegen fand eine Ergänzung im spätma. →Rügeverfahren des dörfl. Rechtsbereichs, das alle Gerichtsgenossen verpflichtete, bekannt gewordene Rechtsverletzungen am Gerichtstag zu 'rügen'. H. Lück

Q.: Magdeburger Recht, hg. F. Ebel, I–II, 1983–96 – Lit.: HRG V, 809f. [Lit.] – J. W. Planck, Das Dt. Gerichtsverfahren im MA, I, 1879, 627ff. – W. Immerwahr, Die V. im dt. Recht (Unters. zur dt. Staats- und Rechtsgesch. 48, 1895) – R. His, Das Strafrecht des dt. MA, I, 1920, 403ff. – H.-J. Schulte, Die V. in den Kölner Schreinsurkk. des 12.–14. Jh. (Diss. Köln 1966) – H. D. Schmachtenberg, Die V. in den Urteilen des Ingelheimer Oberhofs und des Neustädter Oberhofs [Diss. Frankfurt/M. 1971; Lit.] – H. Mitteis-H. Lieberich, Dt. Privatrecht, 1981⁹, 34, 91, 116 – B. Janz, Rechtssprichwörter im Sachsenspiegel, 1989, 380–382.

Verschwörung. Das Wort V. (coniuratio) bezeichnet zum einen, in pejorativem Sinn, eine illegitime, konspirative Unternehmung. Zum anderen meint es, im Sinne eines rechtl. und sozialen Begriffs, eine bestimmte Form der Vergesellschaftung und Vergemeinschaftung, nämlich die geschworene, durch einen gegenseitigen Eid konstituierte →Einung. Die Doppelheit der Bedeutungen entspricht denen des Wortes 'Willkür' (voluntas), das das vereinbarte Sonderrecht einer als Schwureinung konstituierten Gruppe bezeichnet, zugleich aber auch dieses Sonderrecht als Unrecht diffamieren kann. Die ma. 'Coniuratio' begegnet in den beiden Grundformen der →Gilde und der →Kommune (vgl. auch →Coniuratio). Während die Gilde in ihren verschiedenen Erscheinungsformen eine rein personal zusammengesetzte Gruppe darstellt, besetzt die Kommune, als bäuerl. wie als städt. Kommune, einen umgrenzten Raum, sie ist lokal oder regional »radiziert« (G. Dilcher). Beide Erscheinungsformen begegnen schon im frühen MA, wo sich bäuerl. Kommunen lange vor der Entstehung der städt. im 11. Jh. nachweisen lassen. Als Form der Vergesellschaftung beruht die Conjuratio auf Konsens und Vertrag und enthält deshalb zugleich zahlreiche Normen eines vereinbarten polit.-sozialen Zusammenlebens und Handelns von Menschen, z. B. Selbstverwaltung, selbstgesetzte Gerichtsbarkeit, Wahl der Funktionsträger, freien Eintritt und Kooptation. Sie verweist also auf eine polit. Theorie, die allerdings in sozialer Praxis verankert ist und deren Prinzipien im spätma. »Kommunalismus« (P. Blickle) deutlicher zutage treten und in der NZ die polit. Theorien bestimmt haben. Im 19. und 20. Jh. werden die beiden auf die Conjuratio zurückgehenden Formen des Zusammenlebens als 'Assoziation' ('Verein') und 'Gemeinde' in ihrem Verhältnis zum 'Staat' erörtert. O. G. Oexle

Lit.: Theorien kommunaler Ordnung in Europa (Schr. des Hist. Kollegs. Kolloquien 36, hg. P. Blickle, 1996) – G. Dilcher, Bürgerrecht und Stadtverfassung im europ. MA, 1996 – O. G. Oexle, Friede durch V. (Träger und Instrumentarien des Friedens im hohen und späten MA, hg. J. Fried, 1996), 115–150.

Versehgang. Seit dem Altertum überbrachten die Christen die →Eucharistie an Kranke und Sterbende (→Viaticum), urspgl. im Anschluß an eine Messe, nur in dringl. Fällen, später regelmäßig unter Rückgriff auf die für diesen Zweck ständig aufbewahrte Eucharistie. Geschah der V. in Kl. und Pfarreien lange ohne jede Feierlichkeit, wurde er seit dem FrühMA fortschreitend, verstärkt seit dem 11. Jh., ausgestaltet: durch das Mittragen von Lichtern (zuerst Reims, ca. 620), Kreuz, Rauchfässern, Glocke und mit Begleitung durch Konvent oder Pfarrangehörige nach öffentl. Geläut. Viele dieser Bräuche gingen aus den Kl. in die Pfarreien über. So wird der V. im HochMA zur von Gesang begleiteten, theophor. Prozession mit Verehrung der Hostie durch die Gläubigen (Einfluß auf Entstehung der Fronleichnamsprozession), gefördert durch Ablaßgewährungen (seit 13. Jh.), Stiftungen und eigene Bruderschaften (14./15.Jh.). Bes. seit der Reformationszeit, teils schon früher, wurde eine zweite Hostie mitgenommen, um auch den Rückweg zur Kirche als eucharist. Prozession begehen und mit dem eucharist. Segen beenden zu können. M. Klöckener

Lit.: P. Browe, Die Sterbekommunion im Altertum und MA, ZKTH 60, 1936, 1–54, 211–240 – O. Nussbaum, Die Aufbewahrung der Eucharistie, 1979, 94–96, 100f., 142–145 – H. B. Meyer, Eucharistie (Gottesdienst der Kirche, IV, 1989), 551f. – F. Markmiller, Ein feierl. Provisur am Beispiel Dingolfings, Der Storchenturm. Gesch.sbl. für die Landkrs.e Dingolfing, Landau und Vilsbiburg 15, 1980, H. 29, 36–67.

Versicherung (Assekuranz). Im MA gerieten bestimmte Usancen des Handels und des Wirtschaftslebens, die bereits der Antike bekannt gewesen waren, nicht in Vergessenheit. In diesem Zusammenhang sind für die kaufmänn. Milieus diejenigen rechtl. und vertragl. Gepflogenheiten, die zumindest in bestimmtem Umfang vor Verlusten schützten und so das Risiko verringerten, hervorzuheben. Der Rückgriff auf derartige Verfahren begegnet bes. seit dem 11. und 12. Jh., bedingt durch den Aufschwung des internat. →Handels. Während dieser Periode und noch bis ca. 1300 bezogen sich die meisten Operationen, die sich mit einer V. vergleichen lassen, auf den Bereich des Transports sowie des →Kreditwesens.

Die V. hatte fast ausschließl. die Funktion eines möglichen Gegengewichts gegen die Risiken, die den Handelsverkehr bedrohten, und bezog sich daher im Regelfall auf Sachwerte. Ansätze zur Ausbildung einer Lebensv. wurden dagegen kaum entwickelt, mit Ausnahme des bes. Falls der V. von →Sklaven, die aber eher in ihrer Eigenschaft als Handelsware versichert wurden. Unbekannt war die V. gegen Schäden, die durch Schlechtwettereinflüsse (Hagel, Blitzschlag usw.) an Grundbesitz oder Häusern entstanden. Selbst gegen Risiken im Handelsverkehr wurden V.en bis ca. 1300 nur in individueller Weise geschlossen, in Form einer verdeckten Anleihe oder eines fiktiven Kaufs. Es ist daher schlechthin unmögl., die Häufigkeit solcher v.sähnl. Vereinbarungen auch nur annähernd zu schätzen, doch blieb ihre Zahl im 13. Jh. wohl gering.

Gegen Ende des MA kamen hier und da v.sartige Vereinbarungen in Gebrauch, die auf parität. Grundlage die Lebensdauer von bestimmten Persönlichkeiten oder die Wahlchancen bestimmter Kandidaten für hohe öffentl. Ämter zum Gegenstand hatten. Es ging dabei um eine Ausschaltung von Partikularrisiken, die durch Spieleinsatz bzw. Spekulation auf das Unbekannte realisiert wurde; dieser Typ der V. ist daher eher dem →Spiel zuzurechnen. Derartige Phänomene blieben bei alledem auf einen engen Personenkreis beschränkt. Im Laufe des 14. Jh. kam eine neue Form der V. auf, deren Charakterzüge bis ins 18. Jh. weithin unverändert blieben. Es ist dabei nicht ausgeschlossen, daß in den Kaufmannsmilieus, in denen diese V. entstand, auch schon vor 1300 nach autonomen Formen eines Risikoausgleichs gesucht wurde. Doch standen im lat. Westen, wo sich diese (in Q.texten selten erwähnte) Art der indirekten V. ausbildete, theol. und jurist. Hindernisse einem spezif. Engagement auf diesem Gebiet lange entgegen. Der aus einem derartigen Risiko erwachsende etwaige Gewinn wurde von der kirchl. Doktrin als unerlaubt angesehen, da er tendenziell als eine gegen den Willen Gottes gerichtete Aktion gelten konnte, darüber hinaus als Spekulation auf die Zukunft, die im Schoße der Vorsehung beschlossen lag.

Dies alles verhinderte nicht, daß in den w. Mittelmeerländern im Laufe des 14. Jh. eine Vertragsform aufkam, die im Seehandel sowohl die Ladung als auch die Schiffe versicherte (→Seeversicherung). Eine derartige Verpflichtung beruhte auf einer bestimmten Evaluation der Risiken, aufgrund derer die Höhe der *primes* (V.ssätze) festgelegt wurde. Solche Evaluationsverfahren entfalteten sich naturgemäß bes. im maritimen Bereich, der durchgängig mit starken Risiken zu rechnen hatte. Das Grundmuster, das sich hier aufgrund längerfristiger Erfahrungswerte und infolge des Informationsnetzes der kaufmänn. →Unternehmer ausbildete, bewegte sich zwar auf einer prästatist., dennoch aber rationalen und zweckentsprechenden Basis, die eine Ausformung des neuen Typs des V.svertrages begünstigte. In diesem Vertrag garantierten mehrere Partner (seltener nur einer) ausdrückl. die Werte, die sie bei möglichen Schadensfällen, welche Güter, Kreditsummen oder Frachten (→Nolo) betreffen konnten, vor Verlust zu schützen wünschten. Diese Werte waren ausführl. im Kontrakt aufgeführt, ebenso wie der V.sbeitrag, den der Versicherte im voraus zu leisten hatte. Im Schadensfall verpflichtete sich der Versicherer zu einer Entschädigung proportional zum Maße des Aufkommens der Schäden, bis zur Höhe der in dem Kontrakt spezifizierten Summe; damit erwarb er auch alle Rechte an den vom Schadensfall betroffenen Gütern (bis zur Höhe der im Assekuranzvertrag genannten Summe).

Wenn auch diese Verträge manchmal von →Notaren abgefaßt wurden, so war es doch in der Regel ein →Makler, der zw. V.en und Versicherten vermittelte. Im Laufe des 14. Jh. wurde so eine Form der V. geschaffen, beruhend auf der Überzeugung, daß es geboten und wirtschaftl. legitim sei, auf die Unsicherheit der Zukunft zu spekulieren. Diese Vertragsform stellt eine Art von ausgewogenem, für beide Seiten rentablen Austausch dar zw. dem Versicherten, der bereit war, den V.sbeitrag zu leisten, und dem Versicherer, der bereit war, für eventuelle Verluste zu haften.

Bis ins 17. Jh. erfolgten Verpflichtungen der Versicherer fast durchweg auf individueller Grundlage, und nicht jeder Versicherer verpflichtete sich zu denselben Verbindlichkeiten wie die anderen beteiligten Versicherer. Im allg. gab es keine V.sgesellschaften, und wo sie entstanden, waren sie nur von begrenzter Dauer. Tatsächl. betätigen sich an vielen Handelsplätzen zahlreiche Kaufleute als Versicherer, doch übte ein Kaufmann nur selten ausschließl. diese Aktivität aus; die V. war bis ins ausgehende MA nur ein (oft marginaler) Investitionsbereich unter vielen. Andererseits fungierte auch der V.snehmer in vielen Fällen wiederum als Versicherer, nicht zuletzt aus familiärer oder kollegialer Solidarität mit anderen Kaufleuten, die bei Handelsunternehmungen immer wieder Garantien für ihre Güter benötigten.

Dieses System funktionierte auf der Basis gegenseitigen Vertrauens, wie es unter Kaufleuten vorausgesetzt wurde. Dies bedeutet aber keineswegs, daß nach einem Schadensfall der Versicherer stets unverzügl. oder vollständig seinen Verbindlichkeiten nachgekommen wäre. In jedem Fall besagte die Regel, daß die Versicherer den Versicherten bei allen entstandenen Risiken die garantierte Entschädigung zu leisten hatten, ausgenommen in Fällen arglistiger Täuschung (dolus). Jeder Versicherer haftete separat für die vereinbarte Summe; in der Praxis erfolgte sehr häufig eine geringere Auszahlung als die vertragl. vereinbarte, dies oft infolge einer gütl. Einigung. Nach Schadensfällen waren Streitigkeiten zw. den Parteien nicht eben selten. Sie wurden in Prozeßform vor den zuständigen städt. Magistraten und Gerichtshöfen ausgetragen, doch vermieden die Parteien oft einen regelrechten Prozeß und wandten sich lieber an andere Kaufleute, die als →Vermittler eine gütl. Einigung zu erreichen suchten.

Diese neue Form der Assekuranz verbreitete sich rasch in den großen Handelsstädten im Küstenbereich (Genua, Venedig, Barcelona, Ragusa/Dubrovnik) wie im Binnenland (Florenz, Burgos). Bis zum Ende des MA waren aber V.en auf den Landtransport wenig häufig, auch wurden Schiffsmannschaften nie versichert. Die Gegnerschaft der kirchl. Autoritäten trat immer mehr zurück, wohingegen seit dem Beginn des 14. Jh. städt. Autoritäten (meist in Pisa, dann in Genua) sich in das immer verbreitetere V.swesen einschalteten. Bis zum Ende des 15. Jh. war die Assekuranz in den chr. Handelsstädten des Mittelmeerraumes häufiger als im Bereich des Atlantik. A. Tenenti

Lit.: G. BONOLIS, Svolgimento storico dell'assicurazione in Italia, 1901 – G. STEFANI, L'assicurazione a Venezia dalle origini alla fine della Serenissima, 1956 – Enciclopedia del diritto, I, 1958, 420–427 [G. CASSANDRO] – J. HEERS, Le prix de l'assurance maritime à la fin du MA, RHES 37, 1959 – P. PERDIKAS, Lineamenti di una teoria sulla storia e sul concetto del contratto d'assicurazione, Assicurazioni 40, 1973, 280–300 – H. GRONEUER, Die Seev. in Genua am Ausgang des 14. Jh. (Fschr. H. HELBOG, 1976), 218–260.

Versöhnung. Die Theologen des MA übernahmen aus der alten Kirche, vermittelt durch Augustinus (de trin. 13,10,13) die sog. »Redemptionslehre« (lat. redimere 'zurückkaufen, erlösen'). Die folgende Charakterisierung bei →Bernhard v. Clairvaux ep. 190 c.II (ed. LECLERCQ-ROCHAIS, S. Bernardi Opera VIII [1977] 27–40, das Zit. 26) dürfte aus dem von einem Schüler nach →Abaelards mündl. Vortrag verfaßten »Liber Sententiarum« stammen: »Man muß wissen, daß alle unsere Lehrer nach den Aposteln darin übereinstimmen, daß der Teufel Herrschaft und Macht über den Menschen hatte und zu Recht besaß: deshalb nämlich, weil der Mensch auf Grund des freien Willens, den er hatte, freiwillig dem Teufel zugestimmt hat. Sie sagen nämlich, daß, wenn einer jemand besiegt habe, der Besiegte zu Recht zum Sklaven des Siegers bestimmt wird. Daher, so sagen die Lehrer, ist der Sohn Gottes auf Grund dieser Notwendigkeit Mensch geworden, damit der Mensch, der anders nicht befreit werden konnte, duch den Tod eines Unschuldigen zu Recht vom Joch des Teufels befreit wurde.« Hier ist von »allen doctores« die Rede, das waren v.a. →Anselm v. Laon und seine Schule (so schon die →Glossa Ordinaria zu Röm 5,6.8. ed. A. Rusch, Straßburg 1480/81, IV, 224, dies – neben Röm 3,26 – die Stelle, an der das Problem »Cur deus homo« bei der Vorlesung diskutiert wurde). Das o. a. Zitat zeigt, daß Abaelard offenbar →Anselm v. Canterburys »Cur deus homo« mit der →Satisfaktionstheorie noch nicht kannte. Sie soll die alte Redemptionslehre ersetzen, die heftig kritisiert wird (Cur deus homo 10). Nach Anselm wurde Gott durch den Menschen Adam unendlich beleidigt. Eine solche Beleidigung kann aber nur durch eine entsprechende Sühne (satisfactio) getilgt werden. Da diese unendlich groß sein muß, kann sie nur von Gott, da sie vom Beleidiger erbracht werden muß, muß sie von einem Menschen kommen. Also mußte Gott selbst Mensch werden, damit die Menschheit als ganze erlöst bzw. mit Gott versöhnt würde. Auch →Abaelard lehnt die Redemptionslehre ab (in ep. ad. Rom. zu Röm 3,26; ed. BUYTAERT, CCCM 11 (114–117) und setzt ihr ein Konzept entgegen, bei dem nicht mehr die Menschheit als ganze, sondern der einzelne Mensch erlöst bzw. mit Gott versöhnt wird: Die Erbsünde wird von Abaelard als Erbstrafe umgedeutet, Sinn der Menschwerdung und des Leidens Christi ist es, durch die unermeßl. Liebe, die sich darin manifestiert, im einzelnen Menschen die Gegenliebe zu entzünden. Diese macht den Menschen gerecht, versöhnt ihn mit Gott. Abaelards Lehre blieb – wohl wegen seiner Verurteilung in Sens 1138/40 – ohne nachhaltigen Einfluß. Zwar referiert sie →Petrus Lombardus neben der alten Redemptionslehre, ohne Anselms Satisfaktionstheorie zu erwähnen (3 Sent. 19,1. Ed. Grottaferrata II [1981] 118–120), doch schon bald setzte sich diese durch und wurde zur Kirchenlehre (vgl. →Thomas v. Aquin in ep. ad Rom. c.III, lectio III, 306–310; Ed. MARIETTI 1953, 530f.). R. Peppermüller

Lit.: DSAM XIV, 251–283 – TRE II, 759–778 – J. RIVIÈRE, Le dogme de la rédemption au début du MA, 1934 – O. LOTTING, Psychologie et morale aux XIIe s., 6 Bde, 1942–60 – J. RIVIÈRE, Le dogme de la rédemption au XIIe s. d'après les derniers publications, RMA 2, 1946, 101–112, 219–230 – D. E. DE CLERCK, Le dogme de la rédemption, RThAM 13, 1946, 150–184; 14, 1947, 252–286 – DERS., Droits du démon et nécessité de la rédemption, RThAM 14, 1947, 32–64 – R. E. WEINGART, The Logic of Divine Love, 1970 – R. SCHWAGER, Der wunderbare Tausch, 1986 – A. PODLECH, Abaelard und Heloisa, 1990 – G. SAUTER, »V.« als Thema der Theologie, 1997 [Lit.].

Verspottung Christi → Passion, C

Verstand → Intellectus agens/possibilis, →Ratio

Versuchung. Der Begriff der V. (tentatio) wird v.a. im Zusammenhang mit der Auslegung des bibl. Sündenfallberichts und der Erläuterung der →Erbsünde entfaltet. Der beginnenden Scholastik liegt dazu von Augustinus her bereits reiches Material vor, das Petrus Lombardus (Sent. II, d. 21–24) – im Rückgriff auf Hugo v. St-Victor – zu einer ersten systemat. und durch die Sentenzenkomm.e für die Folgezeit maßgebl. Darstellung verarbeitet.

Unterschieden werden zunächst zwei Arten der V.: eine von außen auf den Menschen zukommende (tentatio exterior) und eine von innen im Menschen selbst aufsteigende (tentatio interior). Nach Hugo v. St-Victor kann die äußere V., die auf den Teufel zurückgeht, durch Sichtbares und Unsichtbares erfolgen, während die innere V. in einer Bewegung des schlechten Begehrens im Menschen besteht (De Sacr. I, 7, 9). Hugo erläutert dabei ausführl. die bes. Raffinesse in der Wahl der Mittel und Worte, mit denen der Teufel seine V. zuerst gegenüber der Frau und dann durch sie gegenüber dem Mann durchführt, sowie die betrüger. Absicht und Heimtücke des Teufels (De Sacr. I, 7, 2–4. 6f.). Für Petrus Lombardus dagegen tritt der Teufel mit seinen V.en sowohl von außen (nur durch Sichtbares) als auch von innen unsichtbar an den Menschen heran. Die innere V. kann ihren Grund aber auch im fleischl. Begehren des Menschen haben. Dabei stellt die V. durch den Teufel noch keine Sünde dar, wenn man ihr nicht die Zustimmung (consensus) gibt. Vielmehr ist sie Anlaß zur Übung der Tugend. Jede V., die aus dem Fleisch des Menschen kommt, geschieht dagegen nicht ohne Sünde. Im Hintergrund steht hier die Auffassung des Lombarden, daß bereits die primi motus zum Schlechten Sünde, wenn auch leichte, sind, während etwa Anselm v. Canterbury, Abaelard und die Porretaner Sünde erst dort ansetzen, wo der consensus zum Schlechten gegeben wird.

Thomas v. Aquin nimmt zu dieser umstrittenen Frage im Rahmen der Abhandlung über die V. Stellung (S. th. III, 41, 1). Eine V., die von außen durch den Teufel kommt, kann ohne Sünde sein, eine V., die aus dem Fleisch aufsteigt, kann dagegen nicht ohne Sünde sein. Deshalb ließ sich Christus, der ohne Sünde war, nur durch den Teufel versuchen, nicht aber durch das Fleisch. Johannes Duns Scotus spricht sich demgegenüber klar dafür aus, daß alle sinnl. Regungen von sich her indifferent sind, so sehr sie den Willen zum Schlechten reizen. Die Ursache der Sünde aber ist von seinem voluntarist. Standpunkt aus allein der Akt des verkehrten und frei wählenden Willens (Oxon. 2, d. 42, q. 4, n. 1–2).

Im Zusammenhang mit der inneren V. wird auch die Einsicht vorgebracht, daß das Maß der Schuld im umgekehrten Verhältnis zur Stärke der V. steht: Je geringer die V. ist, desto mehr muß der Mensch büßen (Petrus Lombardus). Die Porretaner und auch Odo v. Ourscamp betonen: Je stärker der affectus zum Schlechten, desto geringer ist die Schuld (vgl. GRÜNDEL, 181f.). Die gleiche These findet sich mehrfach bei Thomas v. Aquin (S. th. I–II, 73, 5; 73, 6 ad 2; 77, 6); ebenso bei Johannes Duns Scotus (Oxon. 2, d. 42, q. 4, n. 1ss.). Daß der Mensch überhaupt durch V. – also durch etwas anderes, nicht durch sich selbst – zur Sünde gebracht wurde, ermöglicht es dabei, daß er auch wieder – ebenfalls durch ein anderes als er selbst – von der Sünde gerettet und befreit werden kann. Der Teufel dagegen kann nicht gerettet werden, weil er ohne V. gesündigt hat, die Sünde also allein in ihm und seiner Entscheidung ihren Ursprung hat. Eine weitere, von Augustinus stammende Unterscheidung ist die zw. der V. zum Zweck der Prüfung (tentatio probationis) und zum Zweck der Verführung (tentatio seductionis) (vgl. In Hept II, 58; CCSL 33, 96). Sie dient dazu zu erklären, wie man von Gott sagen kann, er führe in V. Bereits bei Petrus Lombardus findet sich der Gedanke: Gott läßt die V. zu, weil es für den Menschen ehrenvoller ist, ihr nicht zuzustimmen, als gar nicht erst versucht zu werden (Sent. II, d. 23, 1). Thomas v. Aquin führt den Gedanken dann aus (S. th I, 114, 2; II–II, 97, 1). Er beginnt mit der Definition: Versuchen (tentare) heißt ursprgl., einen Versuch mit etwas machen (experimentum sumere de aliquo), um etwas zu wissen. Dies kann jedoch mit unterschiedl. Ziel erfolgen. Der Teufel möchte schaden, indem er den Menschen in die Sünde stürzt, Gott dagegen möchte dem Menschen helfen, weil die V. die Gesinnung eines Menschen offenbar macht, ob er nämlich Gott wahrhaft liebt oder nicht.

Die Frage, ob und wie der Mensch der V. widerstehen kann, führt in die Tugend- und Gnadenlehre. Seit Petrus Lombardus wird bis ins 13. Jh. hinein die Frage diskutiert, ob man mit einer noch so geringen caritas jeder V., auch der größten, widerstehen kann oder ob man den Widerstand nur beginnen, nicht aber ohne Wachstum der caritas vollenden könne (vgl. LANDGRAF).   St. Ernst

Lit.: HDG II/3b, 98–100 – DThC XV, 116–127 – LThK² X, 743–747 – LANDGRAF, Dogmengeschichte, I/2, 111–135 – O. LOTTIN, Psychologie et morale, II, 1948, 493–589 – J. GRÜNDEL, Die Lehre von den Umständen, 1963.

Versus de Tartaris → Carmina de regno Ungariae destructo per Tartaros

Versus de Unibos → Unibos

Verteidigungsanlage → Befestigung

Vertrag
A. Westlicher Bereich – B. Byzanz

A. Westlicher Bereich
I. Römisches und gemeines Recht – II. Allgemein und Deutsches Recht – III. Staatsrechtlich.

I. RÖMISCHES UND GEMEINES RECHT: V. bedeutet im Privatrecht vor allem den schuldbegründenden V., ein Verpflichtungsgeschäft wie Miete oder Darlehen. In einem weiteren Sinn versteht man darunter den übereinstimmenden Willen (Konsens) zweier oder mehrerer Personen zur Herbeiführung eines rechtl. Erfolges, das zweiseitige im Unterschied zum einseitigen Rechtsgeschäft. In diesem Sinn sind auch Eheschließung, die Übereignung oder Belastung einer Sache und der Schulderlaß V. Im röm. und gemeinen Recht nannte man V.e im engeren Sinn 'contractus', V. e im weiteren Sinn 'conventio' oder →'pactum'. Das röm. Recht kannte genauso wie das moderne Recht einen allg. schuldbegründenden V., durch den Forderungen jeder Art vereinbart werden konnten, auch unter Bedingungen und Befristungen: die stipulatio (von stips 'Beitrag, Spende'; latio 'Bringen'), ursprgl. ein sakrales Leistungsgelöbnis (sponsio). Stipulationen wurden mündl. abgeschlossen, indem der künftige Gläubiger (stipulator) den künftigen Schuldner (promissor) fragte, ob er die Leistung verspreche, und dieser die Frage ohne Vorbehalt, Einschränkung oder Erweiterung bejahte. Das ist die absolut einfachste Form, einen Konsens zum Ausdruck zu bringen. Da das Lat. kein unserem Ja entsprechendes Wort kannte, wurde die Zustimmung durch die Wiederholung des Frageverbums ausgedrückt; etwas anderes war unüblich, hätte Zweifel am Willen des promissor geweckt und die Stipulation ungültig gemacht. Das Justinian. Recht ließ einfache Mündlichkeit genügen (C. 8, 37, 10). In der Praxis genügte schon seit dem 3. Jh. auch eine Beurkundung des Vertrages mit der Stipulationsklausel »interrogatus spopondit« ('gefragt, hat er [der promissor] gelobt'), weil die Beachtung der Stipulationsform vermutet wurde. Neben der Stipulation entwickelten sich im röm. Recht zahlreiche bes. Vertragstypen, wie emptio venditio 'Kauf', locatio conductio 'Verdingung', societas 'Gesellschaft' und mandatum 'Auftrag', ferner mutuum 'Darlehen', commodatum 'Leihe', depositum 'Hinterlegung' und pignus 'Verpfändung'. Erstere bezeichnete man als Konsensualkontrakte (weil der bloße Konsens zu ihrem Abschluß genügte), letztere als Realkontrakte (weil die Übergabe einer Sache zum Abschluß gehörte); weitere Verträge wurden als Litteral- und Verbalkontrakte klassifiziert. Erst in nachklass. Zeit wurden die sog. Innominat-Realkontrakte klagbar (→Actio), bei denen – wie bei der modernen Schenkung unter Auflage – eine Sache in der Erwartung einer Gegenleistung gegeben wurde. Zu den Verbalkontrakten rechnete man unter Mißachtung ihrer umfassenden Natur auch die stipulatio. Das hat der heute herrschenden, aber unrichtigen Ansicht Vorschub geleistet, nach röm. Obligationenrecht seien nur bestimmte Arten von Vereinbarungen klagbar gewesen (sog. Typenzwang). In Wahrheit bestand dank der Stipulation im röm. Recht genauso wie heute Vertragsfreiheit. Die ma. Doktrin hat die Verträge unter dem Begriff des pactum systematisiert. →Azo (Summa Codicis 2, 3) lehrte, daß »bloße« oder »nackte« Vereinbarungen (pacta nuda) nicht klagbar seien. Sie bedürften vielmehr der »Bekleidung« (vestimentum), z.B. mit einer Sache wie die Realkontrakte, mit Konsens (!) wie die Konsensualkontrakte oder mit Worten wie die Verbalkontrakte. Die Kanonisten leiteten aus den Dekretalen Papst Gregors IX. (X. 1, 35, 1) den Grundsatz ab, daß jede Vereinbarung eingehalten werden müsse (»pacta custodientur« oder »pacta sunt servanda«); deshalb sahen sie auch pacta nuda als klagbar an. Nach allg. Meinung liegt darin der Ursprung der Vertragsfreiheit. Aus röm.-gemeinrechtl. Sicht handelte es sich aber nur darum, daß die Stipulation von den letzten Formalitäten befreit wurde. Im engl. common law besteht der Beurkundungszwang für Schuldversprechen ohne »consideration« fort (→Causa, 2).   P. Weimar

Lit.: HRG V, 841f., 855–858 [TH. MAYER-MALY] – E. BUSSI, La formazione dei dogmi di diritto nel diritto comune, I, 1937, 231–271; II, 1939, 3–104 – M. KASER, Das röm. Privatrecht, I–II, 1971–75 – H. COING, Europ. Privatrecht (1500–1800), I, 1985, 398–400.

II. ALLGEMEIN UND DEUTSCHES RECHT: Der jurist. Begriff des V.s weist ein hohes Maß an Abstraktion auf, das man in frühen Rechtsq. vergebl. suchen wird. In ma. Texten erscheint als Bezeichnung für Übereinkunft, Abrede, V. häufig und verbreitet das Rechtswort *gedinge* (ahd. *gidingi*). Sein Bedeutungsfeld war freilich sehr weit, zumal es mit dem Stammwort *ding* (→Ding) dessen auf Gericht und Gerichtsverfahren bezügl. Bedeutungen teilte. Andererseits nahm das Verb 'vertragen' (= wegtragen, ertragen, erdulden) in der Urkk.sprache des 15. Jh. den Sinn von 'zum Austrag bringen', 'sich aussöhnen', 'ein Abkommen treffen' an; daran schloß sich das Substantiv 'V.' (= conventio, pactio) an.

Die in dt. Rechtszeugnissen seit dem 14. Jh. begegnende Parömie »Gedinge bricht Landrecht« läßt darauf schließen, daß das ma. dt. Rechtsleben vom Grundsatz der V.sfreiheit im Sinne der Inhaltsfreiheit geprägt war. Die Parömie darf aber nicht zu dem Mißverständnis verleiten, daß im MA eine umfassende normative Rechtsordnung vorgelegen habe, welche die Grundlage für eine prinzipielle Gegenüberstellung von V. und (objektivem) Recht abgeben konnte. Vielmehr lag die Gestaltung des Rechts selber zu einem guten Teil in der V.spraxis. Anderseits hing in Städten das Ausmaß der V.sfreiheit von der Zugehörigkeit zu einem bestimmten Berufsstand ab; ein Handwerker oder Gewerbetreibender war in seinen vertragl. Aktivitäten stärker an Vorschriften gebunden als ein Kaufmann. Der V. ist ein Rechtsgeschäft von weitester Anwendbarkeit; das Kerngebiet der privatrechtl. V.e bildet aber das Schuldrecht. Nach der auf R. Sohm zurückgehenden herrschenden Ansicht waren dem dt. Recht in hist. Zeit zwei Formen vertraglicher Schuldbegründung bekannt: das Schuldversprechen als Formalv. und der durch Sachempfang geschlossene Realkontrakt. Als Formalv. mit breiter Verwendung, der nicht bloß die Leistungspflicht des Versprechenden begründete, sondern dem Gläubiger auch eine Zugriffsmacht verschaffte, kann die altfrk. fides facta bezeichnet werden. Sie war vermutl. die Vorläuferin der ma. Treugelöbnisse. Neben den mit Eid oder bei (mit) der Treue geleisteten Gelöbnissen kommt im SpätMA auch ein formloses, »schlichtes« →Gelöbnis auf. Im Handel und Kreditwesen spielt der aus Italien übernommene exekutor. Schuldbrief eine wichtige Rolle. Als Realkontrakte betrachtet man heute insbesondere die →Leihe, aber auch Austauschv.e wie →Kauf und →Tausch. Man muß sich jedoch fragen, ob im dt. Recht eine dieser Typisierung entsprechende, scharfe Scheidung zw. v.sbegründenden und v.svollziehenden Rechtsakten gemacht wurde. Die Urkk. über Liegenschaftskäufe führen in der Regel alle wichtigen Bestandteile derselben auf – Konsens, Preiszahlung, Sachhingabe, Erklärung vor Gericht – und lassen sie so, wenigstens äußerl., als Simultanakte erscheinen. Bei vielen V.en wurde, vorab um der Beweisbarkeit willen, auf die Erkennbarkeit der gegenseitigen Bindung Gewicht gelegt, wie mancherlei »Stätigungsformen« bei Grundstücks- und Fahrnisgeschäften (→Gastung, Weinkauf, Gottespfennig, Handschlag) belegen. Der Gebrauch solcher Abschlußformen konnte dem vom kanon. Recht genährten Bedürfnis Rechnung tragen, die bekundete Willenseinigung, unabhängig von Vor- und Vollzugsleistungen, in den Vordergrund zu stellen, und mochte damit zum Konsensualv. überleiten.

Schon verhältnismäßig früh begegnen Ansätze zur Erfassung von Willensmängeln beim V.sabschluß. Die →Lex Baiuvariorum (XVI, 2) erklärte im Anschluß an den Codex Euricianus (286) einen durch Todesfurcht oder Einsperrung erzwungenen Kaufv. für unbeachtlich. Frk. Formulae betonen, daß der V. ohne Zwang, aus freiem Willen (»nullo cogente imperio, sed plenissima voluntate mea« o. ä.) geschlossen sei. Der Sachsenspiegel (Landrecht III, 41, 1 und 2) und nach ihm der Schwabenspiegel (Lassb., Landrecht 307) erachteten Gelöbnisse eines Gefangenen oder zur Abwendung von Lebensgefahr als unverbindlich. Im Brünner Schöffenbuch (592) wird auch die Ungültigkeit von gesetz- und sittenwidrigen V.en ausgesprochen. Unter dem Einfluß der Kanonistik trat das Bemühen um ein angemessenes Verhältnis zw. Leistung und Gegenleistung hervor. Die Kreditgeschäfte wurden in mehr oder minder weitem Umfange durch das sog. Zinsverbot geprägt. Beim Kauf suchte man, etwa durch den Beizug von Mittlern zum V.sschluß, dem Postulat des gerechten Preises (»iustum pretium«) nachzukommen.

Ein V. erzeugt Rechtswirkungen unter den Partnern, die ihn geschlossen haben. Heute nimmt man an, das ma. dt. Recht habe auch V.e gekannt, durch welche nicht am V.sabschluß beteiligte Drittpersonen als Begünstigte in die V.swirkungen einbezogen wurden (V. zugunsten Dritter). So mochte der Erblasser sein Vermögen einem Salmann (Treuhänder) übertragen, der seinerseits versprach, das Gut einem Dritten weiterzureichen. Einem Dritten konnte eine Leibrente, ein Altenteil, ein Vorkaufsrecht ausbedungen, an einen Dritten eine Bußzahlung versprochen werden. Drittbegünstigende Abmachungen erblickt man auch in den Order- und Inhaberklauseln von ma. Schuldurkk. G. Wesenberg vertritt freilich die Ansicht, daß es sich bei diesen und ähnl. Vereinbarungen nicht um echte V.e zugunsten Dritter gehandelt habe. In der Tat ist zweifelhaft, ob V.e bekannt waren, aus denen dem Dritten unmittelbar ein Recht auf Leistung erwuchs.

Aus dem V. entspringt für den Schuldner die Pflicht zur Leistung. Im MA haftete der Schuldner grundsätzl. unabhängig von einem Verschulden für den Leistungserfolg; immerhin mochte er sich durch den Nachweis höherer Gewalt (»echte Not«) unter bestimmten Umständen von der Haftung für die Nichterfüllung befreien. Geriet er mit seiner Leistung in Verzug, so wurde er im FrühMA nach rechtsförml. Mahnung durch den Gläubiger bußfällig. Mit dem Verfall des Bußensystems schwand diese Rechtsfolge des Leistungsverzugs dahin. Doch suchten sich nunmehr die Gläubiger häufig durch eine entsprechende V.sklausel – Vereinbarung einer Konventionalstrafe, Verabredung des Schadenersatzes oder der Ersatzbefriedigung (»Schadennehmen«), Unterwerfung unter sofortige Vollstreckung, Ausbedingung des Rücktrittsrechts – für den Verzugsfall zu sichern.   H.-R. Hagemann

Lit.: DWB XII, 1. Abt., 1921–1939 – HRG I, 1490–1494; II, 675–686; IV, 218–223; V, 841f., 852–858, 895–899 – O. Stobbe, Zur Gesch. des V.srechts, 1855 – R. Hübner, Grundzüge des dt. Privatrechts, 1930⁵, 521–564 – G. Wesenberg, V.e zugunsten Dritter, 1949, 86–93, 105–112 – H.-R. Hagemann, Gedinge bricht Landrecht, ZRGGerm Abt 87, 1970, 114–189 – H. Mitteis–H. Lieberich, Dt. Privatrecht, 1981⁹, 136–146 – H. Siems, Handel und Wucher im Spiegel frühma. Rechtsq., 1992.

III. Staatsrechtlich: Der polit. V. kann als ein universales, in Funktion, Inhalt, Form und Anwendungsbereich unspezif. Instrument zur dauerhaften oder zeitl. befristeten bi- oder multilateralen Regelung höchst unterschiedl. Beziehungen sowohl zw. gleich- und ungleichrangigen als auch zw. über- und untergeordneten polit. Herrschaftsträgern definiert werden. Wenngleich es immer und zunehmend »zwischenstaatl.«/dynast.-polit. V.e als Vorformen tatsächl. »Außenpolitik« gab, ist eine je nach der Zugehörigkeit der V.spartner zu gemeinsamen oder zu unterschiedl. Herrschaftsordnungen getroffene Unterscheidung zw. staatsrechtl. und völkerrechtl. V.en für die vorstaatl., substantiell von vornherein dualist. geprägten sowie sachl. weitgehend undifferenzierten Organisationsformen des MA kaum sinnvoller als eine strikte Abgrenzung polit. V.e gegenüber heute »privatrechtl.« V.en. Weil in der Regel nicht nur die V.e über (→Land-) Frieden, Bündnisse oder Einflußbereiche polit. Implikate besaßen, sondern auch die Vereinbarungen von Heiraten, (Erb-) →Einungen, Herrschaftsteilungen oder geregelten Finanz- und Wirtschaftsbeziehungen mit schieds- und lehnrechtl. Bestimmungen sowie unterschiedl. Sanktionen und Sicherungsklauseln für den Fall des V.sbruches (in der Frühzeit sogar Stellung adliger Geiseln), wird man einen engeren und einen weiteren Begriff unterscheiden und diesen die spezif. V.sformen subordinieren. Nicht nur wegen differierender Grundvorstellungen, sondern auch wegen der vielfältigen tatsächl. Zwecke und Formen (polit.) V.e ist deren Kompensationscharakter für den Mangel an oder den vermeintl. Verfall herrscherl.-zentralgewaltl. Autorität, Macht und →Gesetzgebung zumindest strittig. Davon hängt die von der Forsch. vernachlässigte Bestimmung der qualitativen, aber auch der quantitativen Genese des Phänomens ab. Vor der Folie einer überkommenen legitimen Gesamtordnung ist die rechtl. Herrschaftsorganisation im Zuge der im 12. Jh. einsetzenden polit. Differenzierungs- und Verdichtungsprozesse bis weit in die frühe NZ hinein vielfach punktuell und kontraktuell fixiert worden. Die V.spartner, die sich nicht in jedem Fall freiwillig verbunden haben dürften, verpflichteten zunächst nur sich persönl., erst im Verlauf staatl. Verdichtung auch ihren Herrschaftsverband. Weitere Charakteristika sind das Zurücktreten oraler Vereinbarungen bzw. mehrerer aufeinander bezogener Schriftstücke zugunsten der schriftl. Abfassung einer einheitl. V.surk., die ggf. gemeinsam besiegelt und beschworen sowie in mehreren Exemplaren ausgefertigt und von jedem V.spartner archiviert wurde. Sofern die Einholung von Bestätigungen anderer oder »höherer« Gewalten nicht nur dem Eid analoger Ausdruck des Bestrebens war, die V.skraft zu stärken, sondern u. U. auch der Suche nach Akzeptanz und Verbreitung, besitzen herrscherl. Confirmationes, päpstl. Approbationen und selbst kfl. →Willebriefe einen Platz in manchen V.sverfahren. Verfahrenstechn. überwog zum Ende des MA – ohnehin im Fall großer Distanzen – Gesandtenhandeln, statt des unmittelbaren ein »zusammengesetztes« Verfahren, welches erst durch die »Ratifikation« abgeschlossen wurde. Die V.sfreiheit aller Herrschaftsträger war auch im Reich grundsätzl. durch die Möglichkeit kgl. Widerspruches beschränkt und ist tatsächl. seit dem 14. Jh. nicht nur bezügl. der Reichsstädte und Freien Städte eingeschränkt worden.

Besondere Beachtung verdienen neben vertragl. begründeten Einungen als durchorganisierter gemeindeartiger Schwurverbände, die aber abgesehen von den Kurvereinen überwiegend regionale Bedeutung besaßen, solche polit. V.e des SpätMA, die als sog. »Herrschaftsv.e« grundlegende Bedeutung für die Verfassung des engeren oder weiteren polit. Gemeinwesens besaßen oder erlangten. Zu diesen in unterschiedl. Formen erlassenen, funktionell offen- oder verdeckt-kontraktuellen herrschaftsregulierenden Abmachungen von Monarchen oder Fs.en mit ihresgleichen sowie mit einzelnen Gruppen oder (werdenden) →Ständen rechnet man traditionell z. B. die →Magna Carta (1215), die bayer. Handfeste (1311), die →Joyeuse Entrée (1356) und den Tübinger V. (1514). Im landesfsl. Bereich sind seit dem 14. Jh. die →Wahlkapitulationen geistl. Fs.en gegenüber ihren Domkapiteln und Ständen zu nennen, aber auch die Sonderform der →Konkordate mit dem Hl. Stuhl und die ausgangs des MA zunehmend erlassenen →Hof- und Landesordnungen sind mehr oder weniger als polit. V.e anzusehen. Unbeschadet der Tatsache, daß sich in der Stauferzeit und zur frühen NZ hin Züge herrschaftl. Willens stärker ausprägten, kennt man zwar im gesamten dt. MA »auch das Gesetz, aber man schätzt es nicht besonders« (KRAUSE), so daß das Überwiegen privilegialer und einungsrechtl. Formen dem röm.-dt. Reich seiner prakt. Struktur nach dominant vertragl. Charakter verlieh. Zu den Fs.enprivilegien →Friedrichs II., dem →Mainzer (Reichs-) Landfrieden (1235) und der →Goldenen Bulle (1356) traten 1495 die »Gesetze« des →Wormser Reichstages. Der formal als kgl. Dekret auftretende Ewige Landfriede war in Wirklichkeit ein polit. V., denn er bedurfte ungeachtet aller Strafandrohungen des Textes der Rezeption und Anerkennung, ja des Beitritts. Die aufeinander abgestimmte Addition dieser polit. V.e wurde zunehmend als »Verfassung begriffen. Aufgrund ihres wirkl. oder postulierten V.scharakters banden diese Grundgesetze auch den »absoluten« Herrscher. Mit der gegenseitigen Abgrenzung von Sphären wurden in den (Herrschafts-) V.en auch Freiheiten fixiert, so daß die Grenzen zum Privileg fließend waren.

P.-J. Heinig

Lit.: HRG I, 1971, 1606–1620 [H. KRAUSE]; Lfg. 35, 1993, 698–708 [W. PAULY]; Lfg. 36, 1993, 842–852 [H. STEIGER] – H. MITTEIS, Polit. V.e im MA, ZRGGermAbt 67, 1950, 76–140 – Herrschaftsv.e, Wahlkapitulationen, Fundamentalgesetze, hg. R. VIERHAUS, 1977 – Gesetzgebung als Faktor der Staatsentwicklung, 1984 – Statuten, Städte und Territorien zw. MA und NZ in Italien und Dtl., hg. G. CHITTOLINI–D. WILLOWEIT (Schr. des it.-dt. hist. Inst. Trient 3, 1992).

B. Byzanz

Als Ks. →Leon VI. (886–912) in seiner Novelle 72 bestimmte, daß jede Vereinbarung auch ohne (Stipulation einer) V.sstrafe gültig sein solle, sofern sie sich nur durch das Kreuzeszeichen oder auf andere Weise auf Gott berufe, konnte oder wollte er damit nicht verhindern, daß die schulmäßigen Diäresen des →Corpus iuris civilis betr. die Begründung der Kontraktsobligationen sowie deren Unterscheidung vom 'pactum nudum' (vgl. Abschn. A. I) auch in die unter seinem Namen promulgierte Kodifikation, die →Basiliken, übernommen wurden (→Byz. Recht). Da die justinian. Einteilungen und Regelungen überdies durch die griech. Institutionenparaphrase des →Theophilos präsent blieben, konnte sich noch im 11. Jh. ein byz. Jurist veranlaßt sehen, eine umfangreiche Abhandlung über die ψιλὰ σύμφωνα zu verfassen. In den knapperen Gesetzeshandbüchern, und zwar gerade in den offiziell promulgierten, liegt dagegen bereits seit der →Ekloge (741) eine einheitl. Begriff V.es zugrunde, der unterschiedslos mit den Wörtern συνάλλαγμα, σύμφωνον, στοίχημα o. ä. bezeichnet wurde; das Fremdwort πάκτον und seine Ableitungen erfuhren v. a. in den nichtjurist. Q. eine starke Bedeutungserweiterung bzw. -änderung. Mündl. und schriftl. Abschluß von V.en (→Schriftlichkeit, II) waren grundsätzl. gleichberechtigt, jedoch wurde insbes. beim Ehe(güter)v. (→Ehe, D. II) die schriftl. Abfassung wohl favorisiert. Die Bestimmungen über Zeugenzahlen (→Zeuge) waren uneinheitl. Hinsichtl. der persönl. und inhaltl. Beschränkungen der V.sfreiheit blieb es weitgehend bei den justinian., z. T. bereits röm. Normen; erwähnenswert sind hier insbes. »gesellschaftspolit.« begründete Regelungen in bezug auf den Ehe(güter)v. sowie die Festlegung eines relativ engen Rahmens, innerhalb dessen sich Pacht- und v. a. Erbpachtv.e (→Emphyteusis) zu bewegen hatten, bei denen ksl. oder kirchl. Interessen tangiert waren. »Öffentl.« Interessen waren es auch, die im 10. Jh. zu einer Einschränkung der V.sfreiheit beim Grundstückskauf führten (→Protimesis). Die Vereinbarung eines Reugelds (ἀρραβών, →Arra) war beim Kauf- und insbes. beim Ehe- bzw. Verlöbnisv. vorgesehen. Davon zu unterscheiden ist die Vereinbarung einer V.sstrafe (πρόστιμον), die nach dem nicht ganz eindeutigen Zeugnis der Q. bald an den V.spartner, bald an den Fiskus zu zahlen war. Die erhaltenen V.surkunden – und dies gilt in ähnl. Weise für die byz. Zeit wie für die frühbyz. Zeit wie die ägypt. Papyri der frühbyz. Zeit wie für die späteren Urkk. und Formulare, deren Überlieferung Ende des 9. Jh. einsetzt – zeigen einerseits eine weitgehende Typenfreiheit, andererseits eine reiche, durch das Notariat entwickelte und tradierte Klauselpraxis; sie sind nahezu ausnahmslos als (einseitige) Beweisurkk. stilisiert. – Für diejenigen V.e, welche der byz. Ks. mit den Herrschern bzw. Repräsentanten auswärtiger »Staaten« schloß und die in der Regel Friedensschlüsse, Beistandspakte oder Handelsabkommen darstellten, darüber hinaus aber auch die Rechtsbeziehungen der sich auf dem fremden Territorium aufhaltenden »Ausländer« betreffen konnten, hatten die Byzantiner kein sie klar vom privaten V. abgrenzendes Konzept. Für die Prozedur des V.sschlusses, die insbes. nach dem Ort der Verhandlungen und nach der etwaigen Beteiligung von bevollmächtigten Unterhändlern (→Gesandte, A. II) variierte, verfügen wir für die frühere Zeit, abgesehen von einigen Exzerpten aus dem byz.-pers. V. von 561/562, ledigl. über die Berichte erzählender Q. Der Text der im 10. Jh. mit der Rus' geschlossenen V.e (→Byz. Reich, E. III) ist nur in slav. Übersetzung und möglicherweise stark kontaminierter Fassung in der aruss. Chronik (→Povest' vremennych let) erhalten. Die ältesten im griech. Text und/oder in authent. lat. Übersetzung erhaltenen V.e wurden im (11. und) 12. Jh. mit den oberit. Kommunen Genua, Pisa und Venedig geschlossen. Auf byz. Seite weisen sie die Form des *chrysobullos logos* (→Chrysobull) auf, sind also in zunehmend fiktiver Weise als einseitige Privilegienurkk. stilisiert, in welche die Verpflichtungen der Gegenseite allenfalls als Referat oder Insert aus den Gegenurkk. aufgenommen wurden. Bei der Aushandlung und zur Sicherung der V.e spielten protokollierte →Eide eine große Rolle. In spätbyz. Zeit schlägt sich der Machtverlust des byz. Ks.s auch in der Form der »außenpolit.« V.e nieder, die mehr und mehr westl. Einflüsse zeigt. L. Burgmann

Lit.: →Urkunde, C. I – Oxford Dict. of Byzantium, s. vv. Arrha sponsalicia, Contract, Obligation, Pacta, Prostimon, Treaties – K. E. ZACHARIÄ V. LINGENTHAL, Gesch. des griech.-röm. Rechts, 1892³, 283–322 [Nachdr. 1955] – H. MONNIER–G. PLATON, La Meditatio de nudis pactis, 1915 [Nachdr. in: H. MONNIER, Études de droit byz., 1974, Nr. III] – W. HEINEMEYER, Die V.e zw. dem Oström. Reich und den it. Städten Genua, Pisa und Venedig vom 10. bis 12. Jh., ADipl 3, 1957, 79–161 – D. NÖRR, Die Fahrlässigkeit in byz. V.srecht, 1960 – I. SORLIN, Les traités de Byzance avec la Russie au Xᵉ s., Cah. du monde russe et soviétique 2, 1961, 313–360, 447–475 – D. SIMON, Stud. zur Praxis der Stipulationsklausel, 1964 – F. DÖLGER–J. KARAYANNOPULOS, Byz. Urkk.lehre, I, 1968, 94–105 – DÖLGER, Reg., Register s. v. Vertrag – M. KASER, Das röm. Privatrecht, II, 1975², 362–425 – D. SIMON–S. TROIANOS, Dreizehn Geschäftsformulare (Fontes Minores, II, hg. D. SIMON, 1977), 262–295 – A. N. SACHAROV, Diplomatija Drevnej Rusi, 1980 [Lit.] – DERS., Diplomatija Svjatoslava, 1982 [Lit.] – R.C. BLOCKLEY, The Hist. of Menander the Guardsman, 1985 – J. KODER, Das Sigillion von 992 – eine »außenpolit.« Urkunde?, Byzslav 52, 1991, 40–44 – J. MALINGOUDI, Die russ.-byz. V.e des 10. Jh. aus diplomat. Sicht, 1994.

Vertragus, auch veltravus (Lex Gundobada, Tit. 97), canis veltricus (Lex Baiuvariorum, Tit. 20), veltrus (Lex Alamannorum, Tit. 83, Lex Salica, Tit. 6), veltus (Pactus Alamannorum, Tit. 157), bei den Kelten und den Germanen zur Hasenhetze verwendeter, schlanker, durch breiten Brustkorb, eingezogene Weichen, schmalen Kopf und hohe Läufe charakterisierter Hund, der – im Gegensatz zum Laufhund (→Seguser) – schneller als das verfolgte Wild war und es aufgrund seiner Schnelligkeit fangen konnte: »De canibus veltricis qui leporem non persecutum, sed sua velocitate conprehenderit...« (Lex Baiuvariorum, Tit. 20,5). Bei den Germanen und wahrscheinl. auch bei den Kelten gab es neben dem leichteren, für die Feldjagd auf Hasen spezialisierten ebenso einen schwereren Windhundschlag für die Schwarzwild- und wahrscheinl. auch Rotwildjagd, den veltrus leporarius und den veltrus porcarius. →Windhund. S. Schwenk

Vertus, Ort und Gft. (Vertuais) im NO der Champagne (dép. Marne), westl. v. Châlons-sur-Marne, südl. v. Épernay, im FrühMA im Besitz des Ebf.s v. Reims, im 10. Jh. des Gf.en →Heribert II. v. →Vermandois, nachfolgend der Gf.en v. →Champagne, stand ab 1304 in Kronbesitz und wurde konstituiert als Gft., mit der Kg. →Philipp VI. v. Valois seinen jüngeren Sohn Philipp ausstattete. Die Gft. wurde 1361 von Isabella v. Frankreich, Tochter Kg. Johanns (→Jean le Bon), ihrem Gatten Giangaleazzo →Visconti in die Ehe eingebracht und kam dann an Valentina Visconti, Gemahlin von Hzg. →Ludwig v. Orléans; V. zählte (mit anderen Besitzungen im champagn. Raum) zu den Herrschaften, mit denen das Haus Orléans sich ein machtvolles Territorialfsm. in Ost- und Mittelfrankreich aufzubauen suchte. Nach dem gewaltsamen Tode Hzg. Ludwigs (1407) übertrug die Witwe die Gft. V. ihrem jungen Sohn Philippe de →Vertus; dessen Halbbruder Jean →Dunois, der 'Bâtard d'Orléans', trat V. im Tausch gegen die Gft. Dunois (→Châteaudun) seinem legitimen Halbbruder, dem Hzg. und Dichter →Charles d'Orléans, ab. Über dessen Schwester Marguerite kam die Gft. V. durch Heirat an das Haus Bretagne. U. Mattejiet

Lit.: H. D'ARBOIS DE JUBAINVILLE, Hist. des ducs et des comtes de Champagne, 1859–66 – M. BUR, La formation du comté de Champagne, 1977 – J. FAVIER, Dict. de la France méd., 1993, 956 – Lit. zu →Vertus, Philippe de.

Vertus, Philippe, Gf. v., frz. Fs. aus dem Hause →Orléans, * Juli 1396 in Paris, † 1. Sept. 1420 in →Beaugency, ▭ ebd., Leichnam später überführt in die →Grablege der Orléans bei den Pariser →Coelestinern; Sohn von Hzg. →Ludwig v. Orléans und Valentina →Visconti; jüngerer Bruder des Hzg.s und Dichters →Charles d'Orléans; Namengebung 'Philippe' nach dem Taufpaten →Philipp d. Kühnen v. Burgund. Die unbeschwerte Situation des jungen 'prince des fleurs de lys' änderte sich schlagartig mit der Ermordung seines Vaters (1407). Philippe wurde zu einem Führer der Orléans-Partei (→Armagnacs et Bourguignons) und erhielt die Gft. →Vertus (Champagne), die seine Mutter als Dos besaß und die bereits von Isabella v. Frankreich in die Ehe mit Hzg. Giangaleazzo Visconti eingebracht worden war. Der Friede v. Chartres (1409) sah vor, daß V. eine Tochter von Hzg. Johann Ohnefurcht v. Burgund (→Jean sans Peur) heiraten solle, was sich aber als unmöglich erwies. Wegen des Zwangsaufenthaltes seiner Brüder in England (Jean d'Angoulême Geisel seit 1412, Charles d'Orléans Gefangener seit 1415) fiel Philippe die Sorge um die immensen Besitzungen des Hauses zu; er erwies sich als umsichtiger Helfer des Dauphins→Karl (VII.), der ihn mit wichtigen administrativen und militär. Aufgaben betraute (1418 Besetzung von →Parthenay, 1419 von →Tours). Eine Erkrankung führte zum frühen Tod. Philippe hinterließ einen Bastard, der wegen seiner Verfehlungen 1445 hingerichtet wurde. Ph. Contamine

Lit.: G. DU FRESNE DE BEAUCOURT, Charles VII, I, 1881 – F. LEHOU, Jean de France, duc de Berri, III, 1968 – P. CHAMPION, Vie de Charles d'Orléans, 1969.

Verwaltung. Das Wort V. hat im MA keinen mit der modernen Verwendung vergleichbaren fest umrissenen Bedeutungsbereich. Nach dem modernen Verständnis ist V. überwiegend auf den Staat bezogen und meint ein ganz spezifisches staatl., nämlich gesetzesvollziehendes Handeln, das von der jurisdiktionellen und gesetzgebenden Funktion des Staates unterschieden wird. Dieses, von der Gewaltenteilungslehre und dem Konstitutionalismus ausgehende V.sverständnis setzt den nz. Staat mit weitgehendem Herrschafts- und Gewaltmonopol voraus; es kann demzufolge hier nicht zugrundegelegt werden. Faßt man V. hingegen allgemeiner als institutionalisiertes Handlungs- und Durchsetzungsinstrument jegl. →Herrschaft, ist eine sinnvolle Verwendung dieses Wortes auch für die ma. Verfassungsstrukturen möglich. Die Frage ist demnach, inwieweit es im MA einen institutionalisierten, d.h. von der Person des Herrschaftsträgers losgelösten und dessen individuelle Existenz überdauernden Herrschaftsapparat gab. Dabei stößt man auf das Problem, daß im MA kein souveräner →»Staat« existierte, der alle Herrschaftskompetenzen und -funktionen bei sich vereinigte. Herrschaft war vielmehr verteilt auf eine Vielzahl von Herrschaftsträgern, die sich je nach der Größe ihres Herrschaftsbereiches oder der Komplexität der beherrschten sozialen Einheiten institutionalisierter Formen der Herrschaftsübung bedienen mußten. Weitaus früher als bei den weltl. Herrschaftsträgern bildete sich in der kirchl. Organisation ein hierarch. abgestufter institutioneller Handlungsapparat, der in zunehmendem Maße eine zentrale Steuerung der Kirche möglich machte: Die flächendeckenden Strukturen von →Bistum, Dekanat (→Dekan) und Pfarrorganisation (→Pfarrei) schufen die Voraussetzungen dafür, daß zentrale Entscheidungen stufenweise weitergegeben und ihre Realisierung vor Ort effektiv kontrolliert werden konnten.

Außerhalb der kirchl. Hierarchie war die Entstehung eines Institutionenapparates hauptsächl. durch drei Faktoren bedingt: Zum einen durch formalisierte, d. h. v. a. verschriftlichte und rechtsförml. Methoden bei der Ausübung der Herrschaftsrechte, die einen schreib- und bald auch rechtskundigen Stab von Amtsträgern voraussetzten. Zum zweiten durch die Komplexität der beherrschten sozialen Gebilde, deren Leitung nur mit Hilfe eines zumindest minimal differenzierten Apparates möglich war. Und schließlich zum dritten die räuml. Ausdehnung des Herrschaftsbereiches, die v. a. in dessen entfernter liegenden Teilen Stellvertreter erforderl. machte, denen dort die Aufgabe zukam, die Rechte des abwesenden Herren auszuüben und so der allmähl. Entfremdung der Herrschaftskompetenzen entgegenzuwirken. Danach sind bei der Bildung weltl. V.sinstitutionen am frühesten v. a. zwei Kristallisationspunkte auszumachen: zum einen das Kanzleiwesen (→Kanzlei) als einer institutionellen Voraussetzung verschriftlichter Herrschaftspraxis; zum anderen die Führung ökonom. Systeme wie →Grundherrschaften und große Hofhaltungen (→Hof, →Hofämter). Hof und →Villikationen wiesen sehr früh ein relativ starkes institutionelles Gerüst auf. Später erst entwickelte sich eine eigtl. Landesv. als Instrument der seit dem 13. Jh. sich allmähl. festigenden Landesherrschaft. Sie bestand im wesentl. aus einer Zentralinstanz, dem fsl. →Rat, und örtl. wirksamen, häufig →Amtmann (→Vogt, →Drost, →Pfleger) genannten Handlungsorganen. Hofrat und Amtleute bildeten das institutionelle Grundgerüst der V. in den dt. Territorien. Abweichungen hiervon waren einerseits in sehr großen Territorien zu verzeichnen, wo zw. den lokalen Amtleuten und dem Hofrat eine regional zuständige Amtsträgerschaft entstand, wie beispielsweise die für einen Landesteil zuständigen Viztume (→vicedominus) in Bayern, andererseits in ganz kleinen Territorien, wo die Gemeinden die Funktion der Ämter mitübernehmen konnten. Das Reich vermochte demgegenüber überhaupt keine Lokalv. zu entwickeln: Die Reichsv. bestand im wesentl. aus Zentralbehörden (→Reichshofrat, →Reichshofgericht) und blieb im übrigen außerhalb der schrumpfenden Reichslandvogteien (→Landvogt) auf die territorialen Institutionen örtl. Herrschaftsübung angewiesen. Die ältere Institution der Landesv. war der Amtmann: Seit dem 14. Jh. war die Tendenz erkennbar, größere Herrschaftsbereiche in räuml. überschaubare, häufig →Amt genannte Untereinheiten aufzugliedern, in denen der Amtmann als Vertreter des Landesherrn Schutzleistung, Friedenssicherung und Gerichtsbarkeit besorgte und die landesherrl. Rechte auf Abgaben und Dienste der Amtseingesessenen geltend machte. Dem Amtmann stand regelmäßig ein weiterer, häufig →Keller, Amtsschreiber oder Kastner genannter Amtsträger zur Seite, der den Einzug der Abgaben sowie die Lagerung und V. der Einkünfte zu besorgen hatte.

Eine zentrale V.sinstitution, deren Tätigkeit sich auf das ganze Land erstreckte, hat sich demgegenüber erst später – in der Regel erst im Laufe des 15. Jh. – herausgebildet, weil der Herr am Herrschaftsmittelpunkt, dem Hof, selbst anwesend sein konnte und demzufolge der Rückgriff auf Stellvertreter ferner lag. Es war dies der landesherrl. Rat (→Hofrat), ein sich nur ganz allmähl. zu einer festen Institution formierendes Gremium um den Fs.en, das jurisdiktionell und beratend tätig war. Durch Verstetigung und feste Rhythmisierung seiner Sessionen nahm dieser langsam den Charakter einer territorialen Spitzenbehörde an. Demgegenüber blieb die zentrale Finanz- und Vermögensv. (→Finanzwesen) im MA von untergeordneter Bedeutung, weil den Territorien in dieser Zeit eine zentrale Erfassung und Verrechnung aller Einkünfte noch nicht möglich war.   T. Simon

Lit.: COING, Hdb. I, 403ff. – Geschichtl. Grundbegriffe VII, 1992, 26–47 – HRG V, 864–870 – H. SPANGENBERG, Vom Lehnstaat zum Ständestaat, 1912 [Neudr. 1964] – G. THEUERKAUF, Zur Typologie der spätma. Territorialv. in Dtl., Annali della Fondazione It. per la storia amministrativa 2, 1965, 37ff. – W. DAMKOWSKI, Die Entstehung des V.sbegriffs, 1969 – Der dt. Territorialstaat im 14. Jh., 2 Bde, hg. H. PATZE (VuF 13, 14, 1970/71) – DERS., Die Herrschaftspraxis der dt. Landesherren während des späten MA (Hist. comparée de l'administration IVᵉ–XVIIIᵉ s., hg. W. PARAVICINI–K. F. WERNER, 1980), 363–391 – H. HATTENHAUER, Gesch. des Beamtentums, 1980 – W. RÖSENER, Hofämter an ma. Fs.enhöfen, DA 45, 1989, 485–550.

Verwandtschaft

I. Forschungsfeld – II. Verwandtschaft durch Geburt und Heirat – III. Verwandtschaft durch Taufe.

I. FORSCHUNGSFELD: [1] *Definition*: Unter V. versteht man ein begriffl. Ordnungssystem zur Definition sozialer Beziehungen, das seine Terminologie aus dem Wortfeld der biolog. Reproduktion bezieht. Der Bezug zu Zeugung und biolog. Reproduktion ist aber keine notwendige und auch keine zureichende Bedingung für V. im sozialwiss. Sinn (illegitime →Kinder werden oft nicht unter die Verwandten gezählt, der Genitor gilt nicht notwendig als »richtiger« →Vater). Gerade im okzidentalen MA war nur ein Teil der verwandtschaftl. Organisation an der biolog. Reproduktion orientiert. Wie in allen technolog. einfacheren Gesellschaften war V. im frühen MA der bei weitem gebräuchlichste Modus, um soziale Beziehungen begriffl. zu fassen und Individuen zu verschiedenen Gruppenformen mit ganz unterschiedl. Funktionen zusammenzufassen. Sie war das Ordnungsmuster für die Konstituierung familialer Gruppen (Allianz, Deszendenz, →Adoption), religiöser Vereinigungen (→Kloster, →Bruderschaft) oder ritueller Freundschaftsbündnisse (z. B. →Patenschaft, Schwurbrüderschaft), für die Definition der Hierarchien in anstaltl. Organisationsformen (der Bf. als pater der Diözesanen und frater der Bf.e), schließlich für die Gemeinschaft der Christen als Ganze (Brüder und Schwestern in der →Taufe, Kinder Gottes). Doch war V. stets, auch im frühen MA, nur ein Modell sozialer Beziehungen neben anderen (etwa der nicht mit der Terminologie der V. gefaßten Vasallität; →Vasall).

Die Mediävistik hat die Integration in die allg. soziolog. und anthropolog. V.sforschung sukzessive seit den 60er Jahren vollzogen und ist seit den intensiven Diskussionen der Thesen des Ethnologen J. GOODY zur Entwicklung von Ehe und Familie in Europa vollends in diesen Diskussionsrahmen eingebunden (für die dt. Forsch.: M. BORGOLTE). Seit V. nicht mehr als biolog. Tatsache betrachtet wird, sondern als universal einsetzbares gedankl. Strukturierungssystem sozialer Beziehungen, werden ihre Wiss.sterminologie und Systematisierung neu diskutiert. Zwar ist immer noch fast die gesamte V.sforsch. an der Biologie orientiert, eine Inkonsequenz, die nie explizit reflektiert wird. Weiterhin wird 'richtige' V. (Deszendenz, Allianz) von 'künstlicher/fiktiver' geschieden (so auch noch Artikel →Patenschaft). Als Metaphern nahezu ausgeschieden aus den Unters.en von 'V.' bleiben immer noch jene Sozialformen des MA, die mit der Terminologie der V. zwar ihre Verhaltensnormen und Autoritätsverhältnisse auf den Begriff brachten, aber nichts mit familialen Deszendenz- und Allianzverbänden zu tun haben. Neuerdings aber beginnt die mediävist. V.sforsch., sich von der Einteilung in 'echt' und 'künstl.' zu trennen und 'V.' als umfassendes Ordnungsmodell in den Blick zu nehmen. Erste Arbeiten gehen von der Beobachtung aus, daß das okzidentale MA in Analogie zu einem zweigeteilten Bild vom Menschen ex anima et corpore zwei Denksysteme von V. entfaltet hat: eine fleischl. V. (cognatio carnalis, konstituiert durch Geburt und Heirat) und eine geistl. V. (cognatio spiritalis, konstituiert durch die Taufe). Die Systeme waren trotz mancher antagonist. Konstruktion (carnis-spiritus, Sünde-Erlösung usw.) ineinander verwoben (Fleischwerdung Christi, Vereinigung von Geist und Fleisch bei der Erlösung). Aus kulturanthropolog. Sicht repräsentieren sie verschiedene V.stypen. Das System der 'fleischlichen' V. trennt in Verwandte und Nicht-Verwandte, wobei die Heirat konstitutives Element des Statuswechsels ist. Dagegen repräsentiert die christl. Konzeption der geistl. V. ein V.skonzept, in dem prinzipiell alle miteinander verwandt sind, konstitutiv ist die Initiation ins Leben. Spezif. Formen dieser geistl. V.en (durch Patenschaft, →Profeß, →Weihe usw.) bedeuten dann nur eine Statusmodifikation (A. GUERREAU-JALABERT, J. MORSEL).

Entschieden verändert hat sich die V.sforsch. durch die Grundannahme, daß V. nicht *ist*, sondern *sich ereignet*. Dies richtet den Blick verstärkt auf die materiellen und symbol. Transaktionen sowohl innerhalb der V.sgruppen als auch zw. der V.sgruppe und ihrer Außenwelt. Die wiss. Abwendung von der Privilegierung der Rechtstexte, von der Fixierung auf Blutsv. und von der Rekonstruktion von Strukturen hat die prakt. agierende V. als ständig merkl. oder unmerkl. modifizierte Gruppe erkennen lassen, die durch die unterschiedlichsten Lesarten in ihren Grenzen und Definitionen so variabel wie die Situationen ihrer Darstellung und die Perspektiven der jeweiligen Repräsentanten (S. WHITE; →Familie C. I, [4]).

[2] *Verwandtschaft im Kontext der mittelalterlichen Ordnungsformen:* Die soziale Bedeutung der V. ist abhängig von ihrem Verhältnis zu anderen – konkurrierenden oder überlagernden – handlungsstrukturierenden Konzepten der jeweiligen Gesellschaft (Vasallität, →Stadt, →Gilde, →Universität usw.). Aus funktionaler Sicht läßt sich ihre Bedeutung auch daran messen, wieviele Funktionen sozialer Reproduktion sie wahrnimmt (Übertragung von sozialem und familialem Status, von Besitz usw.) und abgibt (z. B. →Ernährung, Ammenwesen, →*fosterage*-Praktiken, Ausbildung [→Erziehung- und Bildungswesen]).

II. VERWANDTSCHAFT DURCH GEBURT UND HEIRAT: [1] *Dar- und Vorstellung:* Da V. eine ausschließl. soziale Konstruktion ist, gibt es keine V. außer der repräsentierten. Dies erkennend hat die V.sforsch. die Strategien zur Identifizierung und Sichtbarmachung von V.en ins Zentrum gerückt, etwa die Formen verwandtschaftl. →Memoria (z. B. →Necrologien), ferner den Zusammenhang von V.sterminologie oder →Personennamen und prakt. Organisation der V.sverbände. Die Terminologie war im MA komplett bilateral (d. h. väterl. und mütterl. Verwandte sind terminolog. nicht unterscheidbar; anders in der röm. Antike, vgl. patruus-avunculus, M. BETTINI), ähnliches ist für Praktiken der Nachbenennung nachgewiesen worden (für das FrühMA R. LE JAN). Das hoch- und spätma. (agnat. konstruierte) 'Geschlecht' spielte zwar für die prakt. Organisation der V.sverbände keine Rolle (K.-H. SPIESS), war aber auf der diskursiven Ebene von eminenter Bedeutung. An den Auseinandersetzungen zw. →Welfen und →Staufern ist dies ebenso gezeigt worden (O. G. OEXLE) wie an der Formierung des kleinen Adels im späten MA (J. MORSEL).

[2] *Verwandtschaft als praktischer Verband:* Die im ganzen wenig umstrittene Entwicklung der V.sorganisation »from clan to lineage« scheint weniger ein Bruch um das Jahr 1000 gewesen zu sein als ein kontinuierl. Prozeß der territorialen Konzentrierung und Hierarchisierung der V.sverbände seit dem Ende des 7. Jh. (R. LE JAN). Als zentrale Steuerungstechniken der V.sorganisation untersucht die Forsch. bes. Eherecht, Heiratsstrategien/-muster, →Erbrecht, bes. aber den Umgang mit der Tatsache, daß beinahe 40% der Familien ohne männl. Erben blieben (J. GOODY, J. MORSEL). Dieser biolog. Zufall war im MA nicht reparabel. Einen entscheidenden Bruch im Eherecht (→Ehe, B. VI) sieht die Forsch. beim Übergang von der merow. hierarch. →Polygamie (ein Mann konnte mehrere Frauen mit jeweils unterschiedl. Rechten haben) zum Modell der unauflösl. und monogamen Ehe, dessen Durchsetzung neuerdings bereits für das 9. Jh. angenommen wird (R. LE JAN). Dies änderte die Rolle der Frauen und die Ehestrategien grundsätzl. Zentrales Steuerungsinstrument für die Zahl der Nachkommen war das Heiratsalter, das – diskutiert als »European marriage pattern« – im 16. Jh. bei Frauen sprunghaft anstieg. Signifikante Heiratsmuster (soziale Regeln, familiale Strategien) lassen sich je nach Zeit, Region und sozialem Segment ermitteln. So zeigt sich etwa bei manchen spätma., hochadligen dt. Familien eine systemat. Suche nach →Witwen (K.-H. SPIESS).

[3] *Korrekturtechniken des biologischen Zufalls:* Eine Herausforderung der Forsch. ist J. GOODYS Versuch, die Erklärung des okzidentalen V.ssystems auf die Beobachtung zu gründen, daß seit dem 5. Jh. (mit unterschiedl. Erfolg) unter dem Einfluß der Kirche alle Techniken zur verwandtschaftl. Besitzsicherung und Korrektur des biolog. Zufalls unterdrückt (Endogamie, Polygamie, Adoption, Scheidung) oder massiv diffamiert worden sind (erneute Ehe nach Verwitwung). Zwar ist GOODYS Deutung zurückgewiesen worden, dies sei im Interesse kirchl. Besitzarrondierung geschehen, nicht aber seine generelle Beobachtung. Die derzeit verstärkte Unters. der Korrekturtechniken der V. sowie der Strategien zur Besitzsicherung ergibt noch kein deutl. Bild. Daß die Adoption seit dem 5. bis ins 18. Jh. unterdrückt worden ist, scheint für das MA (weniger für die frühe NZ) einige Plausibilität zu haben (M. CORBIER).

[4] *Inzestverbote:* Um 500 hat die Kirche die Vorstellung von dem, was als Inzest zu gelten hat, drast. verändert. Dies hat zu so massiven Ausweitungen der Verbote geführt, daß sie nicht mehr unmittelbar anwendbar gewesen sein können. Versuche, diese Ausweitungen zu erklären und ihre Folgen für die Heiratsstrategien sowie für kirchl. und weltl. Gesetzgeber zu erfassen, haben bislang keine breiter akzeptierte Deutung hervorgebracht (BONTE, zur Praxis R. LE JAN). Jüngste Bemühungen scheinen zumin-

dest bei der Deutung der geistl. Inzestverbote fruchtbar zu sein (A. GUERREAU-JALABERT).

III. VERWANDTSCHAFT DURCH TAUFE: Das spirituelle System der V. wurde im wesentl. definiert mit Hilfe der Relationen zw. den himml. Gestalten, Gott-Christus-Maria/ecclesia. Die Taufe machte alle zu Söhnen und Töchtern Gottes und der Kirche. Die sozial strukturierende Funktion dieser V. lag weniger in ihrer Qualität, Güter und sozialen Status in die nächste Generation zu vermitteln, als eher in der Handlungsnormierung. In der geistl. V. war der Zentralbegriff verwandtschaftl. Moral, caritas, als gesamtgesellschaftl. Prinzip formuliert (A. GUERREAU-JALABERT). Diese Handlungsnormierung war auf vielerlei Weise rituell formalisiert, sei es im Verbund mit der fleischl. V. (HÉRITIER-AUGÉ), sei es in konkurrierenden (Kl.) oder parallelen (Bruderschaft) familial definierten Sozialformen. B. Jussen

Lit.: →Familie, C. I.4 – HRG V, 886f. – J. GOODY, Die Entwicklung von Ehe und Familie in Europa, 1986 – S. WHITE, Custom, Kinship and Gifts to Saints, 1988 – M. BETTINI, Familie und V. im antiken Rom, 1992 – K.-H. SPIESS, Familie und V. im Dt. Hochadel des SpätMA, 1992 – Épouser au plus proche, éd. P. BONTE, 1994 – R. LE JAN, Famille et pouvoir dans le monde Franc, 1995 – O. G. OEXLE, Welf. Memoria (Die Welfen..., hg. B. SCHNEIDMÜLLER, 1995), 61–94 – M. BORGOLTE, Sozialgesch. des MA, 1996, 385–444 – La parenté spirituelle, éd. F. HÉRITIER-AUGÉ-E. COPET-ROUGIER, 1996 – A. GUERREAU-JALABERT, Spiritus et caritas, ebd., 133–203 – Adoption et Fosterage, ed. M. CORBIER [im Dr.] – J. MORSEL, Das Geschlecht als Repräsentation (Die Repräsentation der Gruppen, hg. O. G. OEXLE–A. V. HÜLSEN-ESCH) [im Dr.].

Verwundung. 1. Das ma. Recht kannte drei unterschiedl. Formen von Körperverletzungen: (trockene, weil nicht mit Blutverlust verbundene) Schläge, Lähmde (als Vernichtung oder Schädigung eines Körpergliedes oder gesamte Lähmung) und V. (mhd. *wunde*; in lat. Q.: *vulnus*). Letztere war die blutende Verletzung (»fließende«, »offene« oder »vollkommene Wunde«, manchmal auch *blutruns*) oder die Verletzung mit scharfer Waffe. Die Volksrechte sahen darüber hinaus eine reiche Kasuistik für die konkrete Bestimmung der Bußzahlung vor; so unterschied die Lex Salica z. B. sieben Fälle der Verletzung der Hand. Bekannt ist das formalisierte Verfahren, die Schwere der Verletzung festzustellen: nämlich nach der Stärke des Klangs, den der über eine bestimmte Entfernung gegen einen Schild geworfene Knochensplitter ertönen ließ. Unter dem Einfluß der Friedensbewegung (→Land-, →Stadtfrieden) wurden für V.en – herkömml. zugefügt im Rahmen der gewalttätigen Fehden – auch peinl. →Strafen (v. a.: Handverlust; später auch Geldbußen oder Stadtverweisung) vorgesehen. Oft war für die Strafbarkeit eine bestimmte Tiefe oder Länge erforderl. (»Maßwunde«, »mensurabile vulnus«) oder die Notwendigkeit ärztl. Behandlung (*bindbare wunde*). In manchen Gebieten wurden den einfachen V.en je nach Art der Verletzung erschwerte (und z. T. mit der Todesstrafe geahndete) V.en gegenübergestellt: Bogwunde (bei der das Blut im Bogen sprang), beinschrötige Wunde (mit Knochenverletzung), Hohlwunde (die ins Innere des Leibes drang), entstellende Wunde, Messerwunde, lebensgefährl. Wunde. Solch schwere V.en wurden mancherorts als »rügbare Wunden« bezeichnet, da sie mit Rügepflicht (→Rüge) der Schöffen verbunden waren; »kampfbare Wunden« konnten in Ostfalen mit gerichtl. →Zweikampf bewiesen werden. – 2. Allerdings gab es auch rechtl. zugelassene V.en. V. a. konnte V. das Ergebnis des Vollzugs einer peinl. Strafe (Verstümmelung) sein. Daneben gab es ein V.srecht im Rahmen der →Notwehr – manchmal verbunden mit Verklarungspflicht – und als verständl. Reaktion auf »Anlaß« (Veranlassung durch vorherigen Streit). In manchen Rechten wurde dem Vater und dem Dienstherrn ein auch V. umfassendes Züchtigungsrecht eingeräumt. W. Schild

Lit.: HRG II, 1159–1163 – R. HIS, Die Körperverletzung im Strafrecht des dt. MA, ZRGGermAbt 54, 1920, 75–126 – DERS., Das Strafrecht des dt. MA, I, 1920, 196–215; II, 1935, 95–103 – E. KOLLER, Der Motivkreis von Krankheit und V. [Diss. Innsbruck 1970] – F. SCHEELE, di sal man als radebrechen, 1992, 153–159.

Verzy, Synode v. (991). Nachdem es Kg. →Hugo Capet im März 991 gelungen war, seinen karol. Widersacher Hzg. →Karl v. Niederlothringen (33. K.) und dessen Neffen Ebf. →Arnulf v. Reims gefangenzunehmen, tagte am 17. und 18. Juni 991 eine westfrk. Synode unter Vorsitz des Ebf.s Seguin v. Sens im Kl. St-Basle-de-Verzy bei Reims, die dem wegen Hochverrats und Eidbruchs angeklagten Ebf. Arnulf den Prozeß machen sollte. Der Haltung v. a. Abt →Abbos v. Fleury und Bf. Radbods v. Noyon, die sich unter Berufung auf pseudoisidor. Grundsätze gegen eine Verurteilung ohne Mitwirkung des Papstes wandten, widersprach Bf. →Arnulf v. Orléans mit einer heftigen Invektive gegen das Papsttum und erreichte schließlich die Absetzung Arnulfs v. Reims. R. Große

Q.: MGH SS III, 658–686 – RI II/2, Nr. 1035c – Lit.: C. CAROZZI, Gerbert et le concile de St-Basle (Gerberto, scienza, storia e mito, 1985), 661–676 – H. WOLTER, Die Synoden im Reichsgebiet und in Reichsitalien von 916 bis 1056, 1988, 131f. [Lit.] – H. ZIMMERMANN, Die Beziehungen Roms zu Frankreich im Saeculum obscurum (L'Église de France et la papauté, hg. R. GROSSE, 1993), 43–45 – O. PONTAL, Les conciles de la France capétienne jusqu'en 1215, 1995, 96–98.

Vesc

1. **V., Aimar de,** Bf. v. →Vence, 1495–1507, † vor Juni 1507. A. de V. entstammte einer Adelsfamilie aus dem Tal des Jabron (Bas-Dauphiné), die sich der Abkunft von einer der ersten Kreuzfahrer rühmen durfte. Eine verbreitete, aber unzutreffende Auffassung sieht in A. de V. und seinem Bruder Jean (3. V.) Söhne von Étienne (2. V.); tatsächlich gehörten beide dem Zweig der V.-Montjoux an und waren lediglich Vettern des Seneschalls v. Beaucaire. A. de V. folgte Jean im Febr. 1495 als Bf. v. Vence nach. Er übte sein Bf.samt bis zum Tode aus, sein Nachfolger war Alessandro →Farnese (späterer Papst Paul III.), der das Bm. V. als Kommende von Febr. 1508 bis Juni 1511 innehatte.

A. de V. unternahm (allerdings vergebl.) Bemühungen, das Lehen Gattières, das seinen Vorgängern im späten 14. Jh. während des Unionskrieges v. Aix (→Provence, B. III) verlorengegangen war, zurückzugewinnen. 1497 und 1501 schaltete sich der Bf. in die Verhandlungen zw. der Familie Villeneuve und der Stadt ein. Auch veranlaßte er die Wiederinkraftsetzung alter Statuten über die dem Kathedralkapitel zu leistenden tägl. liturg. Dienste, die Residenzpflicht der Kanoniker und die Zahlung der →Annaten. A. Venturini

Lit: GChrNova III, 1725, Sp. 1226 – H.-L. RABINO DI BORGOMALE, Armorial des évêques de Vence, 1941, 15 – ABBÉ P.-R. CHAPUSOT, Essai de monographie chronologique des évêques d'Antibes-Grasse, Nice-Cimiez, Vence et Glandèves, 1966, 33 – Les dioc. de Nice et Monaco, hg. F. HILDESHEIMER, 1984, 66 (Hist. des dioc. de France, nr. 17).

2. **V., Étienne de,** frz. Staatsmann, Seneschall v. Beaucaire, * um 1447, † 6. Okt. 1501 in Neapel, ▢ Kollegiatkirche St-Maurice de Caromb; Sohn von Dalmas de V. und Alix v. Ancezune, entstammte einer Adelsfamilie des →Dauphiné (wie 1 und 3, aber einer anderen Linie); ∞ 1475 Anne Courtois, Tochter des Pariser Bürgers und *Avocat* am →Parlement Guillaume C.; zwei Söhne: Claude († nach April 1502) sowie der Alleinerbe Charles († 1517), ∞ Juni 1501 Antoinette de Clermont-Lodève, Nichte des

Kard.s Georges d'→Amboise. – Nach dunklen Anfängen wurde V. im Sept. 1470 zum *Échanson* (Mundschenk) und →*Valet de Chambre* (Kammerdiener) des späteren Kg.s Karl VIII. ernannt und genoß in den letzten Regierungsjahren →Ludwigs XI. offensichtlich das Vertrauen des alten Kg.s, der ihm im Dez. 1481 das erste einflußreiche Amt (→Bailli v. Meaux, *Maître enquêteur* der →Eaux et Forêts für Île-de-France, Champagne und Brie) verlieh und ihn auf dem Sterbebett mit der Rückerstattung der Güter von Louis de →La Trémoille an dessen Erben beauftragte (dies trug V. die Feindschaft der durch diese Maßnahme geschädigten Philippe de →Commynes ein). Unter der Regierung des neuen Kg.s →Karl VIII. wuchs V.s Einfluß erheblich. Im Sept. 1483 zum kgl. →Chambellan erhoben, zählte V. als Mitglied des Regentschaftsrates, dann des engen Kronrates (→Conseil royal) zu den mächtigen Persönlichkeiten am Hof, nach den Worten seines Biographen »mehr als ein Günstling, fast ein leitender Minister«. Er häufte Ämter und Würden an, bei den Pariser Zentralbehörden (Laienpräsident der →Chambre des Comptes Mai 1489–Mai 1494, →Concierge du Palais) wie in der kgl. Verwaltung des Languedoc (seit Jan. 1485 *Châtelain* v. →Aigues-Mortes, seit 1490/91 Schlüsselstellung des →Seneschalls v. →Carcassonne und →Béziers, dann von →Beaucaire und →Nîmes, verbunden mit weiteren hohen militär. und zivilen Funktionen), und erwarb reiche Seigneurien und Güter im Pariser Raum (z. B. Savigny-sur-Orge, vor 1479) und im Artois wie in seinem südfrz. Herkunftsgebiet: Dauphiné, →Comtat Venaissin (u. a. Caromb, vor 1484), →Provence (bes. Baronie Grimaud, um 1486). V. spielte eine nicht zu unterschätzende Rolle bei der Vereinigung der Gft. Provence mit der Krone Frankreich (Gegnerschaft gegen die Erbansprüche →Renés II. v. Anjou, Vorbereitung der Unionsakte von 1486).

Wie →Guillaume Briçonnet, dessen Karriere er gefördert haben soll, war auch V. einer der namhaften Vorkämpfer des frz. Eroberungsfeldzuges gegen →Neapel, an dem er teilnahm (1494–95). Seine Verdienste wurden einerseits mit dem Amt des *Grand Chambellan* und dem Gouverneursposten v. →Gaeta, andererseits mit reichen it. Besitzungen (Gft. en Avellino und Atripalda, Hzm. er Ascoli und Nola) belohnt. Angesichts der aragon. Gegenoffensive verteidigte er eine Zeitlang Gaeta, zog sich dann aber nach Frankreich zurück und zählte hier wieder zu den Befürwortern eines erneuten Italienzuges. Mit dem Regierungsantritt →Ludwigs XII. nahm V.s Einfluß deutlich ab; immerhin bestätigte ihn der neue Kg. in den Ämtern des Concierge du Palais und Seneschalls v. Beaucaire. Als Teilnehmer der neuen Italienexpedition erhielt V. auch die Würde des Grand Chambellan zurück. Er starb jedoch bereits nach kurzer Zeit in Neapel an einer Epidemie.

A. Venturini

Lit.: DBF II, 802f., 805–807 – DUPONT-FERRIER, Gallia regia I, Nrr. 2991, 3214, 3310f, 3369, 3618, 3692, 3737, 4898; IV, Nrr. 15137, 15333 – A. DE BOISLILE, Notice biogr. et hist. sur É. de V., 1884 – Y. LABANDE-MAILFERT, Charles VIII et son milieu, 1975.

3. V., Jean de, Bf. v. →Vence (1491–95) und →Agde (1495–1525), † nach 1525. Als sein Geburtsort wird Nîmes angegeben, wohl infolge der irrigen Ansicht, er sei Sohn von Étienne de V., dessen Vetter er tatsächlich war. Aber selbst diese entferntere Verwandtschaft zum Seneschall dürfte seine kirchl. Laufbahn beflügelt haben. J. de V. ist 1485 bezeugt als Kanoniker der →Sainte-Chapelle v. Paris, zu deren Cantor er später gewählt wurde. Am 2. Dez. 1491 folgte er dem im Okt. 1491 verstorbenen Raphael II. Monso als Bf. v. Vence nach. Während seiner nur knapp dreijährigen Amtszeit bemühte er sich, Frieden zw. den Villeneuve, den Kanonikern und den Bürgern der Bf.s-stadt zu stiften.

Am 25. Febr. 1495 auf das Bm. Agde transferiert, trat er v. a. als Initiator eines verbesserten →Breviers für seinen Diözesanklerus hervor (1510). Er hatte mehrere Benefizien als Kommende inne: 1498 Würde des Dekans v. →Bayeux, 1519 Empfang der Abtei →Caunes durch Papst Leo X. J. de V. präsidierte mehrfach den →États de Languedoc (1503, 1511, 1512). Doch geriet J. de V. 1521 in Konflikt mit Franz I., da er die Wahl eines dem Kg. nicht genehmen Abtes v. St.-Thibéry bestätigt hatte. 1525 resignierte er vom Bf. samt zugunsten seines Vetters Antoine de V., des Praecantors v. Avignon, der ein Sohn von Charles de V., Baron de Grimaud, und der Antoinette v. Clermont-Lodève und damit ein Enkel des Seneschalls Étienne de V. war.

A. Venturini

Lit.: GChrNova III, 1725, Sp. 1226; VI, 1739, Sp. 697 – H. GILLES, Les États des Languedoc au XVᵉ s., 1965, 282 – weitere Lit.: →Vesc 1.

Vesperale, Teilausgabe des →Antiphonars, die die für die Vesper (→Stundengebet) gebrauchten Texte und Gesänge enthält.

Lit.: →Antiphonar, →Chorbuch, →Stundengebet.

Vesperbild → Andachtsbild, III

Vespucci, Amerigo, florent. Kaufmann, Seefahrer und Kosmograph in kast. und ptg. Diensten, umstrittener Autor von 4 Briefen zu den atlant. Entdeckungen, Namengeber des von Kolumbus entdeckten neuen Kontinents →Amerika; * 1454 Florenz, † 1512 Sevilla, Sohn eines Notars, wurde von seinem Onkel Giorgio Antonio V., Dominikaner aus dem Umkreis Girolamo →Savonarolas, unterrichtet. 1478–80 begleitete V. als Sekretär seinen Verwandten Guidantonio V., Botschafter der Signoria in Frankreich, trat in den Dienst des Hauses →Medici, ist 1492 als deren Vertreter im Bankhaus Juanoto Berardi in Sevilla nachweisbar und beteiligte sich an der Ausrüstung der Flotten des →Kolumbus. Er nahm wohl 1499 an der Fahrt des Alonso de →Ojeda, zusammen mit Juan de la →Cosa, teil, die die Amazonas-Mündung und die Küste Venezuelas (Name formuliert angesichts einer Pfahlbausiedlung im Maracaibo-See in Anlehnung an Venedig) erkundete. Im April 1500 wieder in Sevilla, wurde er von Kg. Manuel I. nach Portugal gerufen, um an der ersten ptg. Erkundungsfahrt entlang der brasilian. Küste teilzunehmen (1501), nachdem Pedro Alvares →Cabral 1500 mit seiner Asienflotte die südamerikan. Ostküste mehr zufällig entdeckt und als dem Vertrag v. →Tordesillas zufolge dem ptg. Atlantikraum zugehörig erkannt hatte. Später kehrte er nach Kastilien zurück, wo er am 24. April 1505 von der Krone naturalisiert wurde. 1507 nahm er mit V. Y. →Pinzón, Antonio de Solis und Juan de la Cosa an der Junta v. Burgos teil, die die weiteren kast. Expeditionen auf der Suche nach den Gewürzinseln plante. Wiederum ist er bei der Ausrüstung von Schiffen nachweisbar, bevor er durch zwei kgl. Urkk. 1508 zum Piloto Mayor der 1502 eingerichteten Casa de la Contratación in Sevilla ernannt und mit der Führung des Padrón Real, des zentralen Kartenwerkes der kast. Krone für die atlant. Entdeckungen, betraut wurde. Diese polit. eminent wichtige Vertrauensposition läßt das hohe Ansehen V.s in Fragen der Seefahrt im Atlantik und der kast.-span. Expansion erkennen. Gleichwohl ist V. aufgrund der ihm zugeschriebenen insges. vier Briefe über die kast.-ptg. Entdeckungsfahrten, die in verschiedenen Sprachen in Europa in zahlreichen Auflagen verbreitet wurden und in denen die Auffassung vertreten wurde, die von Kolumbus entdeckten Inseln und Festländer seien ein 'Mundus Novus' und nicht Asien, die M. Ringmann/M. →Waldseemüller in St-Dié dazu veranlaßten, den südamerikan. Halbkontinent nach V.s Vornamen 'America' zu benennen, eine der in der Forsch. umstrittensten Persönlichkeiten der Gesch. der europ. Entdeckungsfahrten im Atlantik. Die Briefe enthalten eine Fülle von Ungenauigkeiten, die Zweifel wecken, ob V. überhaupt je an einer Entdeckungsfahrt teilgenommen hat, ob die Briefe tatsächl. von ihm stammen, ob sie adressat oder nur z. T. unecht sind etc. Erst die seit den 1970er Jahren betriebene systemat. Erfassung der europ. »Americana« (aller frühen, auf Amerika bezogenen Drucke) und deren Vergleich mit den bekannten hsl. Nachrichten brachte Klarheit über die komplizierte Überlieferungsgesch., vermochte aber die Fragen nach V.s Teilnahme an den Reisen und seine Urheberschaft an den Briefen nicht eindeutig zu lösen. Mehrheitl. tendiert die neueste Forsch. dazu, V.s Teilnahme an den beiden oben erwähnten Reisen zu akzeptieren, aber die Briefe als wohl in Italien angefertigte fremde Bearbeitungen von Nachrichten, die V. und andere übermittelten, anzusehen, die vor dem Hintergrund der kast.-ptg. Rivalität im Atlantik und der von beiden Mächten verfolgten Politik zur Verbreitung ihrer Sicht der Dinge zu interpretieren sind. In jedem Fall dokumentieren sie die enge Verflechtung der iber. Expansion im Atlantik mit Italien, wobei freilich eine Neubewertung der polit. Implikationen dieser bislang überwiegend wirtschaftsgesch. verfolgten Verflechtungen noch aussteht. H. Pietschmann

Lit.: A. V., Cartas de Viaje, hg. L. FORMISANO, 1986 – C. VARELA, Colón y los florentinos, 1988 – Il Nuovo Mondo nella coscienza it. e tedesca del Cinquecento, hg. A. PROSPERI–W. REINHARD, 1992 – Die Folgen der Entdeckungsreisen für Europa, hg. ST. FÜSSEL, Pirckheimer Jb. 7, 1992 – Early Images of the Americas, hg. J. M. WILLIAMS–R. E. LEWIS, 1993 – E. OTTE, Sevilla y sus mercaderes a fines de la Edad Media, 1996 – R. PIEPER, Die Vermittlung einer neuen Welt, Amerika im Nachrichtennetz des habsbg. Imperiums, 1997 [im Dr.].

Vestervig, dän. Wallfahrtsort mit Augustinerkl. in Thy (nordwestl. Jütland, nördl. des Limfjord), im ehem. Bm. →Børglum. Die wikingerzeitl. zentral gelegene Siedlung innerhalb der westl. Mündung des Limfjord (Sammelplatz der Flotte i. J. 1085) wurde, wohl unter norw. Einfluß (Kg. →Magnus, d. Gute Olafsson 1042–47), zum Wirkungsbereich des hl. →Thøger und Stützpunkt der Seelsorge des Bm.s in Thy, jedoch wohl nie Bf.ssitz. Neben der Pfarrkirche (abgerissen), in der Thøger verehrt wurde, entstand eine Augustinerpropstei; ihre kurz vor 1200 erbaute, gut erhaltene und 1917–21 restaurierte, dreischiffige roman. Kirche dient heute als Pfarrkirche. Generalkapitelsbeschlüsse des Ordens 1275–1357 zeugen von der wichtigen Rolle V.s unter den dän. Augustinerkl. T. Nyberg

Q.: SS rer. Danicarum Medii Ævi 5, 1783 [1969], 628–644 – Lit.: V. LORENZEN, De danske Klostres Bygningshistorie 9, 1928, 39–64 – Danmarks Kirker 12, 1942, 609–666 – T. NYBERG, Die Kirche in Skandinavien, 1986, 79–94.

Vesthardus, Fs. der Semgaller ('dux Semigallorum'), bezeugt im 1. Viertel des 13. Jh. Seit 1202 bemühten sich die heidn. Semgaller (→Semgallen), bedrängt von →Liven und →Litauern, um die Hilfe der Deutschen in →Riga. 1205 veranlaßte V. einen gemeinsamen Überfall auf die von einem Raubzug nach →Estland zurückkehrenden Litauer, unterstützte 1206 die Rigischen im Kampf gegen die Liven und führte 1208 einen gemeinsamen Kriegszug gegen die Litauer herbei, der aber mit einer Niederlage endete. 1210 zwangen die Litauer die Semgaller neben →Kuren und Liven zu einem gemeinsamen Unternehmen gegen Riga, das aber scheiterte. Unter litauischem Druck suchten die Semgaller 1219 wieder dt. Hilfe, wobei Ostsemgallen um die Burg Mesoten die Taufe annahm und 1220 mit dem Bm. →Selonien vereinigt wurde. V. mit Burg und Gebiet Terweten (Westsemgallen) hielt aber zu den Litauern. Erst 1225 ließ V. in Verhandlungen mit dem päpstl. Legaten →Wilhelm v. Modena die Predigt in Terweten zu. Danach wurden beide Teile Semgallens zu einer Diöz. vereinigt, Selonien der Diöz. Riga zugeschlagen. H. von zur Mühlen

Q.: →Heinrich v. Lettland, Chr. Liv. [L. ARBUSOW–A. BAUER, 1955]– Lit.: A. BAUER, Semgallen und Upmale, BL, 1939.

Veszprém (Wesprim), Burg, Stadt, Bf.s- und Komitatssitz in Westungarn, nördl. vom Plattensee, auf einer Anhöhe des Bakony-Gebirges, wahrscheinl. bereits im späten 10. Jh. an der alten Römerstraße, die von Savaria nach Aquincum führte, gegründet. Der Ortsname geht auf Bezprim (→Bezprým, 'd. Friedlose') zurück, dem nach Ungarn geflohenen Sohn →Bolesławs Chrobry und ersten →Gespan (comes) des →Komitats um 1000. Die St. Michaelskathedrale dürfte bereits von Gfs. →Géza – wohl für einen Missionsbf. – gegründet worden sein, jedenfalls war sie eine von Kg. Stephan I. und seiner Gemahlin →Gisela gemeinsam gestiftete (nur in Umrissen rekonstruierbare) roman. Basilika. Das Mitpatronatsrecht der Kgn. zeigt sich in der Wahl von V. als Begräbnisstätte der Kgn.nen sowie im Recht des Bf.s v. V., die kgl. Gemahlinnen zu krönen (gegenüber dem Ebf. v. →Gran seit 1216 bestätigt) und das Kanzleramt der Kgn.nen (spätestens seit 1224) einzunehmen. Bis 1217 wurde die Krone Giselas in V. aufbewahrt, wohl in einer aus dem 13. Jh. stammenden bfl. Privatkapelle, in der heute die aus Regensburg 1996 heimgeführten Reliquien verehrt werden. Um die Bf.s- und Gespansburg entstanden im 10.–12. Jh. mehrere Handwerker- und Bauernsiedlungen (anguli, ung.: szeg): im N, im Besitz des Kapitels: St. Thomas, St. Margarete und St. Katharina; im O und S: St. Iwan, St. Nickolas und »Sárszeg« (benannt nach dem Bach Sár). Die Stadt blieb während des MA im Besitz des Bf.s bzw. des Kapitels, ihr Marktrecht gehörte seit 1313 dem Bf. Westl. vom Zentrum lag das 1018 von Kg. Stephan I. gegründete, ursprgl. griech. Nonnenkl. Veszprémvölgy ('V.-Tal'), dessen griech. Gründungsurk. in einem →Transsumpt v. 1109 die älteste Originalurk. des Staatsarchivs Budapest darstellt. Das Stift soll für die byz. Braut Hzg. Imres (→Emmerich) und ihre Begleiterinnen erbaut worden sein; nach 1215 wurde es eine Zisterze, die mehrfach (am besten belegt 1387) umgebaut wurde; heute Ruine. Im Dominikanerkl. St. Katharina lebten 1246–52 die hl. →Margareta und – nach einer Legende aus dem 14. Jh. – ihre vermeintl. Lehrerin, die stigmatisierte sel. Ilona. Das Bm. V. umfaßte fast das gesamte SW-Ungarn mit mehr als 500 Pfarreien und Tochterkirchen. Für Klerikernachwuchs sorgte die Domschule, deren reiche Bibliothek aus einer Urk. über ihre Plünderung 1276 rekonstruierbar ist. In ihr wurden die Artes liberales und das Landesrecht unterrichtet, doch ist die Existenz eines höheren Studiums nicht nachweisbar. Die Bf.e v. V. erhielten bereits 1313 den Titel eines »ewigen Gespans« ihres Komitats und übten dieses Amt seit 1392 auch aus. J. M. Bak

Q.: Monumenta Romana episcopatus Vesprimiensis, 4 Bde, 1896–1907 – B. L. KUMOROVITZ, Veszprémi regeszták (1301–1387), 1953 – Lit.: R. BÉKEFI, A káptalani iskolák története Magyarországon 1540-ig, 1910, 160–173 – GY. KOROMPAI, V., 1956 – J. GUTHEIL, Az Árpádkori V., 1977 – Gizella és kora, 1993.

Veterinärmedizin → Tiermedizin

Vetus Gallica, Collectio, älteste und bedeutendste systemat. Kirchenrechtsslg. des merow. Gallien. In über 60 sachl. geordneten Titeln mit rund 400 Kapiteln schöpfte sie v. a. →Canones apostolorum sowie gr. und gall. Konzilskanones aus den Collectiones Dionysiana (→Dionysius Exiguus, II), Lugdunensis und einer Verwandten der Albigensis mit dem Ziel, kirchl. Mißstände zu bessern. Entstanden um 600 wohl in Lyon, erlebte die V. G. Redaktionen durch →Leodegar v. Autun (um 670) und im Kl. Corbie (2. Viertel 8. Jh.), bis sie im karol. Europa ihre eigtl. Breitenwirkung entfaltete: in Abschriften und als Q. für zahlreiche systemat. →Kanonesslg.en (u. a. Collectio →Herovalliana) und Bußbücher, in liturg. Texten, auf Konzilien und in der Reichsgesetzgebung. (Teil-)Kopien oder Übernahmen sind noch aus dem Hoch- und SpätMA bekannt. H. Mordek

Q. und Lit.: H. Mordek, Kirchenrecht und Reform im Frankenreich, 1975 [mit Ed.] – Ders.–R. E. Reynolds, Bf. Leodegar und das Konzil v. Autun (Aus Archiven und Bibliotheken [Fschr. R. Kottje, 1992]), 71–92.

Vetus Latina → Bibelübersetzungen, I

Veurne (lat. Furnae, Furnis; frz. Furnes), Stadt in →Flandern (heut. Belgien, Prov. Westflandern; ehem. Bm. →Thérouanne, bis 1559). Die älteste schriftl. Erwähnung von V. datiert von 877; in ihr sind 'sedilia' erwähnt, kleine Grundparzellen, die möglicherweise auf Besiedlung von frühem städt. Charakter hindeuten. Diese Vermutung wird erhärtet durch eine weitere Q. nnachricht aus der Zeit um 900. Die Entstehung von V. steht vielleicht in Verbindung mit der damaligen Mündung der Yzer in die →Nordsee; in dieser Zeit lag V. auf einer Insel. Möglicherweise ist die Siedlung mit dem nicht lokalisierten 'Iserae Portus', dem Landeplatz eines Normannenverbandes (860), zu identifizieren. Aufgrund der runden Stadtgestalt, erkennbar noch im heut. Straßennetz des Stadtkerns, gilt V. (zusammen mit Bourbourg, St-Winoksbergen [→Bergues-St-Winnoc], →Oostburg und →Souburg) als eines der »castella recens facta«, die kurz vor 891 entlang der fläm. Nordseeküste zum Schutze vor den →Normannen angelegt worden sind. Die Fluchtburg v. V. blieb bis ins frühe 10. Jh. unbesiedelt (die Siedlung des 9. Jh. lag außerhalb des Burgbereiches); dann aber ließ der Gf. v. Flandern im Innern der Burg ein Gebäude mit einer Kapelle (geweiht urspr. Unserer Lieben Frau) errichten. Nachdem bald (wohl schon um die Mitte des 10. Jh.) hierher Reliquien der hl. →Walburga übertragen worden waren, wurde die nun als Walburgakapelle bezeichnete Kapelle von Gf. →Robert d. Friesen (1071–93) in ein weltl. Kanonikerstift umgewandelt. Schon vor 1120 wurde dieses in zwei Gemeinschaften aufgegliedert, vielleicht unter dem Druck der Reformbewegung des Bf.s Jan van Waasten. Die abgespaltene Gemeinschaft wurde zur Regularkanonikerabtei (OPraem) umgeformt und erhielt die Nikolauskirche (St-Niklaas) am Markt als Sitz, siedelte sich aber bereits 1170 vor der Stadt an. Die Nikolauskirche wurde gestiftet wohl zw. 1087 und 1106 von Kaufleuten, die sich um den Markt, im SO der Burg und teilweise außerhalb ihres Bereiches, niedergelassen hatten. Sie verfügten im 13. Jh. über eine an der Nordseite des Marktes gelegene Stadthalle und eine Fleischhalle. V. war Mittelpunkt einer reichen Landwirtschafts- und Viehzuchtregion mit intensiv genutzten Domänenbetrieben des Gf.en v. Flandern, dessen Natural- und Geldeinnahmen in vier auf der Burg v. V. etablierten gfl. Einnahmestellen, für Geld (scaccarium), Getreide (spicarium), Fleisch (lardarium) und Milchprodukte (vaccaria), zusammenflossen. V. war das Verwaltungszentrum der auch als *Veurne-ambacht* bezeichneten →Kastellanei v. V., die zu Beginn des 11. Jh. eingerichtet worden war. Nach der Ermordung Gf. →Karls d. Guten (1127) durch die aus der Gegend v. V. stammende Dienstmannenfamilie der →Erembalde wurde der gfl. Stützpunkt in der Burg noch verstärkt, v. a. durch die Anlage einer erhöhten, noch erhaltenen Motte. Nach einem Konflikt des Gf.en mit einer anderen mächtigen Familie der Region, den Blavotins, wurde dieser Befestigungskomplex noch erweitert.

Die Stadt V., die bereits im 12. Jh. den Höhepunkt ihrer Dynamik überschritten hatte, gehörte zwar im 13. Jh. noch der →Hanse v. London an, entfaltete aber kaum noch städt. Wachstum, so daß die Umwallung des frühen 13. Jh., die zw. 1388 und 1413 in Stein neuerrichtet wurde, die maximale Ausdehnung des Stadtareals bezeichnet. V. blieb ein administratives Zentrum und ein bevorzugter Wohnort der reichen agrar. Grundbesitzer aus dem Umland, die hier ihre Renten verzehrten und den charakterist. Spitznamen 'slapers' trugen. A. Verhulst

Lit.: DHGE XIX, 444–468 [N. Huyghebaert] – F. de Potter u. a., Geschiedenis der stad en Kastelnij V., 2 T.e, 1873–75 – J. Termote, Het stadsarcheologisch en het historisch-topografisch onderzoek in V. in de periode 1982–92, Westvlaamse Archaeologica 9, 1993, Bd. I, 11–32.

Vevey (Vivis), Stadt in der Westschweiz (Kanton →Vaud/Waadt), an der Einmündung der Veveyse in den Genfersee; hist. Namenformen: Vibiscum, Viviscum (3. und 4. Jh. n. Chr.), Viveis (13. Jh.), Viviacum (14. und 15. Jh.). Ein galloröm. →Vicus ist durch archäol. Forschung nachgewiesen; es liegen Hinweise auf Siedlungskontinuität von der galloröm. Epoche zum 11. Jh. vor. Für die Zeit um 1000 ist ein 'burgum' bezeugt. Vom 11. Jh. an ist Besitz mehrerer Herren im Bereich der späteren Stadt nachgewiesen, v. a. des Bf.s und Kathedralkapitels v. →Lausanne, die ihre Rechte bis zum Ende des MA wahrten. Ab ca. 1200 bildeten Adelsfamilien, erst die Blonay, nachfolgend die Oron, ihre seigneurialen Rechte (→Seigneurie) über die Stadt aus. In ihrer Eigenschaft als 'Mitherren' ('co-seigneurs') etablierten sie sich im urspgl. Stadtkern (Bourg du Vieux-Mazel, Bourg d'Oron) und gründeten seit dem beginnenden 13. Jh. beiderseits des Kernbereichs neue Stadtteile. Seit ca. 1250 baute das Haus →Savoyen seine Position in V. auf, indem es einen Teil der seigneurialen Rechte erwarb. Von der 2. Hälfte des 14. Jh. an bildeten sich in V. kommunale Institutionen: Zwölferrat (an der Spitze ein 'commandeur'), Sechzigerrat. Im Juli 1370 bewidmete Gf. →Amadeus VI. v. Savoyen die gesamte Stadt mit einer →charte de franchises (Freiheitsbrief). Bis zur Eroberung durch →Bern (1536) wurde die Stadt (bei komplexen Machtverhältnissen) von den genannten kommunalen Institutionen und mehreren Herren regiert.

Die Topographie der ma. Stadt war geprägt durch eine verhältnismäßig dichte Besiedlung; das städt. Areal war umschlossen von einer Befestigungsmauer mit durch Türme bewehrten Stadttoren; im Innern lagen mehrere feste Häuser, der Klarissenkonvent Ste-Claire mit Kirche sowie ein Hospital (Hôpital Neuf du Vieux Mazel). Die Pfarrkirche St-Martin sowie das Magdalenenhospital (Marie-Madeleine) befanden sich 'extra muros'. V., das 1416/17 ca. 400 Herdstellen zählte, war bis ins 17. Jh. nächst Lausanne die größte Stadt des Waadtlandes.

L. Napi/E. Maier

Lit.: HBLS, 7 Bde, 1921–34 – E. Recordon, Études hist. sur le passé de V., 1944 – A. de Montet, V. à travers les siècles, 1978² – L. Napi, V. après le grand incendie de 1688 (Mém. de licence Univ. Lausanne, masch., 1992).

Vexillum → Feldzeichen

Vexillum sancti Petri, päpstl. →Fahne, religiöses und Rechtssymbol, seit Mitte des 11. Jh. verliehen als Zeichen der (moral.) Unterstützung, dann der (rechtl.) Anerkennung oder der förml. Belehnung. Berühmte Beispiele der Frühzeit: →Alexander II. an →Erlembald(o) v. Mailand (1063) und →Wilhelm d. Eroberer vor dessen Zug nach England (1066), →Gregor VII. an →Robert Guiscard (1080), Paschalis II. an→Bohemund I. v. Tarent (1105). Die Belehnung →Rainulfs Drengot v. Alife 1137 (gleichzeitig durch Papst Innozenz II. und Ks. Lothar III. mit derselben Fahne) zeigt den konkurrierenden Anspruch beider Gewalten als Oberlehnsherren. B. Roberg

Lit.: LThK³ III, 1154f. – C. ERDMANN, Ksl. und päpstl. Fahnen im hohen MA, QFIAB 25, 1933/34, 1–48 – DERS., Die Entstehung des Kreuzzugsgedankens, 1955², 166–184.

Vexin, Landschaft in Nordfrankreich, hervorgegangen aus der dem Vorort Rotomagus (→Rouen) unterstehenden galloröm. Civitas der Veliocasses, deren östl. Teil im 7. Jh. einen Komitat, den 'pagus Vilcasinus', bildete. Dieses Gebiet liegt, in etwa gleicher Entfernung von Rouen und →Paris, auf dem rechten Ufer der →Seine zw. den Nebenflüssen Andelle und Oise. Durch den 'Vertrag' v. →St-Clair-sur-Epte (911) wurde die territoriale Einheit des V. zerschnitten; die von der Epte markierte Grenze zw. dem Herrschaftsbereich des Kg.s v. Westfranken/Frankreich und dem künftigen Hzm. →Normandie ließ den V., der für beide Seiten zur strateg. wichtigen Markenzone wurde, zur zweigeteilten Region zu einem Hauptschauplatz der großen frz.-norm./engl. Konflikte werden: Für die Hzg.e der Normandie bildete der westl. Teil, der *V. normand,* ein das Seinetal beherrschendes und Rouen schützendes Glacis, für die →Kapetinger war der östl. Bereich, der *V. français,* ein entscheidendes Sprungbrett ihres Vordringens nach Westen. Im übrigen trugen die Verbindungen, die zw. den beiden Landschaftsteilen trotz der Konflikte fortbestanden, zum komplexen Charakter der Gesch. des V. bei.

Der *V. normand* wurde in der Frühzeit unmittelbar von den Hzg.en beherrscht; seit dem 2. Viertel des 11. Jh. vollzog sich hier jedoch der Aufstieg mehrerer großer Aristokratenfamilien, deren Verwandtschaftsbeziehungen und Grundbesitz sich häufig zu beiden Seiten der Epte erstreckten, wodurch ihre Treue zum Hzg. Schwankungen unterlag. – Der *V. français* bildete eine als Lehen der Abtei →St-Denis konstituierte Gft., eng verbunden mit dem Gft.skomplex Amiens-Valois, dessen machtvolles Geschlecht (→Valois) am Ende des 10. Jh. ein feudales →Fürstentum zu begründen suchte. Ein Teil der Gft. wurde im ausgehenden 10. Jh. abgetrennt zugunsten des Vicomte des V., der vor 1015 den Titel des Gf.en v. →Meulan annahm. Diese mächtige Adelsfamilie spielte eine bedeutende Rolle, da sie große norm. (→Beaumont-le-Roger) und engl. Seigneurien erwarb und bereitwillig zur hzgl. Partei überwechselte. Auch andere große Geschlechter (so die Chaumont) traten als *Châtelains* (burgsässige Herren) hervor und eröffneten infolge ihrer Besitzausstattung beiderseits der Epte ein undurchsichtiges und riskantes Spiel von Lehnsbündnissen.

Die frühen norm. Hzg.e, die darauf bedacht waren, den V. français in ihre Machtsphäre zu ziehen, förderten nach Kräften die Bindungen der beiden Landschaftsteile untereinander und unterhielten gute Beziehungen zu den Gf.en. Nach einer späten, umstrittenen Episode (bei →Ordericus Vitalis) soll Hzg. →Robert, als Preis für sein Bündnis mit →Heinrich I. v. Frankreich, 1031 sogar die →Suzeränität über den V. français erhalten haben. Diese komplexen polit.-sozialen Interaktionen wurden durch die kirchl. Situation weiter kompliziert. Der V. unterstand kirchl. zur Gänze dem Ebf. v. Rouen und wurde dadurch seit dem 12. Jh. in die Konflikte mit den Kapetingern um so stärker verwickelt.

1077 wurde ein entscheidender Schritt vollzogen: Nach Eintritt des Gf.en v. V. ins Kl. annektierte Kg. →Philipp I. v. Frankreich die Gft. in der Form einer Wiederbelehnung durch St-Denis. Das Hzm. Normandie (bzw. das anglonorm. England) und die frz. →Krondomäne hatten von nun an eine gemeinsame Grenze; dies führte zur fortschreitenden Militarisierung der Grenzzone und zur wechselseitigen Ausnutzung der schwankenden Parteinahmen der Aristokratenfamilien, namentlich die Kapetinger zogen Nutzen aus den dynast. Krisen in der Normandie. Zur Sprache der Waffen trat die Diplomatie hinzu: Herrschertreffen (Gisors) sowie kurzlebige Abkommen, aber auch Ehebündnisse rhythmisierten den Konflikt. In einer ersten Periode des Konflikts suchten die offensiven Hzg.e auch den V. français zu erobern. →Wilhelm d. Eroberer führte 1087 den für ihn verhängnisvollen Feldzug bis →Mantes durch; →Wilhelm II. Rufus setzte zwei erfolglose Annexionsversuche ins Werk (1097–98). Unter diesen Hzg.en/Kg.en wurde entlang der Epte eine auf Néaufles und bes. Gisors abgestützte Verteidigungslinie aufgebaut, was auf frz. Seite mit der Errichtung von Burgen wie Mantes, →Pontoise und Chaumont beantwortet wurde.

Die Hzg.e wurden im 12. Jh. von den Kapetingern zunehmend in die Defensive gedrängt: Bereits →Ludwig VI. v. Frankreich »instrumentalisierte« zeitweilig die inneren Schwierigkeiten →Heinrichs I. v. England, erreichte aber noch keinen wirkl. Erfolg (frz. Niederlage bei →Brémule, 1119). Heinrich I. nahm seinerseits ein echtes Burgenprogramm in Angriff, zog die unmittelbare Kontrolle der bedeutendsten, bis dahin von Vasallen gehaltenen Burgen wie Gisors an sich, baute ihre Befestigungsanlagen aus und errichtete im Hinterland einen zweiten Burgengürtel. Doch führten die Thronkämpfe nach dem Tode Heinrichs I. zu einer Schwächung der anglonorm. Position. Geoffroy Plantagenêt gab Gisors 1144 an Ludwig VI. preis; →Heinrich II. trat den V. 1151 an den Kapetinger ab, um seine Investitur als Hzg. v. Normandie zu erreichen, und gewann erst 1160 diese Schlüsselregion zurück: Der V. war Teil der 'Dos' der Margarete, Tochter Ludwigs VII., verlobt mit dem Thronerben →Heinrich d. J. († jedoch bereits 1183). Der Aufstand der Barone gegen Heinrich II. (1173–74) ermöglichte dem Kapetinger gleichwohl ein neues Vorschieben seiner Position. Die Offensive intensivierte sich mit →Philipp II. Augustus. Der Kg. besetzte 1191 →Vernon und verstärkte 1193 den Druck, indem er sich unter Ausnutzung der Abwesenheit von →Richard 'Löwenherz' mit →Johann 'Ohneland', der ihm den V. abtrat, verband. Philipp Augustus drang von O in die Normandie ein und nahm Gisors ein. Richard führte nach seiner Rückkehr zwar eine Gegenoffensive durch, doch wurde im Vertrag v. Gaillon (1196) der kapet. Besitz des V. normand festgeschrieben. Der Plantagenêt errichtete daraufhin das mächtige →Château-Gaillard zum Schutz des seines Glacis beraubten Rouen. Die Wiedereroberung des V. durch Richard (1198) zwang Philipp nochmals zum Rückzug auf Gisors, doch wurde im Vertrag v. →Le Goulet (1200) dem Kapetinger der Besitz des V., mit Ausnahme von Château-Gaillard und seinem Umland, bestätigt.

1204 beendeten der Fall von Château-Gaillard und die kapet. Annexion der Normandie die Rolle der Epte als

Grenzfluß. Der westl. V. gehörte weiterhin zum (nun kapet. beherrschten) Hzm. Normandie, und es wurde das →Bailliage v. Gisors bis Mantes ausgedehnt, der V. français in kirchl. und fiskal. Hinsicht der Normandie integriert. Die Bewohner der beiden Teile des V. bewahrten aber die Erinnerung an ihre ursprgl. Zugehörigkeit, auch nahmen die Verwaltungsinstitutionen der Normandie Bezug auf die alte Grenze an der Epte.   A. Renoux

Q.: J. Depoin, Le cart. de l'abbaye St-Martin de Pontoise, 1895–1901 – Lit.: H. Prentout, Les états provinciaux de Normandie, II, 1925 – J.-F. Lemarignier, Recherches sur l'hommage en marche et les frontières féodales, 1945 – M. Powicke, The Loss of Normandy, 1189–1204, 1961² – J.-F. Lemarignier, Le gouvernement royal aux premiers temps capétiens (987–1108), 1965 – L. Musset, La frontière du V., Annuaire des Cinq Dép. de la Normandie, 1966 – J. A. Green, Lords of the Norman V. (War and Government in the MA. Essays J. O. Prestwich, 1984) – D. Crouch, The Beaumont Twins, 1986.

Vézelay, Abtei OSB und Stadt im nördl. →Burgund (dép. Yonne, chef-lieu cant.).

[1] *Geschichte:* V. wurde 858/859 von →Gerhard (Girard) v. Vienne gegr., der so seine im →Regnum →Karls d. Kahlen gelegenen Güter vor Konfiskation zu schützen trachtete; die Abtei, deren erster Standort 'Vercellacus' (heute St-Père sous V.) war, wurde zunächst als Frauenkl. etabliert. Girart unterstellte die Abtei dem Patrozinium der hll. Apostel Petrus und Paulus und dem Schutz des Papstes. Ausgestattet mit Privilegien der Kg.e und Päpste (→Nikolaus I. sandte ihr die Reliquien der hll. Pontianus und Andeolus), wurde sie zum Männerkl. unter dem aus St-Martin d'→Autun gekommenen Abt Odo (Eudes), der sie mit Mauern umwehren ließ und ihren Standort nach einer Plünderung durch die →Normannen (887) auf die benachbarte Anhöhe verlegte.

Bereits Gf. →Landricus (Landry) v. Nevers beabsichtigte, die Abtei an →Cluny zu tradieren; doch wurde die Eingliederung in den 'ordo Cluniacensis' erst 1058 vollzogen. Auch danach behielt V. den Status einer Abtei. Die Äbte Artaldus (Artaud), Renaldus (Renaud) v. Semur (1106–28), Albericus (Aubry) und Pontius (Pons) v. Montboissier waren zuvor Mönche in Cluny gewesen, doch ihr Nachfolger Wilhelm (Guillaume) v. Mello (gewählt 1161) stellte die Selbständigkeit V.s gegenüber Cluny wieder her. V. mußte sein Exemtionsprivileg gegen die Bf.e v. →Autun verteidigen; bei diesen Streitigkeiten konnte die Abtei auf die Unterstützung des Papsttums zählen (→Innozenz II. residierte hier 1131 während des Schismas).

Wesentlich schwerwiegender gestalteten sich die Konflikte mit den Gf.en v. →Nevers, die während des 11. Jh. in V. offenbar eine eigene weltl. Gewalt mittels eines →Vogtes ausübten und das Recht der *garde* über V. beanspruchten, mit starken Auswirkungen auf Jurisdiktions- und Abgabenrechte. Nach dem Aufstand v. 1104, bei dem die Bürger v. V. den Abt Artaldus erschlugen, weil dieser ihnen die Verpflichtung zur kostenlosen Beherbergung der Pilger auferlegt hatte, stellten sich die Gf.en auf die Seite der Bürger, sperrten die Zufahrtswege nach V. und ließen ihre Bewaffneten mehrfach in die Kirche eindringen (1115, 1152–53, 1165–66, 1180, 1212, 1230–33), was die Intervention des Kg.s zur Folge hatte, wie sie die Mönche, die 1166 gar in einer Prozession nach Paris gezogen waren, wiederholt gefordert hatten. Die Bürger, die 1137 eine Verringerung ihrer Abgabenlast erreichten, vereinigten sich in einem Schwurverband (*commune jurée*; →Kommune, II), wählten →Konsuln (Juli 1152) und besetzten die Abtei. Doch hob Kg. Ludwig VII. am 3. Nov. 1155 die Kommune auf. Bald nach 1166 erlangten die Bewohner jedoch eine →*charte de franchises* ('libertas Vizeliacensis'), die in →Avallon und anderen Orten der Umgebung Nachahmung fand. Trotz der feierl. Erklärung →Innozenz' III. (1198), daß der Abt die Jurisdiktion in voller →'potestas' besitze, nahmen die Kg.e v. Frankreich zunehmend ihre Oberherrschaft (→*garde royale*) wahr, wenn sie auch zunächst noch die herkömml. *garde* der Gf.en respektierten. 1280 bestätigte Philipp III. die kgl. Gewalt über V.; Philipp IV. bewog →Ludwig II. v. Nevers, Gf. v. Flandern (35. L.), zum förml. Verzicht auf die *garde* über V., das nach 1360 zum Sitz einer *élection* wurde, deren Fiskalverwaltung die Territorien der Diöz. Autun, die unmittelbarer kgl. Hoheit unterstanden, umfaßte.

[2] *Religiöses Leben:* Die Auffindung der →Reliquien der hl. →Maria Magdalena (vor 1058) machte V. zum bedeutenden Pilgerzentrum (→Pilger), das der →»Liber Sancti Jacobi« als Ausgangspunkt einer der Routen nach →Santiago de Compostela nennt. Die Blüte des Pilgerverkehrs, die maßgeblich zum Wohlstand der Abtei und der Bürger beitrug, hielt an bis ins späte 13. Jh.: →Ludwig d. Hl. zog zweimal als Wallfahrer nach V. (1244, 1267). Doch beanspruchten die Mönche der prov. Abtei St-Maximin (→Maria Magdalena, 4), die wahren Reliquien zu besitzen; obzwar V. noch 1265 eine feierl. →Translation durchführen konnte, wurde 1295 vom Papsttum doch die Echtheit der Reliquien v. St-Maximin anerkannt, was durch ein Mirakelbuch, das die von der Hl.n gewirkten Wunder verzeichnete, untermauert wurde. Schrittweise verlor V. so seine Rolle als spirituelles Zentrum.

Bedingt durch die Magdalenenverehrung, wurde unter Abt Artaldus eine Basilika errichtet; sie wurde 1120 durch eine verheerende Feuersbrunst, die wohl nur den Chor verschonte, schwer beschädigt. Abt Rainald v. Semur ließ danach das noch heute bestehende roman. Kirchenschiff erbauen; den Kern der Fassade bildet das große reichskulptierte Portal, dessen Tympanon die Mission der Apostel darstellt, über den Basreliefs mit Szenen des Magdalenenlebens. Wohl um 1145 wurde der große Narthex mit seiner Fassade hinzugefügt. Wilhelm v. Mello ließ den Chor im got. Stil neuerrichten. Die hohen Baukosten trugen allerdings nicht unwesentlich bei zur katastrophalen Verschuldung, die 1207 zur Absetzung des Abtes Hugo führte. Das gesamte Ensemble bietet eines der kostbarsten Zeugnisse ma. Architektur und Skulptur und zeigt v.a. am Tympanon und an den Kapitellen des Kirchenschiffs starke Anklänge an die vollendete Romanik v. St-Lazare d'Autun.

Aufgrund seines hohen Ansehens als Kirche und Pilgerzentrum wie durch seine verkehrsgünstige Lage in einem Geflecht wichtiger Straßen des Grenzraums zw. dem Hzm. Burgund und der Gft. Nevers wurde V. zum Schauplatz vieler bedeutender kirchl. und polit. Ereignisse: Kreuzzugspredigt des hl. →Bernhard v. Clairvaux (1146), Truppensammelort sowohl für Richard Löwenherz als auch Philipp Augustus (1190), vom Kg. abgehaltene große Gerichtsversammlungen (*plaids*), bes. 1166 und 1180. Im Zuge der Konflikte, die Abt Pontius um die Mitte des 12. Jh. zu bestehen hatte, wurde von Hugo Pictavinus die »Historia Vizeliacensis monasterii« verfaßt.   J. Richard

Q. und Lit.: R. B. C. Huygens, Monumenta Vizeliacensia, 1976–80 (CChrCM, 42 und Suppl.) – A. Chérest, V. Étude hist., 3 Bde, 1868 – R. Louis, Girart, comte de Vienne et ses fondations monastiques, 1946 – F. Salet–J. Adhémar, La Madeleine de V., 1948 – V. Saxer, Le culte de sainte Marie-Madeleine en Occident, 1959 – L. Saulnier–N. Stratford, La sculpture oubliée de V., 1984.

Via antiqua et moderna → Antiqui-moderni

Via Francigena ('Frankenstraße'). Die 876 am Fuße des Monte Amiata (südl. Toskana) erstmals erwähnte und vom 12.–13. Jh. durch eine Vielzahl von Q. bezeugte V. ist eine neue, ma. Fernstraße, die – von →Rom über →Siena und →Lucca führend – zwei antike Straßen, die *Via Aurelia* und die *Via Cassia*, ablöst. Entstanden ist sie vermutl. unter den →Langobarden, die im Zuge ihrer Auseinandersetzungen mit den Byzantinern, die den →Exarchat v. →Ravenna und die →Pentapolis kontrollierten, an einer Fernverbindung nach S interessiert waren, die mitten durch die von ihnen beherrschten Gebiete führte und →Pavia mit der Hzg.sstadt Lucca verband. Bezeugt ist ihr Verlauf durch die Itinerare des Ebf.s Sigeric v. Canterbury (990), des isländ. Abtes Nikulás v. →Munkaþverá (um 1154), des Abtes →Albert v. Stade (1240/56) und anderer, die aber der Straße entweder keinen Namen geben oder sie als den 'Weg nach Rom' bezeichnen. Im 13. Jh. befassen sich auch die Statuten v. Siena mit der V. und verordnen auf dem Territorium der Kommune deren regelmäßige Reparatur. Der Name V. ist im übrigen nicht nur für die Verlängerung der Straße nach Norditalien bezeugt – wie bei →Parma (1255) oder →Turin (1229) –, sondern auch auf der Strecke Imola–Rimini (1371) oder südl. von →Alessandria (1231) und sogar entlang des Jakobsweges nach →Santiago de Compostela. In ähnl. Weise, wie der Name die im 11. Jh. noch übliche Bezeichnung der Route als *via* bzw. *strata Romea* im 12. Jh. verdrängte, so setzte sich seit dem 14. Jh. vermehrt wieder die ältere Bezeichnung der Straße durch. Th. Szabó

Lit.: J. JUNG, Das Itinerar des Ebf.s Sigeric v. Canterbury und die Straße von Rom über Siena nach Luca, MIÖG 25, 1904, 1–90 – I. MORETTI, La V. F. in Toscana, Ricerche Storiche 7, 1977, 383–406 – E. M. FERREIRA PRIEGUE, Circulación y red viaria en la Galicia medieval (Les communications dans la Péninsule Ibérique au MA, 1981), 70 – G. SERGI, Potere e territorio lungo la strada di Francia. Da Chambéry a Torino fra X e XIII sec., 1981 – R. STOPANI, La V. Una strada europea nell' Italia del Medioevo, 1988 – De strata francigena 1–4, 1993–96.

Vjačko (Vetseke), Kleinfs. v. Kukenois (→Kokenhusen) an der Düna, † 1224, ostslav. oder lettgall. Herkunft. Der orth. Fs. beherrschte sein von Lettgallern und →Selen bewohntes Gebiet mit einer Gefolgschaft, die weitgehend aus Russen bestand. Er war mit dem Fs.en v. →Polock locker verbunden, nicht aber von diesem abhängig, wie oft behauptet wird. Seine Stellung war derjenigen des Fs.en →Wissewalde v. →Gerzike ähnlich. Mit Bf. →Albert I. v. Riga schloß V. 1205 einen Friedensvertrag ab. Bedrängt durch die Litauer, übereignete er dem Bf. 1207 sogar die Hälfte seines Fsm.s gegen die Zusage militär. Hilfe. Danach geriet er aber mit den Deutschen in schwere Konflikte, verließ 1208 sein Fsm. für immer und begab sich in die Rus'. Während des Aufstandes der Esten gegen die Deutschen und Dänen (1223–24) traf V., von Novgorod entsandt, in der estn. Hauptburg an der Stelle des späteren →Dorpat ein, leitete dort den Verteidigungskampf der Esten und suchte sich zugleich ein neues Herrschaftsgebiet zu schaffen. Bei der Einnahme der Burg durch die Deutschen fand er den Tod. N. Angermann

Q.: →Heinrich v. Lettland – NPL – *Lit.*: M. v. TAUBE, Russ. und litauische Fs.en an der Düna, JKGS NF 11, 1935, 418ff. – E. L. NAZAROVA, Russko-latgal'skie kontakty v XII–XIII vv., Drevnišje gosudarstva Vostočnoj Evropy. Materialy i issledovanija 1992–93, 1995, 182ff.

Viana →Karl v. Viana (18. K.), →Príncipe de Viana

Vianden (Luxemburg), Gft., Gf.en v. Eine historiograph. Q. erwähnt 1090 einen V.er Gf.en namens Bertolf, Angehöriger der zu Beginn des 12. Jh. ausgestorbenen, mit dem →Sponheimer Gf.enhaus verwandten Familie der Berthold/Bezelin. Eine der bertold. Linien hatte die Burg Ham an der Prüm und die Prümer Vogtei inne. Ihre Rechtsnachfolger in diesen Besitzungen waren die wahrscheinl. dem Sponheimer Gf.enhaus entstammenden V.er Gf.en, von denen Friedrich von 1124–52 als erster als Gf. v. V. und Vogt v. →Prüm erscheint. Wann der Wechsel des Herrschaftssitzes von der Burg Ham zur Burg V. erfolgte, ist ungewiß. Ihren Höhepunkt erreichte die Gft. unter Gf. Heinrich I. (1210?–52), der auch das Trinitarierkl. im Ort V. gründete. Nach seinem Tode wurde V. 1264 aufgrund von Erbstreitigkeiten lux. Lehen. Die Heirat Adelheids v. V. mit Otto II. leitete in der 1. Hälfte des 14. Jh. den Übergang der Gft. an das Haus →Nassau ein, die 1417 endgültig an Ottos Enkel, Gf. Engelbert I. († 1442), fiel, der in seinen ererbten ndl. Besitzungen lebte und von Breda aus regierte. Über Engelberts Sohn Johann kam nach vorübergehender Teilung V. in den 70er Jahren an dessen Sohn Engelbert II. († 1504). W. Herborn

Lit.: J. VANNERUS, Les Comtes de V., Les Cahiers luxembourgeois 8, 1931, 7–28 – DERS., Le Château de V. (ebd.), 29–56 – J. P. KOLTZ, Nouvelle Monogr. du Château-palais de V., Hémecht 24, 1972, 113–154 – J. MÖTSCH, Die Gf.en in v. V. und Clervaux (Association Luxembourgeoise de Généalogie et d'Héraldique. Annuaire 1991), 33–42 – U. SCHUPPENER, Die Gft. V. und ihre Zugehörigkeit zu Nassau, NassA 107, 1996, 7–46.

Vjatičen (aruss. Vjatiči), ostslav. Stamm (→Ostslaven), außer in der →Povest' vremmenych let noch im Brief des Chazarenkhagans Josef (um 960) als *W.n.n.tit* erwähnt; möglicherweise steht die von Ibn Rosteh (Anfang 10. Jh.) im Steppenbereich zw. →Pečenegen und Slaven erwähnte Stadt *Wāntīt* mit den V. in Zusammenhang. Sie sind im 9. und 10. Jh. an der östl. Peripherie des ostslav. Siedlungsgebietes, im Bereich der oberen und mittleren Oka (Anbindung an das Flußsystem der →Wolga), in relativer Isolation von anderen ostslav. Großverbänden (westl. Nachbarn →Kriviven und →Radimičen, südl. schloß sich das Gebiet der →Severjanen an), zu lokalisieren. Die Behauptung der Chronik, die Radimičen und V. seien aus dem Westen ('von den Ljachen') zugewandert, verbunden mit einer eponym. Namensdeutung (Stammvater Vjatko), ist durch archäolog. und toponomast. Untersuchungen nicht bestätigt worden. Die V. waren ztw. (2. Hälfte 9. Jh./1. Hälfte 10. Jh.) den →Chazaren tributpflichtig; zwar nahmen sie 907 am Kriegszug der Rus' gegen Konstantinopel teil, doch konnten sie sich im 10. Jh. eine relative Unabhängigkeit vom Kiever Zentrum bewahren (Nachrichten über Kriegszüge gegen die V. zu 964/965, 966, 981). N. Kersken

Lit.: SłowStarSłowVI, 1977, 411–414 – G. A. CHABURGAEV, Étnonimija 'Povesti vremmenych let', 1979, 134–142 – HGeschRußlands I, 1, 237ff. – G. F. KOVALEV, Istorija russkich ětničeskich nazvanij, 1982, 34–37 – V. V. SEDOV, Vostočnye slavjane v VI–XIII vv., 1982, 143–151 – C. GOEHRKE, Frühzeit des Ostslaventums, 1992.

Viaticum ('Wegzehrung'), Eucharistieempfang von Sterbenden, vom Konzil v. Nikaia 325, c. 13, bereits als alte Regel vorausgesetzt, galt in der Spätantike, da es möglichst unmittelbar vor dem →Tod im Anschluß an eine Eucharistiefeier unter beiden Gestalten gereicht wurde (bekannter Mißbrauch: Verstorbenenkommunion), als eigtl., österl. Sterbesakrament; als Nahrung »auf dem Weg zum Herrn« sollte es gegen das Böse schützen und gemäß Joh 6, 54 v. a. Hilfe zur Auferstehung sein. Seit dem FrühMA verselbständigte sich das V., und die Kommunion wurde um die Passionslesung und um Orationen erweitert (z. B. Ordo Rom. 49, ed. SICARD, Liturgie 3f.; Sakramentar v. Autun, ed. HEIMING, Nr. 1914). Ab dem 9. Jh. wurde das V., in den liturg. Q. in der Regel zum Ordo defunctorum gehörig, mit vorausgehender →Buße und →Krankensalbung verbunden und blieb, spätestens dadurch, allein dem Priester vorbehalten. Nicht zuletzt wegen der Änderung der Bußdisziplin entstand um die Jahrtausendwende als normale Reihenfolge Buße-V.-Krankensalbung, wodurch das V. vom Moment des Sterbens weggerückte und die Krankensalbung zum 'Sterbesakrament' (fehlgedeutet als 'Letzte Ölung') wurde. Die Trennung des V. von einer vorausgehenden Messe führte, ähnlich wie beim →Versehgang, zu einer rituellen Ausgestaltung mit der Messe entnommenen Elementen, oft mit Glaubensbekenntnis, Vaterunser, anderen Elementen des Kommunionteils (Entstehung einer 'missa sicca'), dazu mit den »Anselmischen Fragen«; vielfältig waren die Spendeformeln. M. Klöckener

Lit.: DThC XV, 2842–2858 – D. SICARD, La liturgie de la mort dans l'église lat. des origines à la réforme carolingienne, 1978, bes. 1–52 – O. NUSSBAUM, Die Aufbewahrung der Eucharistie, 1979, bes. 62–101 – R. KACZYNSKI, Die Sterbe- und Begräbnisliturgie (B. KLEINHEYER u. a., Sakramentl. Feiern, II, 1984), bes. 204–217 – D. SICARD, La mort du chrétien (A. G. MARTIMORT, L'Église en prière, III, 1984), 238–248 – H. B. MEYER, Eucharistie (Gottesdienst der Kirche, IV, 1989) – B. WIRIX, The V.: From the Beginning until the Present Day (Bread of Heaven, hg. CH. CASPERS u. a., 1995), 247–259.

Vjatka, Stadt am Fluß V. (im MA auch Chlynov gen.; heute Kirov), Zentrum des V.er Landes. Erstmals 1374 chronikal. erwähnt, ist das Gründungsdatum in der Forsch. umstritten. Jüngste archäolog. Funde deuten darauf hin, daß V. in der 2. Hälfte des 13. Jh. an der Stelle einer früheren dörfl. Siedlung als Befestigungspunkt entstand. Als Gründer gelten Kolonisten aus →Novgorod, möglicherweise Novgoroder Flußpiraten (sog. Uškujniki). V. war nicht nur ein wichtiges Handwerkszentrum (Metall-, Leder- und Holzverarbeitung, Kürschnerei, Töpferei), sondern auch ein bedeutender Umschlagplatz für Rauchwaren (insbes. Eichhörnchenfelle; →Feh; →Pelze, 1) und stand in Handelskontakten mit den Fsm.ern Novgorod, →Vladimir-Suzdal', →Tver' und →Kiev, später auch mit →Moskau, Perm' und →Kazan'. Archäolog. Funden zufolge gelangten, vermutlich durch Novgoroder Kaufleute vermittelt, auch Waren aus dem Baltikum und dem nördl. Schwarzmeergebiet nach V.

Im *Vjatkaer Land* (russ. Vjatskaja zemlja), der hist. Region im Bassin des Ober- und Mittellaufs des Flusses V., siedelten sich zusätzl. zu den seit vorgeschichtl. Zeit ansässigen finnougr. Stämmen (Komi-Permjaken, Udmurten [Votjaken], Mari [Tscheremissen]) seit der 2. Hälfte des 12. Jh. →Ostslaven und slavisierte Finnougrier sowie gegen Mitte des 14. Jh. noch →Tataren und Tschuwaschen an. Von der 2. Hälfte des 13. Jh. bis 1489 existierte hier eine →Veče-Republik. Seit 1383 war das Gebiet bis zu einem gewissen Grade zwar dem Fs.en v. →Nižnij-Novgorod und →Suzdal', seit 1402/03 Moskau bzw. Galič untergeordnet, fakt. hatten diese polit. Verbindungen aber wohl eher Bündnischarakter, so daß die Selbständigkeit weitgehend erhalten blieb. Polit. und sozial führend waren die ortsansässigen →Bojaren und Kaufleute. Ende des 14. Jh. war das V.er Land ztw. der →Goldenen Horde tributpflichtig, seit Anfang des 15. Jh. mehrmals Eroberungsversuchen der Gfs.en v. Moskau ausgesetzt. 1489 wurde es endgültig dem Moskauer Staat einverleibt und in vier Statthalterschaften (*namestničestva*) aufgeteilt. Wirtschaftl. war der ländl. Bereich v. a. von Landwirtschaft, Jagd, Fischfang und Bienenzucht geprägt. Neben der chr.-orth. Religion waren noch weit über das 15. Jh. hinaus heidn. Traditionen bestimmend. S. Dumschat

Q.: Drevnie akty, otnosjaščiesja k istorii Vjatskago kraja, 1881 – Povest' o strane Vjatskoj, hg. A. S. VEREŠČAGIN, 1905 – Ustjužskij letopisnyj svod, 1950 – Dokumenty po istorii Udmurtii XV–XVII vv., 1958 – *Bibliogr.:* G. F. ČUDOVA, Ukazatel' bibliografičeskich rabot o Kirovskoj oblasti za 100 let. 1863–1963, 1967 – *Lit.:* Ènciklopedija zemli Vjatskoj, 1994 [Lit.] – A. V. ÈMMAUSSKIJ, Vjatskaja zemlja v period obrazovanija Russkogo gosudarstva, 1949 – P. N. LUPPOV, Istorija goroda Vjatki, 1958 – Istorija goroda Kirova 1374–1974, 1974 – Vjatskaja zemlja v prošlom i nastojaščem, 1989, 1992 – Istorija i kul'tura Volgo-Vjatskogo kraja, 1994.

Viborg, Stadt und Bm. in →Dänemark, →Jütland.
I. Stadt – II. Bistum.

I. STADT: Die älteste Siedlung reicht in die Wikingerzeit, vielleicht ins 8. Jh. zurück; als wirtschaftl. Tätigkeiten sind Ackerbau und Verhüttung von →Raseneisenerz nachweisbar. Der Name V. weist auf ein heidn. Heiligtum hin, doch läßt sich die Ausdehnung seines Einzugsbereichs nicht erkennen. Ähnl. Zentralfunktionen wurden später von der Domkirche und dem Landsting (→Ding, II) wahrgenommen. V. entstand an einem Verkehrsknotenpunkt, an dem die Straßen aus dem Norden, Osten und Westen zusammenliefen, um die große Nord-Süd-Verbindung des →Heerweges (Ochsenweges) zu bilden; im 10 km entfernten Hjarbæk am Limfjord lag der Hafen v. V.

Siedlungskerne städt. Charakters sind ungefähr seit der Jahrtausendwende (Riddergade) bzw. der Mitte des 11. Jh. (Anlage der Store St. Peders Stræde) erkennbar. Unter →Knud d. Gr. († 1035) wurde V. Münzstätte und behielt diese Funktion bis in die 2. Hälfte des 11. Jh. bei, erneut dann in den Jahrzehnten um 1200; das Landsting wird am Anfang des 12. Jh. erstmals erwähnt. Erst um 1150 wurde V. durch →Svend III. befestigt; nach der Niederwerfung des Aufstandes v. 1313 wurde eine Burg innerhalb der Umwallung angelegt. Nächst →Lund und →Roskilde ist V. die Stadt des ma. Dänemark mit der größten Anzahl von Kirchen. In der Reformationszeit bestanden außer dem Dom zwölf Pfarrkirchen, drei Kl. und mehrere Kapellen, ferner zwei Hospitäler. Der Liebfrauendom entstand ca. 1125–1225; die Existenz eines Vorgängerbaus (letztes Drittel des 11. Jh.) ist anzunehmen, aber noch nicht nachgewiesen. Die ältesten Pfarrkirchen St. Michaelis, St. Butolfi, St. Willehadi (Villads) und Trinitatis sind schon in der 2. Hälfte des 12. Jh. erwähnt.

Ein Nonnenkl., vielleicht für Augustinerinnen, entstand während des 1. Drittels des 13. Jh., das Franziskanerkl. wurde 1235 in der südl. Stadthälfte, das Dominikanerkl. vor 1246 nördl. des Doms gegründet. Die St. Hanskirche im NO der Stadt ging 1274–84 in den Besitz der Johanniterniederlassung Antvorskov über und entwickelte sich nach 1285 zu einem Johanniterkl. Die Domherren, bis 1440 Ordensgeistliche mit Augustinerregel, hatten das schon 1188 erwähnte Marienkl. (neben dem Dom) als Sitz. Erst nach 1440 wurde das gemeinschaftl. Leben der Domherren aufgegeben.

1159/60 wurde die Michaeliskirche (vor der Befestigung südl. der Stadt) dem Armenspital (wahrscheinl. identisch mit dem 1263 erwähnten Leprosorium) geschenkt; ein Heiligengeisthaus wurde zw. 1465 und 1476 in der Michaelisgemeinde gegründet. Die genaue Lokalisierung der Hospitäler ist umstritten. – An der Domschule hatte schon der Hl. Ketillus (Kjeld, † 1150) gelehrt; ein eigtl. Schulgebäude entstand erst Anfang des 16. Jh.

Das Stadtsiegel V.s aus dem 13. Jh. weist auf städt. Verwaltung von Senatoren hin; Ratsverfassung ist seit dem ausgehenden 14. Jh. nachweisbar, aber wohl älter. Im SpätMA standen neben dem Stadtvogt zwei Bürgermeister und acht Ratsherren an der Spitze der Stadtverwaltung. V. hatte, wohl schon vor Mitte des 13. Jh., Schleswiger Stadtrecht, das 1440 durch das Privileg →Christophs III. ergänzt wurde.

Eine Knudsgilde, v. a. für Kaufleute, ist 1440 erwähnt;

gegen Ende des 15. Jh. erscheint die Annengilde der Priester, 1490 die Kjeldsgilde; eine Schusterzunft wird 1514 bestätigt. War V. vor der Reformation auch weitgehend von der Kirche geprägt, so machte sich die Stadt auch als Zentrum eines ausgedehnten Einzugsbereichs geltend. Mauritiusmarkt (22. Sept.) und bes. Snapsting (6.–13. Jan.) entwickelten sich seit dem SpätMA zu Umschlagsterminen für die Geldgeschäfte des jütischen Adels; hinzu trat die Rolle des Landstings als jütisches Obergericht (Landschaftsding). V., das neben →Kopenhagen und →Malmö ein Mittelpunkt der reformator. Bewegung war, bewahrte auch in der frühen Neuzeit seine Bedeutung. Th. Riis

Q.: Denmarks gamle Købstadlovgivning, II, hg. E. KROMAN, 1952, 207–229 – Lit.: H. KRONGAARD KRISTENSEN, Middelalderbyen V., 1987.

II. BISTUM: Das Bm. V. (urspgl. Vibjerg) umfaßte den mittleren Teil Jütlands: die westl. Ommersyssel, Salling mit der Insel Mors und Himmerland einschließl. →Aalborg, mit dem Limfjord als Nordgrenze. Um 1060 bei der Diözesanreform unter Kg. →Svend Estridsen und Ebf. →Adalbert v. Hamburg-Bremen wohl als Teil des Gebietes des früheren Bm.s Århus (→Aarhus) errichtet, erhielt das Bm. V. während der folgenden 30 Jahre seine erste Hauptkirche, die spätere Kanonissenkirche St. Margarethen in Asmild östl. des Sees. Ihre Nachfolge trat der Liebfrauendom auf dem Viberg westl. des Sees an. Spätestens seit ca. 1120 bestand ein augustin. Domkapitel, aus dem u. a. Bf. Svend (1133–53/54) und der Propst Ketillus (Kjeld) († 1150, heiliggesprochen 1188) hervorgingen; sie verankerten das Domkl. in der Seelsorgearbeit. Im Schutze der Loyalität, die Bf. Niels (1154/55–91) gegenüber dem Kg. wahrte, verbreitete sich im Bm. das augustin. Klosterwesen; eine Ausnahme bildete nur das kgl. Zisterzienserkl. →Vitskøl. Bf. Gunner (1222–51), der als spätberufener Zisterzienser und Abt v. →Øm bei seiner Ernennung bereits siebzigjährig war, gewährte den Bettelorden im Bm. Eingang und hatte wesentl. Anteil an der Redaktion des 1241 promulgierten Jütischen Rechts (→Jyske Lov). Die Regional(‚Syssel'-)pröpste von Salling- und Himmersyssel verwalteten die örtl. Seelsorge, bis um 1400 die Bf.e diese an sich zogen.

Über den dän. Kirchenkampf (→Dänemark, E) und die Besetzung durch den Gf.en v. →Holstein hinaus behielt das Domkl. bis zu Jakob (1367–96) und Lave Glob (1396–1429) seinen Einfluß auf die Bf.swahlen in Einverständnis mit den Königen, verlor jedoch zunehmend seinen Charakter als Ordenseinrichtung, bis im Interesse des Adels und der Unionskönige um 1411 die Säkularisierung eingeleitet wurde; trotz Reformsignalen von seiten des →Baseler Konzils wurde sie zur Zeit der Wahl Kg. →Christophs III. (1440) durchgeführt. Der Kopenhagener Dekan Dr. Knud Mikkelsen (1451–78) trat im Bf.samt als Rechtsgelehrter und Politiker hervor, gefolgt von Niels Glob (1478–98). Ein »Missale Vibergense« erschien 1500 im Druck. T. Nyberg

Q.: Diplomatarium Vibergense, 1879 – P. HANSEN RESEN, Atlas Danicus VI, b: V. Bispedømme (dän. Übers.), 1934 – Lit.: P. SEVERINSEN, V. Domkirke med Stad og Stift i 800 Aar, 1932 – T. DAHLERUP, Det danske Sysselprovsti i Middelalderen, 1968, 258–269 – J. VELLEV, Asmilds Klosterkirke i 900 Aar, hg. O. FENGER–C. R. JANSEN, 1991, 209–217 – GAMS, VI: II, 1992, 117–123.

Vic (kast. Vich), Stadt und Bm. in →Katalonien. Unter dem Namen Ausona/→Osona (bis Mitte 13. Jh. vorherrschend) war die Stadt seit dem 2. Jh. vollständig romanisiert, seit dem 6. Jh. als Bf.ssitz belegt. V. wurde vielleicht 714, auf jeden Fall 785 durch frk. Eroberung zerstört, 826/ 827 durch die Rebellion des Aizo gegen die Franken Verwüstung auch des Umlandes. Die Wiederbesiedlung begann in der 2. Hälfte des 9. Jh. durch Gf. →Wifred, polit. formierte sich die Gft. Ausona (in steter Zugehörigkeit zum Gf.en v. Barcelona). Zusammen mit dem pagus v. →Manresa und dem Tal v. Artés bildete diese 885 auch das Bm. als Suffragan v. Narbonne.

Im Zuge fakt. Unabhängigkeit vom westfrk. Kg. und in Erwartung einer erfolgreichen →Reconquista wurde V. 971 auf Betreiben Gf. →Borells v. →Barcelona durch Johannes X. zur Metropole anstelle des sarazen. →Tarragona erhoben und dem neuen Bf. Atto auch die Verwaltung des Bm.s →Gerona zugesprochen, auf Veranlassung des Ebf.s v. →Narbonne 978 mittels Bestätigung des Status quo ante durch Benedikt VII. aber wieder rückgängig gemacht. Ähnl. kurzlebig (1091–99) war der zweite Versuch, durch Erhebung des Bf.s →Berengar Seniofred zum Ebf. v. V. aus die Wiedererrichtung der Metropole Tarragona zu betreiben. Kurzfristig (1017– nach 1027) war auch die Existenz des aus adelspolit. Gründen von der Diöz. Gerona abgesonderten Bm.s →Besalú, dem Bf. →Oliba v. V. durch Umwandlung der Frauenabtei →S. Joan de les Abadesses in ein Kanonikerstift (1017) Teile seines Bm.s abtreten mußte.

Oliba ist bekannt als Mönchsreformer; nicht weniger bedeutend war der Versuch einer umfassenden Kanonikerreform Berengars Seniofred unter it. und avignones. (→St-Ruf) Einfluß. Zw. 1080 und 1094 unterhielt dieser Bf. Kontakte zum Reformzentrum St-Ruf und nutzte seine Lehnsbeziehungen zu den wichtigsten Adelsfamilien in den Diöz. Barcelona, Gerona und V., um die Rechte der Eigenkirchenherren in ein Schutzverhältnis umzuwandeln und den dadurch an die Kirche v. V. gelangten Besitz für die Gründung regulierter Kanonikerstifte zu verwenden. Diese Überleitung des Kanonikerwesens karol. Prägung in Augustinerchorherrenkonvente scheiterte, weil sie im Domstift 1094 auf zu großen Widerstand stieß. Der religiöse Impuls ging seitdem von den Stiften Estany und Lladó aus, und der Bf. überließ dem ehem. Eigenkirchenherrn die ›dominicatura‹ über das Stift als Lehen, um seinen Lehnshof unabhängig vom Domstift zu stärken und gleichzeitig einen durch gemeinsame geistl. Normen geprägten Verband von Kanonien auf seine Person auszurichten. Mit dem Tod Berengars Seniofred (1099) zerfiel der noch im Entstehen begriffene Verband wieder; die Kirche v. V. sank bis zum Ende des MA auf das Niveau nur lokaler Bedeutung ab.

911 erhielt der Bf. das Suburbium der wiedererstehenden Stadt (›vicus Ausonae‹, erstmals 1111 ›episcopus Vicensis‹), der Gf. v. Barcelona (als Gf. v. Ausona) reservierte sich das Kastell und die obere Stadt (seit 13. Jh. ›Quintana‹ gen.), die er dem Vizgf.en zu Lehen gab. Darüber hinaus stand dem Bf. ein Drittel aller amtl. Einnahmen des Gf.en zu, von denen sich der Anteil an der Münze und am Marktzoll zur Ausbildung des weltl. Seniorats der Kirche v. V. als wichtig herausstellte, weil sich Prägestätte und Marktplatz auf bfl. Allod befanden, als um die Mitte d. 10. Jh. die das eigene Patrimonium übergreifenden Amtsrechte des Gf.en weitgehend verkümmerten, und der Bf. Münze und Markt ausschließl. für sich beanspruchen konnte. Bf. Arnulf (992/993–1010) erbte von seinem Bruder Ermemir, dem letzten Vizgf.en v. Ausona, dessen Rechte, was ihn nach dem Beispiel zeitgenöss. Parallelvorgänge nicht hinderte, den vizgfl. Titel für immer untergehen zu lassen, weil dieses Amt nominell bei der Kirche v. V. verblieb, die Oberstadt aber an seinen jüngeren Bruder Miro zu verlehnen. Davon ausgenommen war

das Kastell, das dieser vom Gf.en v. Barcelona zu Lehen nehmen mußte. Bf. Oliba wußte noch auf der Synode von 1033 mittels Treuga Markt und Münze zu schützen, gegen Ende des 11. Jh. jedoch, nachdem die Adelsfamilie →Montcada den Anteil Miros geerbt hatte, begann der Einbruch in das bfl. Seniorat. Weil Berengar Seniofred das Domstift zwecks Reform an der Münze beteiligt hatte, besann man sich auf das Drittel der Karolingerzeit, und der Montcada setzte für sich ebenfalls einen Anteil durch. Von nun an arbeitete er auf eine Gleichrangigkeit im städt. Seniorat und auf eine Beseitigung seiner Lehnsabhängigkeit hin. Nachdem er 1164/70 Vizgf. v. →Béarn geworden war und schließlich in die Kg.sfamilie eingeheiratet hatte, verzichteten Bf. und Domkapitel 1315 nach langer Auseinandersetzung auf ihr Seniorat zugunsten der Kg.sgewalt. O. Engels

Lit.: DHEE IV, 2751–2754 [E. Junyent; Lit., Bf.sliste] – J. L. de Moncada–L. B. Nadal, Episcologio de V., 3 Bde, 1891–1904 – J. Gudiol, Catàleg dels manuscrits del Mus. Episcopal de V., Butlletí de la Bibl. de Catalunya 6–8, 1934 – E. Junyent, Diplomatari de S. Bernat Calvò, 1956 [Bf. v. V. 1233–1245] – S. Sobrequés i Vidal, Els barons de Catalunya, 1957 – J. J. Bauer, Die vita canonica der katal. Domkapitel vom 9.–11. Jh. (Homenaje J. Vincke, I, 1962), 81–111, bes. 89–95 – E. Junyent, La Bibl. de la Canónica de V. en los s. X–XI, SFGG. GAKGS 21, 1963, 136–145 – R. de Abadal i de Vinyals, Hispania Sacra 17/18, 1965, 99–132; 21, 1968, 61–97 [liturg. Texte aus V.] – J. Janini, Hispania Sacra 18, 1965, 385–409 [Sakramentarien in V.] – A. Pladevall i Font, La verdadera filiació de Berengar Seniofred de Lluçà, primer arquebisbe de Tarragona en el s. XI, Bol. Arqueológico 66, 1966, 71–81 – R. de Abadal i de Vinyals, Dels Visigots als Catalans, 2 Bde, 1969–1974² – E. Junyent, Jurisdiccions i privilegis de la ciutat de V., 1969 – O. Engels, Schutzgedanke und Landesherrschaft im östl. Pyrenäenraum (9.–13. Jh.), 1970 – A. Pladevall i Font, Dues Llistes de Parròquies del Bisbat de V. del s. XII, Bol. Arqueológico 1971/72, 71f. – E. Junyent, Le scriptorium de la cathédrale de V., Cahiers de St-Michel de Cuxà 5, 1974, 65–69 – Ders., La ciutat de V. i la seva història, 1976 – J. M. Gasol Almendro, La seu de Manresa, Monografia històrica, 1978 – M. Gros Pujol, Fragments de Biblies llatines del Mus. Episcopal de V., Rev. catal. de Teol., 1978, 153–171 – E. Junyent, Diplomatari de la Catedral de V. (s. IX–X), 1980 – R. Ordeig i Mata, Els orígens històrics de V., 1981 – P. H. Freedman, The Diocese of V., 1983 – O. Engels, Reconquista und Landesherrschaft, 1989, bes. 109–148 – A. Pladevall i Font, Història de l'Església a Catalunya, 1989 – P. H. Freedman, Archbishop Berenguer Seniofred de Lluçà and the Gregorian Reform in Catalonia, Studi Gregoriani 14, 1991, 153–159 – Catalunya romànica, hg. J. Vigué i Vinas, II, III, XIII, 1984–86 – U. Vones-Liebenstein, St-Ruf und Spanien, 2 Bde, 1996, bes. I, 101–175.

Vicarius. Der lat. Begriff 'v.' bezeichnet einen 'Stellvertreter'. Von den Feldern, auf denen er, stets ausgehend von diesem Wortsinn, teils in titularem Gebrauch, teils in untechn. Sprache, zum Einsatz gelangt, sind folgende von hist. Bedeutung: 1. die Auffassung des röm. Ks.s (später der ma. Kg.e und Ks.) als v. Gottes respektive Christi auf Erden, worin eine Facette der Idee sakraler Herrschaft zum Ausdruck kommt (→Kaiser, →Sakralität); 2. der administrative Bereich, der nicht nur temporäre 'vice agentes' verschiedener Funktionäre u. a. als v.ii bezeichnet, sondern vom 4. Jh. an den Inhaber des ständigen Postens des Leiters einer Diöz. (→Diözese, I) mit diesem →Titel belegt und ihn zu den hochrangigen 'viri spectabiles' mit nicht unbeträchtl. Kompetenzen rechnet; 3. die kirchl. Sphäre, in der unter diesem Namen ephemere oder permanente Vertreter einer geistl. Amtsperson hoheitl. Kirchengewalt delegiert erhalten. Der Gedanke, bestimmte Bf.e zu v.ii des Papstes zu erklären (erstmals greifbar am Ende des 4. Jh. im Vikariat v. Thessalonike, das dadurch dem Einfluß des Patriarchen v. Konstantinopel entzogen werden soll), findet in den Primaten einiger Metropoliten des MA seine Fortsetzung. →Vikar. A. Pabst

Lit.: RE VIII A 2, 2015–2044 [W. Ensslin] – W. Ensslin, Gottks. und Ks. von Gottes Gnaden, 1943 – E. Stengel, Die Kirchenverfassung Westeuropas im MA (Ders., Abh. und Unters. zur ma. Gesch., 1960), 1ff. – Jones, LRE [Neudr. 1986].

Vicecomes

I. Karolingerzeit (bis ca. 900) – II. Katalonien, Süd- und Südwestfrankreich – III. Normandie – IV. Italien.

I. Karolingerzeit (bis ca. 900): Die vielfältigen Aufgaben des →Gf.en (s. a. →comes) erforderten bald die Unterstützung durch Personen, die ihn bei der Amtstätigkeit teilweise oder in vollem Umfang, zeitweise oder dauerhaft, vertraten. Diese erhalten in den karol. Q. die Bezeichnung 'v.' sowie u. a. →vicedominus (Septimanien, span. Mark), vicarius comitis (→Vikar) und →centenarius. V.-Belege erscheinen vereinzelt in der 1. und relativ zahlreich in der 2. Hälfte des 9. Jh. in den Kapitularien, Kg.s-, Gerichts- und Privaturkk., die ehemals zum Röm. Reich gehörende westfrk. Gebiete und Italien betreffen. Im ostfrk. rechtsrhein. Bereich fehlen sie dagegen fast völlig. In den Diplomen Karls d. Kahlen und Karls III. werden die v.ites zusammen mit anderen Amtsträgern in der Publikations- und v. a. in der Verbotsformel aufgeführt. Im letzten Drittel des 9. Jh. gab es in den meisten →Gft.en Westfrankens und Oberitaliens Vgf.en. Ihre Aufgaben und ihre Stellung waren in den einzelnen Gft.en unterschiedlich. In der Regel amtierte in jeder Gft. nur ein v. Er führte von Fall zu Fall Aufträge des Gf.en aus oder war für bestimmte Verwaltungsaufgaben dauerhaft zuständig. Manchmal wurde dem Vgf.en ein separater Teil innerhalb des Komitats (→comitatus) als Amtsbezirk zugewiesen. Bei Abwesenheit des Gf.en sowie bei kurz- oder mittelfristiger Vakanz des Amtes nahm der v. gfl. Funktionen in vollem Umfang wahr. Wenn ein Gf. mehrere Gft.en innehatte, übte der v. die gfl. Amtstätigkeit in einem Komitat fast vollständig aus. Sein Wirkungskreis blieb aber auf eine Gft. beschränkt. Ursprgl. war seitens der →Karolinger wohl eine doppelte Bindung des Vgf.en, sowohl an den Gf.en als auch an den Herrscher, intendiert. Der v. war aber v. a. vom Gf.en abhängig, der ihn einsetzte. Im letzten Drittel des 9. Jh. erfolgte seine Bestellung z. T. auf lehnsrechtl. Basis. Zumindest in bestimmten Regionen versuchten die Herrscher, eine direkte Beziehung zum Vgf.en zu erhalten oder herzustellen. Darauf deuten die gelegentl. auftauchenden Titel »v. et missus domini regis/imperatoris« hin. Möglicherweise wollte man ihnen damit in bes. wichtigen Gebieten oder civitates eine Sonderstellung gegenüber den regionalen Herrschaftsträgern, einschließl. der Gf.en, verschaffen. Ein solcher Fall ist in der Regierungszeit Karls III. auch für Alemannien (→Schwaben) bezeugt. Der »missus imperatoris in vicem comitis Ruadpert«, wahrscheinl. ein Vertrauter des Ks.s, amtierte im Gebiet um Neudingen.

Aus der 2. Hälfte des 9. Jh. stammen die ersten Beispiele für einen Übergang der vgfl. Würde vom Vater auf den Sohn. In Mailand folgte auf Waldericus, der bis ca. 865 amtierte, dessen Sohn Amelricus als v. nach. In Oberitalien ist die Mitwirkung von Vgf.en im Gericht relativ gut bezeugt. Sie leiteten als v.ites civitatis anstelle (in vice, per data licentia) des →comes civitatis allein oder zusammen mit Bf.en und/oder Kg.sboten Gerichtssitzungen. Unter ihrem Vorsitz wurden Fälle der niederen und der höheren Gerichtsbarkeit behandelt. Gelegentl. präsidierten sie anstelle von →Pfgf.en. Im Gericht vertreten ließ sich der v. durch den Schultheiß (*sculdahis, sculdhais*). Häufig nahm der Vgf. an →Placita teil, in denen der Gf. selbst, ein Bf. und/oder ein →Missus den Vorsitz führten. In den Unterschriften der Gerichtsurkk., in deren Reihenfolge sich die soziale Rangordnung der Teilnehmer widerspiegelt, erscheinen die Signa der v.ites in der Regel nach den Vorsitzenden und den Kg.srichtern. Wenn sie als Stellvertreter des Gf.en oder Pfgf.en allein agierten, standen ihre Signa dagegen an der Spitze. Die Vgf.en konnten im allg. nicht schreiben, sie unterfertigten die Gerichtsurkk. deshalb mit einem Signum.

Die in Oberitalien nachweisbaren v.ites stammten wie die Gf.en größtenteils aus den nordalpinen Gebieten des Reiches. Daneben wirkten aber auch Personen langob. Herkunft bzw. Einheimische als Vgf.en. In Mittelitalien (Tuszien, Spoleto) übernahmen z.T. →Gastalden die Funktion von Vgf.en. In Gerichtsurkk. erscheinen beide Titel manchmal kombiniert (castaldus/castaldio et v.). Das Verhältnis des frk. Vgf.en zum langob. Gastalden bedarf hier noch weiterer Klärung. In Benevent, Salerno und Capua bestand die langob. Verwaltung mit Gastalden ohne v.ites fort. W. Huschner

Lit.: W. SICKEL, Beitr. zur dt. Verfassungsgesch. des MA, MIÖG, Ergbd. 3, 1890–94, 558–571 – DERS., Der frk. Vicecomitat, 1907; Erg.en I, 1908 – C. MANARESI, I placiti del »Regnum Italiae«, I (Fonti, 92, 1955) – E. HLAWITSCHKA, Franken, Alemannen, Bayern und Burgunder in Oberitalien (Forsch.en zur oberrhein. Landesgesch. 8, 1960) – H. K. SCHULZE, Die Gft.sverfassung der Karolingerzeit in den Gebieten ö. des Rheins, 1973 – M. BORGOLTE, Karl III. und Neudingen. Zum Problem der Nachfolgeregelung Ludwigs d. Dt., ZGO 125, 1977, 21–55 – K. F. WERNER, Missus – Marchio – Comes. Entre l'administration centrale et l'administration locale de l'Empire carolingien (Hist. comparée de l'administration [IVe–XVIIIe s.], 1980), 191–239 – M. BORGOLTE, Gesch. der Gft.en Alemanniens in frk. Zeit (VuF Sonderbd. 31, 1984) – CH. M. RADDING, The Origins of Medieval Jurisprudence. Pavia and Bologna 850–1150, 1988 – S. GASPARRI, Il regno e la legge. Longobardi, Romani e Franchi nello sviluppo dell'ordinamento pubblico (s. VI–XI), La Cultura, Rivista di Filosofia, Letteratura e Storia 28, 1990, 243–266 – F. BOUGARD, La justice dans le royaume d'Italie de la fin du VIIIe s. au début du XIe s., 1995.

II. KATALONIEN, SÜD- UND SÜDWESTFRANKREICH: [1] *Katalonien:* Das Amt des Vgf.en bzw. v. kommt im Bereich der Iber. Halbinsel seit dem 9. Jh. nur in den katal. Gft.en (→Katalonien) vor, weil sie ein Teil des Frankenreichs waren. Offensichtl. wurde der v. vom zuständigen Gf.en ernannt, da sein Amt im 10. Jh. erbl. wurde infolge der sich auf die nachgeordneten Ebenen fortsetzenden Patrimonialisierung. Im Laufe des 11. Jh. bildeten sich vgfl. Territorialseniorate, ohne die Funktion eines gfl. Stellvertreters über das eigene Territorium hinaus bis zum Ende des 11. Jh. vollständig aufzugeben. Der Übergang des vgfl. Seniorates auf eine Familie ohne dieses Amt war schon im 11. Jh. möglich, erforderte allerdings noch die nominelle Lehnsabhängigkeit vom Gf.en (→Vic). Der Gf. beantwortete diese Entwicklung mit der Gründung einer neuen Vgft. am anderen Ort. Zu Ende des 11. Jh. entstanden in der Gft. →Urgell sogar drei vgfl. Linien, die nicht aus einer gemeinsamen Wurzel abstammten. Seitdem bis zur Mitte des 12. Jh. wurde der Name der Gft. im Amtstitel durch den der Stammburg ersetzt. Wegen seiner starken Abhängigkeit vom Gf.en v. →Barcelona blieb der dortige v. von dieser Entwicklung ausgenommen, er gab vor 1156 sogar seinen Titel auf. O. Engels

Lit.: L. GARCÍA DE VALDEAVELLANO, Hist. de España, 1952^4, I/2, 98, 308, 472 – S. SOBREQUÉS I VIDAL, Els Barons de Catalunya, 1957 – R. D'ABADAL I DE VINYALS, Dels Visigots als Catalans, II, 1970, passim – O. ENGELS, Schutzgedanke und Landesherrschaft im östl. Pyrenäenraum (9.–13. Jh.), 1970, 282–284 – DERS., Reconquista und Landesherrschaft, 1989, 117–125.

[2] *Süd- und Südwestfrankreich:* Ausgangspunkt der Entwicklung waren auch hier die als v.ites (doch auch mit variierenden, immer aber die Stellvertreterfunktion betonenden Begriffen wie →vicedominus/Vidame und vicarius/→Viguier) bezeichneten, unterhalb des →Grafen stehenden Amtsträger der westfrk. Karolinger (s. Abschnitt I), dann die Beauftragten der seit dem 9./10. Jh. in dieser Randzone des Westfrk. Reiches aufsteigenden →Fürstentümer (insbes. Gf. en v.: →Toulouse; →Barcelona, →Provence; →Poitou: mehrere v.ites belegt). Im Zuge der Feudalisierung und Patrimonialisierung von Herrschaft (verstärkt ab dem 10. und 11. Jh.) konnten große vgfl. Familien →Seigneurien, in einigen Fällen Fsm.er errichten, so das Haus →Trencavel, das im Languedoc mit seinen Vgft.en →Albi, →Nîmes, →Béziers, →Carcassonne usw. zw. den feudalen Einflußzonen der Gf.enhäuser Toulouse und Barcelona/Provence eine mächtige Territorialherrschaft aufbaute, die erst im frühen 13. Jh. (Albigenserkrieg) der vordringenden monarch. Gewalt der Kapetinger erlag. Das aus heutiger Sicht durch 'feudale Zersplitterung' gekennzeichnete Territorialgefüge der südwestfrz. Regionen (Limousin, Gascogne usw.) verkörperte sich maßgebl. in mehreren größeren und kleineren, auf Herrschaft über →Burgen (s. a. →Kastellanei) gestützten *Vicomtés*; diese oft langlebigen Adelsherrschaften (Fortbestand z. T. noch im Ancien Régime) finden in der landes- und adelsgesch. Forsch. in ihrer die territoriale und soziale Struktur der genannten Landschaften sowie z. T. deren kulturelles Leben (im 12.–13. Jh. Gönnerschaft für →Troubadours) prägenden Rolle zunehmende Beachtung (wichtige, aber unterschiedl. Beispiele: im Limousin, unter Lehnshoheit der Gf.en v. Poitou, die wesentl. als Allodialherrschaft konstituierte Vgft. →Turenne [bzw. →Comborn, →Ventadour]; im Velay die Vgft. Polignac; im westl. Pyrenäenraum die Vgft. →Béarn, seit 1290 unter dem Hause →Foix). U. Mattejiet

Lit.: J. FAVIER, Dict. de la France médiévale, 1993, 961 – s. a. die Lit. unter den angegebenen Stichwörtern.

III. NORMANDIE: Die Institution des v. (*vicomte*) bewahrte in der Hzm. →Normandie im wesentl. ihre ursprgl. Charakterzüge. Der Hzg. setzte bereits im 1000 v.ites ein, denen er bes. die Verwaltung von →pagi, an deren Spitze kein →Graf mehr stand, anvertraute. Die ihr Amt kraft hzgl. Delegation ausübenden, in vollem Maße abberufbaren v.ites bildeten die Grundpfeiler der Lokalverwaltung. Im Bereich der Finanzverwaltung erhoben sie die hzgl. Abgaben, die sie in Pacht hielten (schon vor 1066); sie legten jährl. Rechenschaft vor dem hzgl. Hof ab (→Échiquier). Sie versahen auch militär. Aufgaben, wachten über die öffentl. Ordnung und die wichtigeren Burgen. Sie hielten Gericht im Namen des Hzg.s und wurden aus Besitzungen und Einkünften des hzgl. Patrimoniums unterhalten. Rasch bildete sich aus ihrer Mitte eine Elite. Einige v.ites, die ein enges Treueverhältnis zum Hzg. aufbauten, konnten ihren Söhnen die Amtsnachfolge sichern, andere rebellierten gegen den Hzg. (1047); die meisten v.ites aber unterlagen auch weiterhin der Verfügungsgewalt des Hzg.s. Eine Patrimonialisierung der Ämter und Amtsgüter der v.ites wurde somit vermieden; die v.ites blieben weisungsgebundene und auswechselbare Amtsträger des Hzg.s.

Im 12. Jh. bemühten sich die →Plantagenêt, Gottfried und →Heinrich II., durch Einsetzung von →*Baillis* und *Justiciers* (→Justitiar) ein hohes Beamtenpersonal von größerer Effizienz aufzubauen; die Rolle der v.ites wurde damit reduziert, aber nicht aufgehoben. Ihre Bedeutung als Fiskalverwalter blieb eine erstrangige. Unter der kapet. Herrschaft des 13. Jh. wurden Baillages eingerichtet, in denen die v.ites unterhalb der kgl. Baillis rangierten. Die v.ites blieben aber einflußreiche Lokalbeamte mit Kompetenzen der Rechtsprechung und v. a. Steuererhebung. Sie wurden vom Kg. gewählt, besoldet und abberufen.

A. Renoux

Lit.: G. DUPONT-FERRIER, Les officiers royaux des baillages et sénéchaussées et les institutions monarchiques locales en France à la fin du MA, 1902 – J. STRAYER, The Administration of Normandy under Saint Louis, 1932 – M. POWICKE, The Loss of Normandy, 1189–1204, 1961² – M. DE BOÜARD, Le duché de Normandie (F. LOT–R. FAWTIER, Hist. des institutions françaises au MA, I, 1957) – J.-M. BOUVRIS, Contribution à l'étude de l'institution vicomtale en Normandie au XIe s. (Autour du pouvoir ducal normand, Xe–XIIe s., 1985).

IV. ITALIEN: Der v. war urspr. Stellvertreter des Gf.en; das Amt wurde von den Normannen in Süditalien eingeführt. Während in der Normandie der v. ein vom Hzg. eingesetzter »Beamter« war, finden sich in Süditalien sowohl vom Hzg. als auch von einzelnen Gf.en eingesetzte v.ites. In der Normandie waren die v.ites für die Verwaltung eines pagus zuständig, in Süditalien hatten sie als »Amtsbezirke« Städte mit dazugehörigem Umland. Kompetenzen: Erhebung der Abgaben, Rechtsprechung, Kastellbewachung. In Süditalien verlor das Amt des v., das in der ersten Phase der norm. Herrschaft in Unteritalien auch von Mitgliedern der norm. Führungsschicht bekleidet worden war, Ende des 11. Jh. an Bedeutung: Der v. wurde ein dem Katepan und Stratigen untergeordneter »Beamter«, dessen Funktion auf die Mitwirkung an Rechtsprechung und Verwaltung reduziert war.

H. Houben

Lit.: W. JAHN, Unters.en zur norm. Herrschaft in Süditalien (1040–1100), 1989, 165–170.

Vicedominus. [1] *Kirchlicher Bereich:* Das Amt des v. geht auf den gr. →oikonomos zurück, d. h. auf den Kleriker (zumeist ein →Diakon oder ein →Priester), welchem nach der Vorschrift des Konzils v. →Chalkedon (c. 26) die Wirtschaftsverwaltung der Diöz. oblag; daher können die Bezeichnungen v. und oeconomus denselben Funktionsträger charakterisieren. Im →Decretum Gratiani heißt es zu den Aufgaben des v.: Offitium uicedominici est episcopium disponere (D. 89 c. 2; vgl. ferner D. 89 c. 3 und C. 1 q. 3 c. 8). Zu den Pflichten des päpstl. v., der zum ersten Mal zur Zeit von Papst Vigilius (537–555) begegnet, gehörten die Verwaltung des päpstl. Haushaltes, der Schutz des Lateranpalastes und die Bewirtung der Gäste, die an der Kurie weilten; dieses angesehene Amt erhielt sich bis zum 11. Jh. und fiel danach in den Kompetenzbereich des camerarius (→Kammer, Kämmerer, IV). Möglicherweise in Anlehnung an das päpstl. Vorbild wurde das Amt im Frankenreich übernommen, wo bfl. v.i seit Ende des 6. Jh. häufig erwähnt werden. Der v., der regelmäßig dem Diözesanklerus entstammte, konnte innerhalb der Bm.sverwaltung zahlreiche, verschiedene Funktionen wahrnehmen, wozu insbesondere die Aufsicht über die Diözesaneinkünfte und den bfl. Haushalt gehörte, doch werden v.i auch als Anführer des bfl. Heeres erwähnt. In Abwesenheit des Bf.s und während der Sedisvakanz konnten v.i als Bm.sverweser auftreten; nicht selten erlangten v.i den Episkopat. Zwar verlor das Amt im 9. und 10. Jh. durch den Ausbau des Benefizialwesens an Bedeutung, doch begegnen v.i als bfl. Funktionsträger, oft mit schwankenden Bezeichnungen und schwer zu definierenden Geschäftsbereichen, auch in der Folgezeit.

[2] *Weltlicher Bereich:* Als Sachwalter der weltl. und hier v. a. der wirtschaftl. Belange von Kl. und Stiften treten v.i neben den →Vögten (advocati) seit karol. Zeit auf; so bildet es im Capitulare missorum generale v. 802: »Ut episcopi, abbates abbatissae advocatos adque vicedomini […] habeant.« (MGH Cap. 1, Nr. 33, c. 13). Innerhalb der kirchl. Immunitäten hatten die v.i vielfach weitreichende jurisdiktionelle Kompetenzen. – In frk. Q. werden auch Beamte kleinerer weltl. Herrenhöfe als v.i charakterisiert; ebenso kann der maior domus am Kg.shof als v. bezeichnet werden. – Als Vertreter des Landesherren fungierten weltl. v.i seit ca. 1120 in Kurmainz: Unter →Adalbert I. wurde das Territorium des Erzstifts in vier Verwaltungsbezirke (Mainz/Rheingau, Unterfranken, Thüringen, Eichsfeld/Niederhessen) aufgeteilt, an deren Spitze jeweils ein v. stand, der die Herrschaftsrechte des Ebf.s in den Funktionsbereichen von Rechtsprechung, Heerwesen und Finanzverwaltung ausübte. Im Hzm. Bayern wurden nach 1255 vier v.-Ämter eingerichtet (jeweils zwei für Ober- und Niederbayern); sie entwickelten sich zu Mittelbehörden zw. den Lokal- und Zentralinstanzen. Ähnl. wie die mainzischen nahmen auch die bayer. v.i administrative, jurisdiktionelle und militär. Aufgaben wahr. Ein v. (oder procurator) der Wittelsbacher in ihrer Eigenschaft als Pfgf.en ist für die Lande am Rhein seit 1263 nachweisbar; in der Oberpfalz amtierte ein v. mit Sitz in Amberg. In habsbg. Landen (z. B. →Kärnten und →Krain) fungierten v.i als landesfsl. Beamte der Finanzverwaltung.

S. Kreiker

Lit.: DU CANGE VIII, 315–318 – HRG V, 929f. – PLÖCHL – SPINDLER – F. SENN, L'institution des vidamies en France, 1907 – B. WITTE, Herrschaft und Land im Rheingau (Mainzer Abh. zur mittleren und neueren Gesch. 3, 1959).

Vicedominus de Vicedominis (= Visconti), † 4. Sept. 1274, aus Piacenza stammender Jurist im Dienst der Gf.en v. →Provence, →Raimund Berengar V. und →Karl I. v. Anjou, für die er als Richter und Unterhändler fungierte. Zunächst verheiratet und Vater zweier Kinder (eines davon wurde Viguier v. Grasse, später v. Marseille), kumulierte V. als Witwer mehrere kirchl. Benefizien (Kanoniker v. Clermont, Prévôt v. Barjols und Grasse, päpstl. Kapellan). Nach dem Tode Philipps, eines anderen Ratgebers Karls v. Anjou, wurde V. zum Ebf. v. →Aix-en-Provence gewählt (1257). Durch Tausch mit dem Gf.en konnte er das kirchl. Patrimonium v. Aix erweitern und ließ auch einen Neubau des ebfl. Palastes durchführen. Die Gemahlin Karls v. Anjou, Beatrix, bestimmte V. zu ihrem Testamentsvollstrecker (1266). V.' Onkel, Teobaldo Visconti, setzte V. gleich nach seiner Papstwahl (→Gregor X.) zum →Legaten in Oberitalien (1271) ein und erhob ihn zum Kard.bf. v. →Palestrina (1273). V. begünstigte seinen Neffen Grimier, den er zum Offizial, Archipresbyter, Archidiakon und Generalvikar ernannte und (gegen den Kandidaten des Kathedralkapitels) mit Unterstützung Papst Gregors X. schließlich als Nachfolger im Ebf.samt (1274–84) durchsetzte. Nachdem V. noch am Konzil v. →Lyon teilgenommen hatte, verstarb er am 4. Sept. 1274.

N. Coulet

Lit.: GChrNov, 70–73.

Vicelin, hl., Bf. v. →Oldenburg 1149–54, * um 1090, † 12. Dez. 1154, ◻ Neumünster. In Hameln und Paderborn ausgebildet, spätestens 1118 Leiter der Bremer Domschule, ging V. wohl 1122/23 zum Studium nach Laon. Prägend war die Begegnung mit dem Stift Prémontré, das →Norbert v. Xanten leitete. Als Ebf. v. Magdeburg weihte Norbert am 25. Juli 1126 V. zum Priester. Ebf. Adalbero v. Hamburg-Bremen beauftragte ihn mit der Mission der Wagrier, die aber der Tod des Fs.en →Heinrich v. Alt-Lübeck (1127) verhinderte. V. gründete im slav. Grenzraum das Augustiner-Chorherrenstift Neumünster und fand die Unterstützung Ks. Lothars III., der 1134 in Segeberg eine Burg und ein Chorherrenstift errichtete. Nach der Neugründung des Bm.s Oldenburg 1149 weihte Ebf. →Hartwig I. v. Hamburg-Bremen V. am 25. Sept. zum Bf., der zugleich Propst v. Neumünster und Segeberg blieb; die dortige Lebensweise folgte neben den monita V.s wohl der als ordo monasterii bezeichneten Fassung der Augustinerregel (→Augustiner-Chorherren), also der 'strengeren Richtung der Reformkanoniker' (ELM). V., der unablässig, doch unter schweren Rückschlägen als Buß- und Glaubensprediger bei Holsten und Slaven wirkte (→Helmold v. Bosau), wurde wegen des Konflikts um die Ausstattung und Besetzung der nordelb. Bm.er erst 1150 von Hzg. Heinrich d. Löwen mit dem Bm. Oldenburg investiert. Nach seinem Tod wurde V. in Neumünster bis zur Reformation als Hl. verehrt.

E. Bünz

Lit.: GAMS V/2, 1984, 63f. – W. LAMMERS, Das HochMA bis zur Schlacht v. Bornhöved (Gesch. Schleswig-Holsteins, 4/1, 1981) – K. ELM, Christi cultores et novelle ecclesie plantatores (Pontificio comitato di scienze storiche. Atti e documenti 1, 1989), 148–157.

Vicente, Gil, ptg. Dramatiker, * um 1465 in Guimarães (?), † 1536 oder wenig später, in Lissabon. *Mestre de balança* (Münzmeister), wahrscheinl. ident. mit gleichnamigem Goldschmied, Begründer des ptg. Theaters. Wirkte am Hofe Manuels I. und Jakobs III. Verfaßte, angeregt von den span. Dramatikern Juan del →Encina und Lucas →Fernández, über 40 Stücke, teils in ptg., teils in span. Sprache, in der Mehrzahl aber in einer Mischung beider Sprachen, die zunächst in Form von fliegenden Blättern Verbreitung fanden. Eine vom Autor geplante Slg. wurde erst 1562 von seinem Sohn realisiert, wobei der Einfluß der Inquisition Textänderungen, möglicherweise auch den Verzicht auf die Aufnahme einzelner Stücke zur Folge hatte. Die Aufführungen, an denen der Autor aktiv beteiligt war, fanden unter Musikbegleitung, aus festl. Anlässen in Kirchen, Klöstern und Palästen statt. In den Titeln erscheinen als Gattungsbezeichnungen *auto, moralidade, farça, comédia*. Beim religiösen Theater (*moralidades*) werden die traditionellen ma. Gattungen (Passions-, Oster-, Fronleichnams-, Weihnachtsspiele) themat. erweitert: Auto da Sibila Cassandra (1513), Auto de Mofina Mendes (1515), Autos de Barcas (Trilogie: Hölle, Fegefeuer, Paradies; 1517–19), Auto da Alma (1518), Auto da História de Deus (1527), Auto da Feira (ca. 1527), Auto da Cananeia (1534). Einflüsse vorreformator. Bestrebungen sind zu erkennen. Bei den profanen Gattungen sind die Grenzen zw. Schauspiel (Ritterdramen: Don Duardos, 1522; Amadis de Gaula, 1523), Lustspiel (*comédia*) und Posse (*farça*: Auto da India, 1509; Auto da Inês Pereira, 1523) nicht immer scharf zu ziehen. In den Stücken, die auch nationale Themen aufgreifen, finden sich, neben mytholog., bibl., christl. Persönlichkeiten und allegor. Figuren, lebensnah gezeichnete Vertreter aller Stände, wobei die Stilebenen vom Erhabenen bis zum Derb-Komischen reichen, unter Verwendung von Dialekten sowie Spracheigenarten von Minderheiten.

W. Mettmann

Ed.: Copilaçam de todalas obras de G. V., Lissabon 1562 [Faks. 1928] – Obras Completas, ed. MARQUES BRAGA, 6 Bde, 1942–44 u. ö. – Comedia de Don Duardos, ed. D. ALONSO, 1942 – Auto da Alma, ed. S. PESTANA, 1951 – Auto da Barca do Inferno, ed. I. S. RÉVAH, 1951 – Auto da Inês Pereira, ed. I. S. RÉVAH, 1955 – Tragicomedia de Amadis de Gaula, ed. T. P. WALDRON, 1959 – Comedia del Viudo, ed. A. ZAMORA VICENTE, 1962 – Obras completas, ed. A. COSTA PIMPÃO, 1962² – G. V. Obras dramáticas castellanas, ed. T. R. HART, 1962 – Pranto de Maria Parda, ed. L. STEGAGNO PICCHIO, 1963 – Comedia de Rubena, ed. G. TAVANI, 1965 – T. R. HART, G. V. Farces and Festival Plays, 1972 – Sátiras sociais, ed. M. DE LOURDES SARAIVA, 1975 – Lit.: C. C. STATHATOS, A G. V. Bibliography, 1980 – C. MICHAËLIS DE VASCONCELLOS, Notas vicentinas, 1912–22, 1949² – A. BRAAMCAMP FREIRE, Vida e obras de G. V., 1912, 1944² – Ó. DE PRATT, G. V. Notas e comentários, 1931, 1970² – A. F. G. BELL, Estudos vicentinos, 1940 – A. J. SARAIVA, G. V. e o fim do teatro medieval, 1942, 1992² – P. TEYSSIER, La langue de G. V., 1959 – L. KEATES, The Court Theatre of G. V., 1962 [ptg. 1988] – R. BRASIL, G. V. e o teatro moderno, 1965 – L. SLETSJØE, O elemento cénico em G. V., 1965 – J. H. PARKER, G. V., 1967 – N. MILLER, O elemento pastoril no teatro de G. V., 1970 – H. HAMILTON FARIA, The Farces of G. V., 1976 – S. RECKERT, G. V.: espíritu y letra, 1977 [ptg. 1983] – P. TEYSSIER, G. V. O autor e a obra, 1982 – M. L. GARCIA DA CRUZ, G. V. e a sociedade portuguesa de Quinhentos, 1990.

Vicentinus, Simon →Simon Vicentinus (25. S.)

Vicenza, oberit. Stadt und Bm. (Venetien). Das röm. Municipium Vicetia wurde 568–569 von den →Langobarden erobert und wurde Sitz eines Hzg.s und wichtiger Familiengruppen (Hzg. Vechtari v. Friaul, um 670, stammt aus V.). Die Gründung des wichtigsten Kl. der Stadt, SS. Felice e Fortunato, geht vielleicht auf die langob. Zeit zurück; im 8. Jh. ist ein kgl. Gastalde belegt, und die Stadt hatte das Münzrecht. In karol. Zeit wurde V. von einem Gf.en verwaltet; das Kapitular →Lothars (825), in dem V. zum Schulsitz für alle Städte des östl. Venetiens erhoben wurde, bestätigt seine Bedeutung. Die Krise der Zentralgewalt im 9./10. Jh. führte zur polit. Zersplitterung des Comitats und zur Entwicklung des →Incastellamento-Phänomens. Im Comitat von V. besaßen der Bf. v. Padua, Kl. aus Verona und Mantua sowie weltl. Herren (Familie →San Bonifacio) Kastelle und Rechte. In otton. Zeit (vielleicht um 970) begegnet ein Gf. der Comitate V. und Padua. Unter den Herrschaftsträgern stand die Bf.skirche von V. jedenfalls an führender Stelle (Diplom Ottos III. d. J. 1000). Die weltl. und kirchl. Herrschaften behielten ihre Autorität bis zum Ende des 12. Jh. V.s wirtschaftl. Charakteristik, die ausschließl. auf der Landwirtschaft basierte, war nicht zuletzt dafür verantwortlich, daß sich die städt. Kommune nur sehr langsam entwickelte (erster Beleg von Konsuln 1147); an ihrer Spitze standen Signorenfamilien, häufig in Kontrast mit dem Bf. Im 12./13. Jh. war V. in die Auseinandersetzungen zw. den großen Signorenhäusern der Mark Treviso verwickelt und wurde lange von der Familie da →Romano beherrscht (Ezzelino II. und →Ezzelino III.). In dieser Zeit, zw. 1205 und 1209, scheiterte der (auch von Innozenz III. unterstützte) Versuch, in V. ein universitäres Studium einzurichten, der mit dem Auszug einer Gruppe von Studenten und Dozenten aus Bologna begonnen hatte. Eine der Ursachen für dieses Scheitern war die unsichere polit. Lage. Nach dem Tod Friedrichs II. und der Niederlage Ezzelinos III. war V. kurze Zeit unabhängig (1259–66), stand aber unter dem Einfluß des Bf.s Bartolomeo da Breganze. 1266 wurde V. der Herrschaft der Kommune Padua unterstellt und verlor für immer seine polit. Selbständigkeit. Der Italienzug Heinrichs VII. und sein Kontrast mit dem »guelfischen« Padua führte dazu, daß V. dem Reichsvikar Cangrande I. →Della Scala, Signore v. Verona, unterstellt wurde (1311). Die Stadt blieb bis 1387 unter den Della Scala. Im 14. Jh. begann ein gewisser Aufschwung des wollverarbeitenden Gewerbes; die Stadt festigte zunehmend ihre Autorität über ihren Districtus, während der Niedergang der Grundherrschaften, v. a. des Bf.s, seine letzte Phase erreichte. Nach der Niederlage der Scaliger (1387) wurde V. von Giangaleazzo →Visconti beherrscht und unterstellte sich nach dessen Tod, als erste der Städte Venetiens, der Republik →Venedig (deditio April 1404), unter deren Herrschaft es bis zum Ende des 18. Jh. blieb. Die Kommune V., die von dem im 13.–14. Jh. aufgestiegenen Patriziat regiert wurde, bewahrte unter der ven. Herrschaft eine gewisse Autonomie.

V. erreichte im 15. Jh. etwa 15–18000 Einw. Schätzungen für die Zeit davor ergeben maximal 8000 Einwohner. Das Territorium der Diözese v. V. ist nicht mit dem Comitat identisch, sondern umfaßt einen großen Teil des Gebiets von Padua, der bis auf wenige Kilometer an diese Stadt heranreicht, sowie einen schmaleren Streifen des Gebiets v. Verona. G. M. Varanini

Lit.: G. ARNALDI, Scuole nella Marca Trevigiana e a Venezia nel s. XIII (Storia della cultura veneta, I: Dalle origini al Trecento, 1976), 377–384 [Univ.] – J. GRUBB, Firstborn of Venice. V. in the Early Renaissance State, 1988 – Storia di V., hg. G. CRACCO, II (L'età medievale), 1988.

Vices and Virtues →Tugenden und Laster, IV, 2

Vich →Vic

Vicinitas. Aus frühma. Rechtsq. lassen sich keine Schlüsse auf eine frühe Verbandsbildung bei den Germanen ziehen, wie es die ältere rechtsgeschichtl. Forschung (v. GIERKE u. a.) z. B. mit den →Markgenossenschaften, der Feld- und Erbengemeinschaft der Nachbarn, sehen wollte. Es gibt keine Indizien, die über die Funktionen hinausweisen, die sich aus dem agrar. bestimmten Zusammenleben auf einem Hof (→villa) oder in einer dorfähnl. Siedlung (→vicus) ergeben. Die Bezeichnung vicinus 'Nachbar', 'Siedlungsgenosse' begegnet auffällig häufig dort, wo die Volksrechte dem röm. Vulgarrecht bes. nahe stehen; die Bestimmungen sind oftmals der röm. Rechtssprache nachgebildet. Die frühma. Nachbarschaft, wie sie v. a. aufgrund der Leges barbarorum beschrieben werden kann, läßt sich als soziale Interaktionsgruppe kennzeichnen. Sie ist durch ein gemeinsames z. T. rechtl. festgelegtes Handeln bestimmt. Die vicini ('Nachbarn') sind in der Regel frei. Die rechtl. und sozialen Vorstellungen von der Nachbarschaft variieren von Volksrecht zu Volksrecht und neben räuml. Unterschieden lassen sich auch innerhalb der Gesetzgebung eines ethn. Verbandes zeitl. verschiedene Entwicklungen beobachten. Z. B. kennt die frühe altfrk. Gesetzgebung das sog. Heimfallrecht (→Heimfall) der vicini: Tit. 59 §6 (MGH LNG IV/1, 223) besagt, daß Töchter nicht in den Grundbesitz (terra salica) folgen konnten, sondern daß statt dessen das Erbe an die vicini fiel. Dieser Titel gehört in die älteste Textschicht des salfrk. Rechts (507–511), bereits in der 2. Hälfte des 6. Jh. wurde das Heimfallrecht durch Tit. 108 (ebd., 262) des Edikts Kg. Chilperichs I. (561–584) außer Kraft gesetzt. Eine bezeichnende Ausnahme ließ das Edikt jedoch: Die Kriegsgefährten von Chilperichs Vater Chlothar (→leudes), die – seßhaft – zu Siedlungsgenossen geworden waren, sollten bei Neuerwerb von Ländereien (tilli), diese, wie bisher gewohnt, vererben. Das salfrk. Recht räumt den Nachbarn in Titel 45 (ebd., 176) ein Mitspracherecht beim Zuzug Fremder ein. Der Zuzug mußte der Gemeindeverwaltung mitgeteilt werden, da dem Ansiedler das Recht der Waldnutzung, der Teilhabe an Weide und Wasser und die Benutzung der Dorfrechte zustand. In der langob. Kg.sgesetzgebung hat die Nachbarschaft nur geringe Bedeutung. Die vicini gehören nicht zum engeren Kreis der →Eidhelfer, sie werden nur ausnahmsweise zum Nachbarschaftszeugnis (MGH LNG IV, →Edictus Rothari Nr. 16) oder für die Schadensschätzung (ebd., Ed. ROTH, Nr. 146) herangezogen. In der →Lex Baiuvariorum treten die vicini nicht im Zusammenhang mit Erbangelegenheiten, dem Zuzug Fremder oder als Eidhelfer auf, sondern die plurimi in vicinio (MGH LNG V/2, Tit. X, 23) sind Nutznießer eines Brunnens, für dessen Reinhaltung sie gemeinsam sorgen mußten. Gemeinsam haben sie auch über die Wahrung der Grenzen zu wachen: Wer versehentl. bei der Landarbeit ein Grenzzeichen herausreißt, muß dies den Nachbarn mitteilen und es vor ihren Augen wiederherstellen (Tit. XII §3). Neben dieser gemeinsamen Aufgabe der Grenzwahrung, war die Grenznachbarschaft eine bes. Form der Nachbarschaft, die vicini, die diese Funktion hatten, hießen commarcani 'Grenznachbarn' (Tit. XII §§ 3, 8; XVII §2, XXII §1). In der alem. Gesetzgebung (MGH LNG V/1, 44 §2) mußten die Nachbarn gemeinsam die Verfolgung eines Totschlägers aufnehmen. Das westgot. Recht (MGH Fontes VI/1, 8) macht am Fall des Haftausschlusses deutl., wie nah die Nachbarschaft dem Familienverband war: Wie der Vater nicht für den Sohn, die Frau nicht für den Mann (und umgekehrt) haftet, so haftet auch der Nachbar nicht für seinen Nachbarn. G. v. Olberg-Haverkate

Lit.: HRG, 35. Lfg., 1993, 905–907 [R. SCHMIDT-WIEGAND] – G. v. OLBERG, Die Bezeichnungen für soziale Stände, Schichten und Gruppen in den Leges barbarorum, 1991, 141–161, 192 – R. SCHMIDT-WIEGAND, Stammesrecht und Volkssprache, 1986, 312ff., 335–352.

Vico, Präfekten v., Bezeichnung der Forschung für eine Familie, in der die stadtröm. Würde des Praefectus Urbis erblich geworden war und die zugleich eine Grundherrschaft mit dem Zentrum Vico am gleichnamigen See, ca. 50 km nördl. von Rom, innehatte. Der Praefectus Urbis übte in Rom und dessen districtus Polizeifunktionen und die höchste richterl. Gewalt in der Strafgerichtsbarkeit und andere öffentl. Vorrechte aus (Einsetzung der Kuratoren, Ernennung von Notaren usw.). Das urspgl. antike Amt ist seit 965 wieder kontinuierlich bezeugt. Die traditionelle Meinung, daß der erste bekannte Präfekt, Petrus, und seine zahlreichen gleichnamigen Nachfolger den P. angehörten, basiert einzig auf der Häufigkeit, mit der der Name Petrus später, zw. 1150 und 1400, bei den P. erscheint; sie ist also ungesichert. Die Präfektur wurde lange Zeit von den Mitgliedern verschiedener Familien bekleidet; erst um die Mitte des 12. Jh. wurde sie zum Monopol eines einzigen Hauses, von dem sich eine genealog. Abfolge rekonstruieren läßt. Hypothetisch ist auch eine deutsche Abkunft der Familie.

Im 12. Jh. gehörten die P. zu den aktivsten polit. Kräften in Rom während der Schismen, den Kämpfen mit der neuen Kommune, den Konflikten mit dem Reich. Seit der Mitte des Jh. rückten die P. häufig von ihrer traditionellen Unterstützung des Papstes ab und ergriffen die Partei des Ks.s: Diese »ghibellinische« Orientierung der Familie blieb bis ins 14. Jh. erhalten (obgleich sie auch mehrere längere Perioden auf päpstl. Seite stand). Im 12. Jh. erscheint die Familie bereits in Rom fest verwurzelt, hat dort Verbündete und besitzt Häuser und Türme. Auch im Gebiet nördlich von Rom sind Besitzungen zu erkennen, die aber wenig dokumentiert sind. Wahrscheinlich gehörte das Kastell Vico damals der Familie noch nicht. Man gewinnt den Eindruck, daß ihre lokale Gewalt eher auf der Präfektenwürde basierte als auf dem Besitz zahlreicher Kastelle.

Ein entscheidender Wandel tritt zur Zeit Innozenz' III. ein, dessen Politik in temporalibus die Manövrierfähigkeit und effektive Bedeutung des Präfektenamts einschränkte. Die Familie schien darauf in zweifacher Hinsicht zu reagieren: Zum einen entfernte sie sich aus Rom (eine Besonderheit im Vergleich zu den anderen großen röm. Familien der Zeit): Die P. blieben zwar weiterhin cives und proconsules von Rom und griffen mehrfach in die städt. Politik ein, standen jedoch der Kommune fern, erschienen nicht in den Verzeichnissen der barones Urbis und besaßen anscheinend keinen größeren Immobilienbesitz mehr in der Stadt. Die wiederholte Zuschreibung von Festungen in Trastevere und auf der Tiberinsel an die Familie ist irrig (Verwechslung mit den Romani de Cardinale). Ihre zweite Reaktion steht im Einklang mit dem Verhalten aller großen römischen Familien. Sie bauten ihren Grundbesitz aus und gründeten oder erwarben als Eigenbesitz zahlreiche Kastelle in der Tuscia romana (Vico, Bieda, Vignanello, S. Giovenale, Civitavecchia, Marinello, Caprarola, Casamala etc.). Die Familie nahm weiterhin eine hochrangige Stellung ein, die aber nicht mehr auf dem Präfektenamt, sondern auf ihren Grundherrschaften gründete. Sie verbündete sich mit den größten Familien der röm. Baronats, unterstützte oder bekämpfte das Reich und den Papst und bestimmte in verschiedener Weise die Politik der wichtigsten Kommunen der Provinz (Viterbo, Corneto [Tarquinia], Toscanella [Tuscania], Sutri, etc.). Im 14. Jh. machten sich die P. die Krise der kommunalen Verfassungen zunutze, bemächtigten sich der Städte und wurden Signoren (Viterbo, für kürzere Zeit Orvieto). Die P. wurden dadurch zu den wichtigsten Gegenspielern der weltlichen Ansprüche der Kirche in diesem Gebiet. 1354 von Kard. Albornoz besiegt, erlangten sie in der Folge, v. a. während der turbulenten Jahre des Schismas, wieder große Machtfülle zurück. Durch ihr Bündnis mit den Colonna akzeptierten sie unter Papst Martin V. teilweise die Suprematie des Papstes, rebellierten jedoch gegen seinen Nachfolger Eugen IV. Gegenüber dem erstarkenden Kirchenstaat erwies sich die Rom und der Kurie fernstehende Haltung der Familie, die sie seit 200 Jahren einnahm und die sie von den Baronen unterschied, als verhängnisvoll: Die P. gerieten in Isolation, wurden von den päpstl. Truppen angegriffen und besiegt. Alle ihre Kastelle wurden erobert und der letzte Exponent der Familie, Giacomo, 1435 zum Tode verurteilt. S. Carocci

Lit.: J. Petersohn, Kaiser, Papst und Praefectura Urbis zw. Alexander III. und Innocenz III., QFIAB 60, 1980, 157–188 – J.-C. Maire Vigueur, Comuni e signorie in Umbria, Marche e Lazio (Storia d'Italia, hg. G. Galasso, VII/2, 1987), 321–606 – S. Carocci, Baroni di Roma. Dominazioni signorili e lignaggi aristocratici nel Duecento e nel primo Trecento (Nuovi studi storici, 23, Coll. de l'École frç. de Rome 181, 1993).

Vicomte →Vicecomes

Victoire, La, Abtei der →Viktoriner in Nordfrankreich, Diöz. und Gemeinde →Senlis (dép. Oise), gegr. 1222 unter dem Patrozinium von Notre-Dame von Kg. →Philipp II. Augustus zum Gedenken an den Sieg v. →Bouvines (1214). Die Kirche wurde von Kg. →Ludwig XI. (1461–83), der sich als eifriger Marienverehrer hier gern aufhielt, neuerrichtet. Das Chartular der Abtei ist verloren, doch sind Teilkopien des 18. Jh. erhalten. E. Lalou

Lit.: Cartulaire de l'abbaye de la V., ed. A. Vettier, Comptes rendus et Mém. du Comité archéol. de Senlis, 1887, 1889, 1890.

Victor (s. a. Viktor)
1. V. v. Antiochia, Priester (?), lebte im 6. Jh., gilt als Autor eines Mk-Kommentars, einer Kompilation aus einer Matth-Katene, deren Q. Johannes Chrysostomos (In Matth), Origenes (In Matth), Cyrill v. Alexandrien (In Luc), Titus v. Bostra (In Luc) und Theodor v. Heraklea sind. Möglicherweise ist der nicht weiter bekannte Kompilator auch Verf. mehrerer Scholien zu atl. und ntl. Texten, die unter dem Namen Victors überliefert sind.
E. Grünbeck

Ed.: CPG III, 6529–6534 – *Lit.*: Dict. encycl. du Christianisme ancien, II, 1990, 2539 [Lit.] – Beck, Kirche, 420f.

2. V. v. Capua, Bf. 541–554. Umfang und Inhalt seines schriftsteller. Werkes sind schwer bestimmbar. Neben den von J. B. Pitra zusammengestellten Bruchstücken (e. g. Reticulus seu de arca Noe; Scholien aus gr. Kirchenvätern) liegen weitere Fragmente vor: z. B. bei →Beda der Anfang einer Schrift »De cyclo paschali«, bei →Smaragd in dessen »Expositio libri comitis«. Mit V.s (desselben?) Namen verbunden sind Einträge computist. Werke im Katalog der →Reichenau (Ma. Bibliothekskat. I, 258, 34) und in dem von →Bobbio (Becker, 32, 547). – Deutlicher faßbar ist V.s Wirken in dem auf seine Veranlassung geschriebenen Codex, der als bedeutsamsten Text die älteste überlieferte lat. →Evangelienharmonie enthält. Dieses Exemplar, 546 und 547 von V. durchgesehen und verbessert, soll nach alter Überlieferung aus dem Besitz des →Bonifatius nach →Fulda gelangt sein. Daß es unmittelbare Vorlage für den ahd. →Tatian und den →Heliand wurde, ist wohl auszuschließen. E. Heyse

Ed.: Cod. Fuldensis, hg. E. Ranke, 1868 – MPL 68, 251ff. – *Frgm.e*: CPL, 953ª–956 – Vetus Latina I/I. Kirchenschriftsteller. Verz. und Siegel, 1995⁴, 784f. – *Lit*: LThK² X, 770f. – Schanz–Hosius IV/2, 596f. – Bardenhewer V, 277f. – A. Siegmund, Die Überlieferung der gr. chr. Lit., 1949, 130ff. – B. Fischer, Lat. Bibelhss. im frühen MA, 1985, bes. 57ff. – F. Rädle, Stud. zu Smaragd v. Saint-Mihiel, 1974, 190f. – Die Glossen zum Jakobusbrief aus dem V.-Cod. (Bonifatianus, I, hg. M.-A. Aris–H. Broszinski, 1996).

3. V. v. Marseille →Viktoriner

4. V. v. Solothurn →Ursus und Victor

5. V. v. Tunnuna, Chronist, Bf. v. Tunnuna im prokonsular. Afrika, Geburtsjahr unbekannt, wurde von Ks. Justinian 555 als Ketzer aus seiner Heimat vertrieben, † nach 566 in Konstantinopel. Im Exil schrieb er seine Chronik, deren erster (verlorener) Teil höchstwahrscheinl. mit der Schöpfung begann. Er setzte die Chronik des →Prosper Tiro v. Aquitanien von 444 bis zum Jahre 567 fort und konzentrierte sich auf die kirchl. Ereignisse N-Afrikas. V. benutzte als Q. oström. und weström. Fasten. J. M. Alonso Núñez

Ed.: MPL 68, 937–962 – Th. Mommsen, MGH AA XI (Chronica Min. II), 1894 [Nachdr. 1961], 163–206 – *Lit.*: Manitius I, 215f. – Bardenhewer V, 1962, 329–331 – Schanz–Hosius IV/2, 112f. – Altaner-Stuiber, 233 – PLRE III B, 1373 [Victor 6] – Ch. Courtois, Victor de Vita et son œuvre, 1954 – S. Teillet, Des Goths à la nation gothique, 1984, 421–427 – A. Placanica, De Cartagine a Bisanzio: per la biografia di Vittore Tunnunense, Vetera Christianorum 26, 1989, 327–336.

6. V. v. Vita (V. Vitensis), Kleriker der Kirche v. Karthago, erlebte dort die Ereignisse zw. 480 und 484 als Augenzeuge, nach 489 Bf., vielleicht in seiner Heimatstadt V. in der nordafrik. Prov. Byzacena, Geburts- und Todesdatum unbekannt, später als Hl. verehrt (Fest: 23. Aug.). Er schrieb 489 im Auftrag des →Eugenius, des kath. Bf.s v. Karthago, eine »Historia persecutionis Africanae provinciae«, eine Leidensgesch. der Katholiken unter der Herrschaft der arian. Vandalenkg.e →Geiserich und Hunerich, die als eine der wichtigsten Q. zur Gesch. des Vandalenreichs in Nordafrika wegen ihres hagiograph. Charakters im MA und in der frühen NZ ztw. große Popularität genoß und weite Verbreitung fand. Sie enthält u. a. auch drei Edikte des Hunerich, eines der ältesten überlieferten Kg.surkk. eines germ. Kgr.es, einen Brief Bf. Eugenius' und den wahrscheinl. von Eugenius verfaßten »Liber fidei catholicae«. Etwa ein Viertel des Textes ist der Regierungszeit Geiserichs gewidmet, ein Viertel dem »Liber fidei cath.« und knapp mehr als die Hälfte der Herrschaft des Hunerich. Öfter ist er gemeinsam mit einer jüngeren »Passio septem monachorum« eines Anonymus überliefert. A. Schwarcz

Ed.: C. Halm, MGH AA 3/1, 1879 – CSEL 7, hg. M. Petschenig, 1881, 1–107 – *Lit.*: Prosopographie Chrétienne du Bas-Empire, I,

1982, 1175f. – CH. COURTOIS, V. de V. et son œuvre, 1954 – R. PITKÄRANTA, Stud. zum Latein des V. Vitensis, 1978 – J. MOORHEAD, V. of V.: Hist. of the Vandal Persecution, 1992 – A. SCHWARCZ, Bedeutung und Textüberlieferung der Hist. persecutionis Africanae provinciae des V. v. V., VIÖG 32, 1994, 115–140.

Victoria, Lagerstadt Ks. →Friedrichs II. vor →Parma. Auf dem Wege nach →Lyon zu Papst →Innozenz IV. erfuhr Friedrich II., daß am 16. Juni 1247 die kaiserlich gesinnte und strateg. wichtige Stadt Parma (→Apenninenpässe) in die Hände der päpstl. Partei gefallen war; sofort kehrte er um und nahm am 2. Juli die Belagerung Parmas auf. Zu diesem Zwecke ließ er eine Lagerstadt aus Holz errichten, die er V. nannte. In dieser befand sich mindestens eine Kirche (St. Viktor); es wurden sogar Münzen (Vittorini) geprägt. Zeitgenöss. Angaben zufolge besaß V. acht Tore, einen Hof für den Ks. und sein Gefolge sowie alle für eine Stadt typ. Einrichtungen (z. B. Läden). Während eines Jagdausfluges Friedrichs gelang es den Belagerten am 18. Febr. 1248 durch einen Überraschungsangriff, bei dem sie auch →Thaddaeus v. Suessa töteten, V. zu erobern, zu plündern und einzuäschern. Zur Beute gehörte auch der ksl. Staatsschatz. Eine Folge dieser Niederlage war der Abfall der →Romagna von Friedrich II.   K.-E. Endres

Q.: RI V. 1 nr. 3632a–3666a – RI V. 4 Nr. 471–475 – Lit.: E. KANTOROWICZ, Ks. Friedrich der Zweite, 1927 – H. M. SCHALLER, Ks. Friedrich II., 1971.

Victorinus, Bf. v. Poetovio (Pettau [Ptuij/Slovenien]), 2. Hälfte des 3. Jh., starb als Märtyrer, möglicherweise in der Diokletian. Verfolgung 304 (vielleicht auch schon 283/284; Fest: 2. Nov.). Über sein Leben ist wenig bekannt (vgl. v. a. Hieronymus, De vir. ill. 74). Wenn auch nicht klass. gebildet, so doch sehr belesen in der chr. Lit. (Justin, Irenäus, Clemens v. Alexandrien, Hippolyt, Origenes, Tertullian, Cyprian), ist er einer der ersten lat. Bibelexegeten von Bedeutung (beeinflußt von Origenes). Hieronymus zufolge verfaßte er u. a. Kommentare zu Gen, Ex, Lev, Jes, Hab, Koh, Cant, Matth und Offb sowie eine Abhandlung »Gegen alle Häresien«. Erhalten sind eine kleine Schrift »De fabrica mundi« (typolog. Auslegung der sieben Schöpfungstage; Bedeutung der Siebenzahl als Gottesname und Prinzip der Schöpfung) und ein Offb-Kommentar. Die Offb hat für V. eine herausgehobene Stellung innerhalb der Bibel, weil Christus in ihr alles, was im AT typolog. angedeutet und prophezeit sei, wiederaufnehme und 'rekapituliere', um so den Sinn der hl. Schriften im Ganzen zu erschließen (CSEL 49. 46, 3/6; 86, 3/7; 102, 19–104, 7). V. gilt als gemäßigter Millenarist (→Chiliasmus): Er versteht die Wiederkunft Christi und das '1000jährige Reich' nicht nur materiell, sondern auch spirituell (z. B. CSEL 49, 152, 16/20; 154, 9/17).
                                                              E. Grünbeck

Ed.: CPL 79–83 – J. HAUSSLEITER, CSEL 49, 1916 – Lit.: DSAM XVI, 552–558 [Lit.] – Dict. encycl. du Christianisme ancien, II, 1990, 2543–2545 [Lit.] – C. CURTI, Il regno millenario in Vittorino di Petovio, Augustinianum 18, 1978, 419–433 – M. DULAEY, Victorin de P., premier exégète lat., 2 Bde, 1993.

Victorius v. Aquitanien, Komputist, wirkte um die Mitte des 5. Jh. Über sein Leben ist fast nichts bekannt; offenbar war er Kleriker. Auf Veranlassung des röm. Archidiakons Hilarius (später Papst →Hilarius I.) verfaßte er 457 einen »Cursus paschalis«; sein Auftrag war, das kontroverse Schrifttum zur →Osterfestberechnung krit. zu sichten, Irrtümer zu beseitigen und damit eine Grundlage für eine Verständigung der Kirchen des Westens und des Ostens zu schaffen. Papst →Leo I. wünschte eine Einigung und nahm gegenüber der Position des Ostens eine nachgiebige Haltung ein. In diesem Sinne führte V. einen 532jährigen Zyklus ein, wobei er in erster Linie von der alexandrin. Tradition ausging, deren Berechnungsweise er verbessern wollte. Doch da er wohl kaum über Griechischkenntnisse verfügte und die östl. komputist. Lit. (→Komputistik) z. T. nicht kannte oder nicht verstand oder nicht hinreichend beachtete, blieb er von einer allseits befriedigenden Lösung weit entfernt. Seine →Ostertafel, die unterschiedl. östl. und westl. Osterdaten ohne Urteil über ihre Richtigkeit verzeichnete, verbreitete sich im Westen – v. a. in Gallien, wo sie 541 von der Synode v. Orléans für verbindl. erklärt wurde –, setzte sich aber nicht im ganzen lat. Raum durch. →Victor v. Capua, →Columban, →Beda u. a. polemisierten gegen den Aquitanier. – Von V. stammt auch ein elementares Rechenbuch (»Liber calculi«: Multiplikations- und Divisionstabelle), zu dem im 10. Jh. →Abbo v. Fleury einen Komm. schrieb.   J. Prelog

Ed.: Victorii calculus, ed. G. FRIEDLEIN, Bull. di Bibliogr. e di Storia delle Scienze Matematiche e Fisiche 4, 1871, 443–463 – Cursus paschalis: B. KRUSCH, Studien zur chr.-ma. Chronologie (AAB Phil.-hist. Kl. Nr. 8, 1938) – Lit.: CPL³ 2282f. – SCHANZ-HOSIUS IV/2, 565f. – CH. W. JONES, Bedae Pseudepigrapha, 1939, 53 [Lit.] – Bedae Opera de Temporibus, hg. CH. W. JONES, 1943, 61ff.

Victricius, Bf. v. →Rouen, * um 340, † vor 410 Rouen. Nach Aufgabe des Militärdienstes Priesterweihe und Missionstätigkeit im heutigen N-Frankreich und Belgien. Seit 385 Bf. v. Rouen, widmete V. sich weiterhin Missionsarbeit, aber auch der kirchl. Organisation und Förderung des asket.-monast. Lebens. Er stand in Verbindung mit →Paulinus v. Nola (Ep. 18; 37) und →Martin v. Tours (Sulp. Severus, Dial. III 2). Um 403/404 Aufenthalt in Rom. Von seinem lit. Werk ist nur »De laude sanctorum« bekannt, eine Predigt zur Ankunft von Reliquien aus Italien, die lit. und rhetor. Bildung verrät (wichtiger Text für Reliquien- und Hl.nverehrung). V. ist Adressat einer bekannten Dekretale Innozenz' I. (Ep. 2).   K. S. Frank

Ed.: CCL 64, 55–93 [Lit.] – CPL, 481 – Lit.: J. MOULDERS, V. van Rouaan. Leven en Leer, Bijdragen. Tijdschrift voor Filos. en Theol. 17, 1956, 1–25; 18, 1957, 19–40, 270–279.

Vicus

I. Spätantike – II. Mittelalter.

I. SPÄTANTIKE: Der Begriff ist bei →Isidor v. Sevilla, Orig. 15, 2, 11 definiert: »Vici et castella et pagi hi sunt qui nulla dignitate civitatis ornantur, sed vulgari hominum conventu incoluntur, et propter parvitatem sui maioribus civitatibus adtribuuntur.« Der röm. V. war eine Ansammlung von Häusern ohne Stadtrecht, also gleichsam ein 'Dorf', oder, innerhalb des Pagus, ein 'Marktflecken'. Der →Pagus konnte dabei einen oder mehrere v. i umfassen. Als v. i wurden auch die zivilen Niederlassungen (→canabae) außerhalb der röm. Militärlager bezeichnet. Während diese v. i an der germ. Grenze schon im 2. Jh. n. Chr. ihren wirtschaftl. Höhepunkt erreichten, blühten sie im Norden Britanniens noch im 3. und 4. Jh. Im nördl. Gallien bestanden sie im 2.–3. Jh. v. i, die sich aufgrund ihrer günstigen geogr. Lage und wirtschaftl. Tätigkeit zu echten Städten entwickelten (z. B. Boulogne, Tournai: unter Diokletian Erhebung zu →civitates). Die von zivilen Freibauern bewohnten Dörfer im Landesinneren des Imperiums ('v. i publici', 'metrocomiae') standen in spätröm. Zeit unter dem Schutz der Ks., deren Gesetzgebung darauf abzielte, sowohl den Grunderwerb durch Ortsfremde als auch die freiwillige Unterstellung der Freibauern unter das 'patrocinium' der Großgrundbesitzer zu verhindern. Diese Tendenzen zur Förderung eines freien Bauerntums wurden in byz. Zeit erneut aufgegriffen, bes. im →Nomos Georgikos des 7./8. Jh.: Schutz von Dorfgemeinden mit freien, landbesitzenden Bauern, die allein dem Staat als Steuerzahler verpflichtet waren. M. Schottky

Lit.: RE III, 1451–1456, 1756–1758; XVIII, 2318–2339; VIII A, 2090–2094; Suppl. IV, 950–976 – Th. Mommsen, Röm. Staatsrecht III 1, 1887³ [Nachdr. 1971], 119f. – S. J. de Laet (Meded. Kon. Acad. Wetensch., Kl. der Lett. 22, 1960, Nr. 6) – Ostrogorsky, Geschichte³, 113ff. – C. S. Sommer, The Military V. i in Roman Britain, BAR Brit. Ser. 129, 1984 – A. Johnson, Röm. Kastelle, 1987 – A. Demandt, Die Spätantike (HAW III, 6, 1989), 329, 374.

II. Mittelalter: Mehr noch als in der Antike ist 'v.' im MA ein mehrdeutiges Wort. Es wird weiterhin als Bezeichnung sowohl für Straßen als auch für Stadtteile verwendet (z. B. in Würzburg, Mitte des 14. Jh.: 'Vicus Wollenergasse', aber auch 'Vicus [= Stadtviertel] Baumgarten'). V. kann ein Besitz, ja sogar ein Bauernhof (z. B. im →Lorscher Reichsurbar) sein, meistens bezeichnet der Begriff aber ein →Dorf, mit der Konnotation eines Vorortes bescheidenen Ranges (ein höherer administrativer oder rechtl. Status wurde manchmal mit dem Zusatz 'publicus' charakterisiert) oder eines Ortes mit bes. Funktionen. Die Bezeichnung 'v.' oder verwandte Toponyme traten beispielsweise auf bei Orten, die der (Binnen)schiffahrt, der Salzgewinnung oder dem Bergbau dienten.

Der v. war bevorzugter Tagungsort des →placitum oder des →mallus und diente als öffentl. Rastplatz. Von den ungefähr 800 merow. Münzorten (→Münze, Münzwesen) wurden ungefähr 250 ausdrückl. mit dem Begriff 'v.' bezeichnet. Sie konzentrierten sich um Metz und v. a. südl. der Loire. Weiterhin fungierte der v. als kirchl. Vorort und Sitz einer →Pfarrei, wo Taufen und Kirchenfeste (aber keine Bf.sweihen) abgehalten werden durften.

Vom Ende des 7. bis zum 10. Jh. bezog sich 'v.' in erster Linie auf Handelsniederlassungen oder Marktsiedlungen. Solche gering oder nicht befestigten Ansiedlungen entstanden in Fortsetzung alter röm. Niederlassungen oder in der Nähe einer →Bischofsstadt, eines →Klosters (s. a. →Abteistadt) oder einer →Burg, an einem für Handel und Schiffahrt günstigen Ort. Der Charakter des Handelsplatzes, den bereits Festus (ca. 200 n. Chr.) für vici betont hat, wird aus der Vielzahl von Münzern ersichtl., die in diesen Niederlassungen im FrühMA tätig waren (z. B. Marsal 13, →Quentowic 13, →Amboise 11). Eine ganze Reihe lit. Q. aus dem 9. Jh. weist auf diesen Handelsaspekt hin. Der »Liber traditionum S. Petri Blandiniensis« (ca. 900, →Gent) unterscheidet zw. den v.i →Antwerpen und →Brügge und den gewöhnl. →'villae'. Nach den Q. konzentrierten sich die v.i vor allem in →Quentowic, entlang der →Maas und an der →Nord- und Ostsee, also im Handelsraum der Friesen (→Friesenhandel) und →Angelsachsen.

Seit dem 7. Jh. scheinen hier und in England (z. B. Lundenwich 685, Hamwich/→Southampton, 721) Ortsnamen auf –wi(c)h und –vic auf. Erst später tauchen sie auch östl. des Rheins (Bardenwih, →Bardowick, 795; Sliaswich, →Schleswig bzw. →Haithabu, ca. 830) und in Skandinavien auf. Einige dieser Namen sind vielleicht zurückzuführen auf 'v.' (Handelsplatz) nach dem Vorbild von Vic (Quentowic) oder vom 'vicus nominatissimus' →Dorestad; viele jedoch müssen aus verwandten germ. Stammwörtern, die als Meeresbucht, Flachwasser, sicherer Ort oder Ausweichplatz zu interpretieren sind, gebildet worden sein. Die Bedeutung 'Warenumschlagplatz' ist bei einigen als Ursprung nicht auszuschließen. An sich ist ein Toponym auf –wik oder die Bezeichnung 'v.' unzureichend, um einen Ort als →Wik (eine gelehrte Bezeichnung für frühma. Handelsplätze) zu identifizieren. Dazu bedarf es zusätzl. Hinweise auf die Anwesenheit von Händlern, Märkten und Zöllen, auf aktive Münzprägung oder weitverbreiteten Geldumlauf oder die Bezeichnung als →'portus' oder →'emporium'.

Nachrichten über v.i in schriftl. Q. (z. B. die »Vita Anskarii« des →Rimbert, 865/876) wurden durch archäolog. Funde wesentl. bereichert. Es handelt sich durchweg um relativ bedeutende Niederlassungen mit einer teilweise ständigen und ethn. sowie sozial diversifizierten Bevölkerung. An der Spitze stand ein fsl. Beamter, der manchmal auch mit der Zollerhebung betraut war (→Wikgraf).

Die v.i in der Nähe eines älteren Zentralorts, nach dem Jahr 1000 oft als →'burgus' oder →'suburbium' bezeichnet, wurden in die ma. Stadt einbezogen. Die abgelegeneren Handelsniederlassungen fielen häufig wüst (→Wüstung) durch Verlagerung von Verkehrsströmen oder Auflösung der herrschaftl. oder staatl. Einheit, für die sie als Eingangstor gedient hatten. In Nordfrankreich und den Niederlanden wurde ihre Lebenskraft teilweise durch die Normanneneinfälle gebrochen. Zweifellos trug auch der Anstieg des Meeresspiegels in einigen Fällen zu ihrem Niedergang bei. R. van Uytven

Lit.: J. F. Niermeyer, Mediae Latinitatis Lexicon minus, 1976, 1097–1100 – W. Vogel, Wikorte und Wikinger, HGBll 60, 1935, 5–48 – L. Schütte, Wik. Eine Siedlungsbezeichnung in hist. und sprachl. Bezügen, 1976 – S. Lebecq, Marchands et navigateurs frisons du haut m. â., 2 T.e, 1983 – Unters. zu Handel und Verkehr der vor- und frühgesch. Zeit in Mittel- und Nordeuropa, III, hg. K. Düwel u. a. (AAG, Philol-hist. Kl. III, 150), 1985 – Anfänge des Städtewesens an Schelde, Maas und Rhein bis zum Jahre 1000, hg. A. Verhulst (Städteforsch. Reihe A, 40), 1996.

Vid, S. María de la, Stift des →Prämonstratenserordens bei Aranda de Duero in Kastilien, innerhalb der Zirkarie Hispania an Bedeutung nur von →Retuerta übertroffen, dessen Suprematie es 1185 anerkannte. V. ging aus der Einsiedelei Sacromonte hervor, die um 1140 von Dominikus, nach unbestätigter lokaler Überlieferung dem kast. Kg.shaus entstammte, gegründet wurde. Bis 1160 entwickelte sich aus dem Eremitorium ein Doppelkl. nach der Augustinusregel. Mit der 1164 erfolgten Übersiedlung der Chorherren ins nahegelegene La Vid wurden die 'moniales' in die Filiationen v. Brazacorta und Freznillo überführt. Im 12. Jh. entstanden weitere Dependancen, z. T. als Doppelkl., in Ávila, S. Pelayo de Cerrato, Tejo, Segovia, Villamayor und Tortoles. Die kast. Herrscher schufen durch ihre Zuwendungen die Grundlage für den von keinem anderen Kl. des Ordens erreichten Wohlstand des Hauses und befreiten es von der Abgabepflicht für La Vid und Suzones (1291). Mit der Ernennung von Kommendataräbten begann im 15. Jh. V.s Niedergang, der erst im 16. Jh. durch die Reformbemühungen des Abtes und späteren Kardinals Iñigo López de Mendoza aufgehalten wurde. N. Jaspert

Lit.: N. Backmund, Monasticon Praemonstratense, III, 1956 – P. Rojo, El Monasterio de S. M. de la V., 1966 – N. Backmund, La Orden Premonstratense en España, Hispania Sacra 35, 1983, 57–87 – M. E. González de Fauve, La Orden Premonstratense en España, 2 Bde, 1992 [Lit.].

Vidal, Arnaut, prov. Dichter der ersten Jahrzehnte des 14. Jh., * in Castelnaudary, wirkte im Raum von Toulouse. Er verfaßte einen 1318 fertiggestellten Abenteuerroman in Versen, »Guilhem de la Barra« (5344 Vv.), der im ritterlich-höf. Milieu spielt, aber nicht dem arthur. Sagenkreis angehört. Schauplatz der Handlung sind das Kgr. Serra »im fernen Ungarn«, England und der Orient. Der verwitwete Guilhem, ein treuer Vasall, wird von der jungen Frau seines Königs, die er selbst an den Hof geleitet hatte, verleumdet und muß mit seinen kleinen Kindern fliehen. Erst nach Jahren vermag er seine verlorene Ehre wiederzugewinnen. Die Handlung ist bewegt, der Erzählung mangelt es aber an Lebhaftigkeit und Originalität. Die narrativen Elemente entsprechen meist den im MA gängigen Schemata, v. a. der zweite Teil bietet starke Analogien zu der Handlung der Novelle vom »Conte d'Anguersa« in Boccaccios Decameron (II, 8). A. V. huldigt einem gewissen Moralismus und liebt erbaul. Themen, seine Erzähltechnik nimmt nicht nur Romane, sondern auch hagiograph. und ep. Werke zum Vorbild, was dem geistigen Klima seiner Zeit und der erneuten Bedrohung durch die »Ungläubigen« entsprach. Weiter ist von A. V. eine Canzone zum Lob Marias, »Mayres de Dieu, Verges pura«, erhalten, in der Rubrik der einzigen Hs. als »cirventes« (sirventés) bezeichnet, die ihren Ruhm der Tatsache verdankt, daß sie die erste Dichtung war, die im Dichterwettbewerb der Jocs florals (→Jeux floraux) prämiert wurde (Mai 1324). Die Canzone nimmt bereits die wichtigsten Merkmale der tolosan. Lyrik des 14. Jh. vorweg, die religiöse Thematik und den Reichtum an gesuchten, artifiziellen Reimen, deren Konstruktion ihr eigentl. Zweck ist. S. Asperti

Ed. und Lit.: DLFMA², 1992, 91f. – P. MEYER, Guillaume de la Barre, roman d'aventures par A. V. de Castelnaudari, 1895 (SATF) – A. JEANROY, Les joies du Gai Savoir, 1914 – HLF 35, 1921, 513–526 – A. LIMENTANI, L'eccezione narrativa, 1977, 110–119.

Vidal, Peire, prov. →Troubadour, wirkte Ende des 12./ Anfang des 13. Jh.; von ihm sind 45 authent. Texte erhalten, die durch die Qualität und Vielfältigkeit der dichter. Erfindungskraft, ihre kühnen Vergleiche und die neuartige Bildersprache, ihre metr. Innovationen und ihre techn. Virtuosität zu dem Bedeutendsten gehören, was aus jenem Zeitraum erhalten ist. P. V. beschränkt sich jedoch nicht nur darauf, die höf. poet. Stilmuster auf eigene originelle Weise zu wiederholen. Obgleich bürgerl. Herkunft – die Vida nennt ihn den Sohn eines Gerbers – identifiziert er sich mit dem Ideal des Dichters und Liebhabers ritterl. Herkunft und übernimmt dessen Verhaltensweisen, häufig aber mit iron. Hang zu Selbstdarstellung und gewollter Theatralik, bei der auch absurde Züge nicht fehlen. Die daraus folgende Tendenz zu Prahlerei und Aufschneiderei, deren Wurzeln in der Spielmannsdichtung liegen, trägt zur Schaffung eines geradezu singulären Persönlichkeitsbildes bei. Seinen großen Zeitgenossen an techn. Virtuosität und Sprachbeherrschung nicht nachstehend, nimmt P. V. durch seine Fähigkeit, den höf. Verhaltenscodex zu ironisieren, eine bes. Stellung ein. Mehr als zwei Jahrzehnte lang feierte er an zahlreichen europ. Höfen Erfolge (von seiner Geburtsstadt Toulouse über die Provence, Spanien, wo er sich lange aufhielt, Monferrat bis Ungarn) und unternahm auch eine Reise in das Heilige Land. Seine Spuren verlieren sich um 1205 in Malta. Die Erwähnungen bei seinen Zeitgenossen, die zahlreichen Nachahmungen von ihm erfundener metr. Schemata und die biograph. Erzählungen (→Vidas und razos), die an seine Dichtungen anknüpfen, ließen den Eindruck, den er hervorgerufen hatte, lange nachwirken. S. Asperti

Ed. und Lit.: DLFMA², 1992, 1190ff. – D'A. S. AVALLE, P. V., Poesie, 1961 – E. HOEPFFNER, Le troubadour P. V., sa vie et son œuvre, 1961 – M. DE RIQUER, Los trovadores, 1975, n. XLI, 858–914.

Vidal, Raimon, de Besalú, katal. Troubadour und Grammatiker, wirkte am Ende des 12. und in den ersten Jahrzehnten des 13. Jh. (Hypothesen, die seine Aktivität bis in die Mitte des 13. Jh. ausdehnen, sind weniger praktikabel). Als lyr. Dichter zweitrangig, nimmt R. V. aufgrund seiner didaktischen und narrativen Werke, die zumeist als »novas« bezeichnet werden, in der ma. okzitan. Literatur eine sehr bedeutende Stelle ein: Die Versnovelle »Abrils iss'e mays intrava« bietet die Unterweisung eines Spielmanns (1773 achtsilbige Paarreime), »So fo el temps qu'om era jays« oder »Judici d'amor« (1608 achtsilbige Paarreime) die Diskussion höfischer Liebeskasuistik, dessen Protagonist der katal. adlige Troubadour →Uc de Mataplana ist, wirkt fast wie ein Partimen in narrativer Form; »Una novas vuelh comtar«, besser bekannt als »Castia-gilos« (450 paarreimige Achtsilber), gestaltet das im höf. Milieu angesiedelte Eifersuchtsthema und zeigt in der Mechanik der Erzählung eine gewisse Nähe zu den frz. →Fabliaux. Im Mittelpunkt dieser Werke stehen die höfische Gesellschaft und, v. a in »Abrils iss'e«, die Stellung und Rolle des Spielmanns, d. h. des Berufsdichters als Hüter und Garant der Traditionen und Regeln, die für diese Gesellschaft konstitutiv sind und die in den Dichtungen der großen Troubadours, auf die R. V. oft anspielt und die er bisweilen zitiert, ihre geheiligte Form erhalten. Im Aufbau seiner Werke ist der stark narrative Charakter deutlich: So dominiert die Beschreibung von Orten und Situationen, zwei ausgedehnte Rahmenhandlungen bieten den Hintergrund für »Castia-gilos« und »Abrils iss'e«.

R. V. verfaßte außerdem den wichtigen Prosatraktat »Razos de trobar«, in dem poetisch-grammatikal. Fragen erörtert werden. Er entstand wahrscheinlich zw. 1190 und 1210 und zeigt die Absicht des Autors, die Fehler zu korrigieren, die von vielen Dichtern aus Unkenntnis der Regeln der Dichtersprache (von R. V. »limousinische Sprache« genannt) und der für den kompositor. Aufbau der Dichtungen unerläßl. Voraussetzungen begangen werden. Der für ein katal. Publikum bestimmte Traktat ist weniger detailreich als der in Italien wenig später verfaßte »Donat proensal« des Uc Faidit, bietet jedoch interessante allg. Betrachtungen über die Dichtkunst. S. Asperti

Ed. und Lit.: DFLMA², 1992, 1227–1229 – R. V. de Besalú, Obra poètica, 1989–91 – J.-CH. HUCHET, Nouvelles occitanes du MA, 1992 – J. H. MARSHALL, The Razos de Trobar of R. V. and associated texts, 1972 – A. LIMENTANI, L'eccezione narrativa, 1977 – P. SWIGGERS, Les premières grammaires occitanes, ZfrPh 105, 1989, 134ff. – J.-M. CALUWÉ, Du chant à l'enchantement, 1993, 118–194.

Vidal de Canellas (V. de Cañellas), Bf. v. →Huesca und Jaca, Jurist, † kurz nach 12. Okt. 1252; stammte möglicherweise aus dem Südteil des aragones. Ribagorza oder aus dem katal. Ort Canyelles bei Olérdola bzw. Villafranca del Penedés. Während des Studiums in Bologna, wo er 1221 belegt ist, machte er Schulden, die er erst 1234, nach Übernahme eines Kanonikats in Barcelona, tilgte. Mit Unterstützung →Raimunds v. Peñyafort wurde er zum Bf. v. Huesca und Jaca erhoben. Jakob I., der ihn als Blutsverwandten (consanguineus) bezeichnete, entschädigte ihn für seine Teilnahme an der Belagerung v. →Valencia. Häufig war er in Rechtsstreitigkeiten mit dem Bm. →Zaragoza verwickelt.

V. gilt als mögl. Verf. der offiziellen Kompilation der Fueros de Aragón (→Fuero, III [1]) und als Autor des Werkes »In excelsis Dei thesauris« oder »Vidal Mayor«, dessen stärker offizieller oder mehr privater Charakter in der Forsch. umstritten ist, jedoch mehrheitl. als eher privatrechtl. Natur gesehen wird. In letzterer Rechtsslg. werden Volksrechte (*derechos*) und Gesetze (*leyes*) als zusätzl. Ordnungskriterien hinzugezogen. J. Lalinde Abadía

Lit.: COING, Hdb. I, s.v. – G. TILANDER, Traducción aragonesa de la obra In excelsis Dei thesauris de V. de C., 3 Bde, 1956 – Vidal Mayor. Ein span. Gesetzbuch aus dem 13. Jh. in Aachener Privatbesitz, AaKbll 29, 1964 – A. DURÁN GUDIOL, V. de C., Obispo de Huesca, Estudios de la Edad Media de la Corona de Aragón 9, 1973, 267–369 – J. García–G. Fernández, Vidal Mayor: version romanceada navarra de la Maior Compilatio de V. de C., AHDE 50, 1980, 23–264.

Vidas und razos, narrative Prosatexte biograph. Charakters in prov. Sprache, die sich auf die →Troubadours des 12. und 13. Jh. beziehen. Es sind mehr als 180 von sehr unterschiedl. Länge (von wenigen Zeilen bis zu mehreren Druckseiten) erhalten. Die *vidas* haben die Struktur echter Biographien und enthalten Angaben über den Geburtsort des Troubadours, seine Tätigkeit, die von ihm frequentierten Höfe, eventuell über seine Liebe zu Damen von Rang sowie über sein dichter. Œuvre; sie sind zumindest teilweise dem lat. Vorbild der →Accessus ad auctores verpflichtet. Die *razos*, die sich vielleicht aus einführenden Kommentaren zu der Rezitation der Dichtungen entwickelt haben, berichten hingegen von der Vorgeschichte, dem Hintergrund und den Motivationen einzelner Gedichte oder Textgruppen, von denen nur ihr Incipit oder, seltener und in bestimmten Hss., größere Auszüge zitiert werden. Eine Unterscheidung von v. und r. ist nicht immer leicht. Es gibt auch hybride Formen, in denen eine biogr. Erzählung mit dem Bericht eines einzelnen Abenteuers verbunden ist. Diese Interferenz zw. den beiden Subgenera trägt zu einer starken Instabilität des Textes der biogr. Erzählungen über die Troubadours bei, die manchmal in den Liederhss., die sie überliefern, stark bearbeitet wurden. Dies gilt v. a. für die r., die auch den verschiedenen Typologien der Sammlungen angepaßt wurden. Der Basistext kann neben der kommentierten Canzone oder als Teil einer zusammenhängenden Sammlung von Biographien erscheinen.

V. und r. wurden zumeist in Norditalien geschrieben, wahrscheinl. im zweiten Viertel des 13. Jh. (obgleich einzelne Texte und einige Sonderfassungen zweifellos später entstanden sind); es ist wahrscheinl., daß ein Großteil von ihnen – vielleicht das gesamte Kernstück – von dem Troubadour →Uc de Saint Circ verfaßt wurde. Die biogr. Texte waren ursprüngl. für das Publikum an den oberit. Signorenhöfen bestimmt, das nicht nur daran interessiert war, Leben und Abenteuer der erfolgreichen prov. Trobadours kennenzulernen, sondern auch die verschiedenen Schicksale der →fin'amor exemplarisch durch die Troubadours selbst verkörpert zu sehen. V. und r. entsprechen damit der Tendenz, die Erlebniswelt der Lyrik biogr. und anekdot. umzusetzen und ihr damit einen »Sitz im Leben« zu geben, eine Tendenz, die für das 13. Jh. auf breiter Ebene kennzeichnend ist. Dieses Bedürfnis schmückt die Romane mit lyr. Einschüben aus (angefangen von Jean Renarts »Guillaume de Dole«) und begegnet u. a. auch als grundlegend im Werk des Katalanen Raimon →Vidal (Ende 12./Anfang 13. Jh.), v. a. in seiner Dichtung »So fo el temps«. Das Gedenken an die vorbildhaften Troubadours und die Höfe verbindet sich mit der grammatikal. Definition der okzitan. Dichtersprache. So verfaßt Raimon Vidal die »Razos de trobar«, →Uc de Saint Circ ist mit aller Wahrscheinlichkeit der Autor des »Donat proensal«.

Die überlieferten Nachrichten sind nicht immer präzise. In manchen Fällen gewinnt man den Eindruck, daß die Verfasser sie aus den verfügbaren Texten des kommentierten Autors ableiteten, wodurch Verdrehungen und Mißverständnisse entstanden, die ihrer Glaubwürdigkeit in den Augen der modernen Forschung Abbruch taten. In der Mehrzahl der Fälle ist die Basisinformation, auf der die Erzählung aufgebaut ist, v. a. in den v. als zuverlässig zu betrachten und wird häufig auch bis in kleinste Details von anderem Dokumentationsmaterial bestätigt (Angaben über Ortswechsel, Aufenthalt an Höfen etc.). Es finden sich auch – bisweilen erhellende – Urteile über die Qualität des Dichters, die Bedeutung und formale und themat. Charakteristik seines literar. Œuvres, so daß man von Ansätzen zu einer literaturgeschichtl. Betrachtung sprechen kann. Die r. bieten häufig sehr lebendige und stilist. elegante Porträts der Autoren und Protagonisten des chant courtois, die vor dem konkreten gesellschaftl. Hintergrund ihrer Zeit dargestellt sind. Die Erzählungen konzentrieren sich auf einige von Troubadours verkörperte, exemplar. Menschentypen. So finden wir z. B. adlige Ritter, die in höf. Abenteuer verwickelt sind (→Raimbaut de Vaqueiras, →Raimon de Miraval, →Rigaut de Barbezilh) oder ein trag. Schicksal erleiden (Guillem de Cabestanh), Dichter, die für die Gestalt des Liebenden und die wechselhaften Geschicke der Leidenschaft emblemat. sind (→Folquet de Marseilha), Berufsdichter (»Spielleute, joglars«), Helden tragikom. oder scherzhafter Abenteuer (Peire →Vidal, →Gaucelm Faidit). Einige r. sind sehr umfangreich (Raimon Jordan, Guilhem de Cabestanh): auch können sich Gruppen von r. an die Figur eines Troubadours knüpfen und und so kleine Abenteuerromane entstehen lassen, die entsprechend den Protagonisten typolog. variieren. Wegen seiner bes. Bedeutung hervorzuheben ist der Zyklus von r. (mehr als 20 erhaltene Stücke), die das Corpus von Liebeslyrik und polit. Liedern des →Bertran de Born kommentieren. Diese r. werden immer von den lyr. Texten begleitet und bilden dadurch ein echtes »Buch«, eine Monographie mit Vers- und Prosateilen, die in der Hss.-Überlieferung Spuren hinterlassen hat.

Die längeren und erzählerisch reicher ausgestatteten r., die Zyklen biograph. Texte und die Sammlungen von diesen, die sich in verschiedenen Hss. finden, bilden ein wichtiges Glied in der Entwicklung der Kurzformen der Erzähllit. mit »realistischem« Inhalt und stellen in formaler wie stilist. Hinsicht. aber auch als Stofflieferanten Vorläufer der it. →Novelle dar (Conti di antichi cavalieri, Novellino). Bes. die Novelle LXIV des Novellino kann als Parallele zu der langen r. über den Troubadour Rigaut de Barbezilh gelesen werden. Die v. – r. des Guillem de Cabestanh, von der es eine Reihe späterer Redaktionen gibt, wird ausdrückl. von Boccaccio als Modell der Novelle von »Messere Guglielmo Guardastagno« zitiert (Decameron IV, 9).   S. Asperti

Lit.: G. Favati, Le biografie trovadoriche, 1961 – A. Boutière–A. H. Schutz, Biographies de troubadours, 1973[3] – M. S. Corradini Bozzi, Concordance delle biografie trovadoriche, 1982–87 – E. Wilson Poe, From Poetry to Prose in Old Provençal, 1984 – Dies., L'»autr'escrit« of Uc de Saint Circ: The R. for Bertran de Born, RPh XLIV, 1990, 123–136 – V. Bertolucci-Pizzorusso, La ricerca sui canzonieri individuali (Lyrique romane médiévale, 1991), 273–302 – M. L. Meneghetti, Il pubblico dei trovatori, 1992[2], 177–208 – D'A. Silvio Avalle, I mss. della lett. in lingua d'oc, 1993, 107–112 – S. Guida, Primi approcci a Uc de Saint Circ, 1996.

Vidimus (→Insert, →Beglaubigung, →Transsumpt), →Urkunde, in die eine andere Urk. in vollem Wortlaut aufgenommen wurde, besitzt den Rang einer beglaubigten Abschrift der inserierten Urk. Oft entstand beim Empfänger (Besitzer) einer Urk. aus allg. Sicherheitserwägungen heraus, oder um das Original durch Versendung, häufige Einsichtnahme, etc. nicht zu gefährden, das Bedürfnis nach einer dem Original gleichwertigen →Kopie. Im frühen MA mußte man sich des komplizierten Weges eines Scheinprozesses bedienen, an dessen Ende die Echtheit des Rechtsinhalts des entsprechenden Stückes in einem Gerichtsurteil bestätigt wurde. In Italien bot das

Notariat die Möglichkeit, beglaubigte Kopien anzufertigen, die seit dem 12. Jh. auch anerkannt wurden. In Bereichen, die nicht über ein ähnl. entwickeltes öffentl. Notariat verfügten, entstand eine andere Form der beglaubigten Kopie. Der Besitzer wandte sich hier an einen Dritten, der dem vorgelegten Stück bzw. dessen Aussteller und Empfänger neutral gegenüberstand, und bat oder beauftragte ihn, dieses in eine eigene Urk. aufzunehmen und so zu duplizieren. Voraussetzung war, daß die bestätigende Partei in fremden Angelegenheiten siegeln durfte (authent. →Siegel). Der Aussteller des V. bestätigte lediglich in einer eigenen →Formel, daß er die aufgenommene Urk. gesehen habe (V., auch 'Vidisse', im engl. Urkk.wesen 'Inspeximus') und daß diese ordnungsgemäß beglaubigt, in der Regel also besiegelt, und weder durch →Rasuren oder sonstige Veränderungen beeinträchtigt war. Das V. bietet an eigenständigem Text also nur einen Rahmen um die zu wiederholende Urk. Bevorzugt wandte man sich an geistl. Personen oder Institutionen, dann auch an städt. Behörden. Öffentl. →Notare wurden aufgrund der hist. Entwicklung des Notariats in Dtl. erst im späten MA in zunehmendem Maß zur Vidimierung herangezogen. Die Begriffe Insert, Transsumpt und V. werden in der heutigen Lit. häufig synonym verwandt. J. Spiegel

Lit.: Bresslau I, 88–148 – O. Redlich, Einl. (W. Erben, Ks.- und Kg.surkk. des MA, 1907), 34f. – W. Koch, Reichskanzlei in den Jahren 1167 bis 1174, 1973, 63ff. – A. v. Brandt, Werkzeug des Historikers, 1983, 96f. – J. Spiegel, Urkk.wesen, I, 1996, 5f., 128f.

Vidin (Bononia, bulg. Bdin, ung. Budin, Bodon), Stadt am rechten Donauufer in NW-Bulgarien. Letzte Erwähnung des spätantiken Bononia Ende des 6. Jh.; erstmals als Bdin gen. im Zusammenhang mit Ereignissen des 10. Jh.; die Byzantiner nannten die Stadt V. Bereits Ende des 7. Jh. in das Territorium des bulg. Staates aufgenommen, spielte V. im FrühMA eine wichtige Rolle in den Beziehungen zw. Bulgarien und dem Kgr. Ungarn und war im 13.–14. Jh. administratives, militär.-polit. sowie kirchl. Zentrum mit wichtigen Handelsbeziehungen. Seit 1262 bildeten V. und seine Umgebung ein selbständiges Fsm. unter der Herrschaft des Despoten Jakov Svjatoslav (1277 vergiftet durch Maria, Zarin v. Tărnovo). Etwa 10 Jahre nach seinem Tode übernahm →Šišman die Herrschaft; ihm folgte sein Sohn →Michael (2. M.). Nach dessen Wahl zum bulg. Zar (1323) verwaltete der Despot Belaur das Fsm. Belaurs Widerstand gegen Zar →Ivan Alexander führte zu seiner Beseitigung; V. und sein Umland wurden daraufhin als Apanage →Ivan Strazimir (1356–96), Sohn Ivan Alexanders, unterstellt. 1365 besetzte Ludwig I. v. Ungarn das Fsm. V., das nun zum Banat v. V. wurde. Ivan Strazimir geriet in Gefangenschaft; nach seiner Befreiung und Rückkehr (1369) erklärte er sich zum ung. Vasallen. Nach der Schlacht bei →Nikopolis (1396) wurde das Fsm. V. von den Osmanen erobert. Im 15. Jh. war die Festung v. V. ein osman. Vorposten gegen Ungarn und die →Valachei.

Seit der 2. Hälfte des 9. Jh. Bm., wurde V. im 12. Jh. in den Rang der Metropole erhoben. 1381 trennte Ivan Strazimir die Metropole V. vom Patriarchat v. →Tărnovo und unterstellte sie →Konstantinopel, um seine polit. und kirchl. Unabhängigkeit zu betonen. Während seiner Regierungszeit war V. ein wichtiges lit. Zentrum. Hervorgendster Vertreter war der Metropolit Joasaf v. Bdin. Ein einzigartiges lit. Denkmal ist der Sammelband v. Bdin (1360), der in Gent aufbewahrt wird. Die Festung v. V. ist eine der wenigen bis heute unversehrt erhaltenen ma. bulg. Festungen V. Gjuzelev

Lit.: P. Nikov, Istorija na Vidinskoto knjažestvo do 1323 godina, Godišnik na Sofijskija universitet, Istoriko-filologičeski fakultet 18, 1922, 3–124 – D. Zuhlev, Istorija na grada V. i negovata oblast, 1932 – V. Gjuzelev, Beiträge zur Gesch. des Kgr.es v. V. i. J. 1365, SOF 39, 1980, 1–16 – Ders., La guerre bulgaro-hongroise au printemps de 1365 et des documents nouveaux sur la domination hongroise du royaume de V., 1365–69, Byzantinobulgarica 6, 1980, 153–172 – Bălgarski srednovekovni gradove i kreposti, I, hg. A. Kuzev–V. Gjuzelev, 1981, 98–117.

Vie de Saint Edmond archevêque. Die sehr wahrscheinl. von →Matthaeus Paris verfaßte afrz. »Vie saint Eadmunt le confesseur, arcevesque de Canterbire« (1 Hs. erhalten: Trinity College Dublin, Ms. E. i. 40) berichtet in 2020 paarweise gereimten Achtsilblern vom Leben und Sterben (im freiwilligen Exil) →Edmunds v. Abingdon, Ebf. v. Canterbury (7. E.; 1180–1240), sowie von seinem Begräbnis in der Zisterzienserabtei Pontigny. Die Dichtung entstand im Auftrag Isabelles v. Arundel Mitte des 13. Jh. L. Gnädinger

Ed.: A. T. Baker, V. de S. E., Romania LV, 1929, 332–381.

Vie de Saint Edmond le Roi. Die von Denis →Piramus Ende des 12. Jh. verfaßte anglonorm. Reimdichtung »La Vie seint Edmund« erzählt in 3282 vv. das Leben Kg. →Edmunds v. Ostanglien († 869) und dessen Martertod im Kampf mit den heidn. Dänen; eine Mirakelslg. (714 vv.) ergänzt das einzig in der Hs. London Brit. Mus., Cotton, Dom. XI, 14. Jh., erhaltene Werk. Als Q. dienten: »Historia regum Britanniae« →Geoffrois v. Monmouth, »Passio s. Eadmundi« →Abbos v. Fleury, »De infantia Eadmundi« des Gaufridus de Fontibus, »Liber de miraculis Eadmundi« des Hermannus. Piramus arbeitete für den Hof →Heinrichs II. Plantagenêt und →Eleonores v. Aquitanien (4. E.). L. Gnädinger

Ed.: La Vie seint Edmund le Rei. Poème anglo-norm. du XIIᵉ s. par Denis Piramus, ed. H. Kjellman, 1935.

Vie de Saint Edouard (Aedward) **le Confesseur.** Das anglonorm. Hl.nleben (Versdichtung 13. Jh., Prosavita Anfang 14. Jh.) bindet Kg. →Eduard (2. E.; † 1066) in die von ihm bestimmte Gesch. Englands ein (Genealogie, Gründung der Westminsterabtei, Schlacht v. Hastings) und schildert ihn als vom Hl. Geist erfüllten und thaumaturg. begabten Herrscher. Die lat. Vorlage bieten die »Genealogia Regum Anglorum« und die »Vita Edwardi Regis« →Ælreds v. Rievaulx († 1166) sowie die »Vita Sancti Edwardi Anglorum Regis et Confessoris« →Osberns v. Canterbury. Die anonyme »Estoire de Seint Aedward le Rei« (4686 vv., Cambridge Univ. Library, Ms. Ee. iii. 59 und Fragm. Vaticana Ms. Reg. lat. 489, 84 vv.) ist →Eleonore v. Aquitanien (4. E.) gewidmet.

L. Gnädinger

Ed.: H. R. Luard, Lives of Edward the Confessor, 1858 [Nachdr. 1966] – La Estoire de Seint Aedward le Rei: M. R. James, 1920 – K. Y. Wallace, 1983.

Vie de Sainte Geneviève de Paris. Die älteste der lat. Prosalegenden über das Leben der hl. →Genovefa (* um 420, † ca. 502) entstand um 520. Ende 13. Jh. beauftragte eine *dame de Valois* den Kleriker Renaut, die afrz. *Vie* zu reimen (paargereimte Achtsilbler, 3636 vv., älteste Hs. BN f. lat. 5667); eine Prosaversion (7 Hss.) folgte Anfang 14. Jh., eine szn. Bearbeitung einiger Genovefa-Mirakel im 15. Jh. Nebst der Vie zirkulierte eine eigene Mirakelslg. (rund 3100 vv.). Renauts Werk stellt die Hl. als Gott geweihte Jungfrau (virgo sacrata) dar, welche die Stadt Paris durch ihr Gebet vor Attila rettet und vor Hungersnot bewahrt. Die afrz. Vie ist von Mirakelberichten zu Lebzeiten Genovefas und nach ihrem Tod dominiert und durch die Gesch. der Translationen der Genovefa-Reliquien ergänzt. L. Gnädinger

Ed.: La V. de S. G. de P., poème religieux, ed. L. BOHM, 1955 – *Lit.:* M. HEINZELMANN–J.-C. POULIN, Les Vies anciennes de S. G. de P., 1986.

Vie de Saint Grégoire (du Pape Saint G.). Nebst der 1214 beendeten Verslegende Bruder Angiers, Mönch in Ste-Frideswide (2954 vv., Hs. Paris, BN f. fr. 24766), und der von ihr abhängigen anonymen Fassung von 1326 (2378 leonin. Achtsilber), die v. a. auf der Vita sancti Gregorii des→Johannes Diaconus (92. J.; 9. Jh.) basieren, gibt es die wirkmächtige Tradition einer romanhaften afrz. Gregorius-Vita. Sie stammt vermutl. aus dem gr.-byz. Raum (Archetyp verloren) und verbindet die G.-Vita u. a. mit dem Inzestmotiv der antiken Ödipussage, dem Themenkomplex von (unwissentl.) Schuld und Sühne sowie folgender bes. Erwählung. Gregorius, der gute Sünder, erscheint Ende 12./Anfang 13. Jh. in den →Gesta Romanorum, Ende 13./Anfang 14. Jh. als afrz. Reimdichtung (6 Hss., 1 Fragm.), wird Anfang 13. Jh. von →Arnold v. Lübeck ins Lat. übertragen; eine afrz. Prosafassung (Hs. datiert 1399) und eine afrz. Version in Alexandrinern (145 Strophen à 4 Zeilen) folgen. S. a. →Gregorius-Legende.

L. Gnädinger

Ed.: La V. de s. G. le Grand traduite du lat. par Frère Angier, ed. P. MEYER, Romania 12, 1883, 145–208 – La V. de St. Gregore. Poème norm. du XIVe s., ed. O. SANDQVIST, 1989 – H. B. SOL, Huit versions fr. médiévales de la légende du Bon Pécheur, 1977 – La V. du Pape G. ou la Légende du bon pécheur. Das Leben des hl. Papstes Gregor oder die Legende vom guten Sünder, ed. I. KASTEN, 1991 [zweisprachige Ausg.] – *Lit.:* M. HUBY, Le problème de la faute dans 'Gregorius' et la V. de s. G., EG 41, 1986, 451–464 – D. BUSCHINGER, Das Motiv der 'felix culpa' und des betrogenen Teufels in der 'V. du pape G.' und in Hartmanns 'Gregorius', GRM 69, 1988, 57–66.

Viehhaltung, -zucht, -handel

I. Viehhaltung, -zucht – II. Viehhandel.

I. VIEHHALTUNG, -ZUCHT: Die V. (aus ahd. *fehu* abgeleitet, lat. *pecus, peculium, pecunia* entsprechend Besitz [an Vieh], engl. *fee*, mlat. *feudum* [Lehen]) bildete die wesentl. wirtschaftl. Grundlage früher Agrargesellschaften und zugleich deren Lebens- und Ernährungsbasis. Die Zucht insbesondere von →Rindern, →Schweinen, →Schafen, →Ziegen, aber auch von →Pferden diente der Versorgung der Menschen mit tier. Eiweiß, Fett und Milchprodukten, der Rohstoffgewinnung für Kleidung und Geräte (→Wolle, →Leder, Knochen), der Düngung der Äcker mit Mist und zum Anspann zu Transport- und Pflugdiensten. Die V. schloß auch das Halten von Geflügel (Hühner, Gänse, Enten; →Hausgeflügel) und eine intensive Bienenzucht (→Bienen) mit ein. Bereits Tacitus hebt in seiner Germania den Besitz von Rindern und deren Bedeutung als ehestiftende Mitgift in den rechtsrhein. Gebieten hervor. Durch die Spatenforsch. der letzten Jahrzehnte v. a. im Wurtenbereich der Nordseeküste sind unsere Kenntnisse zur V. eindrucksvoll erweitert worden. So überwog in der Siedlung Tofting der Anteil an Rinderknochen mit zwei Dritteln bei weitem den Anteil an Schweine- und Schafsknochen. Dies entsprach den naturräuml. Gegebenheiten in den →Marschen und graswüchsigen Zonen, während in den waldreichen Regionen und in den Mittelgebirgen die Schweinehaltung dominierte. Ferner kennzeichnete v. a. im FrühMA die nicht sonderl. personalintensive Schweinezucht den gutsherrl. strukturierten Betrieb, während die →Grundherrschaft seit dem 7. Jh. durch Intensivierung des Getreideanbaus die Rinderhaltung auch zwecks Anspann und Düngung förderte. Die →Lex Salica spiegelt insofern ein frühes Stadium der frk. Agrargesellschaft, als der Bußgeldkatalog eine weitgefächerte »Schweineterminologie« vom »saugenden Ferkel« bis zum »Borgschwein« präsentiert, gefolgt von Diebstahlsdelikten in bezug auf Rinder, Schafe, Ziegen und Jagdvögel, aber auch auf Bienenvölker, während der Ackerbau noch eine ganz untergeordnete Rolle spielt. Wesentl. Vermögenswerte stellten hingegen Viehherden von 30 bis 50 Tieren dar.

Der Bedeutung der frühma. Schweinezucht entsprechend wird häufig die Größe eines →Waldes durch die Anzahl der zu mästenden Schweine angegeben; der illustrierte Monatskalender verweist seit karol. Zeit für die Monate Nov. und Dez. auf Eichelmast und Schlachtfest. Bei fremden Chronisten galt Schweinespeck als Lieblingsspeise der Franken. Das Rind, insbes. der Ochse, das »animal« ('Tier') schlechthin bezeichnet, diente v. a. als Zugvieh vor Wagen und Pflug, daher wird die Ochsenherde als *carruca* im →Capitulare de villis bezeichnet. Das Pferd findet sich im Kontext der Bußgeldkataloge der frühen Volksrechte (*leges*) nicht in Verbindung mit dem übrigen Vieh, sondern – etwa in der Lex Salica – im Umfeld von Menschen- und Knechtsraub. Es wurde zunächst ausschließl. für Botengänge (→Botenwesen), die Jagd und v. a. im Krieg gebraucht. Deshalb wird der Pferdezucht im Capitulare de villis eine bes. Aufmerksamkeit durch den Kg. zuteil. Erst im 13. Jh. gewinnt das Pferd nach Züchtung geeigneter Rassen Bedeutung zum Anspann vor Wagen und Pflug mittels →Kummet, auch wenn das klass. Zugvieh weiterhin das Rind bleibt. Dessen Besitz charakterisiert im 12. Jh. in N-Frankreich die *laboratores* als wohlhabende Bauernschicht. Dem hohen Stellenwert der V. entspricht die Bedeutung der →Allmende für das Dorf als Weide und Wald. So sieht bereits der bekannte Paragraph 80 der Lex Salica (»Von den Zuziehenden«) das Einspruchsrecht einzelner Mitglieder der bäuerl. Siedlungsgemeinschaft gegen Zuzug von außen vor. Die wichtige Position der V. in der ma. Gesellschaft belegt auch die Abgabe des →Besthauptes beim Tode des grundherrl. gebundenen Bauern, die sogar im städt. Bereich erst im 12. Jh. durch kgl. Privileg jurist. beseitigt worden ist (Speyer 1111, Worms 1184) und damit die endgültige Trennung von Stadt und Land dokumentiert, wenn auch die Schweine- und Rinderhaltung in den Städten durchaus die Regel blieb. Auch die Viehverstellung, d. h. das Einstellen von Herrenvieh aus der Grundherrschaft zur Mästung in bäuerl. Ställe, bezeugt vermehrt seit dem 13. Jh. den hohen Wert der →Tierhaltung.

Spätestens seit dem 11. Jh. ging im Verlauf der zweiten ma. »Hochkonjunkturphase« die Bedeutung der Viehwirtschaft insgesamt zugunsten des Ausbaus der Ackerflächen und der →Dreifelderwirtschaft zurück, insbesondere durch den »ewigen« Roggenanbau in den nw. und nö. Zonen, der allein angesichts des bemerkenswerten Bevölkerungswachstums ausreichend Nahrungsmittel bot, auch wenn nicht selten Rodungsflächen als Viehhöfe eingerichtet wurden. Der Aufstallung von Rindern waren angesichts von fehlendem Winterfutter stets Grenzen gesetzt, die noch enger gefaßt wurden, als seit dem 13. Jh. vermehrt die Grundherrschaft die herkömml. Weiderechte (→Weide) beschnitt. In den Alpenregionen kam es hingegen zur Einrichtung von →Schwaig- oder Viehhöfen, insbes. in Bayern, Tirol und Kärnten bis auf 2000 m Höhe, die v. a. →Käse produzierten. Auch in den Marschen und Flußniederungen NW-Deutschlands, insbesondere in den fries. Küstenregionen, nahm die Rinderzucht im SpätMA einen beachtl. Aufschwung und damit zugleich der Export von →Fleisch und Milchprodukten (→Milch). Gleiches gilt für die Schafzucht, die im Zeichen der rasant wachsenden Textilindustrie (→Textilien) in Flandern, N-Frankreich, am Niederrhein und in Italien eine gewaltige Ausdehnung erfuhr, v.a. in Flandern (Zisterze Ter Duinen) und in England mit den bekannten →enclosures des 15. Jh. Wichtig wurde auch die →Transhumanz in den Pyrenäen und die Zucht der Merinoschafe. Zugleich mit Wolle wurden Beschreibstoff (→Pergament) und →Flachs produziert. Auf die eigtl. Zucht wurde im MA wenig Sorgfalt verwandt, die Einstellung von Stieren und Ebern bei Meiern und Bauern seitens der Dorfherren wurde in aller Regel eher als Belastung angesehen.

Mit der Preis- und Kostenschere, die sich nach der →Pest und den →Wüstungen in der Mitte des 14. Jh. zuungunsten der Getreidepreise öffnete, kam es auch unter Aufgabe unrentabler Böden wieder zu vermehrter Fleischproduktion, die auf dem Lande geringe Arbeitskräfte benötigte und in der Stadt auf wohlhabende Konsumenten traf, so daß der Fleischverzehr von ca. 70 auf 100 kg pro Jahr und Person gestiegen sein soll (→Ernährung). Ergänzt wurde diese marktorientierte Fleischerzeugung durch gezielte →Teichwirtschaft, die zumindest in den küstenfernen und flußärmeren Regionen den Fischverzehr auch außerhalb der klösterl. Gemeinschaften förderte. Insgesamt wird man aber in Europa vom 7. Jh. an, zwar regional durchaus unterschiedl., eine ansteigende Kurve des Ackerbaus und eine absteigende der Viehzucht ausmachen können, da nur auf diese Weise die Versorgung mit Nahrungsmitteln bei ständigem Bevölkerungswachstum leidl. befriedigt werden konnte.   D. Hägermann

Lit.: HRG 36. Lfg., 1993, 909ff. – J. WACKERNAGEL, Die Viehverstellung, 1923 – K. S. BADER, Das dt. Dorf des MA, 3 Bde, 1957–73, passim – W. ABEL, Gesch. der dt. Landwirtschaft, 1978³, 23ff. u.ö. – H. C. FAUSSNER, Besthaupt, Gewandfall und Heergewäte als Zwangsmittel der dekretierten Christianisierung, ZRGGermAbt 107, 1990, 377ff. – W. RÖSENER, Bauern im MA, 1991⁴, 145ff. u.ö. – F. W. HENNING, Dt. Agrargesch. des MA, 1993, passim – N. BENECKE, Archäozool. Stud. zur Entwicklung der Haustierhaltung in Mitteleuropa und Südskandinavien von den Anfängen bis zum ausgehenden MA (Dt. Archäolog. Inst., Schrr. zur Ur- und Frühgesch. 46, 1994).

II. VIEHHANDEL: Der Viehhandel läßt sich, freilich in unterschiedl. Intensität, während des gesamten MA nachweisen. Seine erhebl. Ausweitung ab dem 13. Jh. hängt eindeutig zusammen mit dem Aufschwung des Städtewesens, auch wenn in den Kommunen eigener V. trotz wiederholter Versuche zur reglementierenden Einschränkung bis weit über das Ende des MA beibehalten wurde. Gerade in kleineren und mittleren Städten ist also mit einem verhältnismäßig hohen Grad an Autarkie zu rechnen.

Gehandelt wurden v.a. Rinder, Schweine, Schafe, deren Bedeutung auch als Wollieferant (→Textilien) im SpätMA enorm wuchs, Ziegen und Geflügel zur Fleischversorgung der Einwohner, während der Pferdehandel und der primär in S-Europa verbreitete Esel- bzw. Maultierhandel zunächst der Sicherung von Transportleistungen (Menschen und Waren) diente. Beispielsweise überstieg die Zahl der in den allerdings unvollständigen röm. Schlachtviehsteuerlisten nach der Mitte des 15. Jh. verzeichneten Esel die Zahl von Schweinen und Rindern deutlich. Gerade Adlige erwarben Pferde oft in weit entfernten Gebieten, um ihren Bedarf an Reitpferden bzw. kriegstaugl. Tieren zu decken. Über den Umfang des dörfl. Viehhandels liegen kaum Q. vor, doch fand er bes. im Rahmen von Märkten und Jahrmärkten statt, wo sich auch städt. Einkäufer einfanden.

Auch in den Städten war der Viehhandel Teil des gewöhnl. Marktgeschehens. So handelte man beispielsweise in Köln während des SpätMA ständig an zwei Tagen in der Woche mit Vieh, und zusätzl., dies wohl ein Charakteristikum für größere Städte, fand im Herbst ein ein- bis zweiwöchiger Viehmarkt statt, dessen Bedeutung weit über den lokalen Bedarf hinausging und viele auswärtige Besucher anzog. Zu diesem Termin gelangten Rinder- und Schweineherden aus den Mastgebieten der Niederlande und Niederdtl.s nach Köln. Die Viehmärkte waren häufig, falls möglich, vom sonstigen Markt lokal getrennt (Raumbedarf, Absperrungen), wobei im Gegensatz zum Fleischhandel kaum Kontrollen stattfanden, der geordnete Marktbetrieb jedoch obrigkeitl. Aufsicht unterlag. Verbreitet waren Regelungen, mit denen bestimmt wurde, daß die privaten Käufer ihren Eigenbedarf zeitl. vor gewerbl. Interessenten, auch Fleischern, decken konnten; die Sicherstellung des Lebensmittelbedarfs der einzelnen Einwohner besaß in diesen Fällen Vorrang vor Handelsinteressen, wobei grundsätzl. die Nachfrage nach Fleisch elastischer als die nach Getreide war. Die in den Handel gelangten Kälber stammten aus dem direkten Umland, was auch mit Ausnahmen für Geflügel galt.

Am besten dokumentiert ist der (internat.) Ochsenhandel, der davon profitierte, daß sich die Tiere quasi selbst transportierten. Wichtige Auftriebsgebiete waren neben den erwähnten Regionen Dänemark (auch Pferdeexport) und Ungarn. Für Polen und weiter ö. gelegene Gebiete bis in den Kiever Raum, von wo aus ebenfalls in großem Umfang Ochsen nach W gelangten, fehlen ausreichende Q.n. Das ung. Vieh, Züchtungen aus dem Steppenrind und seit etwa 1400 verbreitet, eignete sich wegen seiner Robustheit und wegen des geringen Gewichtsverlustes bes. für den Transport über weite Strecken, zudem konnte es binnen kurzer Zeit erhebl. zunehmen. Zu diesem Zweck standen im Umkreis der Städte vielfach Weidemöglichkeiten zur Verfügung, um die Tiere wieder ihr Schlachtgewicht erreichen zu lassen; daneben sicherte man sich so einen Vorrat an Lebendvieh. Die Tiere waren allg. deutl. kleiner als heutige mit entsprechend geringerem Schlachtgewicht.

Erste Nachrichten über den Ochsenhandel von Ungarn nach Norditalien und bes. nach Venedig stammen aus dem Jahre 1368, und das Handelsvolumen nahm in der Folge derartig zu, daß Vieh eines der wichtigsten Exportgüter des Landes wurde. Bereits 1358 ist erstmals ein umfangreicher Rinderaufkauf durch einen Nürnberger Großhändler in Buda belegt, und der süddt. Raum entwickelte sich zu einem weiteren wichtigen Absatzgebiet für diese Rinderrasse. Daneben sicherte sich Oberitalien die Fleischversorgung mit alpenländ. Vieh, so taucht Vieh z.B. in zahlreichen Tiroler und Vorarlberger Zoll- und Wegegeldtarifen des SpätMA auf. Bereits 1252 hatten die flandr.-hennegauischen Herren den Zoll für dän. sowie fries. Ochsen und Pferde festgelegt; den Verkauf dän. Viehs zentralisierten die Herrscher später aus fiskal. Gründen an wenigen Orten im Land selbst. Der Transport von Schweinen zeigt sich differenzierter, einerseits wurden sie wie Rinder und Schafe auch über weite Distanzen in Herden zu den Märkten getrieben, andererseits auf Flüssen verschifft.

Die Viehgroßhändler, die im oberdt. Raum ihre Tätigkeit vielfach mit dem Wollhandel verbanden, mußten über eine hohe Kapitalkraft verfügen, um Handelsnetze aufzubauen, das Vieh aufzukaufen, es zu den entfernt liegenden Märkten treiben und unterwegs füttern zu lassen, die nötigen Sicherheiten für die Herden zu beschaffen sowie die fälligen Abgaben (→Zölle) zu entrichten. Daneben traten auch einzelne Metzger oder kleinere Händler als »Importeure« in Erscheinung, zusätzl. finanzierten etliche Städte das benötigte Geschäftskapital vor, um die eigene Versorgung sicherzustellen. Soweit die Q.n Schlußfolgerungen erlauben, haben die Kapazitäten der ma. Viehhandels ausgereicht, die (städt.) Fleischversorgung im allg. sicherzustellen.

B. Fuhrmann/U. Dirlmeier

Lit.: L. SCHWETLIK, Der hans.-dän. Landhandel und seine Träger, ZSHG 85/86, 1961, 61–130 – H. WIESE-J. BÖLTS, Rinderhandel und Rinderhaltung im nw.europ. Küstengebiet vom 15. bis zum 19. Jh., 1966 – U. TUCCI, L'Ungheria e gli approvvigionamenti veneziani di bovini nel Cinquecento (Rapporti Veneto-Ungheresi, 1975) – L. MAKKAIS, Der Weg der ung. Mastviehzucht vom Nomadismus zum Kapitalismus (Wirtschaftskräfte und Wirtschaftswege, 1978) – Internat. Ochsenhandel (1350–1750), hg. E. WESTERMANN, 1979 [= Beitr. zur Wirtschaftsgesch. 9] – U. SCHIRMER, Das Amt Grimma 1485–1548, 1996, 311–339.

Viehversicherung. Zu den zentralen Aufgaben der auf genossenschaftlicher Selbstverwaltung basierenden Gemeinde des alten Island (→*Hrepp*) gehörte neben der Armenfürsorge (→Armut und Armenfürsorge, B. IV,1), der Erhebung des →Zehnten etc. auch die genossenschaftl. Absicherung bei bestimmten Schadensfällen, insbesondere die →Brandversicherung und die V., so wie sie in der jüngeren Schicht der island. Rechtsslg.en (Staðarhólsbók, 260–261; →Grágás) festgelegt sind: Wenn ein Hreppsgenosse ein Viertel oder mehr seines Großviehbestandes (v. a. Rinder) durch Viehseuche (*fellisótt*, Milzbrand?) verlor, hatte er Anspruch darauf, die Hälfte seines Schadens ersetzt zu bekommen, nachdem die Höhe des Verlustes vom Hrepp geschätzt und im Verhältnis zu seinem Gesamtvermögen bewertet wurde. Hatten mehrere im Hrepp in einem Jahr einen solchen qualifizierten Viehschaden erlitten, wurde die Höhe der Erstattung proportional zu dem jeweils eingetretenen Verlust festgelegt. Jeder Bauer war nur insgesamt dreimal berechtigt, einen Viehschaden zur Erstattung anzumelden. Die Hreppsgenossen mußten weniger als 1% ihres jeweiligen Gesamtvermögens als Versicherungsleistungen entrichten. Auch nach frühen norw. Gildestatuten (Norges gamle Love V, 7–11) wurden bei Schaden durch Viehseuche Unterstützungen geleistet.

H. Ehrhardt

Q.: Grágás, Staðarhólsbók, hg. V. FINSEN, 1879 –*Lit.:* KL VII, 19 – K. MAURER, Island, 1874, 278–322 – J. JÓHANNESSON, Islands historie i mellomalderen. Fristatstida, 1969, 69 – L. BJÖRNSSON, Saga sveitastjórnar á Íslandi, 1972, 38f.

Viele (das), **Vielheit** (lat. pluralitas, multitudo). Der Begriff V.heit findet sich in der philos. und theol. Anstrengung des MA in enger Korrelation mit dem Denken des Einen und dem der Differenz. V.heit wird zumeist als relative Bestimmung zum Einen konzipiert. In diesem Denkansatz gilt die Wirklichkeit des V.n als relativ auf das metaphys. Prinzip der Einheit, welches nicht auf V.heit hin relativ ist. Das V. wird vom Einen her konstituiert und als nicht-kontradiktor. Gegensatz zum Einen gedacht. Dabei deutet ma. Denken dieses Konstitutionsverhältnis als creatio: Das Eine wird mit dem (chr. gedachten) dreifaltigen Gott (als Schöpfer) identifiziert; das V. wird als die durch die Zahl bestimmte und begrenzte Gesamtheit der Schöpfung gedeutet, die sich als ordo mit hierarch. zu denkenden Stufen der Teilhabe am Einen bzw. der Ähnlichkeit (imago et similitudo) mit diesem entfaltet. Die Philos. des MA denkt V.heit folgl. als eine von Gott her und auf ihn hin geeinte V.heit.

Bei Boethius steht der Begriff V.heit im Kontext trinitätstheol. Reflexionen. Die drei göttl. Personen sind durch Nichtunterscheidung verbunden gemäß einer äquivok zu verstehenden personen- und nicht zahlhaften V.heit (personarum pluralitas, vgl. trac. II): Erst durch Differenz bzw. Andersheit entsteht eigtl. V.heit: »Principium pluralitatis alteritas est.« (trac. I, 1).

Auch die Schule v. Chartres (12. Jh.) greift den Gedanken einer zahlhaft strukturierten V.heit für das Begreifen der Schöpfungswirklichkeit von Boethius und dem platon. Timaios auf. Die Gott–Schöpfung-Beziehung wird mittels der Dialektik von Einheit und V.heit expliziert. Die Schöpfung der Dinge wird von Thierry verstanden als Ausgang der Zahlen, d. h. der V.heit, von der göttl. Einheit her. Diese V.heit ist Ausfaltung der prinzipiierenden Einheit (vgl. Thierry, Lec. in Boethii libr. de Trin., II, 4). Thierry und Bernhard v. Chartres betonen sowohl die Immanenz des Einen im V.n (qua forma essendi) als auch die Transzendenz des Einen gegenüber jeder V.heit, die als Defizienz gedeutet wird.

Thomas v. Aquin unterscheidet zwei Weisen der Teilung, um auf zwei verschiedene Arten von V.heit hinzuweisen: 1. V.heit der Quantität bzw. der Zahl, die durch Teilung eines stoffl. Kontinuums entsteht; 2. V.heit als transzendentale Bestimmung von Formen, die der immateriellen Teilung der Formen folgt und dem V.n seine je eigene Ungeteiltheit verleiht. Letztere (nicht-zahlhafte, aber relationale) V.heit läßt sich auf die (im Gegensatz zu Boethius analog zu verstehende) V.heit der göttl. Personen beziehen (vgl. S. th. I, 30, 3).

Der Begriff V.heit wird von Meister Eckhart verwendet, um die creatio als (abfallenden) Hervorgang aus dem Einen zu begreifen, an dem die eine und ganze V.heit als solche partizipiert (vgl. In Exodum, n. 100). Nach ihm ist das V., unabhängig vom Einen betrachtet, nichts: »Multa ut multa non sunt.« (In Sap., n. 107).

Nikolaus v. Kues nimmt an, daß die V.heit alles Seienden dem göttl. Geist als explicatio entspringt, in dem sie exemplarursächl. eingefaltet (complicatio) ist, d. h. die V.heit koinzidiert in ihm. Die Koinzidenz als complicatio der V.n im Einen ist ontolog. gegenüber der Nichtkoinzidenz als explicatio der V.n in ihrer begrenzten Seinsweise vorrangig, obwohl auch die Ausfaltung in ihrer ontolog. Positivität gedacht wird – denn die V.heit hat alles, was sie ist, von der Einheit: V.heit ist nicht reine V.heit, sondern geeinte V.heit (vgl. De doc. ign., II., IV). Die menschl. Vernunft kann die V.heit (sekundär) in sich messend einfalten, indem sie sie begreift (vgl. De coni., I 1).

M. Behrens

Lit.: W. BEIERWALTES, Identität und Differenz, 1980 – L'Uno e i molti, hg. V. MELCHIORRE, 1990.

Vienne. 1. **V., Guillaume de,** Ebf. v. →Rouen 1389–1407, † 1407, Bruder des Admirals Jean de V. (2. V.). Der Ebf. G. de V. kam aus dem benediktinischen Mönchtum, war Mönch in Saint-Martin d'Autun und anschließend in Saint-Seine in Burgund. Seine Laufbahn als Bf. begann mit dem Bischofsamt in →Autun, dann in →Beauvais, worauf G. de V. zum Ebf. v. Rouen aufstieg. Sein Wirken stand unter zwei Aspekten: Zum einen bemühte er sich in finanzpolit. Hinsicht um eine Sanierung der Einkünfte des Ebm.s und veranlaßte, nicht ohne Schwierigkeiten, die Benefizienempfänger zur Zahlung von →Subsidien (1389–93). Der andere, noch wichtigere Aspekt betraf G. de V.s polit. Tätigkeit im →Abendländ. Schisma: Er nahm 1398 teil an den Verhandlungen über den Obödienzentzug ('via subtractionis'), dem er beipflichtete und auf den er 1403 zurückkam. In dieser Periode mußte er die Einschaltung von Leuten der kgl. Gerichtshöfe in die Benefizienvergabe dulden, teils wohl aus Besorgnis um sein Prestige, mehr noch aber aus polit. Notwendigkeit. Als Prälat in der bewegten Zeit des Gr. Schismas beendete

G. de V. seine Tage während der Pariser Verhandlungen um die Wiedervereinigung der gespaltenen Kirche. Als Benediktiner begehrte er, im Frieden seines Kl. St-Seine die letzte Ruhestätte zu finden. Ch. Bousquet-Labouerie

Lit.: J.-F. POMMERAYE, Hist. des archevêques de Rouen, 1667 – N. VALOIS, La France et le Grand Schisme d'Occident, 4 Bde, 1896–1902 – C. JOUEN, Comptes, devis et inventaires du manoir archiépiscopal de Rouen, 1908 – Le dioc. de Rouen-Le Havre, hg. N.-J. CHALINE, 1976.

2. V., Jean de, Seigneur de Roulans, →Amiral de France, * um 1341, ✕ 1396 bei →Nikopolis, entstammte einer Adelsfamilie der Gft. →Burgund, ⚭ 1356 Jeanne d'Oiselay, ebenfalls aus Adel der Franche-Comté. – V. begann seine krieger. Laufbahn 1359 im Rahmen der Kämpfe gegen die Söldnerrotten. Sein Sieg bei Chambornay (1362) ließ sowohl Hzg. →Philipp d. Kühnen als auch Kg. Johann II. (→Jean le Bon) auf den jungen Kämpfer aufmerksam werden. 1364 fungierte V. als Marschall des in der Beauce operierenden Heeres Philipps d. Kühnen. 1366 zeichnete ihn Gf. →Amadeus VI. v. Savoyen ('le Comte Vert') auf dem Türkenzug mit der Halskette des →Annuntiatenordens aus. Seit 1369 stand V. durchgängig, erst zu Lande, dann zur See, im Dienst Kg. →Karls V., der ihn 1373 zum Admiral v. Frankreich ernannte. Auf V.s Initiative wurde eine echte Kriegsflotte (→Flotte, B. II) aufgebaut; sie brachte den Engländern im Kanal eine empfindl. Niederlage bei. V. nahm teil am Flandernfeldzug (1382), organisierte eine frz. Expedition zugunsten Schottlands (1385) und trat im folgenden Jahr als einer der entschiedensten Vorkämpfer einer Landung in England hervor, die aber nicht realisiert wurde. 1390 nahm er teil am Zug gegen →Tunis ('voyage de Barbarie'). 1396 zog dieser Ritter alten Schlages mit auf die 'Ungarnreise' (→Türkenkrieg), die mit der katastrophalen Niederlage v. Nikopolis endete, bei der V. fiel. Noch im Tode umklammerte der Admiral das ihm anvertraute Marienbanner. Seine sterbl. Überreste wurden zwei Jahre später in die Abtei →Bellevaux (Franche-Comté) überführt.
Ph. Contamine

Lit.: H. PH. A. TERRIER DE LORAY, Jean de V., Amiral de France, 1341–1396, 1878 – CH. BOUREL DE LA RONCIÈRE, Hist. de la marine française, I, 1909 – A. MERLIN-CHAZELAS, Documents relatifs au Clos des galées de Rouen, I, 1977 – M. MOLLAT DU JOURDIN, Les enjeux maritimes de la guerre de Cent ans (Hist. militaire de la France, I, hg. PH. CONTAMINE, 1992). bes. 163–167.

Vienne, Stadt in Südostfrankreich (dép. Isère), ehem. Ebm. (bis zur Frz. Revolution).
I. Stadt – II. Bistum/Erzbistum – III. Grafschaft – IV. Abteien.

I. STADT: V. heißt bei →Gregor v. Tours 'Vienna', 'Civitas Vienne', der städt. Verwaltungsbezirk 'urbs Viennensis', 'territorium Viennense'; erst später tritt die Bezeichnung 'metropolis civitas Viennensium' auf. Die Stadt liegt am linken Ufer der →Rhône auf einem Schwemmkegel des Gère, umgeben von Moränenhügeln (St-Just, Pipet, Ste-Blandine, St-Arnaud, La Bâtie). Die röm. Stadt umfaßte in der Ks.zeit ein weiträumiges Areal (200 ha), umschlossen von einem Mauerzug von 7 km Länge; dagegen war die ma. Stadt, bereits infolge des Rückganges des 3. Jh. n. Chr., von wesentl. geringerer Ausdehnung (Länge der Befestigung: 2,2 km, umschlossenes Areal: ca. 20 ha). Nach einem Text des Ebf.s Ado von 881 trugen die umliegenden Hügel durch Mauern verbundene Befestigungen.

Das stark lückenhafte Q.material des FrühMA läßt die Zugehörigkeit V.s zum Reich der →Burgunder (ca. 468–533) und zum Frankenreich (741), aber auch die Sarazenengefahr des frühen 8. Jh. erkennen. Offensichtl. vollzog sich insgesamt ein Machtzuwachs der Bf.sgewalt, zugleich eine Ausbreitung des monast. Lebens, ausgehend von →Grigny am rechten Rhôneufer (St-André-le-Bas, gegr. um 570; St-Pierre-hors-les-Murs, Blütezeit im 7. Jh.). Zu nennen sind für die spätkarol. Ära die Eroberung von V. durch Karl d. Kahlen (870) sowie die Belagerung und Einnahme der Stadt durch den westfrk. Kg. →Karlmann (880–882) während seines Feldzuges gegen Gf. →Boso v. V. Nahe der Abtei St-André-le-Bas entstand seit 842 eine Ansiedlung (Burgus) von Juden (→Frankreich, D. I).

Die Stadt V., bereits im Privileg (→Charte de franchise) v. St-Chef (1197) ebenso wie →Lyon als 'ville libre' genannt, erhielt, ohne daß eine kommunale Erhebung (→Kommune, II) stattgefunden hätte, vor 1254 von Ebf. Jean de Bernin wertvolle städt. Privilegien: Wahl von acht städt. →Konsuln bzw. Prokuratoren, Verfügung über Brücken und Vogtei, Erhebung verschiedener Steuern und Abgaben.

Im 14.–15. Jh. wurde die Stadtgesch. von V. bestimmt von den Beziehungen zum Ebf., zum Kathedralkapitel v. St-Maurice und zum Fs.en des →Dauphiné (d. h. seit 1349 zum Kg. v. Frankreich bzw. Thronfolger; →Dauphin), der ab 1378 (Karl [VI.]) auch Inhaber des →Reichsvikariats im Arelat war. Die Ebf.e hatten ihre Machtstellung frühzeitig durch den Erwerb der seigneurialen Rechte (1023) begründet und diese durch den Rückkauf der vom Gf.en v. Burgund gehaltenen Rechte gefestigt. Die Versuche der konkurrierenden Dauphins, ihrerseits stärkeren Einfluß auf V. zu gewinnen, gipfelten in der handstreichartigen Besetzung durch →Humbert II. (Aug. 1338), der die Stadt aber angesichts der Verurteilung durch Papst →Benedikt XII. nicht zu halten vermochte. Die Schirmherrschaft, die der Kg. v. Frankreich der Stadt seit 1349 gewährte (Pariage v. 1385; Bestätigung von Privilegien), mündete schließl. ein in das Conseniorat, das der Dauphin Ludwig II., der spätere Kg. →Ludwig XI., am 31. Okt. 1450 mit dem Ebf. schloß.

Die im Innern der ab 1389 erneuerten Befestigungsmauer ansässige städt. Bevölkerung überstieg kaum 2500 Einw. (Mitte des 15. Jh.). Nach einem Feuerstättenverzeichnis v. 1458 zählten die sieben Pfarrbezirke (St-Pierre-entre-Juifs, St-Sévère, St-Martin, St-André-le-Haut, Notre-Dame-de-la-Vie, St-Ferréol, St-Georges) 551 Haushaltsvorstände; hinzu trat eine nicht unbeträchtl. geistl. Bevölkerung: ca. 100 Kanoniker in St-Maurice, 15 Mönche in St-Pierre-hors-les-Murs, etwa gleichviel in St-André-le-Bas, weiterhin Dominikaner, Karmeliter, Leutpriester, Nonnen u. a. – Als Gewerbezweige sind Verarbeitung von Leder und Häuten, Tuchmacherei, Gewandschneiderei und Harnischmacherei zu nennen, ebenso das Gasthauswesen (einzige Rhônebrücke zw. Lyon und Pont-St-Esprit); nähere Angaben sind wegen der schlechten Q.lage aber nicht möglich.

II. BISTUM/ERZBISTUM: Für 177 n. Chr. wird in V. ein Diakon Sanctus als chr. Blutzeuge unter Marc Aurel genannt. Das Bm. V. tritt im übrigen aber erst am Ende des 3. Jh. hervor. Die Bf.e nahmen (persönl. oder durch Vertreter) teil an den Konzilien v. Arles (314), Valence (374), Turin (398), Orange (441), Vaison (442) und →Epao (517). Unter den in aller Regel der galloröm. Aristokratie entstammenden Bf.en ragen hervor der hl. Mamertus (ca. 463–475), der als Begründer der Bittprozessionen vor Christi Himmelfahrt gilt (→Eisheilige), und bes. der hl. →Avitus (ca. 490–518). Nach der Beendigung des Donatistenstreites (→Donatisten) nahm der maßgebl. von Bf. Avitus geführte Kampf gegen den Arianismus (→Arius) einen breiten Raum ein; zugleich war V. (mit der großen Abtei →Grigny) ein Träger des von →Lérins inspirierten frühen Mönchtums und pflegte Kontakte zu den Jurakl. (→Juraväter). Ein Mönch der Abtei St-Ferréol, Hymnemodus, wurde zu Beginn des 6. Jh. Abt v. →St-Maurice d'Agaune.

Unter der Herrschaft des Frankenreiches beeinträchtigten zunächst Konflikte zw. den Gf.en in Austrasien bzw. Neustrien und den Bf.en die Entwicklung des Bm.s (607 Ermordung des hl. Didericus/Didier); einschneidender waren jedoch die Einfälle der von Karl Martell schließl. zurückgeschlagenen →Sarazenen (zw. 725 und 736), dann die Säkularisierungen unter →Karl Martell. Der kirchl. Niedergang in dieser Zeit schlägt sich in chronolog. Unsicherheiten der Bf.sliste nieder.

Ein allmähl. Wiederaufbau machte sich erst nach der Synode v. →Frankfurt (794) stärker bemerkbar. Wulfier (798–810?) führte als erster Bf. den Titel des Ebf.s. Sein Nachfolger Barnard gründete 837 eine Abtei zu →Romans (spätere Abtei St-Barnard). Ihm folgte der bedeutende Gelehrte →Ado v. V. (860–876), Verf. einer Chronik und des berühmten →Martyrologiums. Autran (876–ca. 885) präsidierte 879 der Versammlung v. →Mantaille, durch die Boso v. V. zum Kg. v. →Burgund gewählt wurde. Diese bedeutenden Bf.e der Karolingerzeit festigten das Ansehen der Kirche v. V. Die Wiederherstellung des Besitzes wurde tatkräftig in Angriff genommen; die bfl. Münzstätte prägte Silberdenare von hohem Feingehalt; die Ebf.e, deren Diöz. durch die Errichtung von fünf Archidiakonaten und acht Archipresbyteraten eine Hierarchisierung erfahren hatte, bemühten sich um die Oberaufsicht über ihre sechs Suffraganbm.er (→Die, →Genf, →Grenoble, St-Jean-de- →Maurienne, →Valence, →Viviers) und um die Anerkennung des gallikan. →Primats ihrer Kirche, in Rivalität mit →Arles (Rangstreit bereits seit 411 belegt). Ebf. Wormond erlangte durch eine päpstl. Bulle Calixtus' II. (28. Juni 1119), die sich an eine (in ihrer Echtheit umstrittene) Urk. v. 1077 anschloß, für V. den Titel eines »Primats der Primate«, mit Vorrangstellung über sieben Kirchenprovinzen (V., →Bourges, →Bordeaux, →Auch, →Narbonne, →Aix, →Embrun).

Parallel zum kraftvollen Aufblühen des Mönchtums (Kl. in und um V., Abtei →St-Chef, cluniazens. Priorate →St-Chaffre und →La Chaise-Dieu, aufblühender Antoniterorden [→Antoniusorden] mit Haupthaus →St-Antoine, Zisterzienser in →Bonnevaux usw.) vollzog sich das pastorale und kirchenpolit. Engagement der Ebf.e gegen Laiengewalt und für die Rekuperation des bfl. Besitzes und namentl. der Pfarreien. Im Zuge der Reformbewegung hielt Léger (1031–70) in V. 1060 ein Konzil gegen die →Simonie ab; sein Nachfolger Guido v. Burgund (1088–1119), der nachmalige Papst →Calixtus II., trug mit dem hl. →Hugo, Bf. v. Grenoble, einen langwierigen Konflikt um den Grenzverlauf im Sermorens aus.

Die große Blütezeit war die Ära des Ebf.s Jean de Bernin (1219–66), eines umsichtigen Administrators und kirchl. Diplomaten, zugleich aktiven Bauherrn. 1285 wurde die Trennung von Kathedrale und Mensa capitularis durchgeführt; 1289 fand ein Provinzialkonzil statt; die Errichtung von Bettelordenskonventen setzte ein (Franziskaner in Romans und V. um 1252 und 1260, Dominikaner und Karmeliter aber erst 1383 und 1394). Das Konzil v. V. (→Vienne, Konzil v.) wurde am 1. Okt. 1311 von →Clemens V. eröffnet.

Das Ebm. V., das als Kirche des Sacrum Imperium in weltl. Hinsicht von der weit entfernten Ks.gewalt abhing, durchlebte nach der Vereinigung des Fsm.s →Dauphiné mit der Krone Frankreich (1349) eine Periode drückender Schwierigkeiten (starke Reduzierung der ebfl. Jurisdiktionsrechte, 1378–1401 Beschlagnahme der Temporalien im Zuge des →Abendländ. Schismas); schließl. hatte, in Abkehr von der früheren gegensätzl. Praxis, Ebf. Jean de Poitiers dem Dauphin Ludwig II. (späterer Kg. Ludwig XI.) das Homagium zu leisten (22. Sept. 1450).

Durchziehen Klagen über das 'Wüstfallen' (→Wüstung) von ländl. Pfarrkirchen nahezu alle *doléances* (Beschwerden) der Gemeinden, so spiegelt sich die Krise des SpätMA auch im personellen Schwund des Kathedralkapitels St-Maurice de V. (nach den neugefaßten Statuten v. 1385 nur mehr ca. 100 Kanoniker, Priester und Kapellane statt der früheren 264) sowie im niedrigen Niveau der Seelsorge wider. Zahlreich sind gleichwohl die Zeugnisse einer lebendigen 'Volksfrömmigkeit' (Palmsonntagsumzüge, Bitt- und Mirakelprozessionen, Reliquien- und Hl.nverehrung, Wallfahrten, Stiftung von Kapellen usw.). Noch Ebf. Angelo Cato de Supino (1481–95), der als it. Leibarzt Ludwigs XI. bepfründet war, forderte bei mehreren Gelegenheiten die Anerkennung des Primats v. V. ein (1483 gegen Bourges, 1486 gegen Embrun).

III. GRAFSCHAFT: Zwar gibt es Nachrichten über Gf.en (comites) der Karolingerzeit, doch verdichten sich die Q. nur in Hinblick auf den Gf.en →Boso v. V. († 887), den Begründer des Kgr.es Provence-Burgund (→Mantaille, →Bosoniden). Sein Sohn →Ludwig der Blinde († wohl 928) hielt sich ztw. in V. auf; sein Vetter →Hugo († 948) trug den Titel des Gf.en v. V. seit dem 7. April 903, bevor er Gf. v. Arles, Mgf. v. Provence und Kg. v. Italien (927) wurde. Der 'Bastard' Ludwigs des Blinden, →Karl Konstantin (Flodoard nennt ihn als 'Fs.en v. V.'), starb nach 962.

Eine neue Situation entstand mit der Abtretung der »Gft. V. mit all ihren Pertinenzien, in der Bf.sstadt wie außerhalb«, die →Rudolf III., der letzte Kg. v. Burgund, durch Praeceptum vom 14. Sept. 1023 an die Kirche v. V. unter Ebf. Burchard vornahm; in der Folge wurde die →Vogtei zw. Guigo, Gf.en v. →Albon, und →Humbert Weißhand, Gf.en v. →Maurienne (den Begründern der späteren Fs.enhäuser →Dauphiné bzw. →Savoyen), geteilt. Ebf. Burchard und seine Nachfolger haben den Titel eines 'Gf.en v. V.' nie geführt; die ebfl. Seigneurie blieb auf die Bf.sstadt und ihre Vorstädte beschränkt. Am 13. Jan. 1155 trat Hzg. →Berthold IV. v. →Zähringen, Rektor v. Burgund, dem Dauphin Guigo alle Rechte ab, die er in der Stadt V. hielt, gegen diejenigen, die Wilhelm, Gf. v. V. und →Mâcon, beanspruchte. Die Dauphins verwendeten im Laufe des 13. Jh. in ihren Urkk. Intitulationen wie »Gf.en v. Albon«, »Gf.en v. Albon und Pfgf.en v. V.«, »Dauphins des Viennois und Gf.en v. Albon«. Doch bestanden neben der ebfl. Seigneurie und den delphinalen Rechten offenbar noch andere feudale Herrschaftsansprüche, die wohl auf Wilhelm v. V. und Mâcon zurückgingen. Am 21. Jan. 1263 verkaufte daher Hugo, Gf. v. V. und Herr v. Pagny, dem Ebf. Jean de Bernin »die Gft. V. und ihren Palast«.

Angesichts der verworrenen Machtverhältnisse stellte der hergebrachte Lehnseid des neuen Dauphin an den Ebf. am Vorabend des Mauritiusfestes (21. Sept.) einen gewissen Fixpunkt dar. Doch bildete die Ausübung der hohen, mittleren und niederen Gerichtsbarkeit trotz Klärungsversuchen (Inquisitio, 1276) einen ständigen Zankapfel der rivalisierenden Machtträger, die sich beide, Ebf. wie Dauphin, als »comites pro indiviso«, Gf.en zu ungeteiltem Recht, betrachteten (1335) und eigene Amtsträger (*mistraux*) und Gerichtshöfe unterhielten. Schließl. machte aber der energ. Dauphin Ludwig II. (XI.) mit der Konvention v. 1450 unmißverständl. deutlich, daß die frz. Monarchie zur bestimmenden 'Ordnungsmacht' geworden war.

IV. ABTEIEN: Von den Kl., Basiliken, Oratorien usw. (die karol. »Vita S. Clari« erwähnt etwa ein Dutzend) seien hier nur die wichtigsten genannt: [1] *St-André-le-Haut:* Das durch das Q.zeugnis Ados beleuchtete Frauenkl. wurde im 5. oder 6. Jh. vom hl. Leonianus gegr., erhielt durch eine Schenkung des Hzg.s Ansemundus seine Besitzausstattung und beherbergte im 7. Jh. um die 100 weibl. Religiosen. Von Kg. Rudolf III. und Kgn. Irmengard wiederhergestellt, wurde es unter Ebf. Burchard mit Nonnen aus St-Césaire d'Arles neubesiedelt und blieb (trotz Verwüstung durch Protestanten 1562) bis zur Revolution eine hochangesehene Abtei.

[2] *St-Pierre-hors-les-Murs:* Vom hl. Eremiten Leonianus am Ende des 5. Jh. gegr., diente die (erhaltene) Kirche St-Pierre (neuerdings datiert auf das 5. Jh.) als Bf.sgrablege, vom hl. Mamertus († 475) bis zu Legerius (1031–70). Das Kl. wurde im 10. Jh. mit Benediktinerregel wiederhergestellt. 1179 erwirkte der Abt bei Alexander III. das Recht der Mitra und des Ringes. Nach den Religionskriegen wurde die Abtei am 9. Febr. 1613 von Papst Paul V. aufgehoben.

[3] *St-André-le-Bas:* Das Nonnenkl., gegr. 570 von Remilla, Tochter von Hzg. Ansemundus, erhielt (nach einer Verfallsphase seit 740) ein Immunitätsprivileg Ks. Ludwigs d. Fr. (3. März 831). Durch Urkk. des Gf.en Boso (18. Jan. 881) an die Kirche v. zurückerstattet, wurde die ehem. Frauenabtei in ein Kanonikerstift, um 950 in ein Benediktinerkl. umgewandelt. Der Höhepunkt der Abtei lag im 12. Jh. (Neubau von Kirche und Kreuzgang vor 1152, zahlreiche Priorate im ländl. Bereich des Viennois).

[4] *St-Ferréol:* Dieses Kl. lag auf dem rechten Rhôneufer und ging zurück auf die Basilika der hll. Ferreolus und Julianus, Legionären und Märtyrern in V. (um 290). Bf. Mamertus errichtete die Basilika um 460 neu und gründete bei ihr ein Kl., das (unter Jurisdiktion v. Grigny) das bedeutendste Monasterium im V. des 6. und 7. Jh. war. Im Zuge der Sarazeneneinfälle und der nachfolgenden Wirren wüstgefallen, wurden die Reliquien der Abtei in die Civitas transferiert, in eine Kirche am linken Rhôneufer, die den Religionskriegen des 16. Jh. zum Opfer fiel.

V. Chomel

Lit. [allg.]: DOM J.-M. BESSE–G. LETONNELIER u. a., Abbayes et prieurés de l'ancienne France, IX, 1932, 1–46 – DACL, fasc. 174, 3032–3093 – LThK² X, 779–782 – J. EMERY, L'archidioc. de V. en Dauphiné (Helvetia Sacra I/3, III, hg. L. BINZ, J. EMERY, C. SANTCHI, 1980), 333–356 – V. CHOMEL, Le chanoine P. Cavard, Historien du Bas-Dauphiné (Evocations, N. S., 13ᵉ année, n° 2) – *zu [1]:* C. FAURE, Hist. de la réunion de V. à la France« 1328–1454, 1907 – F. LOT, Recherches sur la population et la superficie des cités remontant à la période galloromaine, 1945, 1–32 – P. VAILLANT, Les libertés des communautés dauphinoises des origines au 5 janv. 1355, 1951, 179f., 520ff., 546f. – R. LATOUCHE, Le bourg des Juifs de V. au Xᵉ s. (Études N. DIDIER, 1960), 189–194 – BRÜHL, Palatium, I, 223–233 – A. PELLETIER, V. antique…, 1982 – B. GALLAND, Mouvements urbains dans la vallée du Rhône (Actes du 114ᵉ Congr. Nat. des Soc. Savantes. Section d'hist. méd. et de philologie, 1990), 185–206 – J. MESQUI, Le Pont de V., BullMon, 1994 – *zu [II]:* GChr XVI, 1–215; Instr., 1–71 – U. CHEVALIER, Étude hist. sur la constitution de l'Église métropolitaine et primatiale de V., 2 Bde, 1922 – Recueil des historiens de la France, XII, hg. J. CALMETTE–E. CLOUZOT, 1940 – A. VILLARD, La monnaie viennoise, 1942 – B. BLIGNY, L'Église et les ordres religieux dans le royaume de Bourgogne aux XIᵉ et XIIᵉ s., 1960 – L. BOISSET, Un concile provincial au XIIIᵉ s., V. 1289, 1973 – P. CAVARD, V. la Sainte, 1975 – Le dioc. de Grenoble, hg. B. BLIGNY, 1979 – F. DESCOMBES, Hagiographie et topographie religieuse: l'exemple de V. (Hagiographie, cultures et sociétés, IXᵉ–XIIᵉ s.

Actes du Colloque Nanterre-Paris, 1981), 361–379 – Topographie chrétienne des cités de la Gaule des origines au milieu du VIIIᵉ s., ed. R. GAUTHIER–J.-CH. PICARD, 1986 – B. GALLAND, La primatie des Églises de Lyon et de V., Evocations, 1988 – *zu [III–IV]:* P. THOMÉ DE MAISONNEUVE, Les usages du mistral des comtes de V., Petite revue des bibliophiles dauphinois, 2. Ser., 2, 1925, 237–262 – A. PERRET, Les concessions des droits comtaux et régaliens aux Églises dans les domaines de la maison de Savoie, Bull. philol. et hist., 1964 (1967), 49–73 – Provinces ecclésiastiques de V. et d'Arles, hg. J. BIARNE, R. COLARDELLE, P.-A. FEVRIER u. a., 1986, 17–35 – P. PARAVY, La Chrétienté romaine à la Réforme: évêques, fidèles et déviants en Dauphiné, XIVᵉ–XVIᵉ s. 2 Bde, 1993 – B. GALLAND, Deux archevêchés entre la France et l'Empire. Les archevêques de Lyon et les archevêques de V. du milieu du XIIᵉ s. au milieu du XIVᵉ s., 1994 – MGR. DEVAUX, Les usages du mistral de V. (DERS., Essai sur la langue vulgaire en Haut-Dauphiné du MA, 1892) – R. POUPARDIN, Le royaume de Provence sous les Carolingiens, 855–933, 1901 – DERS., Le royaume de Bourgogne, 888–1038, 1907 – G. DE MANTEYER, Les origines du Dauphiné de Viennois, 1925 – R.-H. BAUTIER, Aux origines du royaume de Provence (Études E. BARATIER. PH 23, 1973, 29–68) – CHARVET, Mém. pour servir à l'hist. de l'abbaye royale de St-André-le-Haut de V., hg. ALLUT, 1868 – P. CAVARD, V. monastique. L'abbaye de St-Ferréol, 1967 [ungedr., Arch. dép. d'Isère, 2 J 556] – E. CHATEL, V. Église St-Pierre (Congr. archéol. de France. Dauphiné, 1972), 462–465 – V. LASSALLE, L'église et le cloître de St-André-le-Bas (ebd.), 486–507 – P. CAVARD, L'abbaye de St-André-le-Bas, 1979 – E. CHATEL, Recueil gén. des monuments sculptés en France pendant le Haut MA, II, 1981, 29–49 – P. CAVARD, V. monastique. L'abbaye de St-Pierre, 1982 – G. BARRUOL, Dauphiné roman (Zodiaque, 1992), 113–158.

Vienne, Konzil v. (16. Okt. 1311–6. Mai 1312). Die Konvokationsbulle zu diesem Konzil wurde von Papst →Clemens V. am 12. Aug. 1308 zu Poitiers ausgefertigt. Auf der Tagesordnung stand primär die Aufhebung des →Templerordens (s. a. →Templerprozeß); weitere Verhandlungsgegenstände betrafen die Abhaltung eines →Kreuzzuges und die Reform der Kirche. Tagungsstätte war die Kathedrale St-Maurice; neben den drei öffentl. Sitzungen kam der Arbeit in den verschiedenen Kommissionen, v. a. der Großen Kommission, bes. Bedeutung zu. Die Reihe der öffentl. Sitzungen begann mit der feierl. Eröffnung (16. Okt. 1311); es folgte am 3. April 1312 eine Sitzung, in welcher der Papst die Aufhebungsbulle des Templerordens verlesen ließ, das Kreuzzugsgelübde →Philipps des Schönen v. Frankreich publiziert wurde, und die Versammlung zur Abstimmung über die Zehnten schritt; in der Schlußsitzung am 6. Mai 1312 wurden die letzten Maßnahmen gegen die Templer verkündet (Übertragung ihres Besitzes an den →Johanniterorden). Das Konzil verurteilte mehrere heterodoxe Lehrmeinungen und schärfte die Feier des →Fronleichnamsfestes ein. Es befaßte sich auch mit Maßnahmen der Kirchenreform: So suchte es die Frage der →Exemtionen zu regeln und im Armutsstreit (→Franziskaner, A. V) eine Lösung zu finden. Ferner wurden einige Konstitutionen, die auf eine Reform der Sitten des Klerus abzielten, erlassen. E. Lalou

Lit.: L. WETZEL, Le concile de V. 1311–12 et l'abolition de l'Ordre du Temple, 1993 – s. a. →Templer, →Templerprozeß.

Viennois → Vienne

Vier Ambachten (ndl.; dt. Vier Ämter, lat. Quatuor Officia), Gruppe von vier Verwaltungs- und Gerichtsbezirken in der alten Gft. →Flandern (kirchl. zum Bm. Utrecht, bis 1559; die östl. gelegenen Ämter Axel und Hulst seit 1648 zu den Niederlanden, Prov. Seeland; die westl. gelegenen Ämter Boekhoute und Assenede zu Belgien, Prov. Ostflandern). Die V. erstreckten sich am südl. Ufer der Westerschelde bis in den N von →Gent und verfügten jedes über eine eigene Schöffenbank (→Schöffe) und einen Schultheiß. Sie bildeten seit dem ausgehenden 12. Jh. autonome Untergliederungen (»villae que ministeria dicuntur«, →Giselbert v. Mons, Chron.) der Kastellanei v. Gent, aufgrund eines gemeinschaftl. Rechtsstatuts, das ihnen vom Gf.en v. Flandern, →Philipp v. Elsaß (1168–91), verliehen war (Küre zwar im Original verloren, doch als Bestätigung von 1242 durch Gfn. →Johanna und Gf. Thomas erhalten). Politisch galten die V. im 13. Jh. als Teil von 'Reichsflandern', d. h. sie wurden zu den Gebieten gezählt, mit denen Heinrich II. 1012 den Gf.en v. Flandern belehnt hatte (Bestätigung durch Ksn. Agnes, 1056). Doch wurde diese Auffassung vom Kg. v. Frankreich, dem alleinigen Lehnsherrn für 'Kronflandern', im 13. Jh. mehrfach bestritten. Kirchlich unterstanden die V. nicht dem Bm. →Tournai, sondern →Utrecht (wohl weil das Gebiet der späteren V. im FrühMA, vor der Entstehung der Westerschelde [Hont], noch ein mit Süd-Beveland zusammenhängendes großes Moorgebiet gebildet hatte).

Seit dem 12. Jh. wurden (zunächst defensive) Deiche (→Deich- und Dammbau) entlang der Küste errichtet, wobei nach jeder der zahlreichen Sturmfluten (1134, 1214, 1288, 1374–75, 1404, 1421–24) erneute Einpolderungen nötig wurden. Polder wurden v. a. von den großen Abteien (bes. Zisterzienserkl. wie Ter Duinen/→Dünenabtei, Ter Doest, →Boudelo, Cambron) errichtet, aber, bes. im späteren MA, auch von Privatpersonen (Hinweise durch Personennamen in den Toponymen der neuen Polder). Stets ist aber auch die dahinterstehende Initiative der Gf.en als Oberherrn des unbedeichten Landes erkennbar. Seit dem ausgehenden 12. Jh. vergab der Gf. nicht nur an die genannten Abteien, sondern auch an reiche Bürger aus Gent, Brügge und Antwerpen Landkomplexe in Konzession zum Torfstich (→Torf); Gewinnung von Torf und Salz (Anlage von Kanälen zum Torftransport hauptsächl. nach Gent) bildeten neben Landbau und Viehzucht die Hauptwirtschaftszweige. Unterstanden die Torfabbauflächen einer eigenen gfl. Verwaltung, so oblag die Instandhaltung der Deiche, Wehre, Abzugskanäle usw., zumindest in der frühen Zeit, den Schöffenbänken (Erhebung bes. Abgaben, Einteilung in 'eveningen' bzw. 'Wateringen' [Deichverbände]). Seit der 1. Hälfte des 13. Jh. erwirkten einige Großgrundbesitzer, v. a. die Zisterzienserabteien, bei den Schultheißen Delegation zur Ausübung eigener Gerichtsbarkeit in Wasser- und Deichangelegenheiten. Bereits im 13. Jh. und vermehrt im ausgehenden MA wurden immer mehr Polder mit autonomen Rechten ausgestattet (eigene Schultheißen und Schöffen sowie *dijksschepenen*, 'Deichgrafen'). Einige kleinere Städte in den V., die zu Schiff von der Westerschelde aus erreichbar waren, erhielten Stadtrechte (Biervliet, 1183; Hulst, 1183; Axel, 1213), blühten auf durch Salzsiederei und z. T. Tuchmacherei (Axel, Hulst). Der wirtschaftl. Rückgang des SpätMA war nicht zuletzt bedingt durch polit. Faktoren: Als Hinterland von Gent wurden die V. immer wieder in die Konflikte der Genter mit den Gf.en hineingezogen (1313–28, 1345, 1375–85, 1452–53, 1488–92). A. Verhulst

Lit.: M. K. E. GOTTSCHALK, De V. en het land van Saaftinge, 1984 – Over den V. 750 jaar Keure en 500 jaar Graaf Jansdijk, hg. A. DE KRAKER, H. VAN ROYEN, M. DE SMET, 1993.

Vier Gekrönte, hll. (Sancti Quattuor Coronati), spätestens aus der 2. Hälfte des 6. Jh. stammende, sich auf die Märtyrerkrone beziehende Bezeichnung für eine in Rom verehrte Gruppe von Märtyrern, denen die vorher als titulus Aemilianae bekannte gleichnamige Basilika am Abhang des Celiohügels geweiht ist (Datierung des Patroziniums zw. dem Ende des 5. und Ende des 6. Jh.). Den Vier Hl.n (Simpronianus, Claudius, Nicostratus, Castorius) wird seit dem 6. Jh. bisweilen ein Simplicius hinzugefügt, der in der Passio als ihr Mitarbeiter und Glaubensgenosse geschildert wird. Ihr Kult in Rom muß jedoch viel älter sein, da bereits in der 1. Hälfte des 4. Jh. die »Depositio Martyrum« zum 8. Nov. Sempronianus, Clau(d)ius und Nicostratus zusammen mit einem nicht näher präzisierten Clemens (in der Forschung kontrovers) »in comitatum« (wohl eher eine ksl. Residenz als ein stadtröm. Toponym) kommemoriert. Die Passio der hl. Simpronianus, Claudius, Nicostratus, Castorius und Simplicius (verfaßt von einem Porfirius und zumeist in das 4. Jh. datiert), schildert sie als von Diokletian sehr geschätzte christl. Bildhauer aus Pannonien, die jedoch nach ihrer Weigerung, eine Statue des Gottes Äskulap zu schaffen, zum Tod verurteilt und in bleibeschlagenen Truhen in einen Fluß geworfen wurden. Die Passio hat einen in Rom spielenden Epilog: Vier anonyme Soldaten weigern sich, dem Äskulap zu opfern und werden zu Tode gegeißelt. Der hl. Sebastian begräbt sie mit Hilfe des Papstes Miltiades beim dritten Meilenstein der Via Labicana. Da ihre Hinrichtung am Jahrestag der pannon. Märtyrer stattgefunden hatte, bestimmt Miltiades, daß die vier Soldaten unter deren Namen verehrt werden sollen. Der überwiegende Teil der Forschung hält den ersten Abschnitt, die sog. Pannonische Passio, für glaubhaft und nimmt an, daß es sich um eine Gruppe von Märtyrern des Jahres 306 in Pannonien handelt, beim heutigen Sremska Mitrovica (Sirmium), die vielleicht schon in der örtl. Ks.residenz (dies könnte die Bezeichnung »in comitatum« der »Depositio Martyrum« erklären), aber auch – vielleicht nur mit Kontaktreliquien – in der röm. Nekropole an der Via Labicana verehrt wurden, der späteren Katakombe »ad duas lauros« bzw. SS. Marcellinus und Petrus. Die Präsenz der Namen der ersten vier Hl.n der Gruppe (als im Meer ertränkte Märtyrer) in der »Passio S. Sebastiani« (5. Jh.) könnte darauf hinweisen, daß zu dieser Zeit die Erinnerung an ihre pannon. Herkunft verlorengegangen war und sie als röm. Hl.e galten. Die Verehrung der V. G.n wurde anscheinend im Lauf des 6. Jh. zu stadtröm. Kult. In dieser Zeit gelangte wohl die pannon. Passio der fünf Hl.n nach Rom, vielleicht auch ihre Reliquien; deshalb wurde der Epilog zur Passio angefügt (sog. »Römische Passio«), die den röm. Kult von Hl.n des gleichen Namens rechtfertigen will und ihre Gräber in die Nekropole verlegt, die bereits eine ihrer Kultstätten gewesen war. Weitere Verwirrung brachte die Einführung einer Gruppe von Märtyrern v. Albano, die vom Mart. Hieron. zum 8. Aug. genannt werden: Secundus, Severianus, Carpoforus und Victorinus. Im Mart. Rom. wurde ihre Kommemoration auf den 8. Nov. gesetzt, gemäß liturg. Q. (nach dem Ende des 6. Jh.). Dieses Datum wird auch durch die Passio der Vier Hl.n bestätigt, die Petrus Subdiaconus v. Neapel im 10. Jh. verfaßte. Weniger Anhänger fand die von A. AMORE vertretene Hypothese, nach der es sich um eine Gruppe von röm. Märtyrern handle (»in comitatum« beziehe sich auf eine Nekropole bei einer Besitzung des Ks.hauses), die erst der Verfasser der Passio (6. Jh.), der aus Pannonien stamme, und vielleicht Kleriker der Basilika am Celio war, zu seinen Landsleuten gemacht habe. Die hl. V. G.n gelten als Patrone der Bildhauer und Steinmetze und werden mit ihren Arbeitsinstrumenten dargestellt, sowie in Szenen ihrer Passion.

F. Scorza Barcellona

Q.: BHG 1600; BHL 1836–1839; BHL Novum suppl. 1836–1839c – Legenda aurea (GRAESSE), CLXIV – AASS Nov. III, 1910, 748–784 – *Lit.:* Comm. Mart. Hieron., 590–591 – Comm. Mart. Rom., 504–505 – Bibl. SS X, 1276–1304 – Vies des Saints XI, 249–268 – Catholicisme

XII, 347–348 – ECatt IV, 584–585 – LCI VIII, 236–238 – LThK² X, 781–782 – L. Réau, Iconographie de l'art chrétienne, III,3,1959, 348–350 – J. Guyon, Les quatre Couronnés et l'hist. de leur culte des origines au milieu du IXᵉ s., MEFRM 87, 1975, 505–561 – A. Wyrobisz, Le culte à Rome des Quatre Saint couronnés (Cultus et cognitio [Fschr. A. Gyesztor, 1976]), 655–663 – A. Amore, Il problema dei SS Quattro Coronati (Fschr. A. P. Frutaz, 1978), 123–146 – Hist. des Saints et de la Sainteté Chrétienne, II, 1987, 238–246.

Vier Haimonskinder, weitverbreiteter Erzählstoff, bekannt auch unter dem Titel »Renaut de Montauban« (dt. Reinhold v. Montalban), gehört der Gruppe der 'Empörer-Gesten' des Karlskreises (»Isenhart«, →»Raoul de Cambrai«, »Goromont« u.a.), die vom Widerstand mächtiger Adelsgeschlechter des Karolingerreiches – hier Aymons v. Dordogne und seiner Familie – gegen die Zentralisierungsbestrebungen Karls (→Karl d. Gr., B.) und seiner Dynastie erzählen. – Die älteste lit. Form des Stoffs liegt in einer frz. →Chanson de geste aus dem späten 12. Jh. vor (»La Chanson de Quatre Fils Aymons« oder →»Renaut de Montauban«). Sie wurde im 15. Jh. in eine Prosafassung umgeschrieben (erste frz. Drucke: Lyon, um 1480; Paris, 1506). Bereits im 13. Jh. entstand nach einer frz. Vorlage das mndl. Versepos »Renout van Montalbaen«, das im 15. Jh. ebenfalls in Prosa umgeschrieben wurde (gedr. 1508 als »Historie van den vier Heemskinderen«). In Verbindung mit der lokalen Köln-Dortmunder Legende vom hl. Reinhold (älteste deutschsprachige Version die mnd. Prosalegende »Historie van Sent Reinolt«) brachte Paulus van der Aelst aus Deventer diese ndl. Prosafassung in hochdt. Bearbeitung in Köln heraus (1604); sie wurde immer wieder nachgedruckt und entwickelte sich zum →»Volksbuch«. Bereits vorher wurde die frz. Prosa in einer Aarauer Hs. v. 1531 ins Dt. übertragen und von Hieronymus Rodler 1533 in der fsl. Hofbuchdruckerei zu Simmern (Hunsrück) als Prachtband in Folio gedruckt; diese Version blieb ohne Nachdrucke und dementsprechend folgenlos.

Die Gesch. von den V. H.n erzählt aus der Frühzeit der karol. Reichsbildung im 8. Jh., ist aber wohl auch von den Bemühungen um eine Erneuerung und Stärkung der frz. →Monarchie unter den frühen →Kapetingern, insbes. →Philipp II. Augustus (1180–1223), gegen den rivalisierenden Adel geprägt. Im Mittelpunkt stehen *Haymon v. Dordogne* und seine vier Söhne *Adelhart, Ritsart, Writsart* und *Reinold,* die dem Kg. Karl Vasallentreue geschworen haben, zugleich aber auch den Interessen ihrer Familie verpflichtet sind. Der Konflikt zw. den beiden konkurrierenden Interessensphären ist für den Aufbau der Handlung ebenso kennzeichnend wie der dauernde Wechsel zw. Ehrverletzung und Rache, Gewalt und Gegengewalt, die aus den unterschiedlichsten Anlässen ausbrechen und nicht kontrollierbar erscheinen. Die V. H. gewinnen ihre lit. Faszination aus einer Mechanik von Kränkung und maßloser Gewalt, die den Bestand des ganzen Staates bedroht und die Heroen in immer neue Kämpfe treibt. Dabei werden die Söhne Haymons von ihrem Vetter *Malegys* (frz. Maugis) unterstützt, der über mag. Kräfte verfügt und sie aus ausweglosen Situationen zu befreien vermag. Ähnliches gilt für ihr Pferd *Bayard,* dessen übermenschl. Kräfte und Schnelligkeit immer wieder die militär. Unterlegenheit der Haymon-Söhne kompensieren kann. Kg. Karl hingegen hat trotz seiner Zornesausbrüche und seiner Unrechtstaten die Legitimation der kgl. Zentralgewalt auf seiner Seite, die sich schließlich auch gegen die Haymon-Sippe durchsetzt: Bayard wird ertränkt, während Reinold, da der Kampf mit Karl militär. nicht lösbar scheint, auf Macht und Adelsattribute verzichtet.

Er reist als 'miles christianus' ins Hl. Land, arbeitet nach seiner Rückkehr vom Heidenkampf am Bau des Kölner Doms mit und wird schließlich von neidischen Bauleuten erschlagen. Seine Heiligkeit erweist sich in zahlreichen Wundern, die sich im Umfeld seines Todes und seiner Überführung nach Dortmund ereignen.   W. Röcke

Ed.: Reinolt v. Montelbaen oder Die H., hg. F. Pfaff, 1885 [Nachdr. 1969] – Paul van der Aelst, Das dt. Volksbuch von den Haymonskindern, hg. F. Pfaff, 1887 – Dt. Volksbücher, III, hg. P. Suchsland, 1968 – Johann II. v. Simmern, Die H., hg. W. Wunderlich (= Dt. Volksbücher in Faks.drucken A 14, 1989) – *Lit.:* Verf.-Lex.² VII, 1208–1214 – L. Jordan, Die Sage von den v. H.n, 1905 – B. Rech, Die Sage von Karls Jugend und den H.n, HJb 62–69, 1942–49, 136–154 – E. Frenzel, Stoffe der Weltlit., 1976, 275–277 – E. Köhler, Vorl.en zur Gesch. der frz. Literatur: MA, I, hg. v. H. Krauss, 1985 – D. Buschinger, Rezeption der chanson de geste im SpätMA (Wolfram-Stud. XI, 1989), 94–101 – →Renaut de Montauban.

Vierfüßlergeschichte. Neben →Pulologos, Opsarologos, →Porikologos und Eselgeschichte steht als weitere byz. volkssprachl. Tierdichtung die »Erzählung von den Vierfüßlern« (Διήγησις τῶν τετραπόδων ζώων) in über 1000 Fünfzehnsilbern: eine Friedens- und Befriedungszusammenkunft der fleisch- und pflanzenfressenden Tiere. Bekannte und seltene Tiere treten paarweise oder im Dreiergespräch gegeneinander an, wobei die im Eigenlob vorgetragenen Tugenden mit den vom Gegner aufgezählten Lastern aufgerechnet werden. Die angestrebte Versöhnungsvollversammlung endet in Schmähung und Streit und letztendl. im offenen Kampf um Leben und Tod. Selbst der Kg. Löwe wird vom Stier getötet. Eine – etwa sozialkrit. – Anspielung auf Ereignisse der Zeit – wohl aus dem 14. Jh. – in der Form einer →Satire auf bekannte Personen ist in der vorliegenden Form nicht (mehr) zu erkennen. Auch die mit dem Pulologos eng verbundene hsl. Überlieferung (die beste der 5 Hss. ist auf 1461 datiert) ergibt keine konkreten Hinweise. Die Popularität der V. wird bestätigt durch mdl. Überl. erhaltene Ausläufer in heut. zypriot. Volksliteratur.   H. Eideneier

Ed.: V. Tsiouni, 1972 – *Lit.:* Beck, Volksliteratur, 174f. – H. Eideneier, Hellenika 28, 1975, 453–460 – Ders., Ausläufer byz. Dichtung in zypriot. Volksliedern, Beweis mündl. Überlieferung? (Fschr. St. Karatza, 1984), 97–109.

Vierpaß, got. Maßwerkornament (→Maßwerk, →Paß) aus vier nach außen gewölbten Dreiviertelkreisen, kreuzförmig zusammengesetzt. Auf spätma. Münzen kommt der V., aber auch der Dreipaß, der Sechs- und Achtpaß als Rückseitenbild häufig vor und hat manchen Münzsorten wie den V.-Witten (→Witten) ihren volkstüml. Namen gegeben. Gelegentl. sind in die Zwickel zw. den Bögen des V.es spitze Winkel eingesetzt. Diese Variante wird als Spitz-V. bezeichnet (→Spitzgroschen).   P. Berghaus

Lit.: F. v. Schroetter, Wb. der Münzkunde, 1932, 162 – H. Fengler, G. Gierow, W. Unger, Lex. der Numismatik, 1976², 408f.

Viertel → Stadtviertel

Vierung, der in der Kreuzung von Mittelschiff, Querhaus und Chor gelegene mittlere, rechteckige Raum des Querhauses, der mit den anschließenden gleich breiten Räumen durch weite Bogenöffnungen über Pfeilervorlagen oder Mauerzungen verbunden ist.

Bei der ausgeschiedenen V. über quadrat. Grundriß sind die V.sbogen gleich hoch und ruhen auf Pfeilervorlagen, deren Tiefe geringer ist als ihre Breite (Limburg a. d. Haardt ab 1025, Maria im Kapitol in Köln um 1040); alle vier angrenzenden Räume fluchten mit den V.sseiten; das V.squadrat ist häufig das bestimmende Maß für Langhaus, Querschiff und Vorchor. St. Michael in Hildesheim 1010–1022/33 und die Kathedrale v. Verdun bis 1024 sind die frühesten gesicherten Beispiele für die ausgeschiedene Vierung.

Bei der abgeschnürten V. über rechteckigem Grundriß sind die V.sbogen auf Mauerzungen annähernd gleich hoch; daraus folgt, daß die an die V. anschließenden Räume in ihrer Höhe nicht wesentl. voneinander abweichen; die Bogenöffnungen nach den Querhausarmen können aus der V.sachse versetzt sein, vorrangig bei karol. und otton. Kirchen.

Die V. ist in der Frühzeit wie das Langhaus flachgedeckt, dann kreuzgewölbt oder durch ein Klostergewölbe oder eine Kuppel ausgezeichnet, die auf einem belichteten Tambour ruhen können. Über der V. erhebt sich bei roman. Bauten häufig ein V.sturm (→Turm). Über die Entwicklung und frühe Ausformung der V. gibt es nur unsichere Theorien, da sich die Bauten vor 1000 zumeist nur im Fundamentbereich erhalten haben.   G. Binding

Lit.: Lex. der Kunst VII, 1994, 621f. – H. BEENKEN, Die ausgeschiedene V., Rep. für Kunstwiss. 51, 1930, 207–231 – S. GUYERS, Grundlagen ma. abendländ. Baukunst, 1950 – G. URBAN, Der V.sturm bis zum Ende des roman. Stils [Diss. masch. Frankfurt/M. 1953] – W. BOCKELMANN, Die abgeschnürte V., Neue Beitr. zur Kunstgesch. des 1. Jt., B. 2: Frühma. Kunst, 1954, 101–113 – G. NOTH, Frühformen der V. im östl. Frankreich [Diss. Göttingen 1967] – G. BINDING, Architekton. Formenlehre, 1987² – H. E. KUBACH–A. VERBEEK, Roman. Baukunst an Rhein und Maas, 4, 1989 – W. JACOBSEN, Der Kl.plan von St. Gallen und die karol. Architektur, 1992.

Vierzehn Nothelfer → Nothelfer

Vierzehnheiligen. Die spätma. Wallfahrt am Obermain in der Diöz. Bamberg besaß vor den Zerstörungen im Bauernkrieg einen spezifischeren Charakter als der hochbarocke und gegenwärtige Zulauf aus Franken. 1445/46 auf zisterziens. Grund des Kl. Langheim durch vier Visionen des Hirtenknaben der einsamen Kl.-Schäferei Frankenthal bei Lichtenfels entstanden, löste die Erscheinung des Christkinds mit 14 Kindern in weiß-roten Hemden (Miparti-Mode der Zeit) große Wirkungen aus. Der →Nothelferkult, wohl in Regensburg Anfang des 14. Jh. ausgebildet, hat durch diese neu. Verortung einen neuen Schub erfahren, im Bilde des dann im 16. Jh. ikonograph. entwickelten Kinderkranzes um das Jesuskind eine spezif. 'Gnadenbild'-Form erhalten. – Kapellenbau bis 1448 mit anschließender Errichtung einer kleinen Propstei des Kl. und einer Bruderschaft. Das 'wundertätige Frankenthal' zog bald überregionalen Besuch an: Ks. Friedrich III. 1485, Albrecht Dürer mit Ehefrau vor Antritt der Hollandreise 1519, wie überhaupt Nürnberger Geistliche und Kaufleute, v. a. aber Ritter den Ort aufsuchten. Ein bleierner Gitterguß der Nothelfer, angebracht in einem Bildstock bei Stift →Komburg 1472 etablierte eine Sekundärwallfahrt. Schon 1453–64 hatte eine Kultübertragung nach Litzendorf bei Jena stattgefunden, das sich seitdem V. nennt. Von 1486 stammt ein Altar mit der Visions-Legende in Langensalza bei Gera, 1479/80 entsprechende Glasgemälde in St. Lorenz zu Nürnberg, schon vor 1452 bestellt.   W. Brückner

Lit.: J. DÜNNINGER, Die Wallfahrtslegende von V. (Fschr. W. STAMMLER, 1953), 192–205 – DERS., Pilgerzeichen von V., 100. Ber. des Hist. Ver. Bamberg 1964, 391–396 – S. FREIH. V. PÖLNITZ, V. Eine Wallfahrt in Franken, 1971 – G. DIPPOLD, Wallfahrtsbücher des 17. und 18. Jh. aus dem Bm. Bamberg (Fschr. R. WORSCHECH, 1997 [im Dr.]).

Vierzig Wesire (Ḥikāyet-i ḳîrḳ vezīr, 'Erzählung von den 40 Wesiren'), osman. Rahmenerzählung der 1. Hälfte des 15. Jh. In seiner auf dem Vergleich zahlreicher Hss. beruhenden Unters. hat H. DUDA festgestellt, daß das Werk in zwei Fassungen vorliegt, einer in schlichter, volkstüml. Sprache, die laut Vorwort von einem »Aḥmed aus Ägypten (oder Kairo)« aus einem »Arbaʿīn ṣabāḥ wa masāʾ« ('40 Morgen und Abende') betitelten arab. Werk ins Türk. übersetzt worden sei, und einer zweiten in eleganter hochosman. Stil, deren Autor, ein gewisser Scheichzade, sie a. H. 850 (1446/47) Sultan Murād II. gewidmet habe. DUDA nimmt an, daß die zweite Fassung eine Überarbeitung der ersten war. Das Werk besteht aus Vorwort, Rahmengeschichte und (in diese eingefügt) 80 zumeist sehr kurzen Geschichten oder Anekdoten. Ein Prinz wird von seinem weisen Erzieher gewarnt, daß er 40 Tage lang in großer Gefahr schwebe, falls er ein Wort spreche. Da der Prinz von seiner Stiefmutter, die er als »keuscher Joseph« zurückgewiesen hat, verleumdet wird, befiehlt der Kg. seine Hinrichtung, die aber jeden Tag durch die Erzählung eines seiner 40 Wesire über die Bosheit der Frauen verhindert wird. Die rachsüchtige Stiefmutter kontert jeweils mit einer Geschichte über vatermordende Söhne oder üblen Rat gebende Wesire. Am 40. Tag spricht der Prinz wieder, und die Verleumderin wird bestraft.   A. Tietze

Lit.: M. BELLETÊTE, Contes turcs en langue turque, extraits du roman intitulé »Les quarante Vizirs«, 1812 – Die Vierzig Vezire oder weisen Meister, übers. W. F. A. BEHRNAUER, 1851 – V. CHAUVIN, Bibliogr. des ouvrages arabes ou relatifs aux Arabes, VIII, 1904 [Bibliogr., Inhaltsang.] – H. DUDA, Die Sprache der Qyrq Vezir-Erzählungen, 1, 1930.

Vierzon, Stadt und Abtei in Mittelfrankreich, Berry (dép. Cher). In V. bestand eine röm. und frühma. Siedlung, über die wir vor 926 aber keine näheren Kenntnisse besitzen. 926 war der Gf. v. →Chartres und →Blois, Tedbald d. Ältere, im Besitz der Burg V. Kurze Zeit zuvor war die von den →Normannen zerstörte kleine Abtei *Dèvres* (heute Le Prieuré, comm. St-Georges-sur-la-Prée) auf Betreiben des Kathedralkapitels v. →Bourges an den Fuß des Burghügels verlegt worden. →Odo I., der Sohn von Tedbald Tricator, übertrug die Burg (mit der Schutzherrschaft über die östlichsten Territorien der Gf.en v. Blois) dem aus der Gegend von Chartres stammenden Ritter Humbald (Humbaud le Tortu). Seine Nachkommen dienten dem Haus Blois-Champagne als loyale Lehnsleute. Die nicht sehr bedeutende, dem Kathedralkapitel v. Bourges unterstehende Abtei erwarb in der Zeit der Gregorian. Reform das Patronat über mehrere Pfarreien der Seigneurie. 1197 wurde V. von →Richard Löwenherz belagert. 1247 besaß die Stadt Privilegien ('franchises'). Das Geschlecht Humbalds erlosch mit Hervé III. († 1270 in Tunis auf dem Kreuzzug Ludwigs d. Hl.n). Die Seigneurie kam durch Heirat an auswärtige Häuser (Brabant, Juliers) und wurde unter Franz I. der Krondomäne einverleibt.   G. Devailly

Lit.: Cte. de TOULGOËT-TREANNA, Hist. de V. et de l'abbaye St-Pierre, 1894 – TAUSSERAT, V. et ses environs, 1895 – A. FONTAINE, Hist. municipale de V., 1944 – G. DEVAILLY, Le cart. de V., 1963 – DERS., Le Berry du Xᵉ au milieu du XIIIᵉ s., 1973.

Vies des Pères (des Anciens P., des P. ermites). Seit dem 13. Jh. wurden die lat. →Vitas patrum oder →Verba seniorum ins Afrz. übersetzt, z. T. durch die Viten des Hieronymus (Paulus Eremita, Malchus, Hilarion), die »Hist. monachorum in Aegypto« des →Rufinus v. Aquileia und Stücken aus den »Collationes« Johannes' →Cassianus sowie den »Dialogi« →Gregors d. Gr. ergänzt; seit Ende 13./Anfang 14. Jh. wurden auch Marienmirakel hinzugefügt (z. B. →Gautier de Coinci, »Miracle de Nostre Dame«). Die erste Prosaslg. von Väterleben stammt von Wauchier de Denain (um 1212) für Philippe v. Namur (Hs. Bibl. municip. de Carpentras nr. 473); ungefähr gleichzeitig entstand für Blanche v. Navarre eine Auswahl von Väterleben (u. a. Hs. Paris, BN fr. 1038), Ende 13. Jh. eine Kompilation (Paris, BN fr. 2311 und fr. 9588). Bis ins

15. Jh. blieben die V. des Saints P. (Inkunabel Paris 1486) beliebt. Unter den gereimten Umarbeitungen der Vitas patrum (vgl. die afrz. Kompilation in Hs. Paris, BN fr. 1546) im 13. Jh. befinden sich auch die 6940 vv. von →Henri d'Arci. Formal sind die V. des P. keine Hl.nviten, sondern der Erbauung und Unterhaltung dienende Exempelerzählungen, →Contes dévots, →Dits. L. Gnädinger

Ed.: J. LE COULTRE, Contes dévots tirés de 'la Vie des Anciens Pères', 1884 – E. SCHWAN, La Vie des Anciens Pères, Romania 13, 1884, 233–263 – Henri d'Arci's Vitas Patrum, ed. B. A. O'CONNOR, 1949 – G. BORNÄS, Trois Contes fr. du XIIIe s. tirés du recueil des V. des P., 1968 – J. CHAURAND, Fou. Dixième Conte de la Vie des Pères, 1971 – La Vie des Pères, ed. F. LECOY, 1988–93 – L'Hist. des Moines d'Egypte, suivi de La Vie de St. Paul le Simple, ed. M. SZKILNIK, 1993 – Lit.: DLFMA, 1992[2], 1476f. – P. MEIER, Versions en vers et en prose des V. des P. (HLF XXXIII, 1906), 254–328 – M. SZKILNIK, Écrire en vers, Écrire en prose: le choix de Wauchier de Denain, Romania 107, 1986, 208–230 – A. GIER, Quel est l'apport de la 'Vie des Pères' à la connaissance de l'ancien fr.?, Medioevo romanzo 4, 1977, 301–311.

Vigeois (Uosiensis), St-Pierre de, Abtei OSB in Südwestfrankreich (Bm. Limoges, dép. Corrèze), gegr. im 6. Jh. im Einflußbereich des hl. Yrieux, der in enger Beziehung zu St. Maximin in →Trier stand und dessen Kl.gründung Attanum (später St-Yrieux-la-Perche) eine Art Schutzherrschaft über V. ausübte. Nach der Zerstörung durch die Normannen wurde V. abhängig von →Solignac, bevor es 1082 an St-Martial de →Limoges kam und die cluniazens. Consuetudines (→Cluny, A) übernahm. Die Äbte, später Prioren, wurden von da an von St-Martial bestellt. Die Besitzungen des Kl., in dem bis zu 20 Mönche lebten, befanden sich in der unmittelbaren Umgebung, um Donzenac und Terrasson. Die 1075 durch einen Brand zerstörte Kirche wurde unter dem Abbatiat Ademars (1121–61) im roman. Stil (kunstvolle Kapitelle) wiedererrichtet. Erhalten blieb ein Visitationsbericht v. 1285. Bekannt wurde V. durch die Chronik des Priors Geoffroy v. V., eine der wichtigsten Q. für die Gesch. Aquitaniens im 12. Jh. U. Vones-Liebenstein

Q. und Lit.: Geoffroy de V., Chronique, hg. LABBÉ, Nova Bibliotheca, II, 1657, 279–342 – H. DE MONTEGUT, Cart. de l'abbaye de V. (954–1167), 1907 – M. AUBRUN, Le prieur Geoffroy de V. et sa chronique, RevMab 58, 1974, 313–326 – DERS., L'ancien dioc. de Limoges des origines au milieu du XIe s., 1981 – A. SOHN, Der Abbatiat Ademars v. St-Martial de Limoges (1063–1114), 1989 – J. VINATIER, Hist. religieuse du Bas-Limousin et du dioc. de Tulle, 1991 – M. GUALEY, Le sort des donations faites aux abbayes bas-limousines au cours des XIe et XIIe s., Bull. Soc. Lettres et Sc. Corrèze 95, 1992, 24–49 – E. PROUST, V. (Corrèze): un ensemble de chapiteaux historiés en Bas-Limousin, CCMéd 35, 1992, 49–63.

Vigil (von 'vigilia', '[Zeit der] Nachtwache'). 1. Nächtl. Gebetszeit vor einem höheren Festtag. Nächtl. Kult und Gebet kennen bereits sowohl das Heidentum als auch jüd. Tempel und Synagoge (vgl. Ps 92 [91], 3; Ps 134 [133], 1) und NT (vgl. Mk 1, 35; Lk 6, 12; Apg 12, 12; 16, 25). V.ien sind seit dem 2. Jh. bezeugt, mit dem Ende des 4. Jh. erhöht sich ihre Zahl. Die gemeinsamen Grundelemente sind Psalmen und Lesungen. Prostration, Gebet, Predigt u. a. treten hinzu. Die V. schließt mit der Eucharistie gewöhnl. ab. Anlässe und Gestaltung waren verschieden: V.ien waren Bestandteil der Feier eines hohen Festes. Mit V.ien beging man das Jahresgedächtnis bedeutender Märtyrer (seit dem 3. Jh.) und einige Hl.ngedenktage. Die gewichtigste V. war die der Osternacht, nach Augustinus die 'mater omnium sanctarum vigiliarum' (sermo 219; →Ostern I. 4). U. a. erhielten →Weihnachten, →Epiphanie, →Pfingsten (als Tauftag) und die →Quatember ebenfalls V.ien. Wiederholt werden Mißbräuche bei V.ien beklagt. Die Synode v. Elvira (um 300) verbietet die →Teilnahme von Frauen an privaten V.ien. Nach der Synode v. Auxerre (um 580) dürfen V.ien nur in Kirchen gefeiert werden. Schon im FrühMA begann man, die V.ien der Feste zeitl. vorzuverlegen. Sie wurden zunehmend am Vortag des Sonn- oder Feiertages gefeiert und entwickelten sich zu regelrechten Vorfeiern. – 2. (Nacht-)Hore, Teil des →Stundengebets. B. Kranemann

Lit.: DACL XV, 2, 3108–3113 – Liturg. Woordenboek, II, 1851–1854 [s. v. Nachtwake] – LThK[2] X, 785–787 – A. BAUMSTARK, Nocturna laus, 1957 – J. A. JUNGMANN, Die Entstehung der Matutin (DERS., Liturg. Erbe und pastorale Gegenwart, 1960), 139–162 [erstmals 1950] – R. J. TAFT, The Liturgy of the Hours in East and West, 1986.

Vigilantius, altkirchl. Schriftsteller, spätes 4.–frühes 5. Jh. (Gennadius, De vir. ill. 36), stammte aus Calagurris/Aquitanien (St-Martory in Comminges, dép. Haute-Garonne). Kam als Priester im Auftrag →Paulinus' v. Nola nach Palästina; Aufenthalt bei →Hieronymus in Bethlehem (Hieron., Ep. 58). Nach der Rückkehr griff er Hieronymus als Origenist an (Hieron., Ep. 61). Danach bei Hieronymus als Kritiker kirchl. Lebens und frommer Praxis angezeigt (Hieron., Ep. 109). Hieronymus reagierte 406 mit »Contra Vigilantium« (MPL 23, 339–352). Streitpunkte: Reliquien- und Hl.nverehrung, Zölibat, asket.-monast. Leben. Die scharfe Polemik übertreibt vielleicht die Kritik des V., dessen eigene Position nicht genau zu rekonstruieren ist. K. S. Frank

Lit.: H. CROUZEL, Saint Jérôme et ses amis toulousains, BLE 73, 1972, 125–146 – I. OPELT, Hieronymus' Streitschriften, 1973 – J. N. D. KELLY, Jerome, 1975, 286–290.

Vigilius. 1. V., Papst 537–555, aus senator. Familie. Begleitete 535 als Diakon Papst Agapet I. nach Konstantinopel, wo er die Gunst der Ksn. →Theodora erlangte. Nach der Absetzung des Papstes Silverius wurde V. auf Druck →Belisars zum Papst gewählt. Nach der Verurteilung der Drei Kapitel (→Dreikapitelstreit) durch Ks. Justinian wurde V. 547 nach Konstantinopel zitiert, um den abendländ. Widerstand zu brechen. 548 stimmte V. der Verurteilung zu (sog. Judicatum, mit verbalem Treuebekenntnis zum Bekenntnis v. →Chalkedon). Im W erhob sich scharfer Protest; die nordafrikan. Kirche exkommunizierte V. Das zur Klärung einberufene Konzil trat 553 in Konstantinopel zusammen. V. verweigerte die Teilnahme, stimmte einer Teilverurteilung, nicht aber Gesamtverurteilung der Drei Kapitel zu (sog. Constitutum I). Vom Ks. fallengelassen und vom Konzil exkommuniziert, nahm V. seine unentschiedene Verteidigung der Drei Kapitel zurück (sog. Constitutum II). Er starb auf der Rückkehr nach Rom in Syrakus; sein Leichnam wurde später nach Rom überführt. V. förderte in Rom die Wiederherstellung der verwüsteten Katakomben, griff in die Kirchenorganisation Galliens ein und war wohl auch tätig für die liturg. Ordnung. K. S. Frank

Ed.: CPL, 1694–1697 – Lit.: Patrologia IV, 1996, 143f.

2. V., Bf. v. Thapsus (N-Afrika), gehörte zu den Teilnehmern eines Streitgesprächs unter dem Vandalenkg. Hunerich 484 und floh als Gegner der arian. Politik der Vandalenherrscher offensichtl. nach Konstantinopel. V. verfaßte einen »Dialogus contra Arianos, Sabellianos et Photinianos« sowie eine Schrift »Gegen Eutyches« (nicht vor 480). Möglicherweise stammt auch die ps.-augustin. Schr. »Contra Felicianum Arianum de unitate trinitatis« (MPL 42, 1157–1172) von ihm. Ps.-Athanasius, »De trinitate« ist ihm nicht zuzuweisen. E. Grünbeck

Ed.: CPL, 806–812 – Lit.: Dict. encycl. du Christianisme ancien, II, 1990, 2551f. – M. SIMONETTI, Letteratura antimonofisita d'Occidente, Augustinianum 18, 1978, 505–522.

Vignay, Jean de, frz. Übersetzer (→Übersetzer, V), * 1282/85 bei Bayeux (Basse-Normandie), Todesjahr unbekannt. In mehreren Hss. wird seine Zugehörigkeit zum »ordre de St-Jacques du Haut-Pas« (Hospital in Paris, Faubourg St-Jacques) erwähnt. Mangels sonstiger erhaltener Lebenszeugnisse können Hinweise zur relativen Chronologie seiner Übersetzungen nur durch Widmungen der Arbeiten an Mitglieder der kgl. Familie erschlossen werden. »De la chose de chevalerie«, eine Übers. (ohne Widmung) der »Epitoma rei militaris« des →Vegetius, gilt als Frühwerk und wird auf ca. 1320 datiert. Von den der frz. Kgn. →Jeanne de Bourgogne gewidmeten Werke werden die »Epîtres et évangiles de l'année« auf 1326 datiert; der »Miroir historial«, Übers. des »Speculum historiale« des →Vinzenz v. Beauvais, entstand wohl vor 1330, wahrscheinl. schon vor 1328; die »Légende dorée«, Übers. der →»Legenda aurea« des →Jacobus de Voragine, wurde nach dem »Miroir historial« in Angriff genommen und vor den »Merveilles de la terre d'Outremer« abgeschlossen; die Übers. der lat. Chronik des →Primat, deren Originaltext verloren ist, wurde zw. 1335 und 1348 abgefaßt. Eine zweite Gruppe von Übers. en ist Kg. Philipp VI. gewidmet: die »Merveilles de la terre d'Outremer«, eine Übers. des »Itinerarium« des →Odoricus v. Pordenone (1331-33); das »Directoire pour faire de passage de la Terre sainte« (1333), eine Übers. des Wilhelm de Adam zugeschriebenen »Directorium« (1332); der »Miroir de sainte Église«, eine Übers. des »Speculum Ecclesiae« des →Hugo v. St-Cher (1335-36); der »Consoil et Ordonnance d'Armes en fait de guerre« (1335-50), eine Übers. der Unterweisungen des Theodor Palaiologos (lat. Vorlage nicht erhalten). Die 1335-50 angefertigte Übers. der Schachallegorie (→Schachspiel, II) des →Jacobus de Cessolis, »Jeu des echecs moralisés«, die V. dem Hzg. Johann v. Normandie (dem künftigen Kg. Johann; →Jean le Bon) widmete, ist das am stärksten verbreitete Werk V.s. Auf ca. 1340 werden die (ohne Widmung erhaltenen) »Oisivetez des empereurs«, Übers. der »Otia Imperialia« des →Gervasius v. Tilbury, datiert. Der Katalog der Bibliothek Karls VI. (1423) nennt noch einen 1341 von V. übersetzten »Alexandre« in Prosa, dessen Text aber nicht erhalten ist. F. Vielliard

Ed.: Chronique de Primat, ed. N. DE WAILLY, L. DELISLE, C. JOURDAIN, 1876, 5-106 (BOUQUET XXIII) – Li livres Flaves Vegece ... par J. de V., ed. L. LÖFSTEDT, 1982 (AASFB 214) – CH. KNOWLES, Les Enseignements de Théodore Paléologue, 1983 – R. HAMER-V. RUSSELL, A Critical Ed. of four Chapters from the Légende dorée, MSt 51, 1989, 130-204 – Les merveilles de la terre d'outremer, ed. D. A. TROTTER, 1990 (Textes litt., 75) – *Lit.:* BOSSUAT 4889, 5384, 5555-5557bis, 5595f., 5948, 7992f., 8022; Suppl. 5413f., 5418, 5768f., 5930, 6479, 7745, 8096 – DLFMA², 1992, 858-860 – P. MEYER, Les anciens traducteurs français de Végèce et en particulier J. de Vignai, Romania 25, 1877, 401-423 – J. BASTIN, Le Traité de Théodore Paléologue dans la traduction de J. de Vignai (Fschr. M. ROQUES, 1946), 77-88 – CH. KNOWLES, J. de V., un traducteur du XIVᵉ s., Romania 75, 1952, 353-383 – J. RYCHNER, Les traductions françaises de la Moralisatio super Ludum scaccorum de Jacques de Cessoles (Fschr. C. BRUNEL, II, 1955), 480-493 – W. F. MANNING, The J. de V. Version of the Life of Saint Dominic, APraed 40, 1970, 29-46 – A. DUCHESNE, Gervais de Tilbury et les Otia imperialia: comm. ed. crit. de la Tertia decisio dans les traductions françaises de Jean d'Antioche et J. de V. [Positions des thèses de l'Éc. nat. des Chartes, 1971], 65-69 – C. BURIDANT, Jean de Meun et J. de V., traducteurs de l'Epitoma rei militaris de Végèce (Fschr. A. LANLY, 1980), 51-69 – P. M. GATHERCOLE, An Insight into Medieval Times. Le miroir Historial de J. de V. (Fifteenth Cent. Stud. IV, 1981), 79-86 – D. A. TROTTER, »En ensivant la pure verité de la letre«. J. de V.s Translation of Odoric of Pordenone (Fschr. J. Fox, 1989), 31-47 – R. HAMER, From V.s Legende Dorée to the Earliest Printed Editions (Legenda aurea, Actes du Congr. internat. de Perpignan, 1993), 71-81.

Vignette (frz. vigne 'Weinranke'), Bezeichnung für die gezeichneten, gemalten bzw. gedruckten Randleisten von Texten und Miniaturen in spätma. Hss. und Drucken. Außerordentl. Formenreichtum, der je nach Region spezif. Merkmale aufweist: feingliedrige Ranken, aufwendige Bordüren aus Dornblatt- oder Weinranken oder Akanthusblättern (typ. für die frz. Buchmalerei: dreilappige Blättchen [André Beauneveu, Psalter des Jean de Berry, um 1400; Paris BN ms. fr. 13091]); Ranken mit Goldtupfen, Blütenmotive und Grotesken (it. Herkunft); Goldfadenornamentik, die der Kölner Lochner-Werkstatt zugeschrieben wird (Herbst des MA, Ausst.-Kat. Köln 1970, 75-86). Die Rahmungen sind z. T. zusätzl. ausgeschmückt mit figürl. Darstellungen, Tieren, Vögeln, Medaillons, Schmetterlingen, Masken, Fabeltieren. Sie enden in Initialen oder bilden den Hintergrund für Nebenhandlungen (Philippe de Mazerolles [?], Schwarzes Gebetbuch, ca. 1476; Wien, ÖNB, Hs. 1856). Möglichste Wirklichkeitsnähe zeigen die trompe-l'oeilartig gestalteten, u. a. von der nordndl. und köln. Miniaturmalerei übernommenen Streublumenbordüren der Südniederlande (Gent-Brügger Schule, Ende 15. Jh.). M. Grams-Thieme

Lit.: M. THOMAS, Buchmalerei aus der Zeit des Jean de Berry, 1979 – O. PÄCHT, Buchmalerei des MA, 1984 – Die goldene Zeit der holländ. Buchmalerei, Ausst.-Kat. Utrecht, New York, 1989/90 – Kriezels, aubergines en takkenbossen, Ausst.-Kat. Den Haag, 1992/93.

Vigneulles, Philippe de, frz. Autor, * 1471 in Vigneulles bei Metz, † 1527/28. Der Patrizier V. unternahm 1487 eine Reise nach Rom und Neapel, lebte danach als Tuchhändler in →Metz und wurde 1490-91 Opfer von Entführern, die ihn gegen Lösegeld wieder freiließen. Während der Gefangenschaft schrieb er Verse, auch trat er mit Festreden auf Hl.e (Nikolaus, Barbara) hervor. Er fertigte eine frz. Übers. von Auszügen des »Compendium de Francorum origine et gestis« des Humanisten Robert →Gaguin an und verfaßte »Mémoires« (1471-1522). Seine »Chronique de la Ville de Metz«, in der er die Gesch. der Stadt von ihren legendären Ursprüngen bis 1525 beschreibt, ist in fünf Bücher unterteilt (1. Erschaffung der Welt bis 1324; 2. 1325-1473; 3. 1473-99; 4. 1500-25) und besitzt in ihrem 3. und bes. 4. Buch eigenständigen Quellenwert. 1505-15 verfaßte V. seine »Cent Nouvelles nouvelles«, eine aus 101 Novellen u. a. Kleinerzählungen bestehende Sammlung von eher dokumentar. als lit. Qualität, die sich weithin auf →Boccaccio (vermittelt über ältere frz. Übersetzungen) stützt, und für die V. bereitwillig die Q. seiner Inspiration (frz. →Fabliaux, mündl. Überlieferung, eigene Erfahrung) nennt. 1514-15 verfertigte der Autor eine Prosafassung der »Geste des Lorrains« (→Lothringerepen). V.s Werke haben mit Ausnahme seiner Metzer Stadtchronik nur geringe Verbreitung gefunden (oft nur in einer einzigen Hs. überliefert). F. Vielliard

Ed.: Gedenkbuch des Metzer Bürgers Ph. v. V., ed. H. MICHELANT, 1852 – La chronique de Ph. de V., ed. C. BRUNEAU, 4 Bde, 1927-33 (Soc. d'Hist. et d'Archéol. de la Lorraine) – Ph. de V., Les Cent Nouvelles nouvelles, ed. C. H. LIVINGSTON u. a., 1972 – V. L. SAULNIER, Ph. de V., rimeur des fêtes, de saints et de prisons (Mél. CH. ROSTAING, 1974), 965-991 – *Lit.:* BOSSUAT 867, 5256-5260; suppl. 6781-6784, 8041-8043 – A. KOTIN, The Narrative Imagination. Comic Tales by Ph. de V., 1977 – M. HASSELMANN, 'Ademise' et non 'adevise'. Note sur un terme technique de droit messin présent dans la Chronique de Ph. de V. [Études A. LANLY, 1980], 155-164 – J. C. HERBIN, La 'translation en prouse' de la Geste des Lorrains par Ph. de V.: une (re)trouvaille, Romania 109, 1988, 562-565 – DERS., Approches sur la mise en prose de La geste des Lorrains de Ph. de V., Romania 113, 1992-95, 466-504 – P. DEMAROLLE, La chronique de Ph. de V. et la mémoire de Metz, 1993 – DERS., Ph. de V. chroniqueur: une manière d'écrire l'histoire, RLR 97, 1993, n° 1, 56-73.

Viguera, Burg und befestigte Stadt über dem Fluß Iregua in Spanien, im westl. Bereich von →Navarra (Prov. Logroño), im späten 10. und frühen 11. Jh. Sitz eines von →Pamplona (Navarra) abhängigen Kgr.es (regnum). Die Befestigung war muslim. Ursprungs, seit dem 8. Jh. strateg. Schlüssel der oberen Mark von →al-Andalus. Im 9. und 10. Jh. stand V. (wie die Nachbarorte Arnedo und →Nájera) im wechselnden Besitz chr. (Navarra, Kastilien) und muslim. Herren (Emirat/Kalifat v. →Córdoba sowie den weitgehend selbständigen Statthaltern der Mark, den Banū Qāsim v. →Tudela und →Zaragoza). Diese Auseinandersetzungen werden von muslim. Geschichtsschreibern (→al-Udrī, Ibn Idārī, Ibn al-Atīr, →Ibn Hayyān) sowie im →Chronicon Albeldense geschildert. 918 bemächtigte sich →Sancho I. Garcés, Kg. v. Pamplona (Navarra), der Befestigungen →Calahorra, Arnedo und V.; daraufhin führte ʿAbdarraḥmān III. 920 eine Strafexpedition gegen Navarra durch; doch nahm Sancho Garcés 922 Revanche, belagerte V. und stiftete 923 zu Ehren seines Sieges das Kl. →S. Martín de Albelda.

Die Kg.e v. Navarra delegierten, im Bewußtsein der strateg. Schlüsselposition von V., die Herrschaft in dieser Grenzzone, welche die →Rioja (mit V., Nájera, Leza) umfaßte, nach den Gepflogenheiten der chr. Herrscher dieser Zeit, an Prinzen aus ihrer Familie. →Sancho II. Garcés (970–994) ernannte seinen jüngeren Halbbruder →Ramiro Garcés (✕ 981) zum Kg. v. V.; er übte »sub illius imperio« (Chartular v. Albelda) hier die militär. Befehls- und Herrschaftsgewalt aus. Auch Ramiros Sohn Sancho Ramírez führte den Titel eines Kg.s v. V. und übte 1000–04 die Vormundschaft seines jungen Neffen →Sancho III. Garcés ('el Mayor'), Kg. v. Navarra (1004–35), aus.

B. Leroy

Lit.: E. LÉVI-PROVENÇAL, Hist. de la España Musulmana, 3 Bde, 1950 – J. PÉREZ DE URBEL, La conquista de la Rioja y su colonización espiritual en el siglo X (Estudios R. MENÉNDEZ PIDAL, 1950), 495–534 – A. UBIETO ARTETA, Monarcas navarros olvidados: los reyes de V., Hispania 10, 1950, 6–24 – J. M. LACARRA, Hist. Política del Reino de Navarra, I, 1972 – C. ORCASTEGUI–E. SARASA, Sancho Garcés III el Mayor, 1991.

Viguier, in Südfrankreich Bezeichnung für einen fsl. Amtsträger. Im südl. Frankreich war die Rolle des karol. 'vicarius' (→Vikar, II) schon frühzeitig erloschen; einige 'vicarii' sollten sich auf der Grundlage ihrer Amtsgewalt jedoch eine unabhängige seigneuriale Herrschaftsposition aufbauen. Zugleich barg der Begriff des vicarius/v. jedoch auch institutionsgesch. Momente in sich, die auf andere Ursprünge verweisen: Im 9. Jh. ließen sich in der Dux/Mgf. v. →Septimanien wie der Gf. v. →Provence in bedeutenden Städten ('civitates'), in denen sie üblicherweise nicht residierten, durch einen 'vicedominus' (Narbonne, Marseille) oder 'vicarius' (Carcassonne, Arles) vertreten. Seit Ende des 11. Jh. treten im Languedoc absetzbare v.s auf, Stellvertreter von Herren (insbes. des Gf.en v. →Toulouse), die administrative, militär., fiskal. und jurisdiktionelle Funktionen ausübten. Sie amteten u. a. in Städten (etwa Toulouse, Nîmes) als Repräsentanten der gfl. Gewalt. Als das Languedoc unter die Herrschaft von →Alfons v. Poitiers († 1271), dann der kapet. Kg.e v. Frankreich kam, blieb die Institution erhalten, doch wurde der v. zum Untergebenen des →Seneschalls und die viguerie zum Teil des Seneschallats (Sénéchaussée). Die Zahl der vigueries schwankte je nach Sénéchaussée beträchtl.: So fungierte unter Philipp d. Schönen in der Sénéchaussée Toulouse nur ein v., in →Carcassonne bestanden dagegen sieben, in →Beaucaire dreizehn. Der v. hatte sein Amt zunächst in Pacht inne; gegen Ende des 13. Jh. kam die Zahlung eines (bescheidenen) Gehaltes auf. Von Alfons v. Poitiers bis hin zu Ludwig d. Hl.n wurden als v.s mit Vorliebe Personen aus Nordfrankreich herangezogen; von Philipp d. Schönen an waren dann die einheim. Mehrzahl. Die v.s rekrutierten sich üblicherweise aus den adligen Gruppen der →chevaliers und →damoiseaux. Das Amt des v. wurde oft von einer Laufbahn als châtelain (→Kastellanei) gekrönt; einer kleinen Zahl von v.s gelang es sogar, zu Seneschällen aufzusteigen, als Beispiel aus der Zeit Philipps d. Schönen sei genannt Guichard de Marzy, der nachfolgend als v. von Nîmes, Seneschall v. Périgord und Quercy, schließl. Seneschall v. Toulouse amtete.

In der Provence trat der Titel des 'vicarius' zu Beginn des 13. Jh. mit Hugues Fer, dem seigneurialen v. des Vicecomes v. Marseille, wieder auf. Mit der fortschreitenden Emanzipation der 'ville basse' v. Marseille wurde hier der v. zu einem städt. Amtsinhaber, dem Verwaltungs- und Polizeiaufgaben oblagen. In derselben Periode sind auch in anderen Städten v.s belegt, so die Richter der Kommune v. Nizza, der Stellvertreter des →Podestà (podestat) in Arles und Avignon. V.s des Gf.en treten in den großen Städten immer dann auf, wenn diese mit der städt. →Konsulate mit der Gf.engewalt in Konflikt geraten waren. Nach 1229 mußte das von →Raimund Berengar V. unterworfene Nizza seine städt. Selbstverwaltungsrechte an einen gfl. v. abgeben; 1239 setzte derselbe Gf. einen v. in Arles ein. Als sich Marseille, um der katal. Gf.engewalt zu entrinnen, dem Gf.en v. Toulouse, →Raimund VII., unterstellte, installierte dieser 1230 hier einen v. Die Amtsgewalt dieser v.s beschränkte sich auf die Stadt, für die sie eingesetzt waren. Die Gft. Provence als solche war gegliedert in grundherrl. und administrative Verwaltungssprengel, die baillies, die einem baile (→Bayle) unterstellt waren. Seit →Karl I. v. Anjou wurde der v.-Titel den Vorstehern der reichsten und ausgedehntesten dieser Verwaltungsbezirke, die nun vigueries hießen, vorbehalten. Zw. baile und v. bestand somit nur ein Unterschied des Prestiges. – Zu Katalonien →Veguer.

N. Coulet

Lit.: J. BRY, Les vigueries de Provence, 1910 – C. DEVIC–J. VAISSETTE, Hist. gén. de Languedoc, VII, 1879, 194–197, 495f. [A. MOLINIER] – R. MICHEL, L'administration royale de la sénéchaussée de Beaucaire au temps de s. Louis, 1910 – R. BUSQUET, L'origine des v.s et des vigueries en Provence, Provincia 1, 1921, 63–80 – J. R. STRAYER, Viscounts and v.s under Philip the Fair, Speculum 37, 1963, 242–255 – J.-P. POLY, La Provence et la société féodale, 1976.

Vikar, -iat
I. Begriff – II. Weltlicher Bereich – III. Kirchlicher Bereich.
I. BEGRIFF: Aus dem röm. Recht stammend, wo jeder Stellvertreter→vicarius hieß, steht der Begriff in spätröm. Zeit für den Vertreter des praefectus praetorio in einer Provinz (→praefectus). Er war Statthalter einer Diözese. In das kanon. Recht übernommen, fand der Begriff als Bezeichnung kirchl. Amtsträger Aufnahme in die Volkssprachen, während er im weltl. Bereich im roman. Sprachraum auch bestimmte Vertreter säkularer Amtsträger benannte. Oft hatte der V. gerichtl. Befugnisse.

II. WELTLICHER BEREICH: Bereits in den Stammesrechten der Westgoten und Langobarden sowie in der →Lex Salica erwähnt, vertraten die wohl durch die Gf.en (→comes) erhobenen V.e diese bis in die Karolingerzeit im gesamten →pagus als →Richter außer bei Totschlag, Diebstahl, Raub und Brandstiftung. Der V. ist nicht mit dem →vicecomes zu verwechseln, der v.a. polit. Aufgaben ausübte. Der Amtsbezirk hieß vicaria/centena. Die soziale Stellung des V.s erwuchs aus seiner Nähe zum Gf.en, dessen persönl. Gericht er oft beisaß.

[1] *Frankenreich/Frankreich:* Im O und N des Frankenreiches kaum belegt, veränderten sich im W Stellung, Aufga-

ben und Größe des Amtsbezirks der V.e in nachkarol. Zeit wohl unter Einfluß der ma. →Immunität erheblich. Im 10./11. Jh. in einem durch die s. Normandie und das Pariser Becken, von Berri, Bourbonnais, Dauphiné, Auvergne, Languedoc, Limousin, Poitou, Charente und Maine bezeichneten Raum belegt, hatten die V.e gegenüber ihren karol. Vorgängern eine niedrigere soziale Stellung (z. T. Unfreie), stiegen aber bis zum *châtelain, seigneur* oder selten sogar bis zum *prince* auf. Für die neuen Befugnisse der V.e (Gefangennahme von Kapitalverbrechern im aus der Gft. ausgegrenzten Immunitätsbezirk, Eintreibung der Prozeßkosten und Überführung der Delinquenten an das Gericht oder den Gerichtsherrn) stand der Begriff *viaria/voirie*. Die Größe des Amtsbezirks betrug nun ein bis drei Dörfer. Vereinzelt gab es subvicarii als Gehilfen des V.s ohne eigenen Unterbezirk. Im 12./13. Jh. ersetzten →Prévôts die V.e. Zur Entwicklung in S-Frankreich vgl. →*viguier*.

[2] *Italien:* Justinian schaffte 535 für Byzanz V.e als Vertreter der Präfekten ab. Die Ostgoten ernannten nur in Südgallien zeitweise V.e, während in Italien wegen der ständigen Auseinandersetzungen mit Byzanz bis ins 7. Jh. V.e der praefecti Italiae vorkommen. Im 11. Jh. hießen dann in Florenz die höchsten Richter vicarii. Unter Friedrich I. als ständige ksl. Vertreter am Hofgericht belegt, tauchten unter Friedrich II. erstmals sog. →Reichsv.e auf und blieben bis zum Ende des MA tätig.

Zum Amt des V.s in Katalonien vgl. →*veguer*.

III. KIRCHLICHER BEREICH: Der Papst titelte etwa seit Leo I. als vicarius Petri, seit Eugen III. und Innozenz III. als vicarius Christi. Die Wandlungen dieses Titels spiegeln kirchenpolit. die Durchsetzung des röm. →Primats, ideengeschichtl. einzelne Epochen der röm.-kath. Ekklesiologie wider. Frühe Kirchenväter nannten alle Apostel V.e Christi, während Ignatios v. Antiocheia den Bf. einen Statthalter Gottes hieß. Ambrosiaster und Aponius bezeichneten hingegen im 5. Jh. den Ks. als vicarius Dei. Aponius benutzte überdies vicarius Christi für →Petrus und vicarius Petri für den röm. Bf. Successor et vicarius Petri blieb bis zum 12. Jh. der übliche Papsttitel. Petruskult und Betonung des röm. Primats auch über Konstantinopel förderten den Titelgebrauch. Parallel dazu hießen Bf.e und auch Priester unter Einfluß der bonifatian. Kirchenverfassung des Frankenreiches V.e Christi. Der Westen nannte den Ks. vicarius Dei, ohne daß daraus ein Zweigewaltenproblem erwuchs. Als rex et sacerdos galt der Ks. den Ottonen und Saliern als vicarius Christi.

Die Autoren des →Investiturstreits und der gregorian. Zeit vereinnahmten das Christusv.iat jeweils für ihre Seite. Für die einen stand der Sakralkg. und vicarius Christi über den Bf.en, die als Apostelvertreter Christus nur mittelbar repräsentierten. Für die anderen wahrte nur der Papst als Stellvertreter Christi die kirchl. Einheit und durfte daher allg. Gehorsam erwarten. Trotz der Kritik einiger →Dekretisten verbreitete sich die neue päpstl. Anrede etwa seit 1150. Innozenz III. zufolge vertritt der Papst Christus unmittelbar, wenn er Bf.e versetzt, obwohl ein Bf. traditionell mit dem Bm. unlösbar verbunden war. Vicarius Christi zeige priesterl. wie kgl. Natur des Papstes an. Daher sei der Papst oberste geistl. und in bestimmten Fällen auch höchste weltl. Amtsgewalt. Für Stephan v. Tournai war der Papst sogar eigtl. Imperator, andere sahen im Ks. den vicarius Papae. Da Briefe Innozenz' III. mit dem Titel »vicarius Christi« Aufnahme ins Kirchenrecht fanden, verbanden die →Dekretalisten die Lehre von der päpstl. plenitudo potestatis (→potestas) mit diesem Ausdruck.

Für die Hierokraten vertritt der Papst beide Naturen Christi und steht daher Kirche und Welt voran. Gregor IX., Innozenz IV., Bonifaz VIII. und Johannes XXII. wandten das nicht unumstrittene Modell polit. auf Friedrich II., Philipp d. Schönen und Ludwig d. Bayern an. Dagegen argumentierten →Dante, der zw. unbegrenzter Amtsgewalt des Vertretenen und beschränkter potestas des Vertreters unterschied, →Marsilius v. Padua, →Wilhelm v. Ockham, John →Wyclif u. a. Ihr Einwand lautete, daß Christus weder ein kirchl. Oberhaupt noch überhaupt einen Vertreter auf Erden eingesetzt habe. Den Episkopalisten war jeder Bf. vice gerens Christi. Im weltl. Rechtsbereich sei der Ks. irdischer Stellvertreter Gottes, was die Papalisten bestritten. Für sie war nur der Papst gottunmittelbar. Zudem spielte das päpstl. Christusv.iat bei der Kirchenunionsfrage eine Rolle. Im 16. Jh. von den Reformatoren kritisiert, verteidigte das Tridentinum den Papst als irdischen Stellvertreter Christi.

Laut kath. Kirchenrecht wird ein V.iat mit ordentl. Amtsgewalt oder in bes. Auftrag, auf Dauer oder zeitl. befristet, übertragen. Außer dem schon unter Bf.sv. gibt es verschiedene päpstl. Vertreter, →Generalv.e als allg. und Kapitelsv.e als interimistische bfl. Vertreter bei Amtsverhinderung, Domv.e als Gehilfen des Domkapitels, das bei Sedisvakanz den Bf. in Jurisdiktion und Verwaltung seiner mensa ersetzt, sowie Pfarrverweser und -v.e. Seit dem 4. Jh. durfte der vicarius apostolicus v. Thessalonike den Metropoliten seines Sprengels weihen, Bezirkssynoden abhalten, mußte der Weihe der übrigen Bf.e in den Provinzialkonzilien zustimmen und hatte in seinem Bezirk die oberste Straf- und Korrektionsgewalt auch über Bf.e. Dabei durfte er selbst entscheiden oder den Papst anrufen. Die apostol. V.e v. Arles (417–614) hatten weniger Rechte. Außerdem gab es diese zw. Metropoliten und Papst stehende Instanz in Spanien und im Frankenreich, wo der Papst den Titel im 8./9. Jh. ad personam verlieh. Auf niederkirchl. Ebene sind seit dem 12. Jh. Pfarrv.e als Vertreter oder Gehilfen belegt, um nicht residenzpflichtige, überlastete oder nicht zum Priester geweihte Pfarrer zu unterstützen, zu vertreten oder zu ersetzen (→Pfarrei, Pfarrorganisation). Über die Amtstauglichkeit eines vicarius maior urteilte der kirchl. Oberhirte, während ein privatrechtl. Dienstvertrag zw. vertretenem Pfarrer und Pfarrv. Rechte und Pflichten des V.s regelte. Der Patronatsherr durfte für eine Pfründe einen oft ebenfalls V. genannten Altaristen präsentieren, den der Bf. oder Generalv. nur bei mangelnder Eignung ablehnen durfte. Der vicarius minor erhielt für die Beteiligung an allg. Gottesdiensten Präsenzgelder und nahm gegen einen geringen Lohn und bestimmte Oblationen den liturg. Dienst des Pfründners am Altar wahr. Auch in inkorporierten Pfarreien waren häufig ständige oder widerrufl. V.e Seelsorger. Trotz Verbots kam es zu Pfründentausch und -kumulation, um die oft schlechte wirtschaftl. Lage zu verbessern. Der Pfarrer konnte V.e bei Pflichtversäumnis und unehrenhaftem Lebenswandel absetzen oder ihre Pfründeneinkommen sperren, wogegen sich V.e häufig genossenschaftl. verbanden.

M.-L. Heckmann

Lit.: zu [I]: DU CANGE, VIII, 308–313 – *zu [II]:* H. FRICKE, Reichsv.e, -regenten und -statthalter des dt. MA [Diss. Göttingen 1949] – Violence et contestation au MA, 1990, 27 – *zu [III]:* M. MACCARRONE, Vicarius Christi, 1952 – H. FUHRMANN, Studien zur Gesch. ma. Patriarchate, ZRGKanAbt 39, 1953, 112–176; 40, 1954, 1–84; 41, 1955, 95–183 – A. M. STICKLER, Imperator vicarius Papae, MIÖG 62, 1954, 165–212 – P. HINSCHIUS, Das Kirchenrecht der Katholiken und Protestanten in Dtl., 1959², 1–111 – D. KURZE, Klerus, Ketzer, Kriege und Prophetien, 1996, 3, 6f., 34f., 93f., 123.

Vikariat, päpstliches → Vikar

Viktor (s. a. Victor)

1. V. II. (Gebhard), *Papst* seit 13. April 1055, † 28. Juli 1057 Arezzo, ▫ Ravenna, S. Maria Rotonda, Grabmal Theoderichs; aus edelfreiem schwäb. Geschlecht, wohl von Vorfahren der Gf.en v. →Calw abstammend, dem sal. Ks.haus weitläufig verwandt; offenbar in der Regensburger Domschule erzogen, hier Domkanoniker unter seinem Verwandten Bf. →Gebhard III., auf dessen Vorschlag Kg. Heinrich III. ihn 'sehr jung' 1042 zum Bf. v. →Eichstätt ernannte; seit ca. 1050 maßgebl. Berater Ks. Heinrichs III., Gegner der Normannenpolitik Papst Leos IX. Nach Leos Tod bestimmte der Ks. nach Verhandlungen mit einer röm. Gesandtschaft unter Führung Hildebrands (→Gregor VII.) den heftig widerstrebenden Bf. Gebhard zum Nachfolger; erst Anfang März 1055 (Reichstag zu Regensburg) willigte dieser ein, als ihm Beibehaltung seines Bm.s und Rückgabe von Gütern an die röm. Kirche zugesichert wurden. V. wurde am 13. April 1055 (Gründonnerstag) in St. Peter inthronisiert und setzte die Kirchenreform in enger Verbindung mit dem Ks. fort. Zur Sicherung der Reichsinteressen übertrug ihm der Ks. die Verwaltung des Hzm.s →Spoleto und der Mgft. →Fermo. V. traf sich im Sept. 1056 in Goslar mit dem Ks., um die Bereinigung der südit. Probleme vorzubereiten, stand aber am 5. Okt. zu Bodfeld an Heinrichs Sterbelager, der seinen unmündigen Sohn Heinrich IV. dem bes. Schutz des Papstes empfahl. V. setzte den Ks. in Speyer bei, sicherte die Regentschaft der Ksn. →Agnes, krönte Heinrich IV. in Aachen, veranlaßte den Treueid der Fs.en und vermittelte (Kölner Hoftag, Dez.) den Frieden mit den bisherigen Hauptgegnern, →Balduin V. v. Flandern und →Gottfried III. v. Oberlothringen. Im Febr. 1057 kehrte er nach Italien zurück, hielt Synoden im Lateran und in Arezzo, wo er starb.   G. Schwaiger

Q.: Anonymus Haserensis de episcopis Eichstetensibus (MGH SS VII), 263–266 – WATTERICH I, 177–188 – MANSI XIX, 833–862 – LP III, 390 – JAFFÉ² I, 549–553; II, 710f., 750 – *Lit.*: LThK² X, 769 – SPINDLER I², 318, 505 – N. GUSSONE, Thron und Inthronisation des Papstes von den Anfängen bis zum 12. Jh., 1978, 215f. – Frk. Lebensbilder, IX, 1980, 11–21 – ST. WEINFURTER, Die Gesch. der Eichstätter Bf.e des Anonymus Haserensis, 1987, bes. 177–182, 193–200 – J. N. D. KELLY, Reclams Lex. der Päpste, 1988, 165f. – PH. LEVILLAIN, Dict. hist. de la papauté, 1994, 1720f. – G. MARTIN, Die sal. Herrscher als 'Patricius Romanorum', FMASt 28, 1994, 257–295.

2. V. III. (Dauferius/Daufari), OSB, *Papst* seit 24. Mai 1086 (Wahl) bzw. 9. Mai 1087 (Weihe), * um 1027, † 16. Sept. 1087 in →Montecassino, ▫ ebd.; aus beneventan. Adel und mit dem langob. Hzg.shaus verwandt, erlebte in seiner Jugend den Aufstieg der norm. Macht in seiner Heimat. Nach anfängl. Eremitenleben 1048/49 Eintritt ins Kl. S. Sofia in Benevent (Mönchsname fortan: Desiderius), mit Billigung Papst →Viktors II. 1055 Wechsel nach Montecassino, wo er 1058 in Nachfolge Papst Stephans IX. zum Abt aufstieg. Seine fast 30jährige Amtszeit verhalf dem Kl. zu einem großzügigen Umbau, vermehrtem Besitz und zu einer kulturellen Blüte, die sich auf Bibliothek, Künste und Lit. auswirkte; der Abt selbst schrieb u. a. 1076/79 ein Werk über die Wunder des hl. Benedikt. In engem Kontakt mit dem Reformpapsttum (seit 1059 Kard.priester v. S. Cecilia) vermittelte vermutl. er das 1059 in Melfi geschlossene Bündnis mit den Normannenführern und wirkte als päpstl. Vikar in Unteritalien. Häufige Begegnungen mit Nikolaus II., Alexander II. und Gregor VII. lassen ihn als wichtige Stütze von deren Kirchenpolitik erscheinen. Nachdem er 1080 →Robert Guiscard (10. R.) mit dem Papst ausgesöhnt hatte, traf ihn 1082 Gregors Unwillen (aber doch wohl nicht die Exkommunikation) wegen eines Treffens mit dem gebannten Kg. Heinrich IV. Dennoch nahm er den Papst 1084 nach seiner Flucht aus Rom in Montecassino auf und erlebte dessen letzte Tage in Salerno mit.

Wegen der Dominanz des Gegenpapstes →Clemens III. (Wibert) gelang erst ein Jahr später in Rom einem kleinen Kreis die Wahl des Nachfolgers, die auf Desiderius fiel, obgleich Gregor ihn nicht unter den wünschenswerten Kandidaten benannt hatte. Er mußte schon nach vier Tagen aus Rom weichen, zog sich nach Montecassino zurück und amtierte, angefeindet von einem Teil der Gregorianer um →Hugo v. Die (22. H.), weiter als Abt, bis er sich im März 1087 in Capua doch zur Annahme bereit fand und im Schutz norm. Truppen nach Rom geleitet wurde, um geweiht zu werden. Auch die Monate seines Pontifikats verbrachte V. meist in Montecassino. Im Aug. 1087 hielt er eine Synode in Benevent ab, die sowohl Wibert als auch Hugo v. Die verurteilte, aber nicht den Bann über Heinrich IV. erneuerte; ein Investiturverbot scheint nicht verfügt worden zu sein. Ob V. einen vermittelnden Kurs (wie ihn auch die Wahl des Namens nach Viktor II. andeutet) hätte durchsetzen können, steht dahin; immerhin gelang es ihm, die Kontinuität des Reformpapsttums zu wahren. Urban II. wurde nach seiner Empfehlung gewählt.   R. Schieffer

Q.: Dialogi de miraculis S. Benedicti auct. Desiderio abb. Casinensi (MGH SS XXX/2), 1111–1151 – LP II, 292 – JAFFÉ² I, 65f.; II, 713 – Chronica mon. Casinensis, B. III (MGH SS XXXIV), 358–457 – *Lit.*: Bibl. SS XII, 1286–1289 – R. HÜLS, Kard.e, Klerus und Kirchen Roms 1049–1130, 1977, 154ff. – H. DORMEIER, Montecassino und die Laien im 11. und 12. Jh., 1979 – G. A. LOUD, Abbot Desiderius of Montecassino and the Gregorian Papacy, JEcH 30, 1979, 305–326 – H. E. J. COWDREY, The Age of Abbot Desiderius, 1983 – L'età dell'abate Desiderio, I–III, 1989–92 – ST. BEULERTZ, Das Verbot der Laieninvestitur im Investiturstreit, 1991 – M. GUDE, Die »fideles sancti Petri« im Streit um die Nachfolge Papst Gregors VII., FMASt 27, 1993, 290–316.

3. V. IV. (Gregor v. Ceccano), *(Gegen-)Papst* seit März 1138. Von Paschalis II. vor 1110 zum Kard.presbyter von SS. XII Apostoli kreiert und als solcher kaum aufgefallen, schloß er sich 1130 Anaklet II. an. In aussichtsloser Lage ließ er sich nach dessen Tod zum Papst wählen, unterwarf sich aber schon Ende Mai 1138 Innozenz II.   W. Maleczek

Q.: JAFFÉ² I, 919 – *Lit.*: B. ZENKER, Die Mitglieder des Kard.kollegiums von 1130 bis 1159, 1964, 106f.

4. V. IV. (Oktavian v. Monticelli), *(Gegen-)Papst* seit 7. Sept. 1159 (tumultuar. Wahl in Rom, St. Peter; Weihe: 4. Okt. in Farfa), † 20. April 1164 in Lucca, ▫ ebd. Aus einer der führenden Familien der Sabina, einer Seitenlinie der röm. →Crescentier, stammend und damit nach der Überzeugung der Zeitgenossen mit dem europ. Hochadel versippt, wurde er 1138 zum Kard.diakon v. S. Nicola in Carcere Tulliano kreiert und 1151 zum Kard.presbyter v. S. Cecilia promoviert. Als specialis amator Teutonicorum (Gesta Alberonis archiepiscopi, MGH SS VIII, 255) war er mehrfach Legat bei Friedrich I., der ihn und seine Brüder 1159 mit der Gft. Terni belehnte. Nach der Doppelwahl fand er im Ks. seine Hauptstütze (formelle Anerkennung auf der Synode v. Pavia, Febr. 1160), aber Alexander III. gewann rasch die größere Obedienz. Die Versammlung v. →St-Jean de Losne (Sept. 1162) nach dem mißlungenen Treffen zw. dem Ks. und Ludwig VII. v. Frankreich, bei der V. anwesend war, erneuerte die Anerkennung, zeigte jedoch seine Isolation. Persönl. würdig und von Reformabsichten erfüllt, vermochte er sich nicht von Friedrich I. zu lösen, wurde nur vom stauf. gesonnenen Teil der dt. Kirche anerkannt und hielt sich überwiegend im ksl.

Einflußbereich in Oberitalien, im Burgund und im W des Reiches auf. Auch sein kurialer Apparat verkümmerte zusehends. W. Maleczek

Q.: Jaffé² II, 418–426, 725 – LP II, 397–410 – Lit.: Haller III, 111–134 – Seppelt III, 232–247 – P. F. Kehr, Zur Gesch. V.s IV., NA 46, 1926, 53–85 – B. Zenker, Die Mitglieder des Kard.kollegiums von 1130 bis 1159, 1964, 66–70 – H. M. Schwarzmaier, Zur Familie V.s IV. in der Sabina, QFIAB 48, 1968, 64–79 – T. Reuter, The Papal Schism, the Empire and the West, 1159–69 [Diss. Exeter 1975] – H. Mayr, Der Pontifikat des Gegenpapstes V. IV. [Diss. Wien 1977] – W. Maderthoner, Die zwiespältige Papstwahl d. J. 1159 [Diss. Wien 1978], bes. 90–109.

5. V. v. Straßburg, Mönch OSB in →St. Gallen, † nach 991; Abkunft aus churrät., kg.snahem Adel, Dichter nicht erhaltener Verse, Leiter der St. Galler Kl.schule unter Abt Craloh (942–958). Im Konflikt mit dem Abt geblendet, wurde er von →Notker II. d. Arzt behandelt. Zw. 958 und 971 holte ihn sein Verwandter, Bf. →Erchanbald v. Straßburg, wegen seiner Gelehrsamkeit zu sich und scheint ihm die Domschule anvertraut zu haben, da das Ansehen der Stadt von Zeitgenossen mit V.s wiss. Begabung begründet wird. Nach 991 zog V. sich als Eremit in die Vogesen zurück und starb dort mehrere Jahre später. J. Ehlers

Q.: Ekkehard, Casus S. Galli, ed. H. F. Haefele, AusgQ 10, 1980, c. 69–78 – Lit.: I. Müller, Ekkehard IV. und die Rätoromanen, SMBO 82, 1971, 217–288 – Helvetia Sacra III/1, 1986, 1198f. – J. Duft, Die Abtei St. Gallen, 2, 1991, 151, 159f., 199.

Viktoriner (v. Marseille), Kongregation OSB, umfaßte die von der Abtei St-Victor v. →Marseille (die nach der Tradition von Johannes →Cassianus 416 am Grab des hl. Victor, der um 290 unter Ks. Maximian den Märtyrertod erlitten haben soll, gegründet wurde) abhängigen Klöster.

Obgleich die hist. Gestalt dieses Märtyrers, der von →Gregor v. Tours genannt wird, nur schwer zu identifizieren ist, verbreitete sich sein bereits im 4. Jh. bezeugter Kult im gesamten Mittelmeerraum bis nach Konstantinopel. Für seine – in ganz Europa verstreuten – Reliquien wurde auch die gleichnamige Abtei in Paris erbaut. Nach der Zerstörung durch die Sarazenen 923 wurde St-Victor v. Marseille zw. 965 und 977 durch Initiative der Gf.en der Stadt und des Bf.s Honoratus, der die benediktin. Observanz dort einführte, wiederbegründet. Im 11. Jh. wurde das Werk durch die Äbte Wilfred (1004–30), Isarn und Hugo de Glazins, auf den der Bau der roman. Unter- und Oberkirche zurückgeht, vollendet. Die Abtei und Kongregation erlebten die Blütezeit unter zwei Brüdern, den großen Äbten Bernard (1065–79) und Richard (1079–1106) v. Millau, die als Legaten →Gregors VII. in Deutschland und Spanien wirkten. Ihr Einsatz für die Kirchenreform wurde von Gregor VII. belohnt: 1079 löste er die Abtei aus ihrer Abhängigkeit vom Bf., stellte sie auf die gleiche Ebene wie Cluny und verband mit ihr auch die berühmte röm. Abtei St. Paul vor den Mauern, die bis dahin dem Papst selbst unterstanden hatte. In dieser Zeit dehnte sich die V.-Kongregation über die Grenzen der Provence nach Languedoc, Katalonien, Ligurien, aber v. a. nach Sardinien aus, wo drei Priorate (S. Saturno in Cagliari, S. Nicola in Guzule und S. Stefano in Posada) mit ungefähr 50 abhängigen Kirchen gegründet wurden. 1216 erbte die Abtei auch die Güter des letzten Gf.en v. Marseille, Roncelin, der als Mönch in St-Victor eingetreten war. Im 13. Jh. begann jedoch auch der Niedergang des Kl. und der Kongregation, der nicht einmal durch die Wahl des großen Abtes Guillaume Grimoard 1362 zum Papst (→Urban V.) aufgehalten werden konnte. Dieser ließ die Kirche wiederaufbauen, die nun ein wehrhaftes Aussehen erhielt und weihte 1365 ihren Hauptaltar neu. Wegen ihres festungsartigen Charakters wurde die Abtei von dem Gegenpapst Pedro de Luna (→Benedikt XIII.) in den Jahren 1404 bis 1407 zu seiner Residenz erwählt. 1424 begann die Reihe der Kommendataräbte und die fortschreitende numer. Verminderung der Kommunität, die 1549 nur mehr 40 Mönche zählte. G. Spinelli

Lit.: Bibl.SS XII, 1261–1273 – Catholicisme XIII, 1993, 605f. – E. Guérard, Cartulaire de l'abbaye de Saint Victor de Marseille, 1857 – A. Boscolo, L'abbazia di San Vittore, Pisa e la Sardegna, 1958 – Studi sui Vittorini in Sardegna, hg. F. Artizzu u. a., 1963 – Provence historique 16, 1966, 253–560 (Recueil des actes du Congrès..., 1966) – J. Boisseu–E. Arrouas, St. Victor. Une ville, une abbaye, 1986.

Viktoriner, Regularkanoniker der Abtei St-Victor in Paris. [1] *Geschichte der Abtei:* Als i. J. 1108 →Wilhelm v. Champeaux, Erzdiakon der Diöz. Paris und Scholaster der Schule von Notre-Dame, seine Ämter aufgab, um sich auf das linke Seineufer zurückzuziehen, legte er den Grundstein für eine der angesehensten Abteien von Regularkanonikern in ganz Europa. Indem Wilhelm, der im übrigen seine Lehrtätigkeit nach kurzer Zeit wieder aufnahm, und die kleine Schar seiner Schüler sich dafür entschied, nach der Augustinusregel zu leben, schloß sie sich der gregorian. Reform an. Unter der Protektion von Reformbf.en (z. B. →Ivo v. Chartres, →Hildebert v. Lavardin, Galon v. Paris) und der frz. Kg.e (zunächst Ludwig VI., dann Ludwig VII.) nahm die Gründung eine rasche Entwicklung. 1113 wurde sie zur Abtei erhoben und gut dotiert. Im selben Jahr wurde Wilhelm v. Champeaux zum Bf. v. Châlons ernannt, und Gilduin zum ersten Abt von St-Victor bestellt. Unter Gilduins Abbatiat († 1155) erlebte die Abtei einen religiösen und intellektuellen Aufstieg ohnegleichen. Ab dem letzten Drittel des 12. Jh., bes. aber im 13. Jh. verblaßte ihr Ansehen vor den aufkommenden Mendikantenorden und der Univ. Paris. Im 12. Jh. galt St-Victor als Modellabtei, deren religiöser Lebensstil von zahlreichen schon bestehenden Kapiteln von Säkularkanonikern übernommen wurde (→Paris, C. II, 4). Sie war darüber hinaus attraktiv für Weltgeistliche, die nur die Schule der Abtei besuchen (z. B. →Petrus Lombardus), oder die dort ihren Lebensabend verbringen wollten (z. B. →Petrus Comestor, Maurice de →Sully). Im 12. Jh. zählte die Abtei ca. 12 Priorate. Das Testament Ludwigs VIII. berichtet im 13. Jh., daß die Confoederatio victorina 40 affiliierte Häuser umfaßte. Am Ende des 15. Jh. versuchte Johannes Mombaer vergeblich, St-Victor nach dem Windesheimer Modell der →Devotio moderna zu reformieren, um auf diese Weise ein Standbein in Frankreich zu gewinnen. 1513 schloß sich St-Victor der auf dem Kapitel v. Livry (1503) gegr. Kongregation mehrerer nordfrz. Regularkanonikerabteien an (sog. Zweite Kongregation von St-Victor). 1790 wurde die Regularkanonikerkommunität aufgelöst, die Gebäude wurden zu Beginn des 19. Jh. zerstört.

[2] *Geistliches und intellektuelles Leben:* Zur Zeit Wilhelms bestimmte der ordo antiquus das Leben der V. (Gemeinschaft, Armut); unter dem Abbatiat Gilduins wurden auch Elemente des strengeren ordo novus eingeführt (Fasten, Handarbeit, Kleidung), den die Kanonikate des 12. Jh. im allg. bes. schätzten. Die V. stellen innerhalb der Welt der Regularkanoniker jedoch einen Sonderfall dar: (a) ursprgl. aus einem älteren, traditionellen religiösen Milieu herkommend, übte weniger Cîteaux als vielmehr Cluny entscheidenden Einfluß auf die V. aus, wie sich am Liber Ordinis Sancti Victoris zeigt; (b) im Unterschied zu anderen Reformabteien führten die V. ein urbanes Leben und waren viel stärker mit dem Kgtm. verbunden. Der cluniazens. Einfluß zeigt sich sowohl an der Struktur der Kom-

munität als auch in der Vorliebe für eine breiten Raum einnehmende Liturgie. Die Handarbeit dagegen, konstitutives Element des traditionellen Mönchtums, ersetzten die V. schon früh durch intellektuelle Arbeit. Der dem Studium zukommende breite Raum im Tagesablauf der V. zeugt vom Verlangen nach Reflexion der eigenen Erfahrung und nach Bereicherung durch die intellektuelle Auseinandersetzung mit dem Anderen. Diese doppelte Motivation trägt dazu bei, daß sich der einzelne Kanoniker persönlich Gott zuwenden kann (vgl. Hugo v. S. V., De institutione nouitiorum, 7–8 [MPL 176, 932–934]; Odo v. S. V., Epistole de obseruantia canonice professionis recte prestanda, II [MPL 196, 1403–1404]). Abgesehen vom Liber Ordinis, der mehr die consuetudines beschreibt, als daß er die Konstitutionen des Ordens umfaßte, und den Werken der V. →Hugo und Odo, kennen wir keine Q., die das Leben der V. konkret darstellen: Wenn man das Profil der V. spezifizieren wollte, müßte man eher einzelne Autoren dieser Abtei, die auch eine Schule war, charakterisieren. Gleich in der ersten Generation, mit Autoren wie Wilhelm v. Champeaux und Hugo v. S. V., erreicht die Abtei die Spitze ihrer intellektuellen Kraft. Unter Wilhelm ist der Laoneser Einfluß vorherrschend. Hugo greift zwar Elemente der Philosophie Wilhelms und der theol. Methode →Anselms v. Laon auf, geht jedoch bei weitem in einer eigenständigen Synthese über sie hinaus. Die zweite Generation der V. (→Richard, →Andreas, →Achard), sämtl. Schüler Hugos, konzentrierte sich jeweils auf Teilbereiche des Wissens. Das Bemühen der V., mit Hilfe von ratio und scriptura sacra das christl. Geheimnis zu durchdringen, ließ dennoch nicht nach. Im letzten Drittel des 12. und zu Beginn des 13. Jh. waren die V. an der Pariser Univ. als Prediger (Gottfried und →Walter v. S. V.) und Beichtväter (→Petrus Pictaviensis, →Robert v. Flamborough) präsent. Von Gottfried († 1195) sind uns neben Sermones v. a. seine Hauptwerke erhalten geblieben, Microcosmus und Fons philosophiae. Neuere Untersuchungen haben indessen Gottfrieds Arbeitsmethode und die Art des Scriptoriums der V. besser erfassen lassen. Tatsächlich ist ein Autograph vom Microcosmus erhalten (Hs. Paris, BN, lat. 14881), das Arbeitsexemplar Gottfrieds, das für den Kopisten als Vorlage für eine saubere Abschrift (die Hs. Paris, BN, lat. 14515) bestimmt war. Er ist derzeit der einzige mlat. Autor vor dem 14. Jh., von dem wir sowohl ein Autograph als auch eine eigenhändig verbesserte Originalkopie besitzen. R. Berndt

Lit.: DSAM XVI, 559–562 – Catholicisme 13, 604 – D. LOHRMANN, Papsturk. in Frankreich, NF, Bd. 8: Diöz. Paris, I: Urkk. und Briefslg. der Abteien Sté-Geneviève und St-Victor, 1989 – M. SCHOEBEL, Archiv und Besitz der Abtei St. Victor in Paris (Pariser Hist. Studien, 31, 1991) – B. BARBICHE, La papauté et les abbayes de Ste-Geneviève et de St-Victor de Paris au XIIIe s. (L'Église de France et la papauté [X[e]–XIIIe s.], hg. R. GROSSE, 1993), 239–262 – C. S. JAEGER, Humanism and Ethics at the School of St. Victor in the Early Twelfth Cent., MSt 55, 1993, 51–79 – P. SICARD, Exercices spirituels et diagrammes médiévaux. Le »Libellus de formatione arche« de Hugues de Saint-Victor (Bibl. Victorina 4), 1993 – G. TESKE, Die Briefslg.en des 12. Jh. in St. Viktor/Paris, 1993 – J. EHLERS, Das Augustinerchorherrenstift St. Viktor des 12. Jh. (Aufbruch–Wandel–Erneuerung, hg. G. WIELAND, 1994), 100–122.

Viktring, ehem. OCist-Abtei bei Klagenfurt, Kärnten, von Gf. Bernhard v. →Spanheim-Marburg, Bruder des Hzg.s Engelbert II. v. Kärnten, 1142 als erstes OCist-Kl. →Kärntens gegr. Die Mönche kamen aus Weiler-Bettnach (Villars) in Lothringen, das Bernhards Neffe Heinrich 1132 gegr. hatte und als Abt (seit 1145 Bf. v. Troyes) leitete. Ebf. →Konrad I. (31. K.) unterstellte 1143 V. dem Schutz der Salzburger Kirche und verbot die Einsetzung von Laienvögten; 1146 erhielt V. ein päpstl. Schutzprivileg. Die Kl.kirche (1202 von Ebf. →Eberhard II. v. Salzburg [18. E.] geweiht) ist das einzige erhaltene Beispiel burg. →Zisterzienserbaukunst im dt. Sprachraum. 1234 konnte Mariabrunn bei Landstraß in Krain (Kostanjevica in Slowenien) von V. aus gegr. und besiedelt werden. V. hatte reichen Besitz in Unterkärnten (Sattnitz, Rosental, Umgebung von Klagenfurt) und kolonisierte das Umland des Kl. Mit der Schenkung der Kirche St. Leonhard am Loibl durch Patriarch →Berthold v. Aquileia (10. B.) 1239 übernahm V. die Sicherung des Loiblpasses, wo ein Hospiz errichtet wurde, und die Erschließung der Karawankentäler. Im SpätMA gingen diese Positionen an die Herrschaft Hollenburg verloren, V. erhielt dafür 1418 einen Burgfried. Außerdem hatte V. Besitz in und um →Marburg (Maribor) und in Oberkrain. Im N sah sich V. durch die wachsende Stadt →Klagenfurt eingeengt. Abt →Johann v. V. (52. J.) war ein bedeutender Geschichtsschreiber. Mit der Pfarre St. Zeno in Kappel erwarb V. 1443 das Archidiakonat im unteren Rosental. Nach dem Niedergang im 15. Jh. scheiterte 1494 der von Ks. und Papst gebilligte Plan, das Kl. dem →St.-Georgs-Ritterorden in →Millstatt zu inkorporieren, am Widerstand der Kärntner Stände und des Ebf.s v. Salzburg. H. Dopsch

Lit.: M. PAGITZ-ROSCHER, Gesch. des Zisterzienserkl. V. [Diss. Wien 1953] – O. REISINGER, Aus V.s Vergangenheit, 1971 – C. FRÄSS-EHRFELD, Gesch. Kärntens, I, 1984, 204ff. – Stift V. 1142–1992 (Fschr. 1992).

Vilabertrán, Santa Maria de (prov. Gerona/com. Alt Empordà), ehem. Abtei OSA, Gründung des Priesters und ersten Abtes Peter Rigald († nach 1104), der eine wichtige Rolle für die Verbreitung der Regularkanonikerbewegung in den Gft.en Ampurias und Roussillon spielte. Nach reichen Schenkungen (1069, 1075), Bau von Kirche und Konventsgebäuden (1100) und Übernahme der →Augustinusregel (nach 1089) erfuhr das Stift, in dem 12 Kanoniker lebten, im 12. Jh. eine Blütezeit und stand in enger Verbindung zum Bf.ssitz v. Gerona, dem es zwei Bf.e stellte (Berengar v. Llers [1136–42]; Raimund Guissall [1162–77]). Gefördert von den Adelsfamilien der Navata, Llers und →Torroja, diente V. den Vzgf.en v. →Rocabertí als Grablege. Nach zahlreichen Gunstbeweisen der Kg.sfamilie nahm Peter IV. V. 1382 in den Kg.sschutz auf. Im 15. Jh. wurden Stift und Ort, dessen Jurisdiktion V. seit 1191/94 zustand, zum Schutz gegen Pirateneinfälle befestigt. 1592 erfolgte die Säkularisation und Umwandlung in ein Kollegiatsstift. U. Vones-Liebenstein

Lit.: Gran Enc. Catalana XV, 464f. – M. GOLOBARDES I VILA, El monasterio de Santa María de V., 1949 – A. PLADEVALL, Els Monestirs catalans, 1974[3], 55, 157–161 – Catalunyà romànica IX, 1989, 873–894 – O. ENGELS, Reconquista und Landesherrschaft, 1989, 170f. – Y. M. MARQUÈS PLANAGUMÀ, Escriptures de Santa Maria de V., 1995.

Vilafranca del Penedès, Übereinkunft (Capitulació) v., am 21. Juni 1461 zw. Kgn. →Johanna Enríquez, Gemahlin und Stellvertreterin Kg. Johanns II. v. Aragón, und den Repräsentanten des katal. Prinzipats geschlossen, legte die Spannungen bei, die zw. dem Kg. und den katal. Ständevertretern über die Gefangenschaft des *Principe* →Karl v. Viana (18. K.) bestanden. Zwar konnte Johann II. die theoret. Grundlagen seiner Kg.sgewalt festigen, doch war er gezwungen, sie durch Zugeständnisse fakt. zu begrenzen: So mußte er vor Betreten des Prinzipats die Zustimmung der Diputació del General einholen, Regierung und Verwaltung einschließl. der exekutiven Funktionen einem Stellvertreter übertragen, konnte zwar die *Corts* einberufen und die kgl. Amtsträger ernennen, mußte diese aber bestätigen und die Einkünfte der bedeutendsten dieser Amtsträger direkt durch die Abgeordneten der Generalitat bezahlen lassen. Die Übereinkunft v. V., die zugleich die kgl. Stellvertretung und das Erstgeborenenrecht Karls v. Viana einräumte, gilt als Sieg des katal. Paktismus, dessen Träger, die aristokrat. und oligarch. Schichten, den Kg. auf Dauer in eine konstitutionelle Regierungsform einbinden wollten. Der folgende Bürgerkrieg war für diese Bestrebungen ein schwerwiegender Rückschlag. L. Vones

Lit.: Dicc. d'Hist. de Catalunya, 1992, 1121 – J. VICENS I VIVES, Juan II de Aragón, 1953 – N. COLL JULIÀ, Doña Juana Enríquez, Lugarteniente real en Cataluña, 2 Bde, 1953, bes. I, 96ff. – S. SOBREQUÉS I VIDAL–J. SOBREQUÉS I CALLICÓ, La guerra civil catalana del s. XV, II, 1973, 214f. – Dietari o Llíbre de Jornades (1411–84) de Jaume Safont, ed. J. M. SANS I TRAVÉ, 1992, 124f. – Dietaris de la Generalitat de Catalunya, I, 1994, 163f.

Vilain
I. Das Bild der literarischen Zeugnisse – II. Literarische Fiktion und soziale Realität.

I. DAS BILD DER LITERARISCHEN ZEUGNISSE: Das frz. Wort 'vil(l)ain' bezeichnet in seiner ursprgl. Bedeutung den Bewohner einer →'villa', eines (domanialen) Landgutes; in Frankreich wurde 'v.' zur gängigen Bezeichnung eines freien →Bauern, wohingegen der Begriff im anglonorm. England für einen 'Halbfreien' bzw. →'Hörigen' steht. Durch semant. Entwicklung nahm 'v.' eine stark pejorative Konnotation an und bezeichnete – ähnl. den Begriffen 'manant' (von lat. manere 'bleiben', 'an der Scholle kleben') und 'rustre' (von lat. rusticus 'Bauer') – den bäur. 'Tölpel, Rüpel', den 'Niederen'.

Ein Komplex von Klischees kontrastiert die negativ besetzte 'vilainie' mit der angesehenen 'courtoisie' (→Kultur und Gesellschaft, höf.; →Ständelit.). In seinem phys. Erscheinungsbild tritt uns der v. als Figur von exemplar. Häßlichkeit entgegen, ganz im Gegensatz zu den adligen jungen Herren ('jouvencel', 'Junker'; →iuvenes) und Damen, denen eine anmutige Erscheinung (z. B. 'blondgelocktes Haar') sowie elegante Bewegungen und Sprechweise (→Verhalten, -snormen) nachgerühmt werden, aber auch in Abhebung vom gebildeten Kleriker ('clerc lettré') und immerhin lernfähigen Stadtbewohner ('citadin'). So schildert (wir konzentrieren uns im folgenden auf Beispiele aus der Frz. Lit.) die berühmte Versnovelle →»Aucassin et Nicolette« (um 1200) als Contrepart des im Wald umherirrenden jungen Adligen Aucassin den Sohn des »v.« Hervis, Rigaut, als einen »damoiseau« (der Adelsrang wird ihm aus satir. Ironie zuerkannt) mit »plumpen Gliedern, breiten Schultern und handlang voneinander abstehenden Augen«. Auch viele andere Texte geben durch Betonung körperl. Deformierung (klaffender Mund, schiefes Kinn, abstehende Ohren, Glatze, tierhafter Gesichtsausdruck, lauernder Habichtsblick), verstärkt noch durch starrende Unsauberkeit und monströse Verkrüppelung, den v. der Lächerlichkeit preis. Sein 'inneres' Verhalten entspricht vollauf den abstoßenden 'äußeren' Merkmalen. In einem afrz. →Fabliau (anonym, spätes 12. Jh.) werden zwei anmutige Ritter in Bewunderung einer reizenden Waldlichtung (→locus amoenus) mit zwei ungehobelten v.s konfrontiert, die den Ort unter ganz anderen Aspekten als schön preisen, nämlich zum Verrichten ihrer Notdurft (»beau pour chier!«). Die Erzählung schließt mit der Moral: »Der v. kennt keine höhere Freude 'que le plaisir de chier'.« Ein anderer Topos betont spött. die Leichtgläubigkeit der v.s, die dem gröbsten →Aberglauben anhängen, superstitiösen Praktiken (etwa Wetterregeln, →Bauernpraktik), die z. T. in das →Heidentum zurückverweisen (vgl. die Sprachverwandtschaft von Heide, 'paganus', mit 'paysan', Pagusbewohner, Bauer). Die sprichwörtl. Redensart »Tel un âne, tel un v.!« faßt dieses Bild des v. treffend zusammen.

Neben dem armen und elenden v. tritt in der ma. Lit. bisweilen auch der reiche bäuerl. Emporkömmling ('coq de village') auf, der (unter satir.–ständekrit. Aspekt) eine lächerl. Nachahmung adliger Sitten praktiziert (im →»Renart«: Imitation der Lebensweise eines *Châtelain*). Im Unterschied zum guten Christen, dem Adligen und Kleriker, wird der v. infolge seiner angeborenen 'rusticité' der schamlosen Verletzung von sittl. Geboten gezichen (Todsünden: Trunksucht, Völlerei, Unkeuschheit; Vollzug des ehel. Beilagers auch in Zeiten der Enthaltsamkeit, bis hin zur sexuellen Perversion: →Blutschande, v. a. die der Welt der Bauern und Hirten zugeschriebene Sodomie), ist aber andererseits auch der Prototyp des 'Hahnreis' (→Ehebruch, C), insbes. wenn er wesentl. älter als seine Ehefrau und geizig ist (»avers et chiche«) (z. B. Fabliau der »Dame écouillée«: Motiv der vom Pfaffen in Gegenwart ihres Mannes, eines extrem törichten v., sodomisierten Frau).

Ein Vagantenlied, die »Déclinaison du Paysan«, macht sich einen köstl. Spaß daraus, eine iron. Deklination des v. durch alle Casus in Singular und Plural durchzuführen: *Nominativ:* ce vilain, ces maudits / *Genitiv:* de ce rustre, de ces misérables / *Dativ:* à ce tferfero ('Teufel'), à ces menteurs / *Akkusativ:* ce voleur, ces vauriens / *Vokativ:* ô brigand, ô détestables / *Ablativ:* par ce pillard, par ces infidèles.

Wie jedes verworfene Wesen ist der v. von Natur aus unzufrieden, mürr., boshaft, eifersüchtig, träge, dieb., rachsüchtig, aufsässig, stets bereit, Besitz und Gerätschaften seines Herrn zugrundezurichten. Die Gewalttaten der aufständ. Bauern des 14. Jh. (→Jacquerie und →Tuchins in Frankreich) waren Wasser auf die Mühlen ihrer Verächter, die ein negatives, stat. Bild des v. zeichnen, wie es im Sprichwort »V. est, v. restera« zum Ausdruck kommt.

II. LITERARISCHE FIKTION UND SOZIALE REALITÄT: Die genannten literar. Topoi sind keineswegs ohne Bezug zu bestimmten, erklärungsbedürftigen hist. Fakten. Der ungeliebte v. ist auf weite Strecken ein Unbekannter. Obwohl die bäuerl. Bevölkerung in einigen Regionen von niedrigem Urbanisierungsgrad (in Frankreich: Bretagne, Savoyen, Auvergne, Pyrenäen u. a.) mehr als 90% der Bevölkerung umfaßte, tritt sie in den erhaltenen Q. kaum aus dem Schatten heraus (wenige Selbstzeugnisse, seltene bäuerl. →Testamente, jedoch bekannt die vehementen Klagen der unter rigidem Steuerdruck leidenden Bauern aus →Vernon, Hte-Normandie). Noch die heutige Forsch. ist oft stärker interessiert an eher abstrakten wirtschaftsgesch. und verfassungsgesch. Tatbeständen als an Erkenntnissen über konkrete Lebensbedingungen und die Gefühlswelt der ländl. Bevölkerung.

Die stark vom Nachleben der antiken Kultur geprägten Vorstellungen der ma. Autoren sind markiert von einer negativen Bewertung der Handarbeit (→Arbeit). Die elende Lage des v. galt entweder als selbstverschuldet oder wurde auf den Willen Gottes zurückgeführt. →Armut löste im allg. erst dann soziale Erregung aus, wenn sie sich als Ergebnis eines freiwilligen Verzichts (religiöse →Askese) darstellte. »Der Bauer des MA litt zweifellos unter einer latenten Erniedrigung.« (J. LE GOFF).

Nach archäolog. Forsch.ergebnissen korrespondierten bei ca. 80–90% der ländl. Bevölkerung Frankreichs die negativen literar. Schilderungen mit den tatsächlich dürftigen Lebens- und Wohnbedingungen (enges Zusammenleben von Mensch und Tier, bes. seit dem 13. Jh. verbreitet

»Kleinbauernstellen« in zahlreichen Grundherrschaften, schlechte →Hygiene, Belastung durch grundherrl., staatl. und kirchl. Abgaben sowie z. T. Frondienste). Aus heut. Sicht oft harmlose Erkrankungen hinterließen bei denjenigen, die sie überlebten, sichtbare Spuren, die sie als 'caduques', 'chenus', 'infirmes' (Krüppel, Bresthafte) qualifizierten. Die intellektuelle und moral. Bildung der einfachen Landbevölkerung muß sich (nicht zuletzt korrespondierend zum verbreiteten Tiefstand der ländl. Seelsorge) auf einem sehr niedrigen Niveau bewegt haben.

Der Mythos einer Rehabilitierung bzw. Aufhebung der verachteten sozialen Existenz des v. ist gleichwohl präsent. Einzelne, z. T. sehr bedeutende Autoren zeigen gegenüber dem materiellen und moral. Elend der v.s Sensibilität und Mitgefühl, z. B. der anglonorm. Trouvère →Benoît de Ste-Maure und zuweilen selbst →Chrétien de Troyes, in England bes. William →Langland. In →Arbeitsbildern tritt bisweilen das verklärende, z.T. in der Bibelexegese wurzelnde Bild des genügsamen und fleißigen Bauern, der sich »im Schweiße seines Angesichts« nährt, hervor (»Als Adam grub und Eva spann...«). →Philippe de Vitry rühmt im »Dit de Franc Gontier« die Einfachheit und Naturnähe des Landlebens, das in der Bukolik des ausgehenden MA (→Hirtendichtung) idyll. und z.T. utop. Züge (Arkadien, →Utopie) annimmt.

Arbeit wird von Theologen (vgl. bereits →Adalbero v. Laon) und Predigern als Werk der →Buße gewürdigt (→Jakob v. Vitry, Predigt über die Bauern), ird. Armut als theol. Voraussetzung für das Seelenheil gewertet. Die spätma. Kunst kennt bisweilen gar glückl. Bauerngesichter (→Stundenbuch des Duc de Berry, in Italien Ambrogio →Lorenzetti, bis hin zu Brueghel) und schildert bäuerl. →Feste, →Spiele und Reigentänze (Calendrier de Bonmont, 13. Jh.; Stundenbuch Karls v. Angoulême). Kurz, der Mythos vom 'guten Wilden' kündigt sich im idealisierten Bild des platten Landes und seiner Bewohner an. J.-P. Leguay

Lit. [Auswahl]: Hist. de la France rurale, 2 Bde, hg. G. DUBY u.a., 1975 [G. FOURQUIN] – J. LE GOFF, Les paysans et le monde rural dans la litt. du haut MA (DERS., Pour un autre MA, 1977) – M.-TH. LORCIN, Façons de sentir et de penser: les fabliaux français, 1979 – R. FOSSIER, Hist. sociale de l'Occident méd., 1981² – DERS., Paysans d'Occident, 1984 – J. LE GOFF, La civilisation de l'Occident méd., 1984.

Vilaragut (Villariacuto), katal.-valencian. Adelsgeschlecht. Mitglieder der Familie dienten zw. dem 13. und 15. Jh. den katal.-aragones. Herrschern als Kämmerer, →Mayordomos oder Berater, als Admirale (Pere de V.), →Veguers (Berengar de V.) oder →Mestres Racionals (Lluís de V.) und übernahmen wichtige Aufgaben bei der Eroberung bzw. Verwaltung von Valencia, Sizilien und Sardinien. Die V. gehörten seit dem 13. Jh. zu den baronialen Familien und bedeutenden Lehnsträgern der Krone. Ihr Besitz lag insbes. im Kgr. und in der Stadt →Valencia, wo sie im SpätMA häufig an adligen Geschlechterkämpfen und innenpolit. Auseinandersetzungen beteiligt waren. Ansehen und Bedeutung der V. wird u. a. aus den Heiraten der Violante de V. mit →Jakob III. v. Mallorca und des Joan de V. mit der Kg. switwe Margarita de Prades ersichtlich. Trotz Konflikten einzelner Mitglieder der Familie mit der Krone (mit Peter IV. während der Unión v. 1347/48, mit Ferdinand v. Antequera nach dem Ende der Dynastie v. Barcelona [1412]), konnten die V. ihren Einfluß bis zum Ausgang des 15. Jh. behaupten. N. Jaspert

Lit.: Gran. Enc. Catal. XXIV, 1989², 165-167 [M. M. COSTA] – D. ZAFORTEZA MUSOLES, Violante de V., reina de Mallorca, Boletín de la Soc. Arqueológica Luliana 28, 1941, 261-283 – T. MARTÍNEZ, Lletres de batalla dels V., Boletín de la Soc. Castellonense de Cultura 49, 1993, 71-106.

Vilāyet ('Land', 'Provinz', 'Statthalterschaft'; von arab. waliya 'Macht haben'), bezeichnet ursprgl. die Macht des Souveräns, im islam. Recht die des Führers der Gemeinde, die sich von Gott herleitet (Koran IV, 62). Abgeleitet davon ist die Macht des →wālī, der ein Statthalter des Sultans wird. Von dort erhält das Wort territoriale Bedeutung als Herrschaftsbereich eines Beamten und schließl. einfach als 'Region', 'Land' (die Bedeutungen im islam. Recht, fiqh, als 'rechtl. Gewalt' und in der Mystik als 'Heiligmäßigkeit' bleiben hier außer Betracht). Im Osman. Reich bezeichnete V. bis zum Ende des 16. Jh. den Zuständigkeitsbereich eines →Beglerbegi. Das Amt, ursprgl. der Oberbefehl über die gesamte Pfründenreiterei (→timar), wurde mit der Schaffung eines V. Anatolien neben dem von Rumelien 1393 territorialisiert. Die Grenzen der in der Folge entstehenden V. Rūm (14. Jh.), Karamān und Bōsna entsprachen im großen und ganzen denen von Vorgängerstaaten; die Verwaltungsstruktur wies Ähnlichkeiten mit dem byz. Themensystem auf, dürfte aber auf die seldschuk. Provinzverwaltung (dem Sultan verantwortl. sipahsalar) zurückgehen. Ende des 16. Jh. bürgerte sich eyālet als Bezeichnung für den Amtsbereich des Beglerbegi ein, und V. bezeichnete unscharf definiert eine Region (a'yan-ī V. als 'regionale Notablen'). Erst im 19. Jh. wurde V. die offizielle Bezeichnung einer Provinz. Ch. K. Neumann

Lit.: İA – EI² III, 721-724 s.v. eyālet – İ. ORTAYLI Türkiye İdare Tarihine Giriş, 1996.

Vilich, ehem. Kanonissenstift bei Bonn, nach 976 von dem nobilis vir Megingoz und seiner aus pfgfl. Geschlecht stammenden Gattin Gerberga gegr., seit 987 durch die Übergabe an Otto III. Reichsstift. Die als Stiftskirche dienende Ortskirche war über einem frk. Gräberfeld des 8./9. Jh. errichtet und Zentrum einer Urpfarrei. Die Gründer hatten das Stift v. a. mit ihren in der Urpfarrei gelegenen Gütern ausgestattet und ihre Tochter Adelheid als Leiterin eingesetzt. Sie wandelte nach 1003 das Stift in ein Kl. OSB um. Nach ihrem Tod (um 1015) setzte eine starke Wallfahrtsbewegung zu ihrem V. er Grab ein, die mit gesteigerten wirtschaftl. Prosperität einherging. Unmittelbare Folge war die Erweiterung der einschiffigen Stiftskirche zu einer dreischiffigen bis zum Ende des 13. Jh. Die um 1200 einsetzende Umwandlung zu einem Kanonissenstift (v. a. für den niederen Adel) wurde 1488 durch päpstl. Privileg bestätigt. Die Stiftskirche wurde 1583 zerstört und nicht mehr in der alten Größe wieder aufgebaut. Die Stiftsvogtei besaßen die Gf.en v. Molbach, →Jülich und seit 1288 Kurköln. Sie bildete die Grundlage für die Entstehung einer Unterherrschaft mit Hochgerichtsbarkeit im Kurkölner Territorialverband. W. Herborn

Q.: Vita Adelheidis primae abbatissae Vilicensis, ed. O. HOLDER-EGGER (MGH SS XV/2, 1888), 754-763 – Lit.: 1000 Jahre Stift V. 978-1978, hg. D. HÖROLDT, 1978 – H. GIERSIEPEN, Das Kanonissenstift V. von seiner Gründung bis zum Ende des 15. Jh. (Veröff. des Stadtarchivs Bonn 53, 1993).

Villa. Im Gegensatz zur antiken v. (urbana), dem architekton. oft großzügig ausgestalteten »Land(Herren)haus« abseits des eigtl. Landwirtschaftsbetriebes, faßt der Terminus 'v.' im FrühMA eine beachtl. Bedeutungsvielfalt in sich, die vom schlichten bäuerl. Einzelgehöft bis zur dörfl. Siedlungsgemeinschaft (und Gemarkung) reicht, wie dies bereits die frühen frk. leges (Pactus 14 c. 8 bzw. Lex Salica t. 80 c. 1) anzeigen; vgl. auch villanus 'Bauer', 'Dorfbewohner' ('Tölpel', →vilain). Nicht selten bot der fundus einer ks.zeitl., im 4. bzw. 5. Jh. aufgelassenen v. die materielle Basis zur Gründung eines bedeutenden Kl., so von →Echternach am Ausgang des 7. Jh. Wesentl. ist der vorwiegend ländl. Charakter der v. (samt Zubehör an Wiesen, Äckern, mancipia), v. a. im Gegensatz zur →civitas, zumal dem Bf.ssitz. V.e publicae bezeichnen freil. Zentren »öffentl.« Verkehrs und Handels im agrar. geprägten Umfeld (so →Bremen im 9. Jh.). V.e finden sich in der Hand des Kg.s, des Adels, der Kirchen und zahlloser »Privatbesitzer« – in ihnen konkretisiert sich die frühma. Wirtschaft. V.e können als Gutsbetrieb organisiert sein mit mansio und manentes, seit dem 7. Jh. auch zunehmend als zweigeteilte →Grundherrschaft mit Herrenhof (v. dominicata) und abhängigen Bauernstellen. Als v.e regiae (= fiscus, curtis, mansus) bilden sie einen wesentl. Teil des Kg.sgutes, dessen Vergabe unter Ludwig d. Frommen zur nachhaltigen Schwächung der Karolingerherrschaft beitrug. Gemäß dem berühmten →»Capitulare de villis vel curtibus (sic!) imperi(alibus)« sind v.e regiae oft zu einem ministerium unter einem Judex zusammengefügt worden und dienten als →Tafelgüter der Versorgung des Hofes. Entsprechend häufig finden sich Pfalzorte (→Pfalz) diesen Versorgungszentren benachbart und werden selbst als v.e bezeichnet (z. B. →Tribur). Diese v.e regiae stellen als →Villikation in der Regel keine geschlossenen »Krongutbezirke« dar, sondern liegen zumeist in breiter Streulage mit Grundbesitz anderer Eigentümer, so konnten etwa in Dienheim außer dem 782 an →Fulda vergabten Fiskalbesitz Immobilien weiterer 200 Personen zu Beginn des 9. Jh. nachgewiesen werden. Die alternative Bezeichnung der v.e regiae als fisci (etwa in Annappes, hier auch mansus) akzentuiert offenkundig den ökonom. bzw. den jurist. Aspekt des Objektes. Ob freil. die in der neueren frz. Forsch. behauptete Kontinuität der spätantiken Steuerverwaltung ins FrühMA sich an den Termini v. und mansus als Fiskalbereich bzw. als Steuereinheit nachweisen läßt, muß angesichts des bisher vorgelegten Q.materials stark bezweifelt werden. Die detaillierte Erforschung der v., die zu den grundlegenden Elementen der frühma. europ. Wirtschafts- und Sozialstruktur zählt, ist eines der großen wiss. Desiderata. D. Hägermann

Lit.: HRG VII, 918f. – P. Graziansky, Zur Auslegung des Terminus »v.« in der Lex Salica, ZRGGermAbt 79, 1948, 368ff. – H. Dubled, Quelques observations sur le sens du mot v., Le MA 59, 1953, 1ff. – A. Dopsch, Die Wirtschaftsentwicklung der Karolingerzeit, 2 Bde, 1962³, passim – Das Dorf der Eisenzeit und des frühen MA, hg. H. Jankuhn u. a. (Abh. Göttingen 101, 1977) [v. a. F. Schwind, Beobachtungen zur inneren Struktur des Dorfes in karol. Zeit, 444ff.] – W. Janssen–D. Lohrmann, V.-curtis-grangia, 1983 – E. Magnou-Nortier, Le grand domaine; des maîtres, des documents, des questions, Francia 15, 1987, 659ff. – J. Durliat, Les finances publiques de Diocletian aux Carolingiens (284–889), 1990.

Villach, Stadt in →Kärnten, an der Drau, im Schnittpunkt von Verkehrswegen, v. a. nach Italien, zuerst eine wohl namengebende röm. Zollstation Bilachinium. Die entscheidende Verkehrsfunktion wird 878 in einem Diplom Karlmanns mit einer Grenzziehung »...usque ad pontem villah« bezeugt. Der 979 urkundl. erwähnte Kg.shof V. mit Burg und Kirche dürfte im Rahmen der Vergabe von Reichsgut 1007 bei der Gründung des Bm.s →Bamberg mit zu dessen Ausstattung verwendet worden sein. In der Folgezeit wurde V. mit dem Kanaltal neben Wolfsberg und der Bergstadt St. Leonhard im oberen Lavanttal Zentrum des bamberg. Besitzes in Kärnten. 1060 verlieh Kg. Heinrich IV. V. das Marktrecht und schenkte dieses samt Münz- und Zollrecht dem Bm., um zugleich alle Marktbesucher unter seinen Schutz zu stellen. Im 13. Jh. scheiterten die Versuche der Kärntner Hzg.e aus dem Hause →Spanheim/Sponheim, das bamberg. V. im Interesse des eigenen Landesausbaus – u. a. durch Errichtung einer weiteren Brücke am Unterlauf der Drau – zu schwächen. 1225 erhielt Bf. Eckbert vom Staufer Friedrich II. in V. einen Jahrmarkt, und 1242 gestand der Ks. dem erwählten Bf. Heinrich zu, in V. (und Griffen) Münzen nach dem Muster des →Friesacher Pfennigs schlagen zu lassen. Nach der Ummauerung, die 1233 nachweisbar ist, wird V. in einer Urk. v. 1240 als »civitas« bezeichnet. Es erhielt ein Stadtrecht, das, 1298 erstmals ausdrückl. gen., in einer Fassung v. 1392 überliefert ist. Aufschwung nahm V. durch den Eisenhandel und das benachbarte, 1333 nachweisbare Montanrevier Bleiberg (→Blei, I), das 1348 ebenso wie die Stadt durch ein Erdbeben in Mitleidenschaft gezogen wurde. Förderungsmaßnahmen ließen V. im ausgehenden 14. und v.a. im 15. Jh. neue wirtschaftl. Anziehungskraft gewinnen, so daß zahlreiche Neubürger aus dem süddt. Raum und vom S her zuwanderten, die Stadt bis zu 3000 Einwohner erreichte und auch kulturell aufblühte (Thomas [Artula] v. V., →Paracelsus). K.-H. Ludwig

Lit.: »Neues aus Alt-V.«, Jb. des Stadtmuseums seit 1964 – W. Neumann, V. Abriß der Stadtgesch. Bausteine zur Gesch. Kärntens, 1985, 354ff.

Villaines, Pierre de, gen. 'le Bègue de V.' ('der Stammler'), † 1406/07, Feldhauptmann (→Capitaine), Ratgeber und →Chambellan von →Karl V. und →Karl VI. v. Frankreich. V. entstammte einer Adelsfamilie des Grenzgebietes zw. Pariser Becken und Beauvaisis und war später Herr v. Villiers, am Grenzsaum zw. Pariser Raum und Beauce. Er begann seine (durch konstante Loyalität zum Hause →Valois markierte) militär. Laufbahn im kgl. Heerbann Johanns II. (→Jean le Bon) bei der Belagerung des von →Karl v. Navarra gehaltenen →Evreux (1356) und bekleidete 1360–63 das Amt des Seneschalls v. →Carcassonne und →Béziers. In den Jahren 1364–70 war er mit Bertrand →du Guesclin verbunden, kämpfte bei →Cocherel und Auray (1364), trat im kast. Thronstreit in den Dienst →Heinrichs (II.) Trastámara und war einer der Architekten des Sieges über →Peter den Grausamen (1369). Kg. Heinrich II. erhob ihn zum Gf.en v. Ribadeo, einen Titel, den V. bis zum Beginn des 15. Jh. führte. 1373 nach Frankreich zurückgekehrt, diente er im Languedoc Hzg. →Ludwig v. Anjou. In der Schlacht v. →West-Roozebeke (1382) wurde ihm gemeinsam mit anderen Rittern die 'garde' Kg. Karls VI. anvertraut. 1388–92 zählte er als einer der →'Marmousets' zu den führenden Ratgebern des Kg.s. Als das polit. Experiment der Marmousets mit dem definitiven Ausbruch der Geisteskrankheit Karls VI. (1392) scheiterte, geriet auch V. eine Zeitlang in Schwierigkeiten (ztw. im Kerker), kam aber wieder zu Gnaden (Pflege der diplomat. Beziehungen Frankreichs mit Kastilien und England). 1397 zählte er zu den Taufpaten des Dauphins →Ludwig (19. L.). V. verstand es, sowohl seine guten Beziehungen zu Hzg. →Ludwig v. Orléans zu wahren als auch das Vertrauen Hzg. →Philipps des Kühnen v. Burgund zu gewinnen. Seit 1396 ohne größere militär. oder polit. Funktion, behielt er doch fast bis zum Lebensende den Titel eines kgl. Rates. Ph. Contamine

Lit.: F. Raffin, Le Bègue de V. [Mém. de maitrise Paris X–Nanterre, 1988].

Villalobos, spätma. Zweig des leones. Adelsgeschlechts →Osorio mit Grablege in Santo Domingo de Benavente, der sich im 14. Jh. durch die Heirat des Pedro Alvarez Osorio (Adelantado Mayor v. León und Verwalter der Merindad v. Asturien, auf Befehl Kg. Peters I. v. Kastilien am 14. Nov. 1360 ermordet) mit María Fernández (oder Ruiz), Tochter des Fernán Ruiz de V. († 1348; Nachfahre von Ruy Gil de V. [† 1289; ∞ María de →Haro]), herausbildete. Pedros Sohn Alvar Pérez Osorio († 1406; ∞ Constanza de Haro) führte als erster Osorio den Titel eines Señor v. V. (bei Benavente) und fand seinen Aufstieg in treuer Gefolgschaft zur →Trastámara-Dynastie. Aus dieser Linie ging Pedro Alvarez Osorio (seit 1445 Gf. v. Trastámara; † 1461), der Ahnherr der Marqueses v. Astorga, der Gf.en v. Altamira, der Gf.en v. Santa Marta und des Adelshauses Valdunquillo hervor. Die urspgl. zur 'nobleza vieja' zählende V.-Familie führte sich wiederum auf die Eheschließung des Pedro Arias mit Constanza Osorio, Tochter des Osorio Martínez, zurück, aus der Rodrigo Pérez de V. hervorging, der mit seiner Gattin Teresa Froílaz keine Nachkommen hatte, so daß die V.-Besitzungen über Rodrigos Onkel, Gonzalo Osorio, und dessen Sohn, Fernando González de V., bis zu Ruy Gil weitergegeben wurden. L. Vones

Lit.: →Osorio – S. DE MOXÓ, De la nobleza vieja a la nobleza nueva, Cuadernos de Hist. 3, 1969, 101–105 [Stammtafel] – J. A. MARTÍN FUERTES, De la nobleza leonesa, 1988.

Villamayor, kast. Adelsgeschlecht, das sich aus dem Haus Aza herauslöste und sich von García Ordóñez, dem Herrn v. Villaldemiro, zu Zeiten Kg. Alfons' VIII., herleitete. Den endgültigen Aufstieg erreichte das Geschlecht unter dessen Enkel García Fernández, Herr v. Villaldemiro und Celada, der als kgl. Mayordomo Mayor und Ayo (Erzieher) des Infanten Alfons (X.) eine führende Rolle am Hof der Kgn. →Berenguela (3. B.) und Kg. Ferdinands III. spielte und den Señorío v. V. de Montes erwerben konnte. Nachdem die V. im Laufe des 13. Jh. zahlreiche Besitzungen und Titel hinzugewonnen hatten, erlebten sie unter García Fernándes II., Adelantado Mayor v. Kastilien unter Kg. Ferdinand IV., einen weiteren Aufstieg, erloschen aber mit dessen Tod 1324. Eine Verbindung zum Geschlecht →Sarmiento muß Hypothese bleiben. L. Vones

Lit.: L. SERRANO, El Ayo de Alfonso el Sabio, BRAE 7, 1920, 571–602 – DERS., El Mayordomo Mayor de Doña Berenguela, BRAH 104, 1934, 101–199 – S. DE MOXÓ, De la nobleza vieja a la nobleza nueva, Cuadernos de Hist. 3, 1969, 81–87 [Stammtafel].

Villandrando, Rodrigue (Rodrigo) **de,** Gf. v. Ribadeo (Kastilien), * Ende des 14. Jh., † um die Mitte des 15. Jh., diente 1419–39 Kg. →Karl VII. v. Frankreich als Söldnerkapitän. Die Karriere dieses militär. Abenteurers ist nur erklärlich vor dem Hintergrund der extremen Schwäche des 'royaume de Bourges', das aber dem vehementen militär. Druck der Engländer und Burgunder zu begegnen hatte, in den Reihen des eigenen Adels jedoch nicht in ausreichendem Maße geeignete Befehlshaber und Mannschaften fand, zumal an eine regelmäßige Bezahlung nicht zu denken war; so blieb letztendlich nur der Rückgriff auf fremde Söldnerführer, die sich für den ausbleibenden Sold durch Plünderungen an der Bevölkerung schadlos hielten. Der als 'empereur des pillards' berüchtigte V. entstammte einer kast. Adelsfamilie aus der Gegend v. Valladolid und war ein Großneffe des frz. Feldhauptmanns Pierre des →Villaines († 1406/07), der (unter →Du Guesclin) als militär. Gefolgsmann des erfolgreichen kast. Thronprätendenten Heinrich II. Trastámara die Gft. Ribadeo erhalten hatte. – V. durchstreifte plündernd v.a. die Gebiete Südfrankreichs; seine Kriegführung, bei der er zuweilen Heerhaufen von imposanter Größe (vorwiegend kast. Landsleute) unter seinem Befehl vereinigte, zeichnete sich durch große Beweglichkeit und geschickte Manöver aus. Zu seinen unbestreitbaren militär. Verdiensten zählten der Sieg bei →Anthon (1431) über den 'Bourguignon' Louis de →Chalon, Fs. v. →Orange, dessen drohender Einmarsch in den →Dauphiné damit verhindert wurde, sowie der Entsatz des von den Engländern belagerten →Lagny-sur-Marne (1432). V. genoß lange Zeit die Protektion mächtiger Herren, so Georges de →La Trémoille, des Gf.en Johann v. →Armagnac und bes. des Hzg.s Karl v. →Bourbon; durch ihre Fürsprache wurde er zum Seigneur v. Ussel erhoben. Er gewann (doch stets nur kurzfristig) noch weitere Herrschaften und häufte einen echten Kriegsschatz an. In Urkk. tritt er als Inhaber hoher Hofämter auf (*écuyer d'*→*écurie*, dann *conseiller* und *chambellan du roi*). Dennoch verließ V. angesichts der Ablehnung verschiedener Gruppierungen 1439 das Kgr. Frankreich, um sich Kg. →Johann II. v. Kastilien zur Verfügung zu stellen, in dessen Dienst er bis 1446 belegt ist.

Ph. Contamine

Lit.: J. QUICHERAT, R. de V., l'un des combatteurs pour l'indépendance française, 1879 – A. THOMAS, R. de V. en Rouergue, Annales du Midi, 1890, 209–232 – O. BESSIÈRE, R. de V. ou la logique du fou (Brigands en Rouergue, XIe–XIXe s., 1993), 37–47.

Villani, florent. Familie, die vom 13. bis 15. Jh. in der Politik (als Angehörige der Popolaren) und als Kaufleute eine Rolle spielte. Sie ist v.a. durch die Chroniken bekannt, die im 14. Jh. *Giovanni* (1. V.), sein Bruder *Matteo* und dessen Sohn *Filippo* verfaßten. Von einem Spitzenahn *Bellincia*, der in der ersten Hälfte des 13. Jh. lebte, sind v.a. die Söhne *Mando* und *Stoldo* hervorzuheben. Von dem Sohn des letzteren, *Villano*, 1300 Mitglied der Priori und Vater von *Giovanni, Matteo, Francesco* und *Filippo* leitete sich der Name der Familie her. Die V. waren im Handel und im Bankwesen zuerst in der Kompanie der →Peruzzi tätig, später v.a. als Gesellschafter der Kompanie der →Buonaccorsi, für die Matteo seit 1319 die Filiale in Neapel leitete. 1322 schlossen V. und seine vier Söhne einen wichtigen »Familienvertrag«, um die ökonom. Verhältnisse innerhalb der Familie festzulegen. Ihre verschiedenen Mitglieder – die häufig miteinander im Streit lagen – waren nicht nur in Florenz, sondern auch in Süditalien, in Flandern und in Frankreich (Matteo in Avignon) tätig. Die Krise der florent. Handels- und Bankhäuser, in erster Linie der Konkurs der Buonaccorsi-Kompanie (1342), war ein schwerer Schlag für die finanzielle Situation der Familie, die jedoch ein beachtliches polit. und soziales Prestige bewahren konnte. Dazu trug die Bekanntheit des Geschichtswerks von Giovanni († 1348) bei, das von seinem Bruder Matteo († 1363) ein Jahr, nachdem man gegen ihn einen Prozeß wegen Ghibellinismus angestrengt hatte) und von dessen Sohn Filippo fortgesetzt wurde (1325–85), der zw. 1376 und 1381 Kanzler in Perugia war und auch als Dante-Kommentator bekannt ist. M. Luzzati

Lit.: s.a. V., Giovanni – S. RAVEGGI, M. TARASSI, D. MEDICI, P. PARENTI, Ghibellini, Guelfi e Popolo Grasso. I detentori del potere politico a Firenze nella seconda metà del Dugento, 1978, ad indicem – EDant, V, 1984, 1011–1013 (V., Filippo [G. AQUILECCHIA]); 1016–1017 (V., Matteo [DERS.]).

V., Giovanni, Florentiner Geschichtsschreiber, Kaufmann und Staatsmann, * um 1280, † 1348 an der Pest. Sohn des Villano di Stoldo di Bellincia, von dem sich der Name der Familie →Villani ableitet. Anfang des 14. Jh. begann V. seine kaufmänn. Tätigkeit in der →Peruzzi-Kompanie. Als junger Mann erlebte er in Rom die Feiern zum Jubeljahr 1300 mit (Nuova Cronica, IX, 36). Nachdem er in Flandern als Faktor für kurze Zeit Erfahrungen gesammelt hatte, wurde er Gesellschafter der Peruzzi-Kompanie, aus der er zw. 1308 und 1312 wieder austrat. Genauere Nachrichten über seine kommerziellen und finanziellen Aktivitäten in den Jahren 1312–22 sind nicht erhalten; wahrscheinlich arbeitete er jedoch bereits in dieser Zeit in der Kompanie der →Buonaccorsi, von denen ein Mitglied, Vanni, seine Schwester Lapa geheiratet hatte. V. wurde der wichtigste Vertreter seiner Familie in dieser Kompanie, war in ihrer Hauptniederlassung in Florenz tätig und verwertete die Informationen, die ihm aus ganz Europa zuflossen, für seine »Cronaca« (oder besser »Nuova Cronica«), so daß diese den Charakter einer bloßen Stadtchronik verlor. Die ersten sieben Bücher behandeln die Zeit von den bibl. Ursprüngen bis zur Ankunft →Karls v. Anjou in Italien (1265), in den folgenden Bücher Ereignisse, die in der Lebenszeit des Verfassers oder kurz vor seiner Geburt stattgefunden hatten. Was Florenz betrifft, das im Mittelpunkt seines Werkes steht, konnte er über Nachrichten aus erster Hand verfügen, da er zur Führungsschicht der Stadt gehörte. Er war dreimal (1316–17, 1321–22, 1328) *priore* und als solcher Mitglied des Stadtregiments, bekleidete zahlreiche Aufsichtsämter (über das Münzwesen, über die Mauern usw.) und nahm an Gesandtschaften teil (im Okt. 1329 traf er in Bologna mit dem päpstl. Legaten Bertrand du Poujet zusammen) und erfüllte weitere polit. Aufträge. Obgleich der Höhenflug seiner polit. Karriere nach 1331 durch einen Prozeß wegen betrüger. Amtsführung (der übrigens mit einem Freispruch abschloß) sein Ende fand, blieb V. weiterhin, wie er selbst erklärt, »einer der größten und reichsten Popolaren und Kaufleute unserer Stadt«. Deshalb gehörte er 1341 zu den Florentinern, die als Bürgen für das mit Mastino →della Scala geschlossene Abkommen nach Ferrara gesandt wurden. Seinem pragmat. Kaufmannsverstand ist es zu verdanken, daß er für uns sehr wichtige Nachrichten über die Bevölkerungsstruktur, die handwerkl. und frühindustrielle Produktion und das Schulwesen im Florenz der ersten Hälfte des 14. Jh. in seine »Cronaca« einfügte. 1342 wurde er als einer der Hauptverantwortlichen in den Bankrott der Buonaccorsi-Kompanie hineingezogen, mußte in seinen letzten Lebensjahren eine lange Reihe von Konkursverfahren abwickeln und war auch für kurze Zeit im Gefängnis (1346). Er hinterließ einen illegitimen Sohn, den Priester und Notar Bernardo, und eine Tochter, die seine Erbin war. Zum Zeitpunkt seines Todes genoß sein Werk, das nicht zuletzt wegen seines lit. Wertes als erstes großes Denkmal der it. Geschichtsschreibung in der Volkssprache gilt, bereits außergewöhnl. Berühmtheit. M. Luzzati

Lit.: M. Luzzati, Ricerche sulle attività mercantili e sul fallimento di G. V., BISI 81, 1969, 173–235 – Ders., G. V. e la compagnia dei Buonaccorsi, 1971.

Villanus → Vilain

Villar de Frades (ptg. Vilar de Frades), Kl. OSB, dann Chorherrenstift und -kongregation in Portugal, Bm. Braga, ö. von Barcelos gelegen; belegt als 'monasterium de Villar' (1059), 'domus Sancti Salvatoris' (1104) und 'Vilar de Fratribus' (1188). Um 1425 reformierten Ebf. Fernando de Guerra v. Braga und 'Maestre' Johann, der Arzt Kg. Johanns I. v. Portugal, das Kl. mit Säkularkanonikern, die sich dem Johannesevangelium eng verpflichtet hatten und als 'Bons homens de V.' bezeichnet wurden. V. war somit die älteste Einrichtung der religiösen Bewegung der späteren 'Evangelisten', die auf Betreiben von Kg. Alfons V. v. Portugal und seiner Gemahlin Isabella von Pius II. offiziell den Namen 'Kanoniker des Evangelisten Johannes' erhalten sollten, im Volksmund aber *Lóios* genannt wurden (nach der Kirche Santo Elói in Lissabon, ihrem Zentrum in Portugal). Im Rahmen seiner Reform schloß sich V. der St. Georgskongregation v. Alga in Venetien an (von dort auch Übernahme der blauen Farbe der Ordensgewänder). Eugen IV. unterstützte ausdrückl. diese 'applicatio', gewährte den »rectoribus et canonicis secularibus congregationis monasterii Sancti Salvatoris« die Freiheiten und Rechte sowohl der ven. Georgskongregation als auch der →Hieronymiten und nahm V. (unter Herauslösung aus der Jurisdiktion des Ebf.s Fernando v. Braga) in den Schutz des Apostol. Stuhles auf (»Iniunctum nobis«, 18. Mai 1431). Nikolaus V. bestätigte auf Dauer die Abgabenfreiheit, doch mit einigen Abschwächungen zugunsten Bragas (»Romanus Pontifex«, 5. April 1453). Im langwierigen Streit zw. V. und Braga ging es v. a. um jene Kirchen, die aufgrund ihrer Zugehörigkeit zur Kongregation v. V. dem Ebm. Braga die Abgaben verweigerten. P. Feige

Lit.: F. de Almeida, Hist. da Igreja em Portugal, neu hg. D. Peres, II, 1969 – J. Marques, A Arquidioc. de Braga no século XV, 2 Bde, 1981 – A. A. Banha de Andrade–F. J. Pereira, Dic. de Hist. da Igreja em Portugal, III, 1986 – s. a. Lit. zu →Braga [bes. A. de J. da Costa, 1957].

Villard de Honnecourt, als Vilars dehonecourt bezeichnet sich mehrfach der Verfasser des 33 Pergamentblätter umfassenden →Musterbuches in der BN Paris ms. fr. 19093. Die auf Reisen u. a. nach Cambrai, Meaux, Vaucelles, Reims, Laon, Chartres, Lausanne und Ungarn um 1220/30 angefertigten Skizzenblätter wurden von dem aus Honnecourt in der Picardie stammenden, vermutl. als Werkmeister (*artifex*) tätigen V. nachträgl. zu einem »livre« zusammengestellt (1593, 1893 und 1926 neu gebunden), soweit möglich thematisch geordnet und teilweise von V. selbst, dann von zwei weiteren Meistern im Verlauf des 13. Jh. in Afrz. mit didakt. und erklärender Absicht beschriftet. Schon im MA gingen etwa 13 Blätter verloren. Das heute in Schweinsleder gebundene Buch von 16×24 cm ist somit unvollständig. 1666 war es im Besitz des Kunsthistorikers A. Félibien, kam von ihm in die Abtei St-Germain-des-Prés in Paris und 1795 in die BN Paris. Die 325 Einzelzeichnungen zeigen zu etwa zwei Dritteln Menschen- (162) und Tierdarstellungen (62), ferner liturg. Gerät, Maschinen, Ansichten und Grundrisse von Kirchen sowie vier Seiten Geometrie für die Bauerstellung. Die braunen Federzeichnungen sind in Bleistift und bei den Bauabbildungen auch durch Blindrillen vorbereitet. Die am heutigen Baubestand nachkontrollierbaren Zeichnungen von Reims, Laon, Chartres und Lausanne zeigen, daß V. die Bauformen aufgrund seiner eigenen konstruktiv-geometr. bestimmten Logik leicht verändert und teilweise summar. wiedergegeben hat. Seine Figurenzeichnungen zeigen den späten Muldenfaltenstil; sie gehören in vielfältige ikonograph. Bereiche der Skulptur und Buch- und Glasmalerei; christl. Figuren, Allegorien, Ecclesia, Gerichts- und Turnierszenen, Würfelspieler und Löwenkampf sowie Aktdarstellungen nach antiken Figuren. Die zahlreichen Tierdarstellungen mit geometr. Figuren als Zeichenhilfe stehen in der Tradition von →Bestiarien. Stilist. Untersuchungen finden sich bisher nur in Ansätzen: Beziehungen zur Goldschmiedekunst in der Nachfolge des →Nikolaus v. Verdun, Ingeborgpsalter, Missale aus Noyon und als Vorbild für fol. 13^v das karol. Evangeliar aus St-Médard in Soissons. In vielfacher Weise sind seine Skizzen Quellen für tiefere Einsichten in die damaligen Kenntnisse zum →Baubetrieb, Maschinen und Planungstechniken, bes. umfangreich für die Kathedrale v. Reims, die für die Entwicklung der Hochgotik formal (säulenartige Rundpfeiler mit Vorlagen, Maßwerk, Skulpturenprogramme), techn. und im Planungsverfahren (Aufkommen von Baurissen, Reimser Palimpseste Mitte 13. Jh.) um 1210/33 von höchster Bedeutung war.

G. Binding

Lit.: Lex. der Kunst VII, 1994, 636f. [Lit.] – H. R. Hahnloser, V. de H., Krit. Gesamtausg. des Bauhüttenbuches ms. fr. 19093 der Pariser Nationalbibl., 1972² – C. F. Barnes, V. de H., the Artist and His Drawings, A Critical Bibliogr., 1982 – A. Erlande-Brandenburg u.a., Carnet de V. de H., 1986 – C. F. Barnes, Le »problème« V. de H. (R. Recht, Les bâtisseurs des cathédrales gothiques, 1989) – G. Binding, Baubetrieb im MA, 1993, 207–224.

Villars, Ort (V.-en-Dombes, dép. Ain) und →Seigneurie in Ostfrankreich, nördl. v. Lyon. Die große Adelsfamilie der Thoire-Villars (Th.-V.) geht zurück auf die Heirat Stephans (I.) v. Thoire mit Agnes, Erbtochter der Seigneurie V. (um 1188). Das Haus Thoire, dessen Kernbereich die Landschaft Haut-Bugey war, hatte seine Besitzungen im N und W der Abtei →Nantua erweitert (Achse Oyonnax-Poncin). Das Haus V. beherrschte den Großteil der →Dombes um die Achse V.–Trévoux. Die dynast. Verbindung zw. Thoire und V. wurde für Stephan I. und seine Nachfolger zum Ausgangspunkt einer weiträumigen Territorialbildung im Raum zw. Genfer See (nördl. v. →Genf) und Saônetal (nördl. v. →Lyon). Dieser Expansion stellte sich das Haus →Savoyen entgegen im Bestreben, seine Kontrolle über die großen Straßen zw. dem Hzm. →Burgund und Oberitalien (durch →Bresse und Bas-Bugey) zu wahren. Der von Stephan II. 1240 im Gegenzug entfesselte, bis 1355 andauernde krieger. Konflikt wurde von den V. im Bunde mit dem Dauphin des Viennois (→Dauphiné) geführt. Ohne die Herkunftslandschaft Bugey zu vernachlässigen (Ausbau der im dortigen Bergland gelegenen Burgen), wandte sich das Haus Th.-V. verstärkt dem neuen Machtzentrum um V. zu, das auch zum ausschließl. Namen des Geschlechts wurde.

Eng verbunden mit dieser Territorialpolitik war der geschickte Zugriff auf die dem Imperium angehörende Kirche v. →Lyon; drei V. wurden hier zu Ebf.en gewählt: *Heinrich I. v. V.* (1295–1301) sah sich angesichts der ausbleibenden Unterstützung durch das Reich zur Annäherung an den mächtigen Kg. v. Frankreich, →Philipp d. Schönen, genötigt (1299 persönl. Homagium), verstand es aber gleichwohl, die Rechte seiner Kirche durch eine Reihe von Statuten zu wahren. *Ludwig v. V.* (1301–08) wollte zwar ebenfalls die Selbständigkeit seines geistl. Fsm.s behaupten, mußte aber 1307 in den 'Philippines', einem →Pariage, unter Druck Philipps d. Schönen die frz. →Suzeränität anerkennen, in Abkehr von den Privilegien, die Lyon durch die Goldbullen der Salier und Staufer empfangen hatte. 1305 genoß der Ebf. die hohe Ehre der Papstkrönung →Clemens' V. zu Lyon. Ebf. *Heinrich II. v. V.* (1342–55), der seit 1335 Generalstatthalter des Dauphins →Humbert II. gewesen war, spielte eine wichtige Rolle bei der Übertragung des Dauphiné an Frankreich (1349), unter Abwehr der Prätentionen des gegner. Hauses Savoyen. Heinrich II. wurde kgl. Rat Johanns d. Guten und sicherte als solcher die frz. Souveränität über Lyon.

Infolge des Vertrags v. Paris (1355), der den langen Krieg zw. Dauphiné/V. und Savoyen beendete, trat *Humbert VI. v. V.* in die Vasallität der Savoyer ein. Sein Sohn und Enkel waren lebhaft an der Erbfolge der Gft. Genf interessiert. Sein Neffe *Odon* machte am savoy. Hof glänzende Karriere als von →Amadeus VI. geschätzter Ritter, war Rat der Gräfinmutter Bonne de Bourbon (unter →Amadeus VII.), Tutor von →Amadeus VIII., fungierte 1393–98 als tatkräftiger Leiter der fsl. Regierung und wirkte (unter schwierigen Bedingungen) später noch als Gouverneur v. →Piemont, dann v. →Provence. Die letzten Vertreter des Hauses V., *Humbert VII.* und Odon, veräußerten 1401–02 ihre Rechte an Amadeus VIII. v. Savoyen (mit Ausnahme einiger Herrschaften in den Dombes, die an Hzg. Ludwig II. v. →Bourbon gingen).

Die Herren v. V. haben bei aller Bedeutung ihre Adelsherrschaft nie in ein echtes Fsm. transformiert; hinsichtl. der Ausdehnung der Besitzungen, der administrativen Organisation, des Erwerbs von Titeln und des Zuschnitts der (z. T. erhaltenen) Burgen wurde die Dimension einer großen Adelsherrschaft nie überschritten.   B. Demotz

Lit.: S. Guichenon, Hist. de Bresse et du Bugey, Lyon 1650 – B. Demotz, Le comté de Savoie du XIII⁶ au XV⁶ s.: ét. du pouvoir dans une principauté réussie [Thèse Lyon, 1985] – B. Galland, Deux archevêques entre France et Empire: les archevêques de Lyon et de Vienne du milieu du XII⁶ au milieu du XIV⁶, 1994.

Villasandino → Álvarez de Villasandino, Alfonso

Ville franche. Neben den nur eine kleine Minderheit bildenden →Kommunen und den Städten des languedoz. und aquitan. Südens mit →Konsulat bildete sich im Frankreich des 12. und 13. Jh. ein dritter Stadttyp aus, die als 'v.s f.s', 'villes de franchises' oder 'villes de prévôté' bezeichneten Städte und Flecken unter seigneurialer Herrschaft (→Minderformen, städt.; →Stadt, E).

Der Unterschied zu den erstgenannten Typen ist wesentlich: Kein Verband der Stadtbewohner (→coniuratio, →Einung) tritt hier als Gegenspieler des Stadtherrn mit Waffengewalt hervor. Es bildete sich kein kollektives Stadtregiment wie in →Toulouse. Die stadtbürgerl. Emanzipation vollzog sich in der Regel ohne starke Erschütterung und in gemäßigter Form. Eine strenge Abgrenzung von städt. und ländl. Gemeinden ist keineswegs überall erkennbar; auch ein Dorf wie Lorris im Gâtinais konnte seine 'libertas' (→Statuten v. Lorris) erwerben. In den v.s f.s waren es die (adligen) Inhaber von →Seigneurien, die es unter weitgehender Wahrung ihrer durch einen grundherrl. Verwalter (→Prévôt, →Bayle, →Viguier) und ein auf der Burg tagendes Gericht wahrgenommenen Herrenrechte verstanden, auf den Druck einer wachsenden Bevölkerung zu reagieren, Zuwanderer an den ihrer Herrschaft unterstehenden Ort zu binden, ertragreiche Handwerks- und Handelstätigkeit zu fördern. Die sich auf diese Weise herausbildende städt. Gemeinschaft erwarb einen Komplex von Rechten und Freiheiten, der aber nur selten echte administrative und polit. Privilegien (im Sinne einer entwickelten »Munizipalität«) beinhaltete.

Diese 'franchises' wurden zum Gegenstand einer offiziellen Urk. (→charte de franchises), meist orientiert an einem näheren oder ferneren Vorbild (Bildung von 'Rechtsfamilien': Savoyen, Dauphiné). Durch derartige Statuten wurden die seigneurialen Rechte nicht aufgehoben, aber präzisiert und für künftige Generationen 'festgeschrieben'. Bestimmte Privilegien betrafen das Privatrecht; betont wurde oft die persönl. →Freiheit der Stadtbewohner gemäß dem Rechtssprichwort »L'air de la ville rend libre« (→Stadtluft macht frei). Der schmachvolle Status der →Leibeigenschaft (*servage*) war 'intra muros' abgeschafft; ein 'entwichener Leibeigener' kam nach →Jahr und Tag (wenn er zuvor ohne Rückforderung in einer v. f. gelebt hatte) in den Genuß der Freiheit. Bewohner der v. f. hatten das Recht des Wegzugs, der freien Verfügung über die Eigengüter, der Zeugenschaft vor Gericht. Andere Privilegien, diesmal dem öffentl. Rechtswesen zugehörig, begrenzten die Willkür der seigneurialen Amtleute. Ein Bürger einer v. f. sollte ohne Urteil nicht über einen bestimmten Zeitraum hinaus gefangengesetzt werden; wurde er für schuldig befunden, büßte er nach den ggf. in der 'franchise' festgesetzten Strafrechtsbestimmungen, die v.a. in einem System von →Bußen bestanden, abgestuft nach Schwere des Vergehens sowie Alter, Geschlecht und ethn.-religiöser Zugehörigkeit (Judenrecht). Die für Bewohner einer v. f. geltenden Prozeßregeln wurden allmähl. 'modernisiert' (anstelle der älteren, stark vom →Gottesurteil geprägten Verfahren nun die neuen Formen des →Inquisitionsprozesses mit z. T. schriftl. Beweiserhebung). Die Forderung der Bürger nach fiskal. Garantien führte zur Abkehr vom willkürl. Abgabenwesen zugunsten fester Tarife und Zahlungstermine für die direkte Steuer (→Taille, z. B. mit →Abonnement). Andere Steuern wurden nach (neugefaßtem) Gewohnheitsrecht (→Coutumes) veranlagt: auf Fassaden oder Fensterfronten der Bürgerhäuser, nach dem Marktrecht, bei Ein- und Ausfuhr von Handelswaren nach dem geltenden Zolltarif (→Péage). Sorgfältig wurden die militär. Verpflichtungen fixiert: Dauer der Abwesenheit auf Feldzügen, Bedingungen des Heeresdienstes, zu stellende Ausrüstung, Unterhalt und Verteidigung der städt. Befestigungen (*remparts*) durch die städt. Milizen. Ein wichtiger Teil vieler stadt. Statuten waren Handelsprivilegien, etwa die Bestätigung oder Einrichtung von Jahrmärkten (→Messe) und →Märkten. Im günstigsten Fall erwarben die Bürger gewisse (meist begrenzte) Rechte der →Wahl von städt. Repräsentanten und Amtsträgern, so der *prud'hommes* (→probi homines), →*jurés* (Geschworenen), →Schöffen (*échevins*) am Gericht des Stadtherrn, Räte (*conseillers*) beim stadtherrl. Prévôt, städt. Steuereinnehmer sowie Beamten für die Durchführung städt. Arbeiten (Befestigung, z. B. *voieries*). Bestimmte Städte (bes. aus dem Rechtskreis der westfrz. →Établissements de Rouen) konnten sogar dem Kg. eine Kandidatenliste für das Amt des →Bürgermeisters (*maire*) übergeben, aus dem der Monarch das Stadtoberhaupt wählte. Die hergebrachten seigneurialen Rechte blieben durch die 'franchises' unangetastet; der Grund- bzw. Stadtherr erhob weiterhin Abgaben auf Immobilienverkauf (*lods et ventes*), den Backofen- und Mühlenbann (→Bann) usw. und übte die Hochgerichtsbarkeit aus (*justice de larron*, Gericht über →Landschädl. Leute).

Der Typ der v. f. oder 'communitas' war in Frankreich, unter diversen Bezeichnungen und mit vielen Sonderformen, weitverbreitet, so in der Normandie, im Pariser Becken, in Mittelfrankreich (z. B. →Bourges, →Moulins), Burgund (→Auxerre, →Avalon), im Alpengebiet (→Chambéry, →Annecy) oder in den der engl. Monarchie unterstehenden südwestfrz. Regionen. Trotz ihrer eingeschränkten Freiräume verkörperte diese Form der städt. Autonomie einen spürbaren Fortschritt gegenüber den städt. Gemeinwesen, denen jede Stadtfreiheit versagt blieb (wie den meisten Städten des Hzm.s →Bretagne vor dem 16. Jh.).   J. P. Leguay

Lit.: Ch. Petit-Dutaillis, Les communes françaises, 1947 [Neudr. 1970] – La Ville (RecJean Bodin VI, 1954) – A. Vermeesch, Essai sur les origines et la signification de la commune dans le Nord de la France, XIe–XIIe s., 1966 – Les Libertés urbaines et rurales du XIe au XIVe s. (Coll. de Spa, 1968) – J. F. Lemarignier, La France médiévale, institutions et société, 1970 – J. Schneider, Problèmes d'Hist. urbaine dans la France médiévale, Bull. Philol. et Hist. 1, 1977.

Ville neuve. In Frankreich (→Stadt, E) bezeichnet 'v. n.' oft ein einfaches Dorf, das ein Grundherr mit Landbesitzern bzw. Erbpächtern ('hospites'; →Emphyteusis) im Rahmen eines Siedlungsunternehmens errichtet hat. Nach einer anderen, hier zugrundegelegten Auffassung des Begriffs wird die v. n. im Sinne einer klein gegründeten Stadt behandelt, in einer gewissen Analogie zu Stadttypen anderer Länder wie den 'ville nuove' oder 'borghi nuovi' in Italien, den 'villas nuevas' in Kastilien, den 'new towns' in England, den →'Neustädten' in Dtl./ Mitteleuropa (→Minderformen, städt.) usw.

Die Verteilung der v.s n.s über den Raum ist in Frankreich ganz ungleich. Begegnen v.s n.s im nördl. Frankreich vergleichsweise selten (Pariser Becken, Flandern; Auvergne), so entwickelte sich ihre Errichtung in Südwestfrankreich, unter der vorherrschenden typolog. Bezeichnung der →Bastide ('bastida seu villa nova'), gleichsam zu einem Massenphänomen. Es sind um die 300 Bastides bekannt; die Kulturgeographie der aquitan. Länder ist durch die Errichtung von v.s n.s tief beeinflußt worden. Die Mehrzahl der Bastides bildete sich aus zw. 1250 und 1320; diese extrem späte Entstehungszeit kennzeichnet sie als 'Nachzügler' am äußersten Endpunkt der Wachstumsperiode des europ. MA. Der Blütezeit der Bastides, die etwa zwei Jahrhunderte nach der Gründungswelle der →Sauvetés lag, gingen im 12. Jh. vereinzelte Vorläufer voraus (Mont-de-Marsan, 1133; →Montauban, 1144). Die Gründungen des frühen 13. Jh. (etwa Cordes, dép. Tarn, 1222) sind nur schwer vom vorherrschenden Modell des 'castrum' abzugrenzen. Kleine befestigte Siedlungen (die 'castelnaux' der Gascogne) von stärker dörfl. als städt. Charakter entstanden noch zahlreich im 13. Jh., in Konkurrenz zum Typ der Bastide.

Die Ausbreitung der Bastides vollzog sich in einem von starken Besonderheiten geprägten polit.-sozialen Umfeld; in einer Zeit, in der die Kg.e und Fs.en die ersten Grundlagen eines modernen Staatswesens schufen, und in einem durch starke Konkurrenz von Herrschaftsgewalten gekennzeichneten Gebiet, das aber infolge des Fehlens eines urbanen Geflechtes noch über starkes Wachstumspotential verfügte. Das Streben der Gründer nach Siedlungskonzentration bei ihren Untertanen, um sie effizienter zu beherrschen und ihren Grundbesitz zu bündeln, war untrennbar mit dem Wunsch nach Steigerung der Fiskaleinkünfte verbunden. Die Rivalität der →Kapetinger und ihrer Vasallen, der →Plantagenêt, ließ in den umkämpften Grenzzonen (→Agenais, →Périgord) ein dichtes Netz von einander gegenüberstehenden, jeweils von einer der beiden Gewalten abhängigen Bastides entstehen. →Alfons v. Poitiers, nach ihm die kgl. →Seneschälle (bes. Eustache de Beaumarchais, der zw. 1272 und 1291 nicht weniger als 23 Bastides gründete) nutzten die Form der Bastide, um im Herzen der noch selbständigen →Seigneurien Brennpunkte der kapet. Macht aufzubauen. Dieses Vorgehen wurde ermöglicht durch große Besitzübertragungen von seiten der Zisterzienserabteien, die einerseits das Vordringen der Kapetinger zur Bekämpfung der Häresie (→Katharer) unterstützten, andererseits damit auf die Krise ihres überkommenen Wirtschaftssystems reagierten. Die zielbewußte Gründungstätigkeit, die sich stark auf die fruchtbaren Tieflandregionen (Schaffung von Zentren der Agrarwirtschaft) konzentrierte, verkörpert sich in der planmäßigen Anlage um einen zentralen Marktplatz (→Platz). Die Gründung von Bastides war auch Spekulationsobjekt; hiervon zeugt die Karriere von Henri le Gallois am Hofe Eduards I. (1273–1307), eines großen Gründers von v.s n.s

An der Wende vom 13. zum 14. Jh. gerieten zahlreiche Bastides in (z. T. rapiden) Verfall, was zum einen auf die verschärfte Konkurrenz zw. den Gründern, zum anderen auf die Verlangsamung des demograph. Wachstums zurückzuführen ist. Dem steht jedoch das Überleben einer großen Zahl von Bastides gegenüber: Zwar verkümmerten einige zu Dörfern, andererseits waren die kleinstädt. Regionalzentren des aquitan. Raumes in der Regel Bastides (z. B. Libourne, dép. Gironde; →Villefranche-de-

Rouergue, dép. Aveyron; Villeneuve-sur-Lot, dép. Lot-et-Garonne). Ihr Status beruhte zumeist auf dem →Paréage zw. einem Besitzer, der den Grund und Boden zur Pacht ausgetan hatte (oft einer Zisterzienserabtei), und einem Inhaber der öffentl. (weltl.) Herrschaft (etwa einem großen Herrn des Regionaladels oder aber dem Seneschall des Kg.s v. Frankreich bzw. Kg.s v. England/Hzg.s v. Aquitanien). Um Bevölkerung in ihre v.s n.s zu locken, zögerten die Gründer nicht, diesen klangvolle Namen zu verleihen (programmat. Devisen: Villefranche; Übernahme berühmter Stadtnamen: Bruges, Cologne, Grenade, Plaisance, Milan). Die neuen Bewohner genossen bestimmte (im Vergleich zu anderen Städtelandschaften der Zeit allerdings begrenzte) Freiheiten, erhielten 'intra muros' ein steuerpflichtiges Baugrundstück ('platea', 'ayral', 'localium') sowie auf dem Territorium der v. n. mehrere Landparzellen (darunter ein →'casal' nahe der Mauer, genutzt als Garten).

Die v.s n.s verfügten über einen regelmäßigen Stadtgrundriß, für den Montpazier (dép. Dordogne) lange als Modellfall galt; inzwischen konnte gezeigt werden, daß die von den Landmessern (→Vermessung) angewandten geometr. Formen eine vielfältige, komplexe Topographie und einen unterschiedl. Entwicklungsstand widerspiegeln, sich zudem den jeweiligen örtl. topograph. Bedingungen anpassen. Die klass. Stadtgestalt ist charakterisiert durch Schachbrettgrundriß, eine Vierzahl rechtwinklig verlaufender Straßenzüge, die bebaute Gevierte umschließen; das zentrale Geviert bildet d. Marktplatz, der mit einer Halle, umgeben von Arkadengängen ('couverts', 'cornières'), ausgestattet wurde; die mächtige got. Kirche liegt dagegen vom Zentrum abgewandt. Besaßen die Bastides mit strateg. Funktion von Anfang an eine Wehrmauer, so wurden die anderen meist anläßl. des →Hundertjährigen Krieges befestigt. Auch die Stadtflur ('terroir') wurde systemat. parzelliert, wobei die älteren Gemarkungen und Wohnstätten (die Bastides entstanden überwiegend auf altbesiedeltem Land) ganz oder teilweise beseitigt wurden. B. Cursente

Lit.: A. CURIE SEIMBRES, Essai sur les villes fondées dans le Sud-Ouest de la France sous le nom générique de bastides, 1880 – CH. HIGOUNET, Paysages et villages neufs du MA, 1975 – M. BERESFORD, New Towns of the MA. Town Plantations in England, Wales and Gascony, 1978 [Neudr. 1985] – A. LAURET, R. MALEBRANCHE, G. SERAPHIN, Bastides, villes nouvelles du MA, 1988 – CH. HIGOUNET, Villes, sociétés et économies médiévales, 1992 – B. CURSENTE, Les v.s n.s du royaume de France (XIe –XIIIe s.) (I borghi nuovi, 1993), 39–54.

Villefranche, Stadt in Südfrankreich, am Mittelmeer (Provence, Côte d'Azur, dép. Alpes-Maritimes, östl. v. →Nizza). Die vom Cap Ferrat im O und Mont-Boron im W eingeschnürte Reede v. V. zählt zu den geschütztesten Buchten des westl. Mittelmeeres. Die Stadt V. erfuhr ihre offizielle Gründung am 10. Aug. 1295 auf Befehl Kg. →Karls II. v. Anjou und wurde am Ort des 'Port Olivi' (altprov. Port-Oliu, neufrz. Port-Olive) in der NW-Ecke der Bucht errichtet. Port-Olive, Nachfolgesiedlung eines röm. Hafenortes (entweder des bei Ptolemaeus gen. 'Portus Herculis' oder des im Itinerarium Antonini erwähnten 'portus de Olivula') ist belegt seit dem 3. Viertel des 12. Jh., war aber am Ende des 13. Jh. weitgehend wüstgeworden, infolge einer Bevölkerungskonzentration im hochgelegenen 'castrum' des 'Mons Olivi' (Montoliu, Montolive; heut. Hügel Aire St-Michel im O der Bucht). Die Siedlungsleere im Uferbereich erlaubte es der Stadt Nizza, die selbst keinen vergleichbar günstigen Hafen besaß, Port-Olive einer gewissen Kontrolle zu unterwerfen und den vorzügl. Naturhafen zu nutzen.

Die neue Stadt trat das Erbe von Montolive an (Übernahme des gemeindl. Territoriums und der Konsulatsrechte). Die städt. Bewohnerschaft rekrutierte sich teils aus der Bevölkerung des 'castrum', teils aus Zuwanderern aus der Provence (ausschließl. aus dem Gebiet links des Var). Die wegen ihrer (fiskal.) Freiheitsprivilegien 'Villafranca/V.' genannte Stadt wurde auf Kosten des kgl. Schatzes befestigt, hatte seit dem 1. Viertel des 14. Jh. ein Arsenal und zählte 120 Haushaltsvorstände. Das aufblühende Städtchen behielt seine alte Rolle als Vorhafen von Nizza (Hafenkomplex v. Nizza-V.) und diente als Sammelplatz für Flottengeschwader, bildete aber auch eine eigene kleine Flotte aus (Fischereifahrzeuge, doch auch Handels- und Kriegsschiffe).

Nach der Übergabe an das Haus →Savoyen (1388) stellte der Hafenkomplex Nizza-V. das einzige savoyische »Fenster zum Mittelmeer« dar. Die Gf.en/Hzg.e v. Savoyen etablierten hier ihre kleine, schlagkräftige Kriegsflotte (erstmals belegt 1434–36) und unternahmen im ausgehenden 15. Jh. einige (teilweise von Erfolg gekrönte) Maßnahmen zum Ausbau des Handelsverkehrs der beiden Häfen.

Während der Italienkriege des ausgehenden 15. und frühen 16. Jh. fungierte V. oft als Flottenstützpunkt des Kg.s v. Frankreich: Bes. 1524 wurde der Hafen unter Übergehung der savoyischen Neutralität als Operationsbasis der von Andrea →Doria befehligten Flotte genutzt. Vom 9. Mai bis 8. Juli 1538 war V. Aufenthaltsort Ks. Karls V. und seiner Flotte während der Konferenz v. Nizza, auf der Karl V. und Franz I., ohne unmittelbar einander zu treffen, durch Vermittlung Papst Pauls III. über eine Beendigung des Krieges verhandelten. V. und Nizza dienten den →Johannitern in der Zeit zw. dem Verlust v. →Rhodos (Ende 1522) und der Inbesitznahme v. →Malta (1530) als temporärer Ordenssitz.
A. Venturini

Lit.: A. COMPAN, Le Pays Niçois et la politique navale des deux premiers Angevins (1246–1309), PH, 1953, fasc. 14, 30–47 – A. CANE, Hist. de V.-sur-Mer, 1957, (1978²) – J.-F. BERGIER, Port de Nice, sel de Savoie et foires de Genève, Le MA, 1963, 857–865 – Hist. de Nice et du Pays Niçois, hg. A. COMPAN, 1980 – J.-P. BOYER–A. VENTURINI, Les consulats ruraux dans le ressort de l'évêché de Nice (ca. 1150–1326) (Le Village. Actes des Journées d'Hist. régionale, Mouans-Sartoux [1984], 1985), 17–46.

Villefranche-de-Conflent (katal. Vilafranca del Conflent), Stadt in den Ostpyrenäen (Südfrankreich, dép. Pyrénées-Orientales), im Tal des Têt an der Stelle eines 1025 erstmals erwähnten Hospizes um 1090 von Gf. Wilhelm Raimund v. der Cerdagne (→Cerdaña) gegr. und mit Marktrechten und weitgehenden Freiheiten ausgestattet, entwickelte sich dank seiner günstigen strateg. Lage rasch zum Hauptort des →Conflent und war 1126 Sitz einer *vegueria* (→Veguer), die das Conflent und Teile der Cerdagne umfaßte. Gefördert durch →Peter II. v. Aragón (1207, 1211) und Gf. →Nunyo Sanç v. →Roussillon (1236), erhielt V. von →Jakob I. eigene Stadtrechte (sog. 'costums de V.'), die Puigcerdà und Bellver de Cerdanya als Vorbild dienten. Nach Belagerung und Plünderung in den Kriegen Peters IV. gegen Jakob III. v. Mallorca setzte in der 2. Hälfte des 14. Jh. eine Phase des Niedergangs ein, verstärkt nach der Besetzung des Roussillon durch Ludwig XI. v. Frankreich (1472), so daß das ehemals blühende Tuchgewerbe fast völlig zum Erliegen kam. Die Pfarrkirche S. Jaime (Bm. Elne/Dekanat Prades) war vom Augustinerchorherrenstift Cornellà del Conflent abhängig, ihr Belfried diente in Zeiten der Gefahr als Fluchtturm. Der Konvent der Fraîles de la Penetencia de Jesucristo wurde 1279 auf päpstl. Anordnung durch ein Franziskanerkl. abgelöst. Das eindrucksvolle Stadtbild (geschlossene Festungsstadt mit Bauten aus rosafarbenem Marmor) beruht zwar auf ma. Grundlagen, spiegelt aber v. a. die von Vauban durchgeführte Transformation zur frz. Grenzfestung wider (nach dem Pyrenäenfrieden v. 1659).

U. Vones-Liebenstein

Lit.: Gran Encyclopèdia Catalana XV, 474f. – J. GIRALT, V., Rev. hist. et litt. du dioc. de Perpignan, 1921–23 – Y. HOFFMANN, À la découverte du Roussillon. V., cité méd., Reflets du Roussillon 18, 1957, 23–27 – A. DE POUS, La cité du marbre 'V.', capitale du pays de Conflent, 1966 – Gran Geografía Comarcal de Catalunya, hg. J. BECAT–P. PONSICH u. a., 1984, 168–174.

Villefranche-de-Rouergue, Stadt im sw. Mittelfrankreich, Rouergue (dép. Aveyron), westl. von →Rodez, wurde 1252 vom Kapetinger →Alfons v. Poitiers, Gf. en v. →Toulouse, zusammen mit vier anderen →Bastiden (Montréal en Agenais, Ste-Foy-la-Grande, St-Sulpice-de-Lézat, Carbonne) im Tal des Aveyron als Grenzsicherung zur von den Plantagenêt beherrschten →Gascogne auf konfiszierten Ländereien der Familie Morlhon gegründet und erhielt 1256 Stadtrechte, die weite Verbreitung im Languedoc fanden. Die Stadt hatte Konsularverfassung (→Konsulat), war seit 1269 Sitz eines →Bailli und löste bald Najac als Sitz des →Seneschalls des Rouergue ab. Mitte des 14. Jh. zählte V. 780 Feuerstellen, begann 1347 mit dem Bau der Stadtmauer und erhielt (nach einer zehnjährigen englischen Herrschaft 1360–69) eine kgl. Münzstätte, was zur Wiedereröffnung röm. Silberminen und zum wirtschaftl. Aufschwung (Kupfer- und Goldschmiedearbeiten, Tuchfabrikation) führte. Nach einem verheerenden Stadtbrand (1497) kam es 1499 wegen der Verteilung der Steuerlast zu einem Volksaufstand. – V. zählte zum Archidiakonat St-Antonin. Die Kollegiatkirche im Stadtzentrum besaß die Pfarrechte. 1450–65 gründete ein reicher Kaufmann, Vézian Valette, die Kartause St-Sauveur.

U. Vones-Liebenstein

Lit.: E. CABROL u. a., Annales, 2 Bde, 1860 – J. MIGUEL, L'architecture milit. dans le Rouergue au MA et l'organisation de la défense, 2 Bde, 1981 – H. ENJALBERT–H. CHOLVY, Hist. du Rouergue, 1987².

Villehardouin, Gottfried v. (Geoffroy de), führender Teilnehmer und Gesch.sschreiber des 4. Kreuzzugs, Marschall der 'Romania', * vor 1150 auf Burg V. (nahe →Troyes), † zw. Dez. 1212 und Juni 1218 in →Morea.

[1] *Leben:* V. entstammte der großen champagn. Adelsfamilie Villehardouin, ist 1172 erwähnt in einem Verzeichnis der Vasallen des Gf. en v. →Champagne, zu dessen Ratgebern er zählte. Als Gf. →Tedbald III. 1199 anläßl. des Turniers v. Ecry das Kreuz nahm, zog V. mit ihm auf den 4. Kreuzzug (→Kreuzzüge, B. IV), war beteiligt an den Verhandlungen mit den Venezianern und an der Beratung der Barone, die sich zu einer 'Umleitung' des Kreuzzugs auf →Konstantinopel und schließl. zur Eroberung der Stadt entschlossen (→Byz. Reich, B, VI [1]; →Lat. Ksr.). V. trat während des Kreuzzugs stark hervor, nahm einerseits dank seines Verhandlungsgeschicks an allen wichtigen Beratungen und mehreren Gesandtschaften teil, fungierte andererseits als erfahrener Kriegsmann. Er befehligte die champagn. Heeresabteilung, organisierte nach der Katastrophe v. →Adrianopel (1205) den Rückzug und sammelte in Rhaidestos (Rodosto) die Reste des Kreuzfahrerheeres. 1206 war er einer der Anführer der Truppenverbände, die den in Stenimachos (Thrakien) von den Bulgaren eingeschlossenen Renier de Trith befreiten.

1208 zeichnete sich V. bei einem Feldzug Ks. →Heinrichs v. Flandern gegen die Bulgaren aus.

V., der durchgängig die Würde des Marschalls v. Champagne innehatte, führte seit 1205 auch den Titel des Marschalls der 'Romania'. 1207 übertrug ihm →Bonifaz v. Montferrat den Oberbefehl bei der Belagerung v. Mosynopolis. 1208 wurde ihm sogar die 'garde' über Konstantinopel anvertraut.

Zur bedeutenden Rolle der Familie V. bei der Eroberung der Peloponnes durch die 'Lateiner' s. →Morea (hier trat – neben Wilhelm v. Champlitte – seit der Einnahme v. →Modon [1204–05] bes. der gleichnamige Neffe des Geschichtsschreibers hervor: Gottfried I., Fs. v. Achaia 1209/10–28/30).

E. Lalou

[2] *Chronik:* V. verfaßte die »Conquête de Constantinople«, ein Hauptwerk der frz. Chronistik des MA (→Chronik, L. I), das zugleich als erster großer Bericht in afrz. Prosa gilt. Das 1207/08 abgefaßte Werk, das aus der Sicht eines führenden Protagonisten die wichtigsten polit. und militär. Ereignisse und Entscheidungen in ihren Hauptzügen bzw. Ergebnissen gleichsam protokolliert, setzt mit dem Jahr 1198 ein und reicht bis Sept. 1207. Geschrieben in klarer, nüchterner Diktion und mit beachtl. chronolog. Präzision, stellt es die wichtigste narrative Q. zum 4. Kreuzzug sowie für die Anfangsjahre des →Lat. Ksr.es dar. Auch für die Gesch. Bulgariens unter den Zaren →Kalojan und →Boril (→Bulgarien, II) besitzt das Werk hohen Q.wert. Seit der lat. Übersetzung von 1573 folgten weitere ins It., Engl., Dt. und Bulgarische.

G. Prinzing

Ed.: G. de V., La conquête de Constantinople, ed. E. FARAL, 2 Bde, 1938–39, 1961² [mit synopt. frz. Übers.] – *Lit.:* BLGS IV, 1989, 413–416 [zur Familie V.] – M. G. STURDZA, Dict. hist. et généalogique des grandes familles de Grèce, d'Albanie et de Constantinople, 1983, 556, 560 – Dict. of the MA XII, 1989, 448f. – Oxford Dict. of Byzantium III, 1991, 2169 – DLFMA², 1992, 505–509 – Dict. des litt. de la langue française, 1994, 2620–2622 – P. LOCK, The Franks in the Aegean, 1204–1500, 1995, 17–21 und passim [Index].

Villeloin (Villalupae), Abtei OSB in Westfrankreich, westl. Touraine (commune V.-Coulangé, canton Montrésor, dép. Indre-et-Loire), unterstand zunächst der (selbst von St-Martin de →Tours abhängigen) Abtei →Cormery. Abt Audacher v. Cormery setzte hier 20 Mönche auf einer Domäne an, die ihm zwei Brüder geschenkt hatten; 850 weihte Herard, Ebf. v. Tours, die Kirche. Das monast. Ensemble Cormery-V. fiel im 10. Jh. in die Abhängigkeit der Gf. en v. Anjou (→Angers), die das Laienabbatiat ausübten. 965 gestand → Wido v. Anjou, der Sohn des letzten Gf. en/Abtes und Bf. v. →Le Puy, die Separation der beiden Abteien zu. Er ernannte einen Mönch aus Cormery, Huncbert, zum Abt v. V. In der Folgezeit besaßen die Mönche wohl das Recht der freien Abtwahl. V. erwarb das Patronat über insgesamt 23 →Priorate und Pfarreien in der Diöz. Tours, 10 Pfarreien und Kapellen in der Nachbardiöz. →Bourges. Die Päpste Hadrian IV. (1156) und Innozenz IV. (1263) verliehen der Abtei, die mit anderen Kl. →Gebetsverbrüderungen geschlossen hatte, Güterbestätigungen. 1463 wurde V. zur →Kommende herabgestuft: Papst Pius II. übertrug sie dem Kard.bf. v. Albi, Giovanni Goffredi, der sie durch Vikare verwalten ließ. 1472 fiel das Abbatiat an die Familie der Du Barasc de Beduer.

G. Devailly

Lit.: L. J. DENIS, Cart. de l'abbaye St-S. de V., Archives du Cogner, 1911 – G. M. OURY, Hist. religieuse de la Touraine, 1975.

Villena, Marquesado v., ausgedehnte, vom Kgtm. lehnsrührige Territorialherrschaft, die im 15. Jh. zu den größten der Krone Kastilien gehörte und sich an der kast. Grenze zum aragones. Kgr. →Valencia zw. →Cuenca und →Murcia erstreckte. Ursprgl. wurde der Señorío v. V. durch Kg. Alfons X. wegen seiner Unterstützung im Kampf gegen die de la →Cerda dem Infanten Manuel, seinem jüngeren Bruder, übertragen, der damit außer V. u. a. die auf dem Gebiet von Alicante gelegenen Orte Elda, Novelda, Elche und Santa Pola, später noch Almansa und Yecla erhielt. V. bildete später auch den Besitzschwerpunkt von Manuels Sohn, →Juan Manuel, dessen Eigentum es zwar blieb, doch ztw. unter aragones. Oberhoheit (Übereinkunft v. →Torrellas-Elche) kam. Schließl. fiel es an die kast. Krone und wurde als Teil der →Mercedes enriqueñas, zum Marquesado erhoben, an den späteren Condestable Alfons v. Aragón, den Sohn des Infanten →Peter v. Aragón und Gf.en v. Ribagorza und Denia, vergeben. Nach dessen Entmachtung wieder der Krone zu eigen, wurde der Marquesado im 15. Jh. nach der Schlacht v. →Olmedo von Heinrich IV. seinem Günstling Juan →Pacheco übertragen und nach dessen Sturz und der Eroberung durch die Kath. Kg.e dauerhaft der Krone inkorporiert. L. Vones

Lit.: J. Torres Fontes, La conquista del marquesado de V. en el reinado de los Reyes Católicos, Hispania 13, 1953, 37–151 – E. Mitre Fernández, Señorío y Frontera (El Marquesado de V. entre 1386 y 1402), Murgetana 30, 1969, 55–62 – J. R. L. Highfield, The Catholic Kings and the Titled Nobility of Castile (Europe in the Late MA, 1970), 358–385 – R. Mateos y Sotos, Juntas en el marquesado de V. (Monografías de Hist. de Albacete, 1974–77), 29–120 – A. Pretel Marín, En torno a la incorporación del Marquesado de V. a la Corona Castellana en 1395, Al-Basit 6, 1979, 163–176 – J. L. Pastor Zapata, Un ejemplo de 'apanage' hispánico: El señorío de V., Revista del Instituto de Estudios Alicantinos 31, 1980, 15–40 – A. Pretel Marín, Almansa Medieval (Una villa del señorío de V. en los siglos XIII, XIV y XV), 1981 – Ders., Don Juan Manuel, 1982.

Villena, Enrique de, span. Schriftsteller, * 1384 in Cuenca, † 15. Dez. 1434 in Madrid, stammte aus dem Kg.shaus Aragón, Großmeister des →Calatrava-Ordens, bekannt für sein Interesse an Magie und Astrologie. Sein »Tractado del arte del cortar del cuchillo« (»Arte cisoria«) behandelt Fragen der Etikette und der Kochkunst. In den »Doce trabajos de Hércules« (zuerst katal., dann span.) folgen auf die Schilderung der Taten eine allegor. Deutung, die Prüfung des hist. Gehalts und die moral. Nutzanwendung auf zwölf Stände, insbes. den des Ritters. Das »Libro de aojamiento« (»Fascinología«) befaßt sich mit dem Bösen Blick. Nur als Frgm. erhalten ist eine Dichtungslehre (»Arte de trovar«). Er übersetzte »De re militari« von →Vegetius (»Libro de la guerra«) und als erster die »Aeneis« →Vergils und →Dantes »Divina Commedia« ins Spanische. W. Mettmann

Ed. und Lit.: Arte cisoria, ed. F. Benificio Navarro, 1879 – El libro de la guerra, ed. L. de Torre, RHi 38, 1916, 497–531 – Tres tratados (De la consolación, Del aojamiento; De lepra), ed. J. Soler [= R. Foulché-Delbosc], ebd. 41, 1917, 110–214 – Tratado de la consolación, ed. D. C. Carr, 1976 – Tratado de astrología, ed. P. M. Cátedra, 1983 – El Arte de Trobar, ed. F. J. Sánchez Cantón, 1923 – Los Doze Trabajos de Hércules, ed. M. Morreale, 1958 – S. R. Lacuesta, La primera versión castellana de La Eneida de Virgilio, BRAE 38, 1979 – E. Cotarelo y Mori, Don E. de V. Su vida y su obra, 1896 – T. Crame, Don E. de V., 1944 – F. J. Sandoval, Don E. de V., 1973 – J. K. Walsh – A. Deyermond, E. de V. como poeta y dramaturgo, Nueva Revista de Filología Hispánica 28, 1979, 57–85 – A. Torres-Alcalá, Don E. de V.: un mago al dintel del Renacimiento, 1983 – P. M. Cátedra, Exégesis – ciencia – literatura. La exposición del salmo 'Quoniam videbo' de E. de V., 1985.

Villeneuve, aus Katalonien zugewandertes prov. Adelsgeschlecht, dem die führende polit. Persönlichkeit der Provence in der 1. Hälfte des 13. Jh., Romée de V., entstammte. Romées Vater, *Giraud de V.* († um 1225), der einer bescheidenen Familie aus dem unteren Tal des Llobregat (südl. von Barcelona) angehörte, tritt unter Gf. →Raimund Berengar IV. 1178 in der Provence auf. Als Gefolgsmann von Kg. →Alfons II., dem er als →Bayle v. →Antibes (1200) und Kastellan v. →Sisteron (1204) diente, erhielt er 1200 die →Seigneurie über die Dörfer Les Arcs und Trans (dep. Var) verliehen. Von seinen drei Söhnen erbte der älteste die Herrschaften Les Arcs und Trans; zu seinen Nachkommen (Linie der V.-Les Arcs) zählen: die hl. *Roseline* (1270[?]–1329), eine fromme Kartäuserin und Priorin v. La Celle-Roubaud; *Hélion* (→Villeneuve, Hélion de), Meister des Johanniter 1315–46; *Elzéar*, Bf. v. →Digne, 1327–41; *Arnaud* († 1494), →Chambellan Kg. →Renés v. Anjou, von →Karl VIII. 1491 zum Generalkapitän der Flotte der Provence ernannt; der Sohn von Arnaud, *Louis* († 1516), für den Kg. →Ludwig XII. 1506 die Mgft. Trans errichtete. Wie Louis nahmen noch mehrere V., deren Abstammungsverhältnisse nicht eindeutig geklärt sind, am frz. Neapelfeldzug (1494–96) teil: *Bernard,* Chambellan Kg. Karls VIII., sowie *Guillaume,* der Memoiren, in denen über die Einnahme von Neapel berichtet wird, hinterließ. – Der 2. Sohn von Giraud und seine Nachkommen erhielten eine Seigneurie, die sich auf Tourettes und Fayence, Orte in der Nachbarschaft v. Les Arcs, konzentrierte.

Der 3. Sohn war *Romée de V.* (Geburtsjahr unbekannt, † 1250/51), der zunächst für eine kirchl. Laufbahn bestimmt war (1223 Kanoniker v. Fréjus). Er hatte unter Gf. →Raimund Berengar V. ab 1224 wichtige Funktionen als Richter wie als Heerführer inne: 1229 führte er den Feldzug gegen das aufständ. →Nizza an und erhielt zur Belohnung die Gf.enrechte v. →Vence; in der Folgezeit kumulierte er diverse Herrschaftsrechte über die Dörfer in der Umgebung dieser Stadt. Seit 1234 war er der eigtl. Leiter der gfl. Regierung der Provence, was sich in der Führung verschiedener Titel (Baile de Provence, Connétable) niederschlug. Auf seiner Initiative beruhten großenteils die administrativen und jurisdiktionellen Transformationen, durch welche die Fs.engewalt des Gf.en nachhaltig gestärkt wurde. 1235 erhielt V. einen weiträumigen Sprengel (Baillie), der die Diöz. →Fréjus, →Antibes, →Vence und →Nizza (also den gesamten östl. Teil der Gft. Provence) umfaßte, übertragen. Im Testament Raimund Berengars V. erscheint V. als einer der beiden Ratgeber, die der Erbtochter Beatrix bei der Regierung zur Seite gestellt wurden; nach dem Tode des Gf.en (1245) fädelte V. die Verehelichung der reichen Erbin mit →Karl v. Anjou ein. Unter der Herrschaft des Anjou wurde V.s Einfluß bei Hofe jedoch rasch abgebaut. Der neue Fs. forderte von ihm Rechenschaft für ausständige Summen; im Testament vom Dez. 1250 tritt V. an Karl v. Anjou zur Bezahlung der Schuldenlast einen beträchtl. Teil seiner Domänen ab, darunter sogar Villeneuve (das spätere Villeneuve-Loubet), wo sich V. eine Burg errichtet hatte. Diese (der Sache nach wohl berechtigten) Revendikationsforderungen Karls v. Anjou begünstigten eine verklärende Sagenbildung, faßbar bereits bei →Dante, der V. im 6. Gesang ins Paradies versetzt und sein »opra grande e bella mal gradita« rühmt. Diese wohl im frühen 14. Jh. entstandene Legende macht aus dem Sohn eines katal. Ritters einen niederen Pilger, der durch verleumder. Barone schweres Unrecht erleidet. N. Coulet

Lit.: E. de Juigné de Lassigny, Hist. de la maison de V. en Provence, 3 Bde, 1900–09 – Les Bouches-du-Rhône, II, 1924, 539–541, 548, 563–569 [R. Busquet] – R. Busquet, La légende de R. de V., Études sur l'ancienne Provence, 1930, 28–39 – Y. Labande-Mailfert, Charles VIII et son milieu, 1975 – P. Leclercq – D. Le Blévec, Une sainte cartusienne, Roseline de V., Cahiers de Fanjeaux 23, 1988, 55–78.

V., Hélion (Hélie) **de,** Ordensmeister der →Johanniter, * 1270, † Mai 1346, Sohn von Arnaud II. v. →Villeneuve, Seigneur v. Les Arcs, und Sibylle v. →Sabran. Zunächst Komtur v. Manosque und Puimoisson, Statthalter (*lieutenant*) des Priors, dann Prior der Ordensprovinz Provence, wurde V. im Juni 1319 zum Ordensmeister gewählt, mit Unterstützung Papst →Johannes' XXII. und als Nachfolger des abgedankten Foulques de Villaret. Das von V. nach Montpellier einberufene Generalkapitel beschloß Maßnahmen zur Hebung der Ordenszucht und Stärkung der Autorität des Meisters sowie Verbesserungen bei der Verwaltung der Güter, welche die Johanniter aus dem Besitz des aufgehobenen →Templerordens erworben hatten. V. sanierte auch die Ordensfinanzen. Er verließ nur selten den abendländ. Bereich und fungierte v. a. als Vertrauensmann Johannes' XXII. Als Befürworter des von Kg. →Karl IV. v. Frankreich geplanten Kreuzzuges plädierte V. nachdrücklich für eine einheitlich durchgeführte Flottenexpedition, abgestützt auf →Zypern oder →Rhodos, und forderte ein völliges →Embargo gegen Ägypten. Er nahm an der Schlacht v. Cassel (1328) teil und verband sich 1334 mit →Philipp VI. v. Valois zur Durchführung eines neuen Kreuzzugsunternehmens. Der Kg. nahm jedoch nicht selbst das Kreuz, und der vom Dauphin →Humbert II. geführte Kreuzzug scheiterte. Doch eroberten die Johanniter die Stadt →Smyrna. V. stärkte die Position der Johanniter auf Rhodos und ließ hier die Festung La Rangia errichten.

E. Lalou

Lit.: J. DELAVILLE LE ROULX, Les Hospitaliers à Rhodes (1310–1421), 1974.

Villeneuve-lès-Avignon, Stadt in Südfrankreich (dép. Gard), am rechten Ufer der →Rhône; ältere Namen: Le Puy (mont) Andaon; Villanova (13. Jh.). Hagiograph. Texte schreiben die (legendar.) Ursprünge der kleinen Stadt zwei hl. Gründern zu: dem Eremiten Casarius (Casarie), dessen 'dies natalis' (8. Dez. 589) im 11. Jh. zu Verehrung Anlaß gab, dann dem hl. Pons (1063–87), Abt v. St-André. Der dem 'Rocher des Doms' und der bfl. 'Cité' v. →Avignon gegenüberliegende Mont Andaon wurde durch das Wirken dieser Hl. n sakralisiert. Im 12. Jh. errichteten die Avignonesen (dank des Wirkens des frommen Schäferburschen Bénézet, 1177) die steinerne →Brücke, den großen Kreuzungspunkt der Pilger- und Handelsströme zw. →Lyon und dem Mittelmeer. Nachdem Kg. →Ludwig VIII. v. Frankreich auf dem Weg zum Albigenserkreuzzug (→Albigenser, II) im Sommer 1226 auf heftigen Widerstand von seiten des dem Imperium unterstehenden Avignon gestoßen war, errichtete er als Vergeltung eine Befestigung auf dem Mont Andaon, gestützt auf ein zuvor geschlossenes →Pariage mit dem Abt v. St-André. Der befestigte Ort, der zur kgl. 'Neustadt' (→Ville neuve, →Bastide) wurde, markierte den wachsenden Druck der Kapetinger nach Osten, links der Rhône gelegene Reichsgebiet ('terre d'Empire'). 1294 erneuerte →Philipp der Schöne das Pariage, ließ einen Wehrturm errichten und verlieh den Bewohnern von 'V.' Privilegien und Freiheiten. Der Aufstieg Avignons zum Zentrum der lat. Christenheit (→Kurie, B) »durchkreuzte« (H. ALIQUOT) die eigtl. städt. Entwicklung der kgl. Bastide V., die nun zum prachtvollen Residenzort der avignones. Päpste und Kard. e wurde. Arnaud de Via, der Nepot →Johannes' XXII., stiftete hier 1330 eine Kollegiatkirche; seinem Schatz entstammt die kostbare got. Elfenbeinmadonna, eine höchst charakterist. Pariser Arbeit. Dem notor. Baugrundmangel in Avignon begegneten die großen Kard. e,

→Orsini, →Monteruc, →Thurey, Giffon, →Canilhac, indem sie sich in und um V. Lustschlösser, die berühmten *livrées*, errichten ließen, in denen sich eine kunstvolle Gartenkultur entfaltete. Vor diesem Hintergrund entstand die von →Innozenz VI. gestiftete, höchst ansehnl. dotierte Kartause St-Jean Baptiste, deren Reichtum und Spiritualität im monumentalen Altarbild der gewaltigen »Marienkrönung« von Enguerran Quarton (1453) ihren Ausdruck fand. Als aristokrat. Dependance von Avignon empfing V. Besuche und Gesandtschaften von Kg. en und Fs. en (→Humbert II., →Karl VI., →Ludwig v. Anjou, Maria v. Blois, Ks. →Karl IV.). 1349 erfolgte hier der Abschluß des Vertrages, der →Montpellier dem Kg. v. Frankreich unterstellte. Durch Errichtung der mächtigen Festung St-André (um 1360) schützte Kg. Johann II. (→Jean le Bon) V. gegen Angriffe der gefürchteten Söldnerrotten (*routiers*); die Kard. e suchten in Perioden der Unsicherheit, v. a. während des Gr. →Abendländischen Schismas (Obödienzentzug, 1398), die kgl. Schutzherrschaft. In dieser bewegten Zeit läutete der Tod des jungen Kard. s Peter v. Luxemburg (1397) das Ende der Blütezeit V. s ein.

Y. Grava

Lit.: A. SAGNIER, Les privilèges et les franchises de V., 1896 – ABBÉ L. VALLA, V. Guide du voyageur et notes hist., 1919 – F. BENOIT, V., 1930 – Congr. archéol. de France: Avignon et le Comtat Venaissin, 1963 – J. FAVIER, Philippe le Bel, 1978 – H. ALIQUOT, Les palais cardinalices hors les murs d'Avignon au XIVe s., 1983 – E. MOGNETTI, Saint Bénézet, o. J. [1984] – A. GIRARD – D. LE BLEVEC, Chartreuses du pays d'Avignon, 1986 – Avignon au MA. Textes et documents, hg. IREBMA, 1988.

Villers, Abtei SOCist in Brabant (heut. Belgien). Gegr. 1146, unmittelbare Tochterabtei v. →Clairvaux. Entgegen den Angaben der Q. wurde V. nicht in einer 'Einöde' gegr., sondern in einem Dorf der Herrschaft Marbais, das sich bereits in voller agrar. Entwicklung befand. Am Ende des 12. Jh. traten die Herren v. Marbais in die Vasallität der Gf. en v. Namur ein, wohingegen sich die Mönche der Vogtei des Hzg. s v. →Brabant unterstellten; V. wurde so endgültig zu einer brabant. Abtei. Das 13. Jh. bildete in religiöser, spiritueller, intellektueller und wirtschaftl. Hinsicht die große Blütezeit. Um 1250 lebten 100 Mönche und 300 →Konversen in der Abtei. Es entstanden historiograph. Werke (Chronik, Viten von Mitgliedern der Gemeinschaft) sowie ein →Polyptychon. Von außergewöhnl. Quellenwert sind die Viten einiger weibl. Konversen, deren aktive wirtschaftl. Rolle (Getreidebau, Aufzucht der großen Herden der Abtei) schlaglichtartig erhellt wird. V. besaß um die 20 →Grangien, gelegen zur Hälfte in Wallonisch-Brabant, die übrigen im Maasland, nahe Antwerpen und selbst in Holland. Seit 1300 erlitt V. einen irreversiblen Verfall des religiösen Lebens wie des Grundbesitzes und der Finanzen.

G. Despy

Q.: G. DESPY, Inventaire des archives de l'abbaye de V. conservées aux Archives Gén. du Royaume, 1959 – O. HENRIVAUX, Inventaire des Archives de l'abbaye de V. à l'archevêché de Malines, 1996 – *Lit.:* E. DE MOREAU, L'Abbaye de V. aux XIIe et XIIIe s., 1909 – G. DESPY, La fondation de l'abbaye de V. (1146), Arch. Bibl. Mus. Belg. 28, 1957, 3–17 – Monasticon belge IV^2, 1968 – G. DESPY, L'exploitation des »curtes« en Brabant du IXe s. aux environs de 1300 (Villa-Curtis-Grangia, hg. W. JANSSEN – D. LOHRMANN, Beih. der Francia 9, 1983), 185–204 – V., une abbaye royale revisitée (Colloque 850e anniv., 1996).

Villiers. 1. **V., Jean de,** Seigneur de L'Isle-Adam, * um 1390, † 1437, →Maréchal de France; Enkel von 2, entstammte einer alten Adelsfamilie der Île-de-France und begann seine militär. und polit. Laufbahn in der Ära des Konflikts zw. →Armagnacs et Bourguignons. Nach einer Zeit des Schwankens schloß er sich 1417 definitiv der Burgunderpartei an. Dank des Einsatzes von V. konnte sich Hzg. Johann (→Jean sans Peur) zum Herrn v. Paris aufschwingen. Sogleich empfing V. von →Karl VI. den Marschallstab. Als getreuer Gefolgsmann →Philipps d. Guten kämpfte er gegen die Anhänger des Dauphins →Karl (VII.), seit dem Vertrag v. →Troyes an der Seite des als Regent in Frankreich fungierenden →Heinrichs V. Doch das schlechte Verhältnis zum engl. Monarchen führte bald zu V.' Amtsenthebung und Einkerkerung. 1422 wieder freigekommen, diente V. dem Hzg. Philipp im Hennegau, in Holland und Seeland, ebenso aber auch, unter verschiedenartigen Voraussetzungen, dem Regenten →Johann v. Bedford. 1429 war es großenteils V.' Eingreifen zu verdanken, daß Paris den Angriff der →Jeanne d'Arc erfolgreich zurückschlagen konnte. 1430 zum Ritter des →Goldenen Vlieses gekürt, wurde V. 1432 wieder zum Marschall v. Frankreich ernannt, schloß sich aber 1435 vorbehaltlos der frz.-burg. Versöhnung im Frieden v. →Arras an. Im folgenden Jahr war sein Eingreifen entscheidend für die Rückeroberung von Paris durch die Truppen Karls VII. Nun verlieh ihm der Kg. das Marschallamt. 1437 wurde V. zu →Brügge von Aufständischen, die sich gegen Hzg. Philipp erhoben hatten, im Straßenkampf erschlagen. – Der Marschall verfaßte auf Wunsch seines Hzg.s einen kurzen (erhaltenen) Traktat über die Schlachtpfänder. Wenn auch V.' militär. Unternehmungen nicht immer von Erfolg gekrönt waren, so hinterließ er doch das Andenken eines hingebungsvollen und kühnen Heerführers. Ph. Contamine

Ed. und Lit.: Traités du duel judiciaire, relations de pas d'armes et de tournois, ed. B. PROST, 1872 – G. LEFÈVRE-PONTALIS, Jean de V., Seigneur de l'Isle-Adam, Maréchal de France [Positions des thèses de l'École des Chartes, 1883], 65–70 – M. BAUDOUIN, Recherches sur J. de V., Seigneur de L'Isle-Adam [Mém. de maîtrise, Univ. de Paris IV, 1993] – Les chevaliers de l'ordre de la Toison d'or au XVe s., Notices bio-bibliogr., hg. R. DE SMEDT, 1994, 47–49 [B. SCHNERB].

2. V., Pierre de, † 1386, frz. Heerführer und Staatsmann, →Chambellan Kg. →Karls V., Bannerträger der →Oriflamme. Sohn von Adam, Herr v. V.-le-Bel, ist V. bezeugt als Angehöriger des (1346 vor der Burg Aiguillon eingeschlossenen) Heeresaufgebotes des Hzg.s v. →Normandie. 1348 Ritter der kgl. →Leibwache, wurde er anschließend nach Schottland entsandt. V. gehörte dem Rat des Hzg.s v. →Orléans an und wurde zum Burghauptmann v. Pontorson (vor dem →Mont-St-Michel, dép. Manche) ernannt. Als er in engl. Gefangenschaft gefallen war, bot Kg. Johann II. (→Jean le Bon) 1353 1000 *deniers d'or* zur Bezahlung des Lösegeldes auf. Beim Wegzug von Pontorson designierte V. als Nachfolger Bertrand →Du Guesclin. 1357 kommandierte V. in Paris die von der Stadt und den →États Généraux ausgerüsteten Verteidigungstruppen und operierte im westl. Umland von Paris gegen einen engl. Truppenverband sowie gegen Söldnerrotten, welche die Straßen in die Beauce und Normandie unsicher machten. V., der 1356–58 zur Reformpartei zählte, gehörte seit ca. 1358 dem Rat des Regenten →Karl (V.) an und wird als 'major magister' des →Hôtel du roi genannt. 1358 kaufte er ein Haus in Paris (Rue Aubry-le-Boucher) und ließ sich im Okt. 1359 ein Stadtpalais in Melun übertragen. Er war mit der Vollstreckung eines Parlamentsurteils (*Arrêt*) gegen die Bürger v. Reims betraut (8. April 1363). V. gehörte der Eskorte Kg. Johanns an, als dieser sich im Jan. 1364 erneut als Gefangener in London stellte. Im April 1364 nach Frankreich zurückgekehrt, veranlaßte er durch seinen Bericht (*relatio*) den Dauphin, Henri de Thiérache zur Inspektion der Festungen in der Normandie zu entsenden. Anläßl. der Thronbesteigung Karls V. wurde V. mit der *Garde* der Burg Neauphle bei Gisors betraut. Auch wurde ihm erneut das hohe Amt des *Souverain Maître de l'Hôtel* verliehen. 1367 reiste er (gemeinsam mit Guillaume de →Dormans u. a. frz. Würdenträgern) als Gesandter zu →Urban V. nach Avignon, um den päpstl. Plan der Rückkehr nach Rom zu vereiteln. Im Okt. 1382 nahm V. als Bannerträger an der Schlacht v. →West-Roozebeke teil. Damals hatte er noch das Amt des Maître de l'Hôtel inne. – Zunächst Herr v. Mazy, erwarb er 1364 die Herrschaft L'Isle-Adam von Guillemette, einer direkten Nachfahrin Adams, des Connétables Philipps I. E. Lalou

Lit.: R. CAZELLES, Société politique, noblesse et couronne sous Jean le Bon et Charles V, 1982.

Villikation. [1] *Begriff:* Mit dem Terminus 'V.' wird eine Grundherrschaftsform (→Grundherrschaft) beschrieben, die im frz. Wissenschaftsbereich mit dem Begriff des »régime domanial classique« und im engl. Raum mit dem Begriff des »classic manor« bezeichnet wird. Diese V.s- oder Fronhofsverfassung ist dadurch charakterisiert, daß im Zentrum einer V. (villicatio) der grundherrl. →Fronhof (curtis) mit den davon abhängigen Bauernstellen (mansi) steht. Dieser Herrenhof mit seinen dazugehörigen Sallandflächen (terra salica) an Ackerland, Wiesen und Gärten wurde entweder vom Grundherrn selbst bewohnt und bewirtschaftet oder von einem Fronhofsverwalter, dem villicus oder maior, geleitet. Letzterer bebaute den Herrenhof sowohl mit unfreien Gesindekräften als auch mit bäuerl. →Frondiensten, zog die Natural- und Geldzinsen der abhängigen Hufenbauern ein und führte außerdem den Vorsitz im grundherrl. Hofgericht. Die V. mit ihrer ausgeprägten Fronhofwirtschaft steht dem Typus der Abgabengrundherrschaft konträr gegenüber, bei dem die Herrenhöfe allein Sammelstellen für bäuerl. Abgaben ohne grundherrl. Eigenbetrieb darstellen. Zw. diesen beiden Polen der Grundherrschaftsorganisation gab es eine Reihe von Misch- und Übergangsformen. Die Struktur der einzelnen Grundherrschaften hing zudem ab von ihrer Größe und Lage. Größere Grundherrschaften verfügten in der Regel über ein mehrstufiges V.ssystem, so daß Oberhöfe an der Spitze von Haupt- und Nebenhöfen standen. Mehrstufige V.en waren v.a. in den Grundherrschaftskomplexen des Kg.s und bei bedeutenden Kl. anzutreffen.

[2] *Entstehung und Ausprägung:* Die V. war hauptsächl. in den Kerngebieten des Frankenreiches und bes. im Raum zw. Loire und Rhein verbreitet, während sie in den Nachbargebieten viel seltener anzutreffen war. Diese Form der Grundherrschaft entstand bes. im Laufe des 7. und 8. Jh.; sie war im wesentl. eine Neuschöpfung des FrühMA und besaß keinen unmittelbaren Zusammenhang mit der Organisation des galloröm. fundus (A. VERHULST). Der Einfluß des frk. Kgtm.s, günstige Raumbedingungen und ausgedehnte, für den Getreidebau geeignete Lößböden haben offenbar die Ausbreitung dieser Grundherrschaft in den Kerngebieten des Frankenreiches gefördert. Hinsichtl. der Herrschaftsträger sind bei der V. vornehml. drei Hauptarten der Grundherrschaft zu unterscheiden: die kgl., die geistl. und die adlige Grundherrschaft. Aufgrund ihres Umfangs und ihrer polit. Bedeutung nahm die Grundherrschaft des Kg.s eine vorrangige Stellung ein. Gemäß den Angaben des →Capitulare de villis war dieses Kg.sgut stark von der V. geprägt: es war in Fiskalbezirke (fisci) gegliedert, die jeweils von kgl. Grundherrschaftsbeamten (iudices, villici) verwaltet wurden.

Die Epoche der Ausbreitung und Verfestigung der Grundherrschaft im 9. und 10. Jh. brachte die verschiedenen Ansätze und Formen der V. zur vollen Entfaltung. Die Ausbreitung der V. tritt dabei bes. im ostrhein. Dtl. hervor, wo durch die Errichtung großer Kl. und die

Ausstattung der Vasallen mit Lehen die grundherrschaftl. Struktur konsolidiert wurde. Der v.smäßig organisierte Großgrundbesitz erlangte so eine große Bedeutung, wobei die Ausdehnung des Grundherrschaftslandes durch →Rodung eine wichtige Rolle spielte. Gleichzeitig veränderte sich im frühen HochMA auch die Rechtsqualität und innere Struktur der Grundherrschaft. Die V.sherren griffen auf das Umland aus und bildeten grundherrl. Bannbezirke, wodurch die Konsistenz der Grundherrschaften gestärkt wurde.

[3] *Auflösung:* Infolge der grundlegenden Veränderungen in Herrschaft, Wirtschaft und Gesellschaft während des HochMA wandelte sich die V. und löste sich weitgehend auf. Die Intensivierung von Handel und Verkehr ließ seit dem 11. Jh. eine arbeitsteilige Markt- und Geldwirtschaft entstehen, die in vielfältiger Form auf die Grundherrschaftsverhältnisse einwirkte und allmähl. zu einem Zerfall der traditionellen V. führte. Neben diesen allg. Ursachen und dem Anpassungszwang an die neue gesamtwirtschaftl. Lage waren es auch spezielle Gründe, die im HochMA die Auflösung der V. vorantrieben. Die Verwaltung der V. mit ihrer differenzierten Rechts- und Wirtschaftsstruktur war relativ kompliziert und erforderte ein hohes Maß an Organisationskraft, um die Wirtschaftsführung der Fronhofsverwalter zu überwachen und die Ableistung der bäuerl. Frondienste zu kontrollieren. Durch die Abkehr von der grundherrl. Eigenbewirtschaftung und durch den Übergang zu einem Grundherrschaftssystem mit vorherrschenden Natural- und Geldrenten konnten dagegen die hohen Verwaltungskosten beträchtl. vermindert werden. Die Auflösung der V. verlief in den einzelnen Landschaften und Grundherrschaften während des 12. und 13. Jh. nach unterschiedl. Mustern und Zeitabläufen. Da viele Frondienste durch die starke Reduzierung der grundherrl. Eigenwirtschaft und die Verpachtung vieler Herrenhöfe überflüssig geworden waren, wurden sie überwiegend in Geldabgaben umgewandelt. Im Zuge dieses Wandels ist es aber nicht zur völligen Aufgabe der grundherrl. Eigenwirtschaft gekommen; große und kleine Grundherren bewirtschafteten auch im SpätMA einige Herrenhöfe in eigener Verantwortung. W. Rösener

Lit.: HRG I, 1309ff. – W. Wittich, Die Grundherrschaft in NW-Dtl., 1896 – A. Verhulst, La genèse du régime domanial classique en France au haut MA (Agricoltura e mondo rurale in Occidente nell'alto medioevo, 1966), 135–160 – F. Lütge, Gesch. der dt. Agrarverfassung, 1967², 4ff. – W. Rösener, Grundherrschaft im Wandel, 1991 – Ders., Agrarwirtschaft, Agrarverfassung und ländl. Ges. im MA, 1992.

Villingen, Stadt (Schwarzwald-Baar-Krs.). Eine Siedlung in ministerio Hruadharii comitis ad Filingas wird erstmals 817 in einem Diplom Ks. Ludwigs d. Fr. für das Kl. →St. Gallen erwähnt. Ks. Otto III. gewährte 999 dem Thurgaugf. Berthold in quodam suo loco Vilingun das Marktrecht mit Münze, Zoll und Kg.sbann (erste derartige Privilegierung eines weltl. Magnaten im Reich). Ob sich im Anschluß an diesen Akt in V. eine Marktsiedlung herausbildete, was wegen der günstigen Verkehrslage an den schwarzwaldüberquerenden Fernstraßen zu erwarten gewesen wäre, ist unklar. Die Hzg.e Berthold III., IV. und V. v. Zähringen, Nachfahren des 999 privilegierten Gf.en Berthold, gelten nach spätma. Tradition als Stadtgründer, jedenfalls übten die →Zähringer die Stadtherrschaft aus. Nach deren Ende 1218 gewannen die →Staufer und die Gf.en v. →Urach-Fürstenberg Einfluß auf V., 1282 dann Kg. Rudolf. Entscheidend für die spätma. Gesch. V.s war der Erwerb der Stadt 1326 durch Österreich. Weitgehende Privilegien erlaubten V. eine eigenständige Erwerbs- und Bündnispolitik und führten zur Abfassung des großen Stadtrechts v. 1371. In den Schweizerkriegen von →Sempach bis zum →Schwabenkrieg 1499 spielte V. als österr. Quartier und mit seinen Truppenkontingenten eine wichtige Rolle. Seit 1444 erlebte die Stadt eine Reihe landesherrl. Besuche, wobei 1455 in V. auch die Weichen für die Gründung der Univ. in →Freiburg im Br. gestellt wurden.
A. Zettler

Lit.: Vorderösterreich, 1967² – V. und die Westbaar, 1972 – Die Zähringer, I–III, 1986–90 – B. Jenisch, Die Entstehung der Stadt V., 1997 – Der Schwarzwald im MA, 1997.

Villon, François, frz. Autor, * 1431(?), † nach 1463. V. ist, nach →Rutebeuf, der bekannteste Pariser Dichter des MA. Im »Lais« (1456) und im »Testament« (1461, mit 19 lyr. Einlagen) finden sich über 200 Namen: einerseits Kneipen, Gebäude wie das Châtelet, die Sorbonne oder das Hôtel-Dieu, Orte wie der Galgen oder der Friedhof der Innocents. Andererseits werden, neben legendären und hist. Figuren (z.B. →Jeanne d'Arc), Großbürger, kgl. Beamte, religiöse Orden, aber auch Prostituierte sowie zwielichtige Büttel und Schergen erwähnt: mit seinen Legaten macht sie der Erblasser lächerl. oder greift sie heftig an. Mehrere Textstellen deuten auf Konflikte des 'escollier' mit der Justiz und mögl. Beziehungen zur Unterwelt: so die »leçon aux enfants perdus« im »Testament«, mehrere »Poésies diverses« und die »Ballades en jargon«. Sechs dieser, in der →Sondersprache der 'Coquillards' verfaßten Texte werden in Pierre Levets Ausg. von 1489 dem Werk von V. zugerechnet. Student, Dichter und Ganove: die wenigen verläßl. Daten in den Archiven scheinen den aus dem Werk gewonnenen Eindruck zu bestätigen, obwohl schon der Name des Autors Probleme aufwirft. Ist die Kombination von 'vil' (niedrig) und 'franc' (frei) mehr als ein Wortspiel, welches symbol. für die Kontraste in V.s Dichtung steht, wie das oft zitierte »rire en pleurs«? 1449 registriert die Pariser Artistenfakultät 'François de Montcorbier' als 'bacchalaureus' und verleiht ihm 1452 den 'magister artium'. Nach einem Streit, der 1455 den Priester Philippe Sermoise das Leben kostet, muß V. Paris verlassen. In den Begnadigungsschreiben v. 1456 ist von »François des Loges, autrement dit de V.« die Rede, offensichtl. zwei Übernamen für 'François de Monterbier' (= Montcorbier?). Im selben Jahr beteiligt sich V. am Einbruch im Collège de Navarre und muß längere Zeit die Hauptstadt meiden. 1457/58 ist V. in Blois: Am Hofe von →Charles d'Orléans transkribiert er eine Ballade (»Je meurs de seuf...«) und ein Lobgedicht zur Geburt von Marie d'Orléans in die persönl. Hs. (Paris, Bibl. Nat. fr. 25458) des Fs.en. 1461 sitzt V. in der »dure prison de Mehun« (Testament, v. 83) des Bf.s Thibaud d'Aussigny, kommt aber aus Anlaß des Einzugs von →Ludwig XI. frei. Nach Paris zurückgekehrt, wird V. wegen des Einbruchs v. 1456 verhaftet; man gewährt ihm die Freiheit gegen das Versprechen, die gestohlene Summe zurückzuerstatten. 1463 wird bei einem Streit der päpstl. Notar François Ferrebouc verletzt, V. zum Tod durch den Strang verurteilt, später zu zehnjähriger Verbannung aus Paris begnadigt. Dann verliert sich seine Spur, und V. wird als 'bon follastre' zur Legende.

Wie das »Lais« und das »Testament« spielen die Erzählungen des »Recueil des repues franches« (vor 1485) in der Cité, meist in der Nähe des Palais de Justice: Dem mittellosen V. gelingt es jeweils, Essen für sich und seine Freunde zu beschaffen. Im 16. Jh. heißt 'villonner' betrügen: Als Meister der List gilt V. bei Eloy d'Amerval, Philippe →Vigneulles und Rabelais, welche ihn mit der Welt des Theaters in Verbindung bringen. Auch Kritiker sehen

Beziehungen zw. V.s Werk und der Pariser *Basoche* (→Confréries). Im 19. Jh. wird V. als 'poète maudit' zum Vorbild der Bohème. Darauf gründet z. T. seine Modernität und das dem – oft edierten und übersetzten – Werk von Malern, Dichtern, Komponisten, Sängern und Rezitatoren (Rimbaud, Valéry, Debussy, Frank Martin, Brassens; Klabund, Brecht, Biermann, Kinski u. a.) entgegengebrachte Interesse. Auch die Lit.geschichten stellen V., den Außenseiter und Erben der →Goliarden, dem Prinzen Charles d'Orléans gegenüber.

Im Vorwort zu seiner V.-Ausgabe (1533) hatte Clément Marot den begabten Dichter bewundert, aber bedauert, daß er für seine Kollegen »en l'art de la pince et du croq« und nicht für den Hof geschrieben habe. Auch die moderne Kritik hat die mehrdeutigen Anspielungen und Wortspiele in den Legaten meist aus biograph. Sicht zu deuten gesucht, dabei nicht immer ein Amalgam zw. hist. und lit. Gegebenheiten vermieden. Auch wenn mit V. eine neue Subjektivität zum Tragen kommt, ist sein Ich im testamentar. und lyr. Rollenspiel schwer zu fassen, seine Aufrichtigkeit kaum zu beweisen: zu oft ändert der Gesichtspunkt, zu oft ist (Selbst-)Ironie im Spiel. Wichtig ist bei V. v. a. die Auseinandersetzung mit den sprachl. und lit. Registern seiner Zeit: »Lais« und »Testament« übernehmen Rahmen und Formeln der jurist. Testamente, welche schon Pierre de Hauteville oder →Deschamps parodiert hatten (→Testament, C). In den Fußstapfen von Alain →Chartier greift V. auf die höf. Lyrik zurück, um sich von ihr zu distanzieren. In einer *sotte chanson* (»Testament«, v. 1591ff.) beschreibt er die verkehrte Welt des Bordells als Zerrspiegel des adligen Lebens. Selbst wenn man aus den Schlußstrophen des »Lais« eine Anspielung auf den Einbruch von 1456 herauslesen will, ist kaum zu leugnen, daß V. sich hier über den Traum als Rahmenstruktur in lit. Werken lustig macht, wobei er sich des scholast. Vokabulars aristotel. Ursprungs bedient. Allg. werden bei V. bekannte Themen und Motive in ein neues Licht gerückt: Sein lyr. Ich debattiert mit →Fortuna oder über Franc Gontier, Figur des freien Landlebens bei →Philippe de Vitry und Pierre→d'Ailly; dabei stellt V. die Autorität von Sprichwörtern und (oft abgeänderten) Bibelzitaten in Frage. Erkennbar ist der Einfluß der Klagen Hiobs, des →»Roman de la Rose« und Michault →Taillevents »Passe Temps«, wenn von Armut, Zeit, Alter und Tod die Rede ist. Wie bei anderen Dichtern seiner Generation ist Geld in V.s Werk wichtig und, dem Beispiel Deschamps folgend, räumt er den 'realia' einen großen Platz ein. Im 15. Jh. zeigt sich V.s Einfluß bei Henri →Baude und Guillaume →Coquillart. Schon kurz nach 1463 erscheint am Schluß des »Sermon de Saint Belin« die »Ballade de l'appel«. Die Strophen 162–164 des »Testament« finden sich im »Grant Kalendrier et Compost des Bergiers« (mehrere Ausg. gegen Ende des Jh.) wieder, und einige Gedichte sind in →Vérards Anthologie »Le Jardin de Plaisance« (Paris 1501) abgedruckt. J.-C. Mühlethaler

Bibliogr.: R. STURM, Bibliogr. und Materialien (1489–1988), 1990 – R. D. PECKHAM, A Bibliogr., 1990 (laufend ergänzt in: Fifteenth-Cent. Stud.) – *Ed.*: Ballades en jargon, ed. A. LANLY, 1971 – Le Testament; Le Lais et les Poèmes variés, ed. J. RYCHNER–A. HENRY, 1974–85 – De V. à V., ed. G. DI STEFANO, 1988 – Poésies complètes, ed. C. THIRY, 1991 – Complete Poems, ed. B. SARGENT-BAUR, 1994 – Le Recueil des Repues franches, ed. J. KOOPMANS–P. VERHUYCK, 1995 – *Lit.*: J. FAVIER, F. V., 1982, 1984² – D. A. FEIN, F. V. and His Reader, 1989 – B. SARGENT-BAUR, Brothers of Dragons, 1990 – C. DOP-MILLER, Clément Marot et l'éd. humaniste de V., Romania 112, 1991 [1994] – J. DUFOURNET, La génération de Louis XI, M-A 98, 1992 – DERS., V.: Ambiguïté et carnaval, 1992 – D. MUS, La poétique de F. V., 1992² – G. PINKERNELL, F. V. et Charles d'Orléans, 1992 – J. T. E. THOMAS, Lecture du Testament, 1992 – Et c'est la fin pour quoy sommes ensemble (Hommage DUFOURNET, 1993) – V., hier et aujourd'hui, hg. J. DERENS u. a., 1993 – N. F. REGALADO, Gathering the Works, L'Esprit Créateur 33/4, 1993 – DERS., Speaking in Script (Oral Tradition in the MA, 1994) – G. ANGELI, L'»Entroubli«, Le Moyen Français 35–36, 1994–95 – B. SARGENT-BAUR, Persuasion and (special) pleading, Fifteenth-Cent. Stud. 22, 1995 – Musique naturelle, hg. W.-D. STEMPEL, 1995 – L'Hostellerie de Pensée, hg. M. ZINK u. a. (Mél. POIRION, 1995) – T. HUNT, V.'s Last Will, 1996 – G. ANGELI, »Franc Gontier« (Operosa parva, 1996) – Le MA dans la modernité, hg. J. R. SCHEIDEGGER (Mél. DRAGONETTI, 1996) – V.: The Drama of the Text, hg. M. FREEMAN–J. TAYLOR [im Dr.] – s. a. Lit. zu →Testament, C. Literatur, Abschn. I.

Vilnius → Wilna

Vilvoorde, Stadt im heut. Belgien, altes Hzm. →Brabant (Prov. Flämisch-Brabant, arr. Halle-Vilvoorde). 779 bestätigte Karl d. Gr. die durch Hausmeier Pippin († 714) vorgenommene Schenkung der an einem (röm.?) Übergang der Kleinen Zenne (Senne) gelegenen 'villa' V. zugunsten der Marienabtei v. →Chèvremont (b. Lüttich). Otto I. übertrug Chèvremont und seine Besitzungen 972 dem Marienstift v. →Aachen, das den Besitz in und um V. 1245 der jungen Abtei Ter Kameren (Elsene/Ixelles b. Brüssel) übertrug. Später bestanden ihre Besitzungen in V. nur noch aus der Kirche der Liebfrauenpfarre und dem dazugehörenden Besitz (u. a. Zehnten, zwei Bauernhöfe). Seit Mitte des 12. Jh. tritt der Hzg. v. Niederlothringen-Brabant als Träger der Herrschaft über V. hervor; 1192 konstituierte Hzg. →Heinrich I. V. als 'oppidum' und verlieh den 'burgenses' eine eigene Schöffenbank (→Schöffen, II) sowie verschiedene gerichtl., militär. und steuerl. Privilegien. Die *Charta v. V.* ist eines der ältesten ausführl. Stadtrechte in Brabant; ihre Bestimmungen wurden später in verschiedene Stadt- und Landesprivilegien übernommen. Hzg. Heinrich baute den Ort weiter aus (Parzellierung des Waldes v. V., Bau von Mühlen an der hierfür umgeleiteten Woluwe). Doch erst am Ende des 13. Jh. erlangte V. größere wirtschaftl. Bedeutung, v. a. durch das Tuchgewerbe, das aber im Lauf des 15. Jh. bereits wieder starken Niedergang erfuhr. Der Handel mit örtl. Bruchsteinen und die Binnenschiffahrt auf der Zenne vermochten nicht, den Bevölkerungsrückgang aufzuhalten. 1489 zerstörten die aufständ. Bewohner v. →Brüssel die dem Ehzg. Maximilian treugebliebene Stadt durch Brand. Neubelebungsmaßnahmen (u. a. kurzzeitige Errichtung des Brabanter Rechnungshofes in V.) blieben erfolglos. Wurde auch der außerstädt. Gerichtssprengel der V.er Schöffenbank erweitert, so kam die Finanzverwaltung der verarmten Stadt unter fsl. Kuratel.

R. van Uytven

Lit.: J. P. PEETERS, Bloei en verval van de middeleeuwse stadsvrijheid V., 1975.

Vimara Peres, Gf., † 873 in Galicien, der 868 in Portucale, dem sueb. Bf.ssitz →Porto, Kerngebiet der späteren Gft. →Portugal, im Auftrag Kg. →Alfons III. v. Asturien die →Pres(s)ura durchführte; er grenzte so dort ein erstes Siedlungsgebiet im Zuge der →Reconquista ab, insbes. weil er bei der →Repoblación (Repovoamento) die Grenzen von →Braga festlegte. Er hinterließ, ohne daß dies in den Q. sicher zu belegen ist, einen Sohn Lucídio Vimaranes, von dem in direkter männl. Linie der letzte Vertreter des alten ptg. Gf.engeschlechts, Nuno Mendes, abstammte. V. war der erste einer Reihe von Gf.en, die in den ptg. und galic. Gebieten (Braga, →Orense, Chaves, Eminio bzw. →Coimbra, →Viseu, →Lamego) bis 879 eine erste Landnahme durchführten.

L. Vones

Lit.: A. COTARELO VALLEDOR, Hist. crítica y documentada de la vida y acciones de Alfonso III el Magno, 1933 [Neudr. 1991] – D. PERES,

Como nasceu Portugal, 1939, 1970⁷ – T. DE SOUSA SOARES, A presúria de Portugal (Porto) em 868, 1967 – S. DA SILVA PINTO, Breves notas sobre presúrias do século IX na Terra Portucalense, 1968 – A. DE ALMEIDA FERNANDES, Portugal no período vimaranense, 1972 – J. MATTOSO, A nobreza medieval portuguesa, 1981, 106ff.

Vincencius → Vincentius

Vincennes, kgl. →Pfalz und →Residenz im O von →Paris, im Forst- und Jagdgebiet des 'Bois de V.' (B. de V.) gelegen. Die Burg V. erhielt Residenzfunktion unter →Ludwig VII. (1137–80), der im B. de V. 1158 ein Priorat der →Grammontenser stiftete. →Philipp II. Augustus ließ den B. de V. 1183 mit einer Mauer umschließen und hielt in diesem Wildgehege die ihm von →Heinrich II. gesandten Tiere. Der kgl. Bauherr ließ auch ein Herrenhaus (*manoir*) in der Nähe des B. de V. errichten. Es diente nachfolgenden Kg.en, bes. →Ludwig IX. d. Hl.n sowie →Philipp IV. d. Schönen und seinen Söhnen, bei Aufenthalten im B. de V. als Wohnstätte. V. wurde zum Schauplatz großer Zeremonien, bes. kgl. Hochzeiten (so 1274 und 1322). 1338 wurde hier →Karl (V.) geboren. Große polit. Versammlungen und Prozesse wurden gleichfalls in V. durchgeführt (Pierre de →la Broce, 1278; Enguerran de →Marigny, 1315). Unter →Philipp VI., der in V. nicht weniger als 907 Urkk. ausstellte, fanden hier drei Klerusversammlungen statt (zw. 1329 und 1332). 1338 wurde in V. der Vertrag mit Genua abgeschlossen, am 23. April die Vereinbarung, durch die →Humbert II. seine Territorien (→Dauphiné) an Philipp v. Orléans, den Sohn des Kg.s, übertrug. Die ständige Präsenz der Kg.e schlug sich im Ausbau des Herrenhofes nieder. Ludwig d. Hl.n wird die Errichtung eines Donjons, eines Versammlungsraumes und der Martinskapelle zugeschrieben. Weitere Baumaßnahmen erfolgten 1273–75, 1296–1301, 1336–38 und 1347–49.

Seit Ende des 13. Jh. entstanden weitere Residenzen innerhalb oder am Rande des B. de V. Die 'Conciergerie de St-Mandé' beherbergte nicht nur den (einflußreichen) →Concierge des Schlosses, sondern zu Beginn des 14. Jh. auch die Kanzlei (→Chancellerie), dann wenn sich der Kg. in V. aufhielt. Im frühen 14. Jh. wurde die →Écurie royale, der kgl. Marstall und Wagenpark, der die Ortswechsel des Kg.s und seines Hofes zu organisieren hatte (daher auch 'Séjour' genannt), in die nahegelegene kgl. Residenz Carrière-lès-Conflans verlegt. Zu nennen sind auch die Landsitze *Conflans*, zu Beginn des 14. Jh. im Besitz der Gfn. →Mahaut d'Artois, und *Plaisance*, 1366 im Besitz Hzg. →Philipps d. Kühnen v. Burgund, der das Anwesen 1375 an seinen Bruder Karl V. verkaufte.

Die großen frz. Niederlagen im →Hundertjährigen Krieg (→Crécy, 1346; →Poitiers, 1356, Gefangennahme des Kg.s) bildeten den Anlaß zur radikalen Transformation der Residenz v. V. Bereits seit etwa 1361 plante Kg. Johann d. Gute die Errichtung eines Donjons in V., das nunmehr die dreifache Funktion einer kgl. Residenz, einer Zufluchtsstätte und eines militär. Stützpunktes vor den Toren von Paris einnahm. Der mächtige, in ungewöhnl. rascher Bauzeit 1365–67 errichtete →Donjon besteht aus einem viereckigen Turm von je 16, 25 m Seitenlänge und 50 m Höhe und war umgeben von einer Mauer mit Vorburg ('Châtelet'), die Karl V. mit einem Uhrturm bekrönen ließ (die installierte →Uhr ging zeitlich der 1370 am Palais de la Cité zu Paris angebrachten Turmuhr voraus). Das Innere des Donjons umfaßte sechs eingewölbte Stockwerke. Der Donjon, Sitz auch der Chambre du roi, wurde zur kgl. Residenz.

Im Zuge des von Karl V. initiierten umfassenden Bauprogramms entstand zw. 1373 und 1380 weiterhin eine ausgedehnte Umfassungsmauer (985 m Länge), auf der neun Türme standen (Höhe 40 m). Sie wurde im 19. Jh. (bis auf die Tour de Village) niedergelegt. Dieser befestigte Komplex, der ein Areal von über 10 ha umfaßte, vereinte Residenzcharakter (kostbare Ausstattung aller Wohnräume mit reichem Dekor) und militär. Funktion. 1379 stiftete Karl V. eine Kapelle, die später als →Sainte-Chapelle bezeichnet wurde. Ihre Bauzeit zog sich vom beginnenden 15. Jh. bis 1552 hin (Vollendung unter der Leitung von Philibert Delorme).

Auch nach dem Tode Karls V. (1380) behielt V. noch für etwa 15 Jahre die Rolle eines führenden Regierungszentrums der frz. Monarchie. →Karl VI. residierte hier regelmäßig bis zur Krisis von 1392. Im 15. Jh. verlor V. seine zentrale polit. Rolle und diente ledigl. als militär. Stützpunkt sowie als Stätte der Jagd und der Vergnügungen; doch nutzte noch →Heinrich V. v. England V. als seine frz. Residenz und verstarb hier 1422. Der Glanz, den V. unter Karl V. entfaltet hatte, war jedoch unwiederbringlich verloren.   E. Lalou

Lit.: J. CHAPELOT, Le château de V. Une résidence royale au MA, 1994 – V. aux origines de l'État moderne (Actes du Coll., hg. J. CHAPELOT–E. LALOU), 1996.

Vincente de Burgos. Über den im Kolophon der span. Inkunabelausgabe von De proprietatibus rerum des →Bartholomaeus Anglicus (Toulouse 1494) als Übersetzer gen. Fray V. de B. ist nichts bekannt; er ist vermutl. ident. mit dem in einem anderen Werk gen. Fray Vincente de Maçuelo. Die span. Übersetzung fußt auf der frz. von Jean Corbechon (1372) – möglicherweise auch auf der prov. Übers. (1391) – unter Heranziehung des lat. Originaltextes.   D. Briesemeister

Lit.: W. METTMANN, V. de B.' Übersetzung von De proprietatibus rerum (Sprache und Geschichte [Fschr. H. MEIER, 1971]), 233–244.

Vincentius (s. a. Vinzenz)

1. V. Kadłubek, Bf. v. →Krakau, * um 1150, † 3. März 1223 Kl. Jędrzejów, □ ebd. (Seligsprechung 1764); stammte vermutl. aus südpoln. Hochadel (spätma. Bei- bzw. Spottname 'Rümpfchen' ungeklärt). Nach Studium in Paris und Chartres seit 1189 als V. magister an der Hofkanzlei von →Kasimir II. (1177–94) in Krakau tätig, lehrte wahrscheinl. auch an der dortigen Kathedralschule. Nach 1191 Propst des Marienstiftes in →Sandomir, 1208 Bf. v. Krakau, resignierte V. 1218, um sich in die Abtei SOCist Jędrzejów (Filiale v. →Morimond), vermutl. nicht als Profeßmönch, zurückzuziehen. Er verfaßte eine bis 1205 reichende »Chronica Polonorum«. In Buch 1–3 führen Ebf. Johannes v. Gnesen und Bf. Matthäus v. Krakau einen gelehrten Dialog über die Gesch. Polens, das 4. Buch ist narrativ, wenn auch mit dialogisierten Einschüben durchsetzt, darunter einem Epicedium auf den Tod Kasimirs II., einem scholast. geprägten, in 58 trochäischen Strophen abgefaßten Streit der personifizierten Maeror und Iocunditas (IV, 20). V. schreibt ein vorzügl. Latein; seine Bildung umfaßt röm. und kanon. Recht (ca. 180 Zitate), er kennt zahlreiche antike und spätantike Autoren, hat bes. Vorliebe für Exempla aus Justins Epitoma Pompei Trogi, knüpft an die neoplaton. Komm.e von Chartres, die Staatsphilos. und polit. Moralistik des Johannes v. Salisbury und an Macrobius, die Pariser Dialektik sowie Vagantendichtung an, auch an die anglonorm. Schulmeister, die in Paris wirkten. In der kreativen Freude an Ausweitung der Vorgesch. darf V. in die Nähe von Geoffrey v. Monmouth und Saxo Grammaticus gestellt werden. Seine pragmat. Deutung der poln. Gesch. ist unter die Idee der polit. Gerechtigkeit und des Wohlergehens der cives gestellt. Bes. Aufmerksamkeit schenkte V. dem Krakauer Sagenkreis der südpoln. Lechiten (I. Buch), dem blutigen Konflikt zw. Bolesław II. und dem hl. Stanislaus (→Stanisław), Bf. v. Krakau (Doppelauslegung der Kirchen- und Staatsraison: II, 16–20), dem Konflikt Bolesławs III. mit seinem Halbbruder Zbigniew (II, 28–31), den Rivalitäten der Fs.en um die Macht in Krakau, dem Sitz des *princeps* der Fs.en, v. a. dem Aufstieg Kasimirs II. in der Auseinandersetzung mit dem großpoln. Fs.en Mieszko III., der den Krakauern als Tyrann erschien (IV, 2–5). B. Kürbis

Ed.: MPH II, ed. A. Bielowski, 1872 [Neudr. 1961], 193–453; NS XI, ed. M. Plezia, 1994 – Mistrz Wincenty (tzw. Kadłubek) Kronika Polska, hg. B. Kürbis, 1992, 1996² [poln.]. – *Lit.:* H. Zeissberg, Vinzenz K., Bf. v. Krakau, und seine Chronik Polens, 1870–P. David, Les sources de l'hist. de Pologne à l'époque des Piasts, 1934, 55–72 – O. Balzer, Studyum o Kadłubku, I–II, 1935 – E. Seckel, V. K., ZRG-RomAbt 76, 1959, 378–393 – M. Plezia, Die Polenchronik des Magisters V. als Musterbeispiel des »ornatus gravis« (Classica et Mediaevalia, Dissertationes 9, 1973), 448–480 – M. Markowski, Die Schilderung der Guten und Bösen in der Chronica des V. K. (Die Mächte des Guten und Bösen, hg. A. Zimmermann, 1977), 271–285 – B. Kürbis, Maître Vincent dit K., disciple polonais des humanistes français du XIIe s. (Gli Umanesimi medievali, Congr. internaz. Certosa del Galuzzo, Firenze, 1993, SISMEL, 1996) [im Dr.].

2. V. Cracoviensis → Vincentius Kadłubek (1. V.)

3. V. Hispanus, einflußreicher →Dekretist und (früher) →Dekretalist, * Spanien/Portugal, † 21. Sept. 1248, studierte in Bologna röm. und kanon. Recht, lehrte dort ca. 1210–20; zu seinen Schülern zählten →Bernardus de Botone und Sinibaldo Fieschi (→Innozenz IV.). 1226 Kanzler des ptg. Kg.s; als gesichert gilt, daß er 1229/35–48 Bf. v. Idanha (→Guarda) war. Neben zahlreichen (auch zivilist.) Glossen – er hat so »das ganze Gratianische Dekret kommentiert« (Gillmann) – verfaßte er u. a. Glossenapparate (→Apparatus glossarum) zur I. und III. Compilatio antiqua (1210–15), zu den Konstitutionen des IV. Laterankonzils (1217) und zum Liber Extra. H. Zapp

Ed.: V. H. App. in concilium quartum Lateranense, ed. A. García y García, MIC A.2, 1981, 271–384 – *Lit.:* DDC VII, 1507f. – NCE XIV, 683f. – Kuttner, 374 [535] – St. Kuttner, Mss. Checklist, Traditio 13, 1957, 467–469 – X. (J.) Ochoa, V. H., Canonista boloñés del s. XIII, 1960 – St. Kuttner, 'Wo war V. H. Bf.?' Traditio 22, 1966, 471–474 – E. Post, V. H., 'Pro ratione voluntas', and Medieval Theories of Sovereignty, ebd. 28, 1972, 159–184 – A. García y García, La Canonística Ibérica (1150–1250) en la investigación reciente, BMCL 11, 1981, 41–75 [57f., passim] – J. Ochoa, El glosador V. H. y títulos comunes 'De foro competenti' canonico, Apoll 55, 1982, 677–736 [Lit.] – F. Gillmann, Ges. Schr. zur klass. Kanonistik, hg. R. Weigand, 1988f., Nr. 33f. [vgl. auch Nr. 26] – R. Weigand, Frühe Kanonisten..., ZRGKanAbt 76, 1990, 149.

4. V. v. Lérins, altkirchl. Schriftsteller, * spätes 4. Jh., † nach 435/vor 456 Lérins, Mönch und Priester des Inselkl. →Lérins (Gennadius, De vir. ill. 65). V. verfaßte das Commonitorium, eine ausführl. Begründung der kirchl. Tradition; formal von Tertullian, »De praescriptione«, abhängig, schrieb V.: »Was überall, was immer, was von allen geglaubt wird, das ist wahrhaft und eigentlich katholisch« (Com. 2). Damit sind Universalität, Alter und Einheit als Norm der Rechtgläubigkeit festgelegt. Die Norm ist greifbar in den Zeugnissen der magistri probabiles ('beweiskräftige Lehrer'; Com. 3). Lehr- und Dogmengesch. sind daher nur als Entfaltung und klarere Erkenntnis mögl., analog dem organ. Wachstum (Com. 23). Eine Forts. (Commonitorium II) ist verloren. – Für die →Christologie stellte V. ein Florilegium von Augustinustexten zusammen. In der Gnadenlehre war V. Gegner Augustins und mit Johannes →Cassian einer der Väter des südgall. →Semipelagianismus. K. S. Frank

Ed.: CPL, 510f. – *Lit.:* Patrologia III, 1978, 517–521 – H. J. Sieben, Die Konzilsidee der alten Kirche, 1982, 148–770 – C. M. Kasper, Theologie und Askese, 1991, 256–271.

Vindicianus, Helvius, Inhaber hoher Ämter in der Prov. Africa, gewann um 380 die Wertschätzung des (jüngeren) Augustinus, der ihn auch als bedeutenden Arzt rühmt, ebenso wie es V.s Schüler →Theodorus Priscianus tut. Die unbefriedigende Textüberlieferung läßt den Umfang von V.' med. Schriftstellerei kaum ahnen. Während sein Rezeptbuch bis auf das Vorwort (überliefert bei →Marcellus Empiricus) verloren ist, bezeugen zahlreiche Hss. ab dem frühen MA den großen Einfluß seiner Darstellungen der Anatomie und Physiologie (De natura generis humani, Gynaecia, Epitome altera – dies die nicht originalen Titel möglicherweise einer einzigen Schrift, Teile bei Trotula und – als 'epistola ypogratis de anatomia' – bei Vinzenz v. Beauvais) und der Säftelehre (Epistula ad Pentadium, bereits bei Beda, temp. rat. 35), die auszugsweise auch in Sammelschriften wie in der Ars medicinae und der pseudosoran. Isagoge vertreten sind. Ein größeres Frgm. unter dem nz. Titel »De semine« (oder Medicorum placita), nur im Brux. 1342 s. XII erhalten, ist wegen allein hier überlieferter doxograph. Nachrichten von großer Bedeutung. Die Zuweisung an V. beruht jedoch v. a. auf einer möglicherweise interpolierten Passage (aus gyn. 19–20), weshalb man mit A. Debru besser vom Anonymus Bruxellensis sprechen sollte. K.-D. Fischer

Ed. und Lit.: Bibliogr. des Textes Médicaux lat., 1987, 598–616 – RE IX A 1, 29–36 – PLRE 2, 967 – Schanz-Hosius IV/1, § 849 – HAW VIII/6, § 607 [K.-D. Fischer] – Ch. Ferckel, Ein dt. Vindiciantext, SudArch 7, 1914, 306–318 – A. Beccaria, Sulle tracce di un antico canone lat. di Ippocrate e di Galeno, I, IMU 2, 1959, 36–56 – M. E. Vázquez Buján, Vindiciano y el tratado De natura generis humani, Dynamis 2, 1982, 25–56 [mit Ed.] – P. Migliorini, Dalla realtà al testo: Vindiciano, De natura generis humani (Actes du IIIe Coll. internat. »Textes médicaux lat. antiques«, St-Étienne, 11.–13. Sept. 1989, 1991), 367–378 – A. Önnerfors, Das med. Latein von Celsus bis Cassius Felix (Aufstieg und Niedergang der röm. Welt, T. II, Bd. 37/1, 1993), 281–288 – A. Debru, L'Anonyme de Bruxelles: un témoin lat. de l'hippocratisme tardif (Hippokrat. Medizin und antike Philosophie, hg. R. Wittern-P. Pellegrin, 1996), 311–327.

Vineta → Jomsborg

Vinkenaugen (lat. vincones oder parvi denarii slavicales), urkundl. erstmals 1279 gen. pommersche Pfennigsorte (→Pfennig) von kleinem Durchmesser und geringem Gewicht (ca. 0,26g), die auch in Brandenburg und Mecklenburg kursierte und geprägt wurde. V. sind v. a. für das 14. Jh. (1304 Brandenburg, 1357 Mecklenburg) belegt, kommen aber auch noch im 15. Jh. vor (1439 Dt. Orden). P. Berghaus

Lit.: F. v. Schroetter, Wb. der Münzkunde, 1932, 723f. – H. Fengler, G. Gierow, W. Unger, Lex. der Numismatik, 1977², 410.

Vinland → Amerika, 1

Vinlandkarte (Vinland Map), eine Pergamentkarte der Alten Welt, mit Europa, Asien und Afrika samt Island, Grönland und – überraschend – *Vinland* (→Amerika, Abschn. 1). Die Karte tauchte in den 1950er Jahren unter mysteriösen Umständen in einem Ms. mit einem bis dahin unbekannten Bericht über die Reise des →Johannes de Plano Carpini nach Zentralasien (1245–47) auf. Ein amerikan. Buchhändler, der das Ms. in Europa erworben hatte (und stets behauptete, er habe sich zum Schweigen über den Namen des früheren Eigentümers verpflichtet), verkaufte das Dokument an einen amerikan. Mäzen, der es der Yale Univ. schenkte; diese publizierte es 1965. Sollte die V. echt sein, stammt sie am ehesten aus der Zeit um 1440. Ihre mögl. Q. und die Echtheitsfrage gaben indes

Anlaß zu heftigen Diskussionen; v.a. hat die erstaunl. Genauigkeit, mit der die Island und nicht zuletzt Grönland (das in älterer Zeit als Halbinsel galt, auf der V. aber im Sinne der geogr. Kenntnisse des 20. Jh. als Insel erscheint) dargestellt werden, große Skepsis hervorgerufen. Eine 1974 publizierte chem. Analyse ergab, daß die Tinte, mit der die V. gezeichnet wurde, Anatase, eine Art Titaniumdioxyd, enthält, eine erstmals 1917 beschriebene Chemikalie. Schien die V. damit als Fälschung des 20. Jh. entlarvt, so haben neuere chem. Untersuchungen dieses erste Ergebnis jedoch wieder in Zweifel gezogen. Die Echtheit der V. muß deshalb aufgrund hist. Kriterien beurteilt werden. Die Hauptargumente gegen die Echtheit sind nach wie vor die dunklen Umstände der »Wiederentdeckung« des Ms.s – eine Abschrift von →Vinzenz v. Beauvais' »Speculum historiale«, zu der die Karte ursprgl. gehört haben soll –, weiterhin die Weigerung, die Gesch. des Ms.s aufzuklären und schließlich die absolut anachronist. Grönlanddarstellung. Als Urheber der Fälschung wird der jugoslav. Historiker LUKA HELIĆ († 1924) genannt. Als hist. Q. ist die V. wertlos, da es sich lediglich um eine graph. Darstellung von Informationen handelt, die bereits aus schriftl. Q. bekannt sind. N. Lund

Lit.: The V. and the Tartar Relation, ed. R. A. SKELTON, TH. R. MARSTON, G. D. PAINTER, 1965 – Proceedings of the V. Conference, ed. W. E. WASHBURN, 1971 – H. WALLIS u.a., The Strange Case of the V. A Symposium, Geographical Journal (London) 140, 1974, 183–214 – T. A. CAHILL u.a., The V., revisited: New Compositional Evidence on its Ink and Parchment, Analytical Chemistry 59.6 (15. März 1987), 829–833.

Vinnian → Finnian

Vinodol, Tal südöstl. von →Rijeka (Kroatien) mit Ausgang zum Meer bei Vinodolski Novi, erstmals erwähnt auf der →Baščanska ploča um 1100; 1185 latinisiert Vallis vinearia als 'parochia' des Bm.s →Zengg genannt. Wahrscheinl. seit Anfang, spätestens seit Ende des 12. Jh. unterstand das Gebiet der Herrschaft der comites v. →Krk (→Frankopani). Die hochma. polit. und kirchl. Einheit V. umfaßte neun Burgen mit zugehörigen Siedlungen, davon am Meer Bakar und der Hauptort Novi; die Siedlungen waren als *općine* ('Gemeinden') organisiert. Die Amtsträger der Gemeinden, *satnik*, *graščik* und *busović* ('Centenarius'?, 'Kastellan' und 'Ausrufer') waren zugleich Vertreter der Gewalt des comes und unterstanden dem Strafrecht für dessen *služabnici* ('Dienstleute'). Das Patronatsrecht über die Kirchen lag beim comes; die Priester waren rechtl. den einfachen Gemeindeangehörigen gleichgestellt. Das Recht der Gemeinden wurde 1288 im 'Gesetz v. V.' in kroat. Sprache zusammengefaßt; als eines der ältesten slav. Rechtsdenkmäler ist es in einer glagolit. Hs. des 16. Jh. und einer lat. Transkription des 17. Jh. überliefert.
L. Steindorff

Ed. und Lit.: J. PREUX, La loi de V., Nouvelle revue hist. de droit français et étranger 20, 1896 – M. KOSTRENČIĆ, Das Gesetz v. V., Bull. internat. de l'Académie Yugoslave 2, 1931 – L. MARGETIĆ, Iz vinodolske prošlosti, 1980 – Vinodolski zakon 1288., hg. J. BRATULIĆ, 1988 – Prošlost i baština Vinodola. The heritage of V., 1988.

Vintler, Hans, Bearbeiter eines Lehrgedichts, † 1419, Neffe des landesfürstl. Rats und Amtmanns Niklas V. († 1413), der 1385 mit seinem Bruder Franz Burg Runkelstein bei Bozen (Südtirol) erwarb, umbaute und mit Freskenzyklen auch lit. Werke ausstatten ließ. H. V. ist 1407 als Pfleger des Gerichts Stein auf dem Ritten (bei Bozen), 1416 als Amtmann Gf. →Friedrichs v. Tirol (30. F.) und 1417 als dessen Gesandter in Venedig bezeugt. Seine 1411 abgeschlossene Versbearb. »Die pluemen der tugent« (10172 V.) des dem Bologneser Tommaso Gozzadini OSB zugeschriebenen it. Prosawerks »Fiori di virtù« (um 1300) ist vor Heinrich →Schlüsselfelders Prosa-Übers. von 1468 die erste dt. Version in Italien weitverbreiteten (ca. 80 Hss., bis 1500 über 50 Drucke) und gesamteurop. rezipierten Tugend-Laster-Didaxe (zwei frz. [»Fleurs de toutes vertus«, »Chapelet des vertus«] und eine kroat. Version im 14. Jh.; span. und katal. Übers. im 15. Jh.; griech., armen., rumän. und kirchenslav. Übers. im 16. Jh.; engl. Bearb. des frz. »Chapelet des vertus« durch John Larke [»Boke of wisdome«], Erstdr. 1532). In Anordnung und Auffassung an →Thomas' v. Aquin »Summa theol.« orientiert, werden 35 Tugenden und Laster begrifflich definiert, durch Tiergleichnisse illustriert, durch Autoritätenzitate beurteilt und durch exemplar. Historien belegt. V.s in sechs Hss. (davon vier illustr. und eine mit Bildlücken) und einem illustr. Druck (Augsburg, Blaubirer, 1486) überlieferte Bearb. fügt der das *moderanza*-Kapitel mit einem Anhang aus →Albertanus v. Brescia erweiternden it. Langfassung v.a. zusätzl. Autoritätenzitate, Exempel und Historien (bes. nach →Heinrichs v. Mügeln Valerius-Maximus-Kommentar und →Martins v. Amberg »Gewissensspiegel«) hinzu und ergänzt die 'Aberglaubensliste' sowie ein Schlußkapitel über menschl. Torheiten. V. gilt als einer der frühesten Vermittler it. Lit. im dt. Sprachraum. N. H. Ott

Ed.: Die pluemen der tugent, ed. I. v. ZINGERLE, 1874 – Lit.: F. J. SCHWEITZER, Tugend und Laster in illustr. didakt. Dichtungen des späten MA. Stud. zu Hans V.s »Blumen der Tugend« und zu »Des Teufels Netz«, 1993 – N. H. OTT–U. BODEMANN, Kat. der deutschsprachigen illustr. Hss. des MA, 2, 1996, 328–350.

Vinzenz, hl. (Fest: 22. Jan.), Märtyrer, † 304. Im Rahmen der großen Christenverfolgung unter →Diokletian wurde V. als Diakon in Zaragoza verhaftet und vom Gouverneur Datian in Valencia vor Gericht gebracht. Er starb dort an den Folgen der Foltern. Das ergibt sich als hist. Kern einer Passio, die in leicht variierender Fassung Prudentius (Peristephanon IV, 77–108 und V) und Augustin (Sermones 4, 274–277 und CAILLAU, I, 47) vorlag (V. SAXER). Polemius Silvius erwähnt 448 den Diakon allein (CIL² I, 1, 257). Das MartHieron (S. 55) bringt ihn mit seinem Bf. Valerius zusammen. Das zeigt einen frühen Ausbau der Legende, die außer dem Schutz des Leichnams durch einen Raben bis zum 8./9. Jh. viele hagiograph. Topoi aufnimmt. Der span. Sieger (V. als victor) tritt neben die hl. Diakone →Stephanus und →Laurentius. Schon Augustin feiert ihn mit der ganzen röm. Reich bzw. der Christenheit (MPL 38, 1257). Ursprgl. in einer Basilika vor Valencia verehrt, verbreiteten sich Reliquien (seit dem 6. Jh.) und Patrozinium schnell um das westl. Mittelmeer, im Frankenreich und im SpätMA auch nach Deutschland und Ungarn. V. ist Patron von Webern, Weinbauern und Holzarbeitern. Dargestellt wird er als jugendl. Diakon mit Dalmatika, Palme und Buch, auch mit Folterhaken und dem Raben.
K. H. Krüger

Lit.: BHL 8627–8655d – Bibl.SS XII, 1149–1155 – LCI VIII, 568–572 – LThK X, 636f. – LThK² X, 802f. – C. G. RODRÍGUEZ, El culto de los santos, 1966, 257–278 – E. EWIG, Spätantikes und frk. Gallien, II, 1979, 305–307, 676 – V. SAXER, La passion de S. V., RevAug 35, 1989, 275–295 – G. DUCHET-SUCHAUX, Iconographie médiévale, 1990, 139–154 – AnalBoll 110, 1992, 265f. [F. DOLBEAU].

Vinzenz (s.a. Vincentius)

1. V. v. Agen, hl. (Fest: 9. Juni), Märtyrer, wurde Anfang des 4. Jh. wegen Störung eines religiösen Festes, in dessen Mittelpunkt ein Feuerkreis über einem Tempel stand, gefoltert und enthauptet. 150 Jahre später erfolgten die Translation des unversehrt aufgefundenen Leibes nach Pompéjac (Le Mas d'Agenais oder Pompiey [cant. Lavardac, dép. Lot-et-Garonne]) und die Errichtung einer Basilika (Nachrichten bei →Gregor v. Tours und →Venantius Fortunatus). Um 550 entstand die »Passio S. Vincentii Aginensis«. Im Rahmen der Normanneneinfälle des 9. Jh. wurden die Reliquien zunächst nach Ste-Foy d'Agen, dann nach →Conques (Bm. Rodez) gebracht. Eine Gleichsetzung des Hl.n mit Vinzenz v. Zaragoza ist unwahrscheinlich (DE GAIFFIER). U. Vones-Liebenstein

Lit.: LThK² X, 798 – Bibl.SS 12, 1135–1138 – BHL 8621–8625 – M. DE MAILLÉ, Vincent d'A. et saint Vincent de Saragosse, Étude de la 'Passio S. Vincentii martyris', 1949 – B. DE GAIFFIER, La passion de S. Vincent d'A., AnalBoll 70, 1952, 160–181 – DERS., Les deux poèmes de Fortunat en l'honneur de saint Vincent (DERS., Études Mérovingiennes, 1953), 127–134 – J. ANGÉLY, La passion de St. Vincent d'A., BLE 157, 1956, 98–103 – P. BISTANDEAU, Les origines du culte de St. Vincent à Bourg-sur-Gironde (La religion populaire en Aquitaine, 1979), 151–158.

2. V. v. Aggsbach, OCart, * 1389, 1409/10 Eintritt in die Kartause Aggsbach, 1435–48 Prior, † 1464. Zw. 1453 und 1460 beteiligt sich V. mit über 20 erhaltenen, zumeist an Johannes →Schlitpacher gerichteten kleineren Schriften an dem Streit um das zutreffende Verständnis der myst. Theologie des Ps. →Dionysius, der sich an den Schriften des →Nikolaus v. Kues und des →Johannes Carlerius de Gerson entzündet hatte. V. vertritt – auch durch seine fehlende Univ.sausbildung biograph. bedingt – unter sachl. nur z.T. zutreffender Berufung auf die Dionysius behandelnden Schriften des Hugo v. St-Victor, Thomas Gallus, Robert Grosseteste und Hugo v. Balma die Überzeugung, daß eine myst. Wahrheitserkenntnis, ohne begriffl. zu verfahren, nur affektiv zu ihrem Ergebnis gelange und Ps.-Dionysius so richtiger verstanden sei.

M.-A. Aris

Ed. und Lit.: B. PEZ, Thesaurus anecdotorum, VI, 1729, 328–356 – DSAM XVI, 804–806 [Lit.] – E. VANSTEENBERGHE, Autour de la Docte Ignorance, 1915 – A. M. HAAS, Deum mistice videre, 1989 – M. SCHMIDT, Nikolaus v. Kues im Gespräch mit den Tegernseer Mönchen, MFCG 18, 1989, 25–49.

3. V. v. Beauvais (Bellovacensis), frz. Dominikaner und Enzyklopädist, * vor 1200, † 1264.
I. Leben und Werke – II. Zum Speculum naturale.
I. LEBEN UND WERKE: Die Forsch. hat alte Überlieferungen korrigiert; danach ist V. nach Herkunft weder ein Burgundus noch war er Bf. v. Beauvais, sein Opus quadruplex (auch: maius, universale) ist ein opus triplex, das »Speculum morale« ist ihm abzusprechen. Wohl noch vor 1200 geboren, hat er zu Zeiten Kg. Philipps II. August († 1223) in Paris studiert und ist nach 1245 in der Umgebung Kg. Ludwigs IX. als offiziöser Prinzenerzieher und Bibliothekar, zeitweilig auch als Lektor in der Abtei OCist Royaumont (de Regali Monte) tätig. V. ist Dominikaner der ersten Generation und baute den Konvent in Beauvais auf; in einer Liste gelehrter Dominikaner wird er außer als Verf. der Specula als Kanzelredner (ambonista) geführt; mehrere Traktate theol. und mariolog. Art werden ihm zugeschrieben, bedeutend ein Beitrag zur Fürstenspiegellit. (»de morali principis institutione«). Sein Hauptgeschäft wurden die Specula (weshalb er im Bilderstammbaum der Dominikanerliteraten als speculator omnis materiae scibilis bezeichnet ist): speculum naturale (1–32, Menschheits- und Naturgeschichte; s. Abschn. II), spec. doctrinale (1–17, Wissenschaftsbegründung und Fachwissenschaften) und das breitüberlieferte spec. historiale (1–31, von der Schöpfung bis auf seine Zeit gegen 1250 oder wie die Benediktiner von St. Vedast in Douai 1624 formulieren: usque ad saeculum Luthero haeresiarchae proximum). Die Schichten, Phasen und Datierungen dieser Buchleistung, Methode und Kunst des Exzerpierens und Zitierens werden erforscht; bienenfleißig legt er →Florilegien an und weiß (Apologia actoris), daß Masse des Geschriebenen (multitudo librorum), Wissensdurst bei kurzer Lebenszeit (temporis brevitas) und Gedächtnisschwäche (memoriae labilitas) Herausforderungen eines geborenen Enzyklopädisten sind. Frz., katal. und mndl. Übers.en werden verfertigt, V. wird im SpätMA und der frühen NZ von Literaten zitiert und von Gelehrten ausgeschrieben; seit 1473 erscheinen Inkunabeln. Wohl wegen seiner Königsnähe ist V. auf zahlreichen hsl. Miniaturen zu finden. Mit seinen drei Specula liefert V. v. B. den bedeutendsten Beitrag im Zeitalter der Enzyklopädismus vor seinem dt. Ordensbruder →Albertus Magnus und dem engl. franziskan. Intellektuellen →Roger Bacon.

R. Düchting

II. ZUM SPECULUM NATURALE: Der erste Teil des wohl zw. 1256 und 1259 veröffentlichten »Speculum maius« ist eine Enzyklopädie über die Natur (Speculum naturale). Die Exzerpte aus zahlreichen, jeweils genannten hsl. Q. fertigten V.' Mitbrüder an, während er selbst gelegentlich als »Auctor« Stellung nimmt. Infolge dieser Arbeitsteilung wurde als eine der Hauptquellen für die Zoologie im »Speculum naturale« sowohl die 1. bzw. 2. Fassung des »Liber de natura rerum« des Thomas v. Cantimpré als auch die 3. (»Thomas III«) mit kleineren Textveränderungen exzerpiert. Das »Speculum naturale« ist folgendermaßen gegliedert: »Generalis prologus« (20 Kapitel, ed. 1624, Sp. 1–16), worin er seine Q. ausführlich bespricht. Die arab. naturkundl.-med. Autoren wie Avicenna und Rhazes werden ebenso zitiert wie viele Kirchenväter und zeitgenöss. Theologen und Enzyklopädiker (z. B. Alexander Neckam) und unter den Apokryphen der nach ihm zwar Ambrosius zugeschriebene, aber härt. »Physiologus«. Das 1. Buch (86 Kap., Sp. 17–78) behandelt die Schöpfung, Gott und die Engel, das 2. (130 Kap., Sp. 79–160) die Elemente und die Schöpfung des 1. Tages, das 3. (105 Kap., Sp. 161–232) das Firmament und den Himmel, das 4. (114 Kap., Sp. 233–306) den Feuerhimmel, das 5. (95 Kap., Sp. 307–368) das Wasser, das 6. (92 Kap., Sp. 369–424) die Eigenschaften der Erde, das 7. (106 Kap., Sp. 425–492) die Metalle und andere Mineralien in der Erde, das 8. (107 Kap., Sp. 493–552) die Steine und die Edelsteine, das 9. (156 Kap., Sp. 553–668) die Pflanzen im Allg. und speziell die Kräuter, das 10. (171 Kap., Sp. 669–788) die angebauten Kräuter, das 11. (134 Kap., Sp. 789–872) die Samen, Körner und Säfte der Kräuter, das 12. (112 Kap., Sp. 873–946) die gewöhnl. Bäume, das 13. (115 Kap., Sp. 947–1018) die kultivierten, fruchttragenden Bäume, das 14. (140 Kap., Sp. 1019–1092), analog zu Buch 11, die Früchte und Säfte der Bäume, darunter des Weinstocks, das 15. (100 Kap., Sp. 1093–1156) die leuchtenden Himmelskörper und die davon abhängigen Jahreszeiten und Kirchenfeste, das 16. (161 Kap., Sp. 1157–1250) die Vögel, das 17. (146 Kap., Sp. 1250–1324) die Fische und Meerungeheuer, das 18. (98 Kap., Sp. 1325–1382) die Haustiere, das 19. (77 Kap., Sp. 1383–1460) die wilden Tiere, das 20. (179 Kap., Sp. 1461–1558) die Schlangen, Reptilien, Würmer und Insekten, das 21. (60 Kap., Sp. 1559–1604) die Körperteile der Tiere, das 22. (68 Kap., Sp. 1605–1650) die physiol. Leistungen der Tiere wie Ernährung, Bewegung, Fortpflanzung und ihre Produkte, das 23. (80 Kap., Sp. 1651–1708) die Erschaffung der Seele und die Vorstellungen von Religion und Philos. über sie, das 24. (88 Kap., Sp. 1709–1774) die physiol. Leistungen des Menschen, das 25. (104 Kap., Sp. 1775–1840) die Sinnesleistungen des Menschen, das 26. (111 Kap., Sp.

1841–1916) die Erscheinungen von Wachen und Schlafen, das 27. (103 Kap., Sp. 1917–1992) die geistigen Leistungen im einzelnen, das 28. (96 Kap., Sp. 1993–2060) die verschiedenen Körperteile und Organe des Menschen, das 29. (170 Kap., Sp. 2061–2208) die Schöpfung in bezug auf Tugenden und Laster, Belohnung und Strafe, das 30. (95 Kap., Sp. 2209–2288) die Regeln des christl. Zusammenlebens, das 31. (132 Kap., Sp. 2289–2398) Fragen von Zeugung und Geburt, Lebensaltern und den monströsen Nachkommen bzw. Völkern und schließlich das 32. (106 Kap., Sp. 2399–2480) die bewohnbaren Zonen der Erde und die Aufeinanderfolge der Generationen von Adam und Eva bis zum Jahre 1250 mit einem Ausblick auf das Jüngste Gericht. Die Schöpfung ohne den Menschen umfaßt also die ersten 22 Bücher, gipfelnd in den 10 Büchern über diesen. Innerhalb der Tiere geht V. dabei nach der Zuordnung zu den Elementen (Luft, Wasser, Erde) vor. Innerhalb der Bücher aber wird nach einer jeweils systemat. Behandlung der Körperteile und Sinnesleistungen der einzelnen Tiergruppen und bei den einzelnen Arten oft in mehreren Kapiteln nach der von den Q. gebotenen Beschreibung und der Nutzung als Nahrungsmittel und als Medizin differenziert. Das Projekt einer neuen Edition um 1933 scheiterte. Inzwischen hat eine Arbeitsgruppe in Nancy anhand noch erhaltener Hss. nachgewiesen, daß V. ursprgl. nur eine zweiteilige Enzyklopädie (Sp. naturale et historiale) geplant hatte, die er zu der allein gedruckten dreiteiligen umwandelte. Eine krit. Edition müßte diesen Befund berücksichtigen. Ch. Hünemörder

Ed.: Vincentius Bellovacensis, Speculum quadruplex I–IV, Douai 1624 [Neudr. 1964] – De eruditione filiorum nobilium, hg. A. STEINER, 1938 – De musica [Spec. doctrinale XVII 10–35], hg. GÖLLER, 86–118 – Epist. consolatoria ad regem Ludovicum (de morte filii L.) (Kap. 1–3), hg. P. v. MOOS, MJb 4, 1967, 178–198 – Apologia actoris, hg. A.-D. v. D. BRINCKEN, 465–499 – *Lit. [zu I und II]:* TH. KAEPPELI, Scriptores OP medii aevi 4 [im Ersch.] – V. de B., Intentions et réceptions d'une œuvre encyclopédique au MA (Actes Montréal 1988), 1990 – Killys Lit.-Lex 12, 1992, 33 [s.v., R. WEIGAND] – L. LIESER, V. v. B. als Kompilator und Philosoph. Eine Unters. seiner Seelenlehre im Spec. quadruplex, Forsch. zur Gesch. der Philosophie und der Pädagogik 3/1, 1928 – B. L. ULLMAN, A Project for a New Edition of V. of B., Speculum 8, 1933, 312–326 – W. BERGES, Die Fürstenspiegel des hohen und späten MA, 1938 – G. GÖLLER, V. v. B. O. P. (um 1194–1264) und sein Musiktraktat im Spec. doctrinale, Kölner Beitrr. zur Musikforsch. 15, 1959 – M. LEMOINE, L'œuvre encyclopédique de V. de B., La pensée encyclopédique au MA, 1966, 77–85 – A. L. GABRIEL, V. v. B. Ein ma. Erzieher, 1967 [engl. 1956, 1962] – J. M. McCARTHY, Humanistic emphases in the educational thought of V. v. B., Stud. und Texte zur Geistesgesch. des MA 10, 1976 – A.-D. v. D. BRINCKEN, Gottesbetrachtung bei V. v. B. Die Apologia Actoris zum Spec. Maius, DA 34, 1978, 410–499 – E. MÁR JONSSON, Le sens du titre Speculum aux XIIe et XIIIe s. et son utilisation par V. de B., Intention et réceptions [s.o.], 1990, 11–32 – M. PAULMIER-FOUCART–S. LUSIGNAN, V. de B. et l'hist. du Spec. maius, Journal des Savants 1, 1990, 97–124 – J. B. VOORBIJ, Het Speculum Historiale van V. van B., 1991 – R. WEIGAND, V. v. B. Scholast. Universalchronistik als Q. volkssprachl. Geschichtsschreibung, Germanist. Texte und Studien 36, 1991 – S. SCHULER, Excerptoris morem gerere. Zur Komposition und Rezeption klass.-lat. Dichter im Speculum historiale des V. v. B., FMASt 29, 1995, 312–348.

4. V. Ferrer, hl. →Ferrer, Vincent(e) (2. F.)

5. V. v. Prag, Domherr v. →Prag, Kaplan des Prager Bf.s →Daniel I., Verfasser der (unvollendeten) Annalen 1140–67; † nach 1170. Über V.' Vita stehen nur geringe Nachrichten zur Verfügung. Geburt und Herkunft sind unbekannt. Er erhielt eine relativ gute Ausbildung und schlug die geistl. Laufbahn ein. Nach seinen eigenen Berichten wurde er Domherr an der Prager Bf.skirche und Notar. Als Kaplan des Prager Bf.s Daniel I. nahm er am 2. und 4. Italienzug Friedrich Barbarossas teil. U. a. stilisierte er dort die Urk. Barbarossas mit den gegenüber Mailand gestellten Bedingungen (1158). Nach dem Tode Daniels bei Ancona 1167 kehrte er wahrscheinl. nach Böhmen zurück, wo er 1169/70 als Zeuge einer Urk. belegt ist. Zugeschrieben wird ihm auch die Stilisierung der Altarauthentiken Daniels I. und einer Urk. →Vladislavs II. Sein Todesjahr ist nicht bekannt.

V. widmete sein Werk dem Přemyslidenfs.en Vladislav und seiner Gemahlin Judith. Die Annalen beginnen mit dem Tode →Soběslavs I. bzw. dem Regierungsantritt Vladislavs II. und enden inmitten des Satzes, der die Belagerung Anconas beschreibt. Gegenstand von V.' Werk ist die zeitgenöss. Schilderung der »Gesta regalia« sowie der Kirchengesch. Böhmens. Im Einklang mit der Politik Vladislavs verfolgt er zuerst überwiegend die Zustände in den böhm. Ländern. Relativ große Aufmerksamkeit wird dem Ratgeber Vladislavs II., →Heinrich Zdik (86. H.), gewidmet. Seit dem Regierungsantritt Barbarossas stehen bei V. zunehmend die Ereignisse im Reich im Vordergrund, in die der böhm. Herrscher immer stärker verwickelt wurde. Bedeutend ist die Schilderung der Italienzüge Barbarossas, an denen V. auch persönl. teilgenommen hat. Die Annalen wurden sehr wahrscheinl. nach der Rückkehr V.' aus Italien (wohl 1167), aber vor dem Rücktritt Vladislavs II. 1172 verfaßt. Auffallend sind das starke persönl. Interesse V.' für seine Erzählung und seine oft erwähnten persönl. Erlebnisse und Erfahrungen. Typolog. schwankt das annalist. geordnete Werk zw. den von V. angekündigten »Gesta regalia« (teilweise auch »episcopalia«) und den persönl. Memoiren des Verfassers. Die Absicht, »Gesta regalia« zu schreiben, beeinflußt auch die Intention des Werkes, das v. a. der Verherrlichung von Vladislav und Judith dienen sollte.

Hauptq.n V.' waren seine eigenen Erinnerungen, die Zeugenberichte sowie die annalist. Aufzeichnungen, die wohl entweder im Prager Domkapitel oder im Kl. →Strahov entstanden sind, möglicherweise auch eigene Notizen des Verfassers. Zahlreiche unzuverlässige Angaben und unrichtige Datierungen wurden wahrscheinl. durch den Zeitabstand zw. den Begebenheiten und ihrer Darstellung verursacht. V.' Werk ist in einer ma. Hs. (Prag, Strahover Bibl. DF III, 1), in der unmittelbar die Annalen Gerlachs v. Mühlhausen anschließen, und in ihren drei nz. Kopien erhalten. Im MA wurde es vom Kompilator der zweiten Fortsetzung (nach 1283) der »Chronica Boemorum« des →Cosmas v. Prag und von →Pulkawa Přibík in den späteren Redaktionen seiner Chronik (zw. 1364–74) benutzt. M. Bláhová

Ed.: W. WATTENBACH (MGH SS XVII), 654–683 – *Lit.:* SłowStarSłow VI, 469 [Lit.] – V. NOVOTNÝ, České dějiny, I-3, 1928, 14–20 – Z. FIALA, Letopis Vincenciův a Jarlochův, 1957, 14–20 – M. BLÁHOVÁ, Das Werk des Prager Domherrn V. als Q. für die Italienzüge Friedrich Barbarossas, Civis 16, 1992, 149–172 [Lit.].

Violante (s. a. Yolande)

1. V. v. Ungarn, Kgn. v. →Aragón, * um 1216, † 12. Okt. 1251 in Huesca, ▢ Vallbona de los Monges; Eltern: Kg. →Andreas II. v. Ungarn und Violante v. Courtenay (Tochter →Peters v. Courtenay, Ks. des Lat. Ksr.es v. Konstantinopel), ∞ 8. Sept. 1235 in Barcelona Kg. →Jakob I. v. Aragón (durch Vermittlung Papst Gregors IX.); neun Kinder: u. a. →Peter III. v. Aragón, →Jakob II. v. Mallorca, Sancho, Ebf. v. →Toledo († 1275), →Violante (∞ Alfons X. v. Kastilien), Isabella (∞ Philipp III. v. Frankreich). Als Mitgift brachte V. Ansprüche auf die Gft. →Namur sowie 10000 Silbermark mit und erhielt als Morgengabe die Herrschaft →Montpellier und die Vgft. Millau. Ihren Kindern wurde der Besitz des Kgr.es →Mallorca, der Gft.en →Roussillon, →Cerdaña und →Conflent, des Vallespir sowie aller Eroberungen im Kgr. →Valencia zugesichert, wobei Jakob I. deren Rechte durch immer neue testamentl. Verfügungen zulasten seines Erstgeborenen, des Infanten Alfons, Sohn der kast. Infantin Eleonore, erweiterte. V., die v. a. die Bettelorden förderte, begleitete ihren Gatten auf allen Feldzügen gegen die Mauren und saß in seinem Rat.   U. Vones-Liebenstein

Lit.: Gran Enc. Catalana XV, 1980, 553 – Dicc. d'Hist. de Catalunya, 1992, 1132 – F. O. BRACHFELD, Doña V. de Hungria, reina de Aragón, 1942 – L. CERVERÓ-M. BATLLORI, Doña Dionis d'Hongria (Jaime I y su época, Comunicaciones 1, 2 [= X Congr. de Hist. de la Corona de Aragón], 1980), 559–577 – F. MATEU Y LLOPIS, El 'Rex Hungarie' y el 'Rex Valencie', ebd. 3, 4, 5, 1982, 545–555.

2. V. v. Bar, Kgn. v. →Aragón, * um 1365, † 3. Juli 1431 in Barcelona, ▭ Poblet (seit 1460); Eltern: Hzg. →Robert I. v. Bar und Maria v. Valois, Schwester Kg. Karls V. v. Frankreich; ⚭ 1380 Hzg. Johann v. Gerona (→Johann I. v. Aragón); von sieben Kindern überlebte einzig Violante (1381–1442), ⚭ 1400 →Ludwig II. v. Anjou). Die Eheschließung Johanns mit V., die eine stärkere Bindung des Thronfolgers an Frankreich bedingte, trug zu dessen Zerwürfnis mit seinem Vater Peter IV. und dessen Gattin Sibilla de Fortià bei. Nach dem Tod Peters 1387 wurde der Besitz Sibillas eingezogen und V. übertragen. Die in Paris erzogene V. hielt in Barcelona prunkvoll hof; ihr kunstliebender Gatte stand völlig unter ihrem Einfluß und der von ihr geförderten Hofkamarilla. Die Hinwendung zu Frankreich verschärfte die Konflikte im Reichsinneren. Nach dem Tod Johanns (1396) entging V. mit Mühe einer Anklage. →Martin I. schloß 1398 mit ihr einen Vertrag über die Ablösung kgl. Rechte und Einkünfte, da dank der Schenkungen Johanns I. der Großteil der Krongüter in Aragón in ihrem Besitz war. Nach dem Tod Martins I. (1410) verfocht V. erfolglos (Compromiso de →Caspe) die Ansprüche ihres Schwiegersohnes Ludwig II. v. Anjou und ihres Enkels, Hzg. Ludwigs v. Kalabrien, auf die Nachfolge in Aragón.   U. Vones-Liebenstein

Lit.: Gran Enc. Catalana XV, 1980, 553 – J. VINCKE, Die Kgn.-Witwe V. v. Aragón im Wirkungsbereich des Konstanzer Konzils (Von Konstanz nach Trient (Fschr. A. FRANZEN, 1972), 27–46 – U. LINDGREN, Zur Heiratspolitik der Kgn. V. v. Aragón, SFGG GAKGS 27, 1973, 289–310 – M.ᴬ L. LEDESMA RUBIO, El patrimonio real en Aragón a fines del s. XIV: los dominios y rentas de V. de B., Aragón en la Edad Media 2, 1979, 135–169 – F. VENDRELL GALLOSTRA, V. de B. y el compromiso de Caspe, 1992.

3. V. v. Aragón, Kgn. v. →Kastilien, * um 1236, † 1300 in Roncesvalles (auf dem Rückweg von einer Romfahrt); Eltern: →Jakob I. v. Aragón und →Violante v. Ungarn; ⚭ 29. Jan. 1249 in Valladolid Kg. →Alfons X. v. Kastilien; elf Kinder: u. a. die Infanten Ferdinand de la →Cerda (2. C.; † 1275) und Johann († 1319), →Sancho IV. Die bereits im Febr. 1240 verabredete Verbindung diente der Interessenabsicherung der Kronen Kastilien und Aragón in SO-Spanien. V. griff 1272/73 vermittelnd in die durch die kgl. Steuergesetzgebung und Gerichtspraxis bedingten Auseinandersetzungen zw. Alfons X. und Teilen des Adels ein. Wegen Unstimmigkeiten mit ihrem Gatten floh sie nach dem Tod ihres ältesten Sohnes im Jan. 1278 mit ihren Enkeln, den Infanten de la Cerda, zu ihrem Bruder →Peter III. nach Aragón. Nach der Rückkehr nach Kastilien (Juli 1279) ergriff sie 1282 die Partei Sanchos IV. gegen Alfons X., setzte sich jedoch nach dem Tod ihres Gatten (1284) für die Infanten de la Cerda ein, was zur Konfiszierung ihrer Besitzungen in Kastilien und León führte. Ihr Plan, die Krone Kastilien nach dem Tod Sanchos IV. (1295) in das Kgr. León (für den Infanten Johann) und das Kgr. Kastilien (für Alfons de la →Cerda [1. C.]) aufzuteilen, scheiterte am Widerstand der Kgn. witwe →Maria de Molina.   U. Vones-Liebenstein

Lit.: Gran Enc. Catalana XV, 1980, 552f. – F. DE MOXÓ Y MONTOLIU, El enlace de Alfonso de Castilla con V. de A., Hispania 49, 1989, 69–110 – M. GONZÁLEZ JIMÉNEZ, Alfonso X, 1993 – J. F. O'CALLAGHAN, The Learned King. The Reign of Alfonso X of Castile, 1993.

4. V. (Yolande), Ksn. und Regentin des →Lat. Ksr.es 1217–19, † wahrscheinl. Sept. 1219; Tochter v. Gf. →Balduin VIII. (V.) v. →Flandern und →Hennegau, Schwester der beiden ersten lat. Ks. v. Konstantinopel, →Balduin I. (1204–05) und →Heinrich (1206–16). Nach Heinrichs Tod (11. Juni 1216) boten die Barone des Ksr.es V. und ihrem Gemahl →Peter v. Courtenay im Herbst 1216 in Namur die Krone an, die beide annahmen. Vor ihrer Abreise übertrug V. die Gft. →Namur ihrem Sohn Philipp und stiftete der Kirche St-Aubin in Namur eine Kaplanspfründe. Am 9. April 1217 wurden V. und ihr Gemahl von →Honorius III. in S. Lorenzo in Rom gekrönt; am 11. April beschworen beide die Verträge ihrer Vorgänger mit →Bonifaz' v. Montferrat mit →Venedig. Während Peter nach seiner Landung in Dyrrhachion beim Kampf gegen →Epiros in Gefangenschaft geriet, reiste die schwangere V. zur See. In →Morea verheiratete sie ihre Tochter Agnes mit Gottfried II., dem künftigen Fs.en v. Achaia. In Konstantinopel gebar sie den Thronerben, →Balduin (II.) (1228–61), und übernahm anschließend für ihren gefangenen Gemahl die Regentschaft. Vor ihrem Tode verheiratete sie ihre Tochter Maria mit Ks. Theodor I. Laskaris v. →Nikaia.   K.-P. Todt

Lit.: B. HENDRICKX, Les institutions de l'Empire Lat. de Constantinople (1204–61): Le pouvoir impérial (L'empereur, les régents, l'impératrice), Byzantina 6, 1974, 87–154 – P. LOCK, The Franks in the Aegean. 1204–1500, 1995.

Virelai, vom 13. bis Ende des 15. Jh. vertretene Variante des frz. Tanzliedes mit →Refrain (Etymologie ungesichert: Onomatopöie oder eine Drehung im Tanz, in der musikal. Phrase oder in der formalen Gestaltung des Textes). Der *v.* (im 14. Jh. auch *chanson baladée* gen.), wohl dem *vireli* des 12.–13. Jh. entsprungen und mit dem →*rondeau*, der *ballade* (→Ballade) und der prov. →*dansa* verwandt, entfernte sich zunehmend von seinen volkstüml. und choreograph. Ursprüngen und näherte sich der höf. Liebeslyrik an. Zunächst bei →Jehannot de L'Escurel († 1304) belegt, erreichte das Genre seinen Höhepunkt im 14. Jh. mit Guillaume de →Machaut. Den Verfall des Genres im 15. Jh. begleiteten die z. T. konfusen Bemühungen der Theoretiker der zweiten Rhetorik, die Formenvielfalt durch feste Regeln auf einen gemeinsamen Nenner zu bringen. Demnach besteht der *v.* aus meist drei – gewöhnl. von Musik getragenen – Strophen (später nur zwei oder gar einer) mit einer beliebigen Zahl von kurzen Versen (meist 7 und 5 bzw. 3 Silben) bei freien Vers- und Reimformen. Ein bevorzugtes Schema weist eine vom wiederkehrenden Refrain eingerahmte Strophe auf, die einen *ouvert* und einen *clos*, und schließl. eine in Reimschema und Rhythmus dem Refrain entsprechende *cauda* besitzt (z. B. AAB: BAAB / ccd+ccd /aab: baab / AAB: BAAB), wobei das Reimschema in der jeweils darauffolgenden Strophe umgekehrt wird.   M. Grünberg-Dröge

Lit.: G. LOTE, Hist. du vers français, 1951, II, 259–270 – G. REANEY, Concerning the Origins of the Rondeau, V. and Ballades Forms, Musica disciplina, VI/4, 1952, 155–166 – P. LE GENTIL, Le v. et le villancico, 1954 – F. GENNRICH, Das altfrz. Rondeau und V. im 12. und 13. Jh., 1963 – D. POIRION, Le poète et le prince, 1965, 326–333, 343–348 – N. WILKINS, One Hundred Ballades, Rondeaux and V.s from the Late MA, 1969 – H. MORIER, Dict. de poétique et de rhétorique, 1975, 1126-1131 – P. BEC, La lyrique française au MA, 1977, I, 234-240.

Virgil (aus ir. Fergil), hl., Abt und seit 749 Bf. v. →Salzburg, * um 700, † 27. Nov. 784. Als V. Ende 745 oder Anfang 746 von der frk. Kg.spfalz →Quierzy auf Empfehlung des Hausmeiers →Pippin III. mit mehreren Begleitern nach →Bayern zu Hzg. →Odilo (→Agilolfinger) ging, war er bereits Abt und Priester. Da er kurz vor seinem Tod in den 'Liber confraternitatum' die Namen mehrerer Äbte des ir. Inselkl. →Iona (Hy) eintragen ließ, dürfte er aus diesem monast. Zentrum Irlands (→Irland, C) stammen, doch kommt auch →Aghaboe (Achad Bó) in Frage. Mit →Bonifatius, dem päpstl. Legaten für die frk. Reichskirche, geriet V. bald in Konflikt, da er dessen Auftrag, die Wiedertaufe des (mit einer korrupten Taufformel getauften) Bayern vorzunehmen, nicht vollzog. Vielmehr wandte er sich in dieser Frage an Papst →Zacharias, der ihm gegen Bonifatius zuerst recht gab, dann aber auf Einspruch des letzteren wieder von seiner Entscheidung teilweise abrückte. Es mag dabei eine Rolle gespielt haben, daß Bonifatius den gelehrten Iren, der in seiner Heimat den Beinamen 'der Geometer' getragen hatte, als Irrlehrer verdächtigte, weil er die antike Lehre von der Kugelgestalt der Erde und von Antipoden vertrat (→Weltbild).

Kirchenpolit. spielte V. eine bedeutende Rolle: Er organisierte in päpstl. Auftrag die Slavenmission (→Mission, B. II) in Karantanien (→Kärnten, II), wo →Maria Saal im →Zollfeld als erster geistl. Mittelpunkt entstand. V. erscheint ferner in wichtigen bayer. Schenkungsurkk. Er steht am Anfang der →Zeugenliste der Dotationsurk. Hzg. →Tassilos III. von 777 für →Kremsmünster und führte einen langen Kampf gegen die roman. Adelsfamilie Albina um die Rechte des Salzburger Kl. St. Peter an der Maximilianszelle in Bischofshofen, einer Stiftung der 'gens Albina'. St. Peter selbst hatte mit seinen Filiationen Kufstein, Elsenwang und Zell am See mehr als 100 Mönche und fast 50 Novizen (pulsantes), mit denen V. in enger Gemeinschaft lebte.

Mit dem Bf. und Gelehrten V. ist die erste kulturelle Blüte Salzburgs eng verbunden. Er war Bf. →Arbeo v. Freising freundschaftl. verbunden, den er zur Lebensbeschreibung des hl. →Korbinian anregte. Vielleicht ist schon die erste, verlorene Rupert-Vita auf seine Anregung oder durch ihn selbst geschrieben worden. Sicher aber geht das Salzburger Verbrüderungsbuch (→Memoria [4]) auf ihn zurück. Ebenso ist es wohl kein Zufall, daß eine Salzburger Hs. die zwei wichtigsten und umfangreichsten ir. →Bußbücher enthält. Umstritten ist hingegen, ob V. der Verfasser der kuriosen Kosmographie des →Aethicus Ister war. Auch Kunst und Architektur erlebten unter dem Iren einen Aufschwung. Nicht zu bezweifeln ist, daß V. 774 den ersten, in seinen Ausmaßen ungewöhnl. großen Dom erbauen ließ, wie dies auch →Alkuin in einem Gedicht bezeugt. Bei dieser Gelegenheit erfolgte die Translation des hl. →Rupert v. Worms nach Salzburg. Man nimmt heute an, daß V.s Rupert–Dom vor und nach 774 die Kirche v. St. Peter war, die Zweipoligkeit von Kathedrale und Kl.kirche also noch nicht existierte. Möglicherweise ist auch unter V. das northumbr. Rupertkreuz nach Salzburg gekommen. Sehr wahrscheinl. entstand auch der →Tassilokelch in Salzburg. Beim Dombau Ebf. Konrads III. wurde 1181 das verschollene Grab V.s aufgefunden. Am 18. Juni 1233 wurde er heiliggesprochen.   F. Prinz

Lit.: P. GROSJEAN, Virgile de Salzbourg en Irlande, AnalBoll 78, 1960, 92-123 – F. PRINZ, Frühes Mönchtum im Frankenreich, 1965, 1988², 404-433 – H. LÖWE, Salzburg als Zentrum lit. Schaffens im 8. Jh. (Salzburg im 8. Jh., hg. H. KOLLER–H. DOPSCH, Mitt. der Ges. f. Salzburger LK 115, 1975), 99-143 – Gesch. Salzburgs, hg. H. DOPSCH, I, 1, 2, 3, 1983² – V. v. Salzburg. Missionar und Gelehrter, hg. H. DOPSCH–R. JUFFINGER, 1985 – J. JAHN, Ducatus Baiuvariorum, 1991 – H. WOLFRAM, Salzburg, Bayern, Österreich (MIÖG-Erg.bd. 31, 1995), 252-285.

Virgilius Maro, lat. Grammatiker ir. Tradition (HERREN) oder aus Südfrankreich (Virgilius Tolosanus bei Abbo v. Fleury), Mitte 7./Mitte 8. Jh. (POLARA). Werke: »Epitomae«: 15 Kap. angekündigt, nur 12 erhalten, über Orthographie und Redeteile, Metrik und Etymologie, dazu zwei skurrile Kap.: »De scinderatione fonorum« (10) und »De catalogo grammaticorum« (15); Acht »Epistulae« über die 8 Redeteile mit Praefatio an einen imaginären Diakon. Mischung von richtigen grammat. Lehren und verschrobenen Ansichten, grammat. Parodie, linguist. Lehren (z. B. die 12 Latinitates) und fiktiven, klass. Autoren zugeschriebenen Zitaten. V. M. wurde von den ir. Grammatikern ernsthaft zitiert und blieb populär bis zum Ende des 11. Jh. Seit seiner Wiederentdeckung 1794 ist die Absicht V.' und der lit. Charakter seiner Werke kontrovers.   C. Jeudy

Ed.: A. MAI, Classicorum auctorum..., 5, 1833 – J. HUEMER, 1886 – G. POLARA, 1979 [it. Übers.] – D. TARDI, Epitomae, 1928 [frz. Übers.] – *Lit.:* Lexicon grammaticorum, 1996, 977 [G. POLARA] – MANITIUS, I, 119-127 – CPL 1559 – BRUNHÖLZL, I, 150-152, 529; fr. Übers., 1, 146-148, 273-274 – LAPIDGE-SHARPE, n. 295-297, 81-82 – T. STANGL, Virgiliana, 1891 – M. ESPOSITO, Hermathena 50, 1937, 139-183 – B. BISCHOFF, Ma. Studien, 1-2, passim – M. HERREN, CM 31, 1970, 253-257 – G. POLARA, Vichiana, NS 6, 1977, 241-278 – DERS., PRIA 79, 1979, 27-71 – B. LÖFSTEDT, Eranos 79, 1981, 117-119; Latomus 40, 121-126, 828-829; RCCM 23, 159-168; Speculum 56, 205-208; Philologus 126, 1982, 99-110 – V. LAW, The Insular Lat. grammarians, 1982, 42-52 – F. DESBORDES, La linguistique fantastique, 1985, 35-43 – B. BISCHOFF, MJB 23, 1988, 11-16 – V. LAW (L'héritage des grammairiens lat., hg. I. ROSIER, 1988), 121-131 – G. POLARA, ebd. 109-120 – D. Ó CRÓINÍN, The Date, Provenance and Earliest Use of the Works of V. M. Grammaticus (Tradition und Wertung [Fschr. F. BRUNHÖLZL, 1989]), 13-22 – M. HERREN (De Tertullien aux Mozarabes [Fschr. J. FONTAINE, I, 1992]), 141-151 – G. POLARA (Hist. of Linguistic Thought in the Early MA, V. LAW, 1993), 205-222 – V. LAW, Wisdom, Authority and Grammar in the VII. c., 1995.

Virginal, mhd. Heldendichtung im →Bernerton aus dem Kreis der aventiurehaften Dietrichepik (→Dietrich v. Bern), vielleicht noch vor der Mitte, spätestens in der 2. Hälfte des 13. Jh. von einem unbekannten Dichter (im schwäb.-alem. Raum?) verfaßt, überliefert in drei vollständigen Hss. des 15. Jh. (V_{10}=h, um 1440, 1097 Str.; V_{11} = d, »Dresdener Heldenbuch«, 1472, 130 Str.: Auszug aus einer längeren Vorlage; V_{12} = h, »Linhart Scheubels Heldenbuch«, ca. 1480/90, 866 Str.) sowie Frgm.en von 10 weiteren Hss. (ca. 1300–Ende 15. Jh.). Die vollständigen Hss. bieten jeweils eine eigenständige Version der Erzählung, die von den ersten Abenteuern ('enfances') handelt, die der junge Dietrich zu bestehen hat: Befreiung einer Jungfrau der Zwergenkgn. Virginal aus der Gewalt des menschenfressenden Unholds Orkise; Kämpfe gegen Drachen und Riesen; Gefangenschaft Dietrichs bei Riesen und Befreiung durch seine Freunde; in V_{11} und V_{12} Heirat Dietrichs mit Virginal. Der Text wird im wesentl. frei erfunden sein, verarbeitet aber auch traditionelle Motive der Dietrichsage (Dietrichs Gefangenschaft bei Riesen und seine Befreiung durch die Freunde schon im ags. →»Waldere«, vgl. auch →»Sigenot«; weitere Parallelen in der Thidrekssaga; →Dietrich v. Bern, IV). Möglich, aber nicht zu sichern ist eine Beziehung zur alpinen Sage vom Waldunhold Ork.   J. Heinzle

Ed.: V_{10}: J. ZUPITZA, Dt. Heldenbuch, V, 1870 [Neudr. 1968] – V_{11}: F. H. VON DER HAGEN–A. PRIMISSER, Der Helden Buch in der Ursprache, II, 1825 – V_{12}: F. STARK, Dietrichs erste Ausfahrt, 1860 – Lit.: Verf.-Lex.² X, s.v. [J. HEINZLE].

Viri hereditarii → Erbbürger

Virneburg, Gft., Gf.enhaus. Um die Mitte des 11. Jh. tauchen die V.er erstmals auf, ein halbes Jh. später sind sie als Gf.en belegt. Ihre Besitzungen lagen in der Nähe der Stammburg in der Osteifel (Krs. Mayen-Koblenz). Mit der Belehnung der Pellenz durch die Pfgf.en und den Ebf. v. Trier gewannen sie im 13. Jh. an Bedeutung. V.er wurden auch Vasallen der Gf.en v. Luxemburg und des Ebf.s v. Köln. Bis Mitte des 13. Jh. beschränkten sich ihre polit. Aktivitäten v. a. auf den engeren Lebensraum, doch um die Jahrhundertwende erlangten sie, wenn auch nur kurzfristig, eine über ihre territoriale Machtgrundlage hinausreichende Bedeutung, als ein V.er Ebf. v. Köln, ein anderer Ebf. v. Mainz wurde und weitere Angehörige des Geschlechtes Aufnahme in den rhein. Domkapiteln und Stiftern fanden. Im 14. Jh. saßen z. B. im Trierer Domkapitel sieben und im Kölner Domkapitel neun, zwei weitere folgten noch im 15. Jh. Spannungen innerhalb der Domkapitel wußten die V.er immer wieder auszunutzen, doch vermochten sie sich auf die Dauer nicht entscheidend durchzusetzen. Es scheint, als hätten die V.er ihre Kräfte im 14. Jh. zu stark auf den Erwerb von Dom- und Stiftspfründen konzentriert und darüber den Ausbau ihres eigenen Territoriums vernachlässigt, das zudem noch durch die Teilung v. 1445 in der Substanz geschwächt wurde.

W. Herborn

Lit.: W. KISKY, Die Domkapitel der geistl. Kfs.en in ihrer persönl. Zusammensetzung im 14. und 15. Jh., 1906 – W. IWANSKI, Gesch. der Gf.en v. V. von ihren Anfängen bis auf Robert IV. (1383) [Diss. Bonn 1912] – K. KLAPPERICH, Die Gesch. des Gf.engeschlechtes der V.er von Jahre 1383 bis zum Erlöschen [Diss. Bonn 1920] – R. HOLBACH, Stiftsgeistlichkeit im Spannungsfeld von Kirche und Welt. Stud. zur Gesch. des Trierer Domkapitels und Domklerus im SpätMA, 2 T.e, 1982 – U. HÖROLDT, Stud. zur polit. Stellung des Kölner Domkapitels zw. Ebf., Stadt Köln und Territorialgewalten, 1994.

Virtus, lat. nebst volksspracchl. Übers., seit der Antike meist in der Bedeutung »Tugend« als Voraussetzung für sittl. Handeln, wurde zum eth. Schlüsselbegriff im MA und in der Renaissance. →Dante verfaßte auf der Grundlage der vier Kardinaltugenden (»prudentia«, »iustitia«, »fortitudo«, »temperantia«) eine Tugendlehre und begegnete als Jenseitswanderer im Paradies den Seelen derer, die auf Erden die moral. Tugenden in der »vita activa« und in der »vita contemplativa« die intellektuellen Tugenden geübt haben. Am Beginn des Renaissance-Humanismus ließ →Petrarca die »v.« im Kampf gegen die laun. »fortuna« siegen. Bei L. B. →Alberti unterjocht der willensstarke Mensch kraft der Kardinaltugenden die »fortuna«. »Exempla v.tis« sind die röm. Helden. C. →Landino überbrückte den Gegensatz zw. der »vita activa« und der »vita contemplativa«, indem er den Weisen, der über die Erkenntnis der Wahrheit meditiert, dazu verpflichtet, den in der »vita activa« tätigen Bürger zu beraten. Das von M. →Palmieri entworfene Leitbild des Bürgerhumanisten beruht auf der Übung der Kardinaltugenden, vornehml. der »iustitia« im polit. Leben. Im Zeichen der Refeudalisierung der it. Gesellschaft während des 16. Jh. schilderte B. Castiglione den vollkommenen Hofmann, dessen Verhaltensweisen durch die Kardinaltugenden und die von ihnen abgeleiteten Tugenden bestimmt sind. Am wichtigsten sind die »prudenzia«, welche die Affekte zügelt, und die »temperanzia«, die Tugend des Maßhaltens zw. zwei Extremen. In einer veränderten politischen Situation in Italien blieb das von Alessandro Piccolomini entworfene Ideal des in einer freien Stadt geborenen Adligen auf die Übung der Tugenden im privaten Bereich beschränkt. Abgesehen davon, machte Piccolomini diese Übung von den jeweiligen Umständen abhängig, was eine Relativierung des Tugendbegriffs und damit die Zersetzung der humanist. Gesinnungsethik in eine Kasuistik prakt. Lebensregeln zur Folge hatte. Dem der Staatsräson folgenden »Principe« Machiavellis sind die Tugenden nur »instrumenta regni«. Im Kampf der »virtù«, verstanden als polit. Energie, gegen die »fortuna«, als Summe der sich dem Fs.en entgegenstellenden Hindernisse, räumte Machiavelli die eine Hälfte der Verfügung über die Handlungen dem freien Willen des Menschen ein, die andere Hälfte überließ er der »fortuna«.

A. Buck

Lit.: S. a. →Tugenden und Laster; →Vita activa et contemplativa – E. W. MAYER, Machiavellis Geschichtsauffassung und sein Begriff der »virtù«, 1912 – E. LOOS, B. Castigliones Libro del Cortegiano, Studien zur Tugendauffassung des Cinquecento, 1955 – K. HEITMANN, Fortuna und V. Eine Studie zu Petrarcas Lebensweisheit, 1958 – Virtù e Fortuna dal Medio Evo al Rinascimento (G. PAPARELLI, Cultura e Poesia, 1977), 95ff. – H. C. MANFIELD, Machiavelli's Virtù, 1996.

Visby (dt. auch: Wisby), einzige Stadt auf →Gotland (Schweden), eines der Zentren des v. a. von der →Hanse betriebenen Ostseehandels (→Ostsee). V. ist urkundl. erstmals 1203 erwähnt; doch bestand schon lange zuvor eine stadtähnl. Siedlung bei einem der besten →Häfen an der Westküste v. Gotland. Die ältesten archäolog. festgestellten Holzbauten werden auf das 9. Jh. datiert; damals war V. aber wahrscheinlich nur in der Handelssaison besiedelt und wurde von gotländ. Handelsbauern, die auf nahegelegenen Höfen wohnten, als Hafen genutzt. Im 11. Jh. wuchs das ganzjährig besiedelte Areal, und im südl. Hafenbereich wurde eine erste Kirche gebaut. Um 1200 hatte sich die Siedlung zum bedeutenden Knotenpunkt des Ostseehandels entwickelt (→Gotlandfahrer), in einer Zeit, in der Schiffe aus dem südl. Ostseegebiet noch nicht den direkten Seeweg nach →Riga und →Novgorod zu unternehmen wagten, sondern an der schwed. Küste entlang segelten, wo vor dem Sprung zu den balt. Küsten im vorzügl. V.er Hafen einen Zwischenaufenthalt einzulegen. In V. wurden mit großen Gewinnspannen schwed., russ. und ostbalt. Produkte (Eisen, Pelz, Wachs, Häute) gegen westeurop. Waren (Tuch, Salz, Wein, Gewürze, Handwerkserzeugnisse) umgeschlagen.

Sicherlich waren die ersten V.er Kaufleute hier ansässig gewordene gotländ. Handelsbauern, doch schon um 1200 setzte der rasche Zustrom von dt. Kaufleuten ein. Nach Ausweis der Personennamen kamen diese vorwiegend aus westfäl. Städten wie →Dortmund, →Münster und →Soest, in manchen Fällen direkt, in anderen indirekt über →Lübeck, das für Jahrhunderte der wichtigste Handelspartner blieb, was auch zur Ansiedlung von Lübeckern in V. führte.

V. wuchs im 13. Jh. schnell zur Großstadt heran, deren Kernraum mit mehrstöckigen, in Stein errichteten Speicher- und Wohnhäusern von Großkaufleuten besetzt war. Zum größten Teil außerhalb des Stadtkerns lagen in konzentr. Anordnung die über 15 Kirchen, errichtet im späten 12. und im 13. Jh. Die genaue Entstehungszeit und die ursprgl. Funktion dieser Kirchen sind in der Forschung seit langem umstritten, da schriftl. Q. weithin fehlen; nur die Entstehungsgesch. der Marienkirche wird durch eine Dedikationsurk. (für die Chorpartie) von 1225 erhellt, nach der die dt. 'burgenses' als Kirchenpatrone das Recht erhalten hatten, in V. eine exterritoriale Gemeinde zu begründen. Rechtlich unterstanden die Kirchen in V. wie die anderen gotländ. Kirchen dem Bf. v. →Linköping. V. besaß seit dem 13. Jh. drei Kl., einen Dominikaner- (ca.

1230), einen Franziskanerkonvent (1233) und ein Zisterzienserinnenkl. außerhalb der Stadt (1246).

Politisch kam V. wie die ganze Insel im 13. Jh. unter die Herrschaft der Krone v. →Schweden; doch war die Stadt gegen Ende des Jahrhunderts bestrebt, sich aus dem Umland und damit auch stärker vom kgl. Einfluß zu lösen. In den Jahrzehnten nach 1270 begann V. mit dem Bau einer Stadtmauer, was zum offenen Krieg zw. Stadt und Land und zur Intervention des Kg.s führte (1288). Die Stadt wurde zwar gezwungen, die Oberherrschaft des Kg.s v. Schweden anzuerkennen, doch ihre Eigenständigkeit gegenüber dem ländl. Bereich blieb faktisch erhalten, und V. setzte in den nächsten Jahrzehnten den Mauerbau fort.

Ein Ausdruck der bleibenden Oberhoheit des schwed. Kgtm.s war die Promulgation des V.er Stadtrechts durch Kg. →Magnus Eriksson in den Jahren nach 1340; Fragmente eines früheren Rechtstextes weisen jedoch auf ein älteres Stadtrecht hin, das wohl eine Vorstufe des erhaltenen Stadtrechts bildet. Dieses liegt in einer dt. Fassung vor (die geplante schwed. Fassung blieb wohl unausgeführt) und stellt eine selbständige Schöpfung mit aus schwed. wie dt. Rechtssystemen übernommenen Elementen dar.

V. war in vieler Hinsicht eine dt. Stadt, in der allerdings die schwed. und die dt. Bevölkerungsgruppe gemäß dem Stadtrecht gleiches Recht genossen (gleichmäßige Verteilung der Stadtratsitze unter beide Gruppen); dies wird v. a. deutlich durch ihre bemerkenswerte Rolle in der Hansegeschichte. V. war offensichtl. eine führende Kraft bei der Entwicklung des Novgorodhandels und hatte aktiven Anteil am Prozeß, der zur Ausbildung der fest etablierten Städtehanse führte; abwechselnd mit Riga fungierte V. in der Mitte des 14. Jh. als Haupt des gotländ.-livländ. Drittels.

Die wirtschaftl. Bedeutung V.s ist im einzelnen gleichwohl schwierig zu ermessen, da Zahlenmaterial fast gänzlich fehlt. Die Bevölkerungszahl in der Blütezeit ist unbekannt, wird aber von kühnen Forschern (ohne eigtl. Quellengrundlage) auf 5000 oder weit mehr geschätzt. Klar erkennbar ist jedoch der Bedeutungsrückgang der Stadt in den anderthalb Jahrhunderten von der Mitte des 14. Jh. bis etwa 1500. Die Hauptursache lag sicherl. in der Veränderung der Seeverkehrswege des Ostseebereiches. Für die größeren, kraweel gebauten Schiffe des ausgehenden MA war es nicht mehr nötig, V. als Zwischenhafen anzulaufen; sie konnten von Lübeck und den anderen westl. Städten aus direkt nach Riga, Reval und Novgorod segeln. Zum Verfall von V. trugen wohl auch, wenngleich in geringerem Maße, die Auswirkungen des Schwarzen Todes und des allg. europ. Konjunkturrückganges des 14. Jh. bei, ebenso die oft instabile polit. Lage nach der dän. Eroberung von Gotland (1361, →Visby, Schlacht v.), das bis 1645 bei →Dänemark blieb. Die Stadt V., die Kg. →Waldemar IV. kampflos die Tore öffnete, erhielt das Versprechen der Achtung ihrer Privilegien, unterstand aber faktisch von nun an der Kontrolle des dän. Kgtm.s, der seine Herrschaft allerdings nur mühsam zu wahren vermochte. Stadt und Insel wurden mehrfach von Insurgenten und Kriegsgegnern (Hzg. Erich v. Mecklenburg 1395–97, →Vitalienbrüder 1394–98, →Dt. Orden 1398–1408, der entthronte→Erich v. Pommern 1436–49) oder selbständigen Lehnsträgern (Olof Axelsson Thott 1449–64, →Ivar Axelsson Thott 1464–87 u. a.) besetzt und dienten ztw. Kaperfahrern (→Kaperfahrt) als Stützpunkt. V. wurde zwar noch eine Zeitlang als Hansestadt betrachtet, entsandte aber 1469 zum letzten Mal einen Delegierten zum Hansetag. Am Ausgang des MA hatte sich der Handel der wohl stark entvölkerten Stadt auf den insularen Bereich Gotlands reduziert; zahlreiche ihrer Kirchen verfielen nach der Reformation dem Abbruch, mit Ausnahme der Marienkirche, die als einzige Pfarrkirche der Stadt weiterbestand.   G. Dahlbäck

Lit.: DOLLINGER, Hanse³, s.v. (Register) – H. YRWING, V. – Hansestad på Gotland, 1986 – R. ENGESTRÖM u. a., V. Hist. bakgrund. Arkeologiska dokumentationer (Medeltidsstaden, 71, 1988) – M. MOGREN u. a., V. Staden och omlandet (ebd., 72, 1989) – G. SWAHNSTRÖM, V. under tusen år, 1990² – R. ÖHRMANN, Vägen till Gotlands hist., 1994.

Visby, Schlacht v. (27. Juli 1361). Der Kg. v. →Dänemark, →Waldemar IV., überfiel im Juli 1361 →Gotland und schlug im Gefolge seiner Landung drei oder vier Schlachten, die letzte am 27. Juli vor V. Sie endete mit einer vernichtenden Niederlage der Bauern ohne große Verluste der Dänen. Die an der Schlacht unbeteiligte Bürgerschaft v. V. kapitulierte ohne Belagerung. Eine anschließende Plünderung der Stadt wird von ANDERSSON bezweifelt, zumindest das Umland wurde aber verheerend geplündert. Waldemar verließ Gotland am 28. Aug. Der staatl. Status von Gotland blieb unter dän. Hoheit im wesentl. derselbe wie vorher unter der Herrschaft v. Schweden. Von großer Bedeutung für die ma. Militärgesch. sind die von WENNERSTEN 1905 und 1912 vorgenommenen Ausgrabungen der Massengräber der Bauern, da sie aufgrund der Ausrüstungsfunde und des anthropolog. Befundes Einblick in Kampfesweise und Demographie gewähren.   M. Hofmann

Lit.: J. ANDERSSON, Valdemar Atterdags tåg mot Gotland, Forn Vaennen 21, 1926 – B. THORDEMANN, Armour from the Battle of Wisby, 1939 – H. YRWING, Valdemar Atterdags Gotlandståg 1361 (Från Gotlands dansktid, 1961 [Gotländskt arkiv 33]) – s.a. Lit. zu →Gotland, →Visby.

Vischer, Nürnberger Messinggießer. [1] *Peter d. Ä.*, * um 1460 in →Nürnberg, † 1529 ebd.; Ausbildung beim Vater Hermann V. d. Ä., der die Gießhütte 1453 gegründet hatte, übernahm nach dem Tod des Vaters 1488 die Werkstatt. Er erwarb 1489 die Meisterwürde und arbeitete mit verschiedenen Nürnberger Bildschnitzern, die im Holzmodelle für den Guß lieferten, zusammen: Adam →Kraft, Simon Lainberger, »Artus-Meister« (nach Vorzeichnungen Albrecht →Dürers), »Meister der Nürnberger Madonna« (nach Vorzeichnungen Hans v. Kulmbachs). Werke: »Astbrecher« (München, BNM, dat. 1490); Grabdenkmal für Ebf. Ernst v. Sachsen (Magdeburg, Dom, vollendet 1495); Statuen der Kg.e Artus und Theoderich für das Grabmal Ks. Maximilians I. (Innsbruck, Hofkirche, 1513). Das Hauptwerk der Gießhütte ist das Grab des hl. →Sebald in der Nürnberger Sebalduskirche (Entwurf 1488, Ausführung 1507–19). V. war dafür verantwortl., doch stammt ein wesentl. Anteil von seinen Söhnen Hermann V. d. J. und Peter V. d. J. Gleiches gilt für das Gitter der Fuggerkapelle bei St. Anna in Augsburg, das im Nürnberger Rathaus Aufstellung fand (Annecy, Mus., ab 1512). V. arbeitete wohl grundsätzl. nach fremden Modellen, seine Werkstatt zeichnete sich v. a. durch ihre techn. Perfektion aus (Spezialisierung auf Grabplatten und Epitaphien).

[2] *Peter d. J.*, * 1487 in Nürnberg, † 1528 ebd. Ausbildung beim Vater Peter V. d. Ä. 1507/08 oder 1512–14 (?); Reise nach Italien, Kontakt mit dem Bronzeplastiker Andrea Riccio in Padua, Arbeiten für das Sebaldusgrab nach eigenen Wachsmodellen. Weitere Werke: Epitaph für Dr. Anton Kress (Nürnberg, St. Lorenz, 1513); Medaillen und Plaketten für Nürnberger Humanisten; Tintenfässer mit allegor. Figuren. Unter Peter d. J. vollzog sich in der Werkstatt ein Wandel von der Spätgotik zur Renaissance.

U. Söding

Lit.: S. Meller, Peter V. d. Ä. und seine Werkstatt, 1925 – V. Oberhammer, Die Bronzestandbilder des Maximiliangrabmales in der Hofkirche zu Innsbruck, 1935, 404–419 – H. Stafski, Die V.-Werkstatt und ihre Probleme, ZK 21, 1958, 1–26 – Ders., Der jüngere Peter V., 1962 – K. Pechstein, Beitr. zur Gesch. der V.hütte in Nürnberg [Diss. Berlin 1962] – E. Meyer, Hermann V. und sein Sohn Peter V. d. Ä., Zs. des dt. Vereins für Kunstwiss. 18, 1964, 97–116 – A. Schädler, Zum Meister der »Nürnberger Madonna«, Anz. des Germ. Nat.mus.s Nürnberg, 1976, 63–71 – Nürnberg 1300–1550, Kunst der Gotik und Renaissance, Ausst. Kat., 1986 – B. Bushart, Die Fuggerkapelle bei St. Anna in Augsburg, 1994, 175–196 – D. Diemer, Zur Gußtechnik des Sebaldusgrabes (Von allen Seiten schön. Rückblicke auf Ausst. und Kolloquium, I, hg. V. Krahn, 1996), 51–58.

Visconti, Familie. Die von Hzg. Gian Galeazzo (→6. V.) Ende des 14. Jh. in Auftrag gegebene Genealogie (Rückführung auf Gf.en v. Angera, denen Gregor d. Gr. 606 die Kg.shöfe in Mailand, Monza, Treviglio und Angera verliehen habe, myth. Gestalten wie Ottone, der während des ersten Kreuzzugs einen Sarazenenkg. vor Jerusalem getötet und dessen Schlangenemblem übernommen habe und Galvano, dem wegen seiner Verteidigung Mailands Friedrich I. Barbarossa die Signorie und die Gf.enwürde von Angera entzogen und ihn zum Vicecomes, »Visconte«, degradiert habe), ist als legendär zu betrachten. 1397 erwirkte der erste Hzg. v. Mailand aufgrund dieses Stammbaums von Ks. Wenzel die Anerkennung seiner adligen Herkunft und die Gf.enwürde v. Angera.

Wahrscheinl. ist die Familie mit der in karol. Zeit in Mailand auftretenden Vicecomes-Würde in Zusammenhang zu bringen – 863 ein Valdericus Visconti –, die mit den →Otbertinern, denen Gf.en der Stadt, verbunden war, die offenbar kein Interesse daran hatten, die Macht über die Stadt selbst auszuüben. Der erste urkdl. Beleg der V. (1157) bezeugt, daß die Familie ein Drittel des Zehnts der Taufkirche v. Marliano besaß und wahrscheinl. zur Gruppe der großen Valvassoren (capitanei) gehörte, die sich zur Zeit Ebf. Landulfs (Ende des 10. Jh.) gebildet hatte. Mit dem Capitanat v. Marliano traten die V. offenbar ein in die Militia sancti Ambrosii ein, wurden Vasallen des Ebf.s und erwirkten die erbl. Vizgf.entitel. Die vizgfl. Privilegien (Ehrensitz neben dem Bf. sowie Rechte auf die Abgaben auf Maße und Gewichte, die Curadia [Marktzoll]) hatte die Familie noch Mitte des 13. Jh. inne. Als Fahnenwappen führten die V. eine Schlange, vielleicht ein Abbild der Schlange der Basilica S. Ambrogio, die seit dem ersten Kreuzzug einen Sarazenen in ihrem Rachen hält. Anselmo V. (1065 zusammen mit einem Ottone, Sohn des Eriprando belegt), wurde vom Bf. v. Mailand 1067 zum Papst gesandt, Ottone V., Widersacher des Ebf.s Grozzolanus 1105, starb 1111 in Rom, als er Heinrich V. vor dem Volkszorn verteidigte. 1134 wurde Guido di Ottone vom Abt v. St. Gallen mit dem Fronhof Massino (Novara) investiert; von diesem Kernbesitz ging im 13. Jh. die territoriale Expansion der Familie in jenem Gebiet aus. Der uns bekannte Spitzenahn der städt. Linie, *Uberto* V. (†1249), hinterließ die Söhne *Azzone, Andreotto* und *Obizzo.* Azzone, zuerst Kanoniker der Kathedrale, wurde Bf. v. Ventimiglia (1251–1262); Obizzo, Consul iustitiae in Mailand (1263), wird 1258–1259 unter den Capitanen und Valvassoren genannt. Auch Ebf. *Ottone*, dem der Aufstieg der Familie zu verdanken ist, war wahrscheinl. ein Sohn Ubertos, da er als Großonkel Matteos I. V. (→8. V.) bezeichnet wird. Von Urban IV., der die Macht der Röm. Kirche gegenüber der Kirche v. Mailand und Mastino →Della Torre, dem fakt. Signore der Stadt, durchsetzen wollte, zum Ebf. ernannt, konnte Ottone, von den Torriani verbannt, vorerst sein Ebm. nicht in Besitz nehmen und dirigierte aus dem Exil die Pars nobilium, die in erbitterter Gegnerschaft zu den Della Torre stand, deren Macht sich auf die Popolaren stützte. Schließl. gelang es ihm, die Della Torre in der Person Napos 1277 bei Desio zu besiegen. Mailand erkannte ihn nicht nur als Ebf., sondern auch als Signore an, womit die Grundlagen für den Aufstieg der Dynastie gelegt waren. Sein Großneffe *Matteo* (→8. V.) erhielt zudem das Amt des Capitano del Popolo (1287) und wurde von Adolf v. Nassau 1294 zum Reichsvikar ernannt. Die guelf. Reaktion auf den Machtzuwachs der V. verband sich mit dem Widerstand der Torriani und führte zu einer Reihe polit. und krieger. Auseinandersetzungen, an denen sich die Mitglieder der V.-Familie mit wechselhaftem Glück beteiligten. *Galeazzo* I., der Sohn und Nachfolger Matteos in der Signorie (1322), wurde schließl. von Ludwig d. Bayern seiner Macht enthoben und gefangengesetzt, weil er der Schaukelpolitik seines Verbündeten müde war. Nach Galeazzos Tod (1328) trat sein Sohn *Azzo(ne)* (→1. V.) die Nachfolge an, der die Macht des Hauses wiederherstellte, ebenso wie seine Onkel – *Luchino* und Ebf. *Giovanni* –, die von 1339 bis 1354 über Mailand und sein Gebiet herrschten, die Grenzen des Territoriums erweiterten und den polit. Einfluß auf Großteil von Mittel- und Norditalien ausdehnten. Giovanni, der seiner Familie die Erblichkeit des Signorentitels v. Mailand gesichert hatte, aber ihn als Kirchenmann nicht seinem illegitimen Sohn *Leonardo* vererben konnte, wählte als Nachfolger die drei Söhne seines Bruders *Stefano* († 1327), *Matteo* II., *Bernabò* (→2. V.) und *Galeazzo* II. (→5. V.) und schloß gewaltsam die Nachkommen Luchinos aus. Die äußerst geschickte Heiratspolitik Galeazzos II. und v. a. Bernabòs führte zur Verbindung der V. mit den Spitzen des europ. Hochadels (s. Stammtafel V.). Als *Gian Galeazzo* (→6. V.) seinem Onkel Bernabò und dessen Söhnen die Herrschaft entriß, ging die Nachfolge in dem 1395 von Kg. Wenzel zum Hzm. erhobenen Dominium auf seine legitimen Erben über: *Valentina* (→9. V.), *Giovanni Maria* (→7. V.) und *Filippo Maria* (→4. V.). Nach dem Tod des Vaters (1402) wurde Giovanni Maria Hzg., fiel aber, ohne Erben zu hinterlassen, einer Mailänder Adelsverschwörung zum Opfer (1412). Die Hzg.swürde ging auf seinen fähigeren Bruder Filippo Maria über, der jedoch ebenfalls ohne männl. Erben starb. Unter den zahlreichen Prätendenten auf die Nachfolge waren seine legitimierte natürl. Tochter →*Bianca Maria*, Gemahlin Francesco Sforzas, und →*Charles d'Orléans*, Sohn der Valentina V. Die Hauptlinie der V. erlosch mit Filippo Maria bzw. mit Bianca Maria, die dank der polit. und militär. Fähigkeiten ihres Gemahls Hzgn. v. Mailand wurde. Die meisten Nebenlinien starben im 18. Jh. aus; von Ubertino, Bruder Matteos I. leitet sich die noch bestehende Mailänder Familie der V., Mgf.en und später Hzg.e v. Modrone, ab.

F. M. Vaglienti

Lit.: P. Litta, Famiglie celebri it., 1825–28 – EncIt XXXV, 1937, 440–442 – G. Barni, La formazione interna dello stato visconteo, ASL, LXVIII, 1941, 3–66 – N. Valeri, Apogeo e dissoluzione del dominio visconteo, 1950 – R. Romeo, Le origini della signoria viscontea, 1957 – F. Cognasso, I V., 1966 – C. Santoro, La politica finanziaria dei V. Documenti, 3 Bde., 1976–83 – G. Chittolini, La formazione dello stato regionale e le istituzioni del contado, 1979, 36–100 – C. Violante, La società milanese in età precomunale, 1981 – T. Zambarbieri, Castelli e castellani viscontei, 1989 – G. Soldi Rondinini, Chiesa milanese e signoria viscontea (1262–1402) (Diocesi di Milano, I, 1990, 285–331) – L'età dei V., hg. L. Chiappa Mauri – L. de Angelis Cappabianca – P. Mainoni, 1993 – L. Frangioni, Milano fine Trecento. Il carteggio milanese dell'Archivio Datini di Prato, II. Testo e bibliografia, 1994, 509–619 – Diz. Biogr. delle Donne Lombarde, hg. R. Farina, 1995 – G. Lopez – F. M. Vaglienti, Milano. I V. e gli Sforza, 1995, 4–53 – R. Perelli Cippo, Tra arcivescovo e comune, 1995.

1. V., Azzo (Azzone), Sohn Galeazzos I. und der Beatrice, Tochter des Obizzo d'Este, * 1302 in Ferrara am Hof Azzos VIII., nach dem V. genannt wurde, † 16. Aug. 1339 in Mailand, ▭ S. Gottardo. Zum Vikar v. →Piacenza ernannt, mußte A. V. beim Tode seines Großvaters Matteo die Stadt verlassen, die sich gegen die Viscontiherrschaft erhoben hatte (1322). 1325 besetzte er →Borgo S. Donnino (Fidenza), machte sich kurz darauf zum Signore v. →Cremona und siegte bei →Altopascio und Zappolino gegen die Bolognesen. 1327–28 teilte er in Monza die Gefangenschaft seines Vaters, der von Ks. →Ludwig d. Bayern, der der ständigen Schaukelpolitik der Visconti müde war, eingekerkert worden war. Durch geschickte Diplomatie erkaufte sich A. V. nach dem Tode Galeazzos das Reichsvikariat über Mailand (15. Jan. 1329). Beim Papst erreichte er die Aufhebung des noch auf Mailand lastenden Interdikts, nicht jedoch die Lösung seines Hauses von der Exkommunikation, obwohl er auf das Vikariat verzichtete und den weniger kompromittierenden Titel eines »Signore generale« annahm (1330). Ein Meister in der Kunst des polit. Doppelspiels, unterwarf sich A. V. in Brescia dem Böhmenkg. Johann v. Luxemburg, einem Führer der Guelfenpartei, und ließ ihn am 8. Mai 1331 vom Stadtrat zum »Signore generale« v. Mailand proklamieren und sich selbst zu dessen Vikar ernennen. Gleichzeitig trat er der Liga v. Castelbaldo bei, besetzte dank der Verbündeten Bergamo (27. Sept. 1332) und besiegte dann den Böhmenkönig in Ferrara (1332). Danach eroberte er Treviglio, Vercelli und Cremona (1334), Como, Lecco – wo er die berühmte Brücke errichten ließ –, Lodi, Crema, Caravaggio und Romano (1335); 1336 besetzte er von neuem Borgo S. Donnino und Piacenza. Im Krieg zw. Verona und Venedig stand er auf Seiten der Serenissima und besetzte Brescia (1337). Aus Rache half Mastino →della Scala dem exilierten Lodrisio Visconti, mit entlassenen dt. Söldnertruppen die Compagnia di S. Giorgio zu gründen, die in Mailand einfiel, jedoch am 21. Feb. 1339 bei Parabiago eine schwere Niederlage erlitt. Wenige Monate danach starb A. V. an Podagra, ohne von seiner Gattin Caterina, Tochter Ludwigs II. v. Savoyen (∞ 1330), männl. Erben erhalten zu haben. Die Signorie ging daher auf seine Onkel Luchino und Ebf. Giovanni über. A. war auf das Wohl aller Städte, deren Signore er geworden war, bedacht, maßvoll in der Rechtsprechung und beim Einziehen von Abgaben (er schuf das Amt des »exgravator«, der die Ausgewogenheit der Steuerlast kontrollieren sollte), gab Mailand neue Statuten und traf städtebaul. Verbesserungen (Bau des heutigen Palazzo Reale; Erweiterung der Stadtmauern). F. M. Vaglienti

Lit.: EncIt XXXV, 443 [L. Simeoni] – L. Simeoni, Le origini del conflitto veneto-fiorentino-scaligero, Mem. dell'Accad. di Scienze di Bologna, 1929–30 – A. Solmi, Gli statuti di Milano del 1330 e la loro ricostruzione, 1932 – G. Bascapè, Il »Regio Ducal Palazzo« di Milano dai V. ad oggi, 1970 – G. Soldi Rondinini, Le fortificazioni urbane medievali (Storia Illustrata di Milano, hg. F. Della Peruta, I, 1992), 301–320 – Dies., Vie, piazze, dimore: aspetti dell'urbanistica di Milano medievale, ebd. II, 321–340.

2. V., Bernabò, zweiter Sohn des Stefano und der Valentina →Doria, * 1323, † 19. Dez. 1385. ∞ 1350 auf Wunsch seines Onkels Regina, Tochter des Mastino →della Scala, mit der er 17 Kinder hatte (s. Stammtafel V.) und die er so hoch schätzte, daß er für sie die Kirche S. Maria della Scala erbaute (nach der das Teatro della Scala benannt ist). Ursprgl. für die kirchl. Laufbahn und das Jurastudium bestimmt, zeigte er sehr bald eine Neigung zur Gewalttätigkeit und zog das Kriegshandwerk vor. Dadurch bedeutete er eine ständige Gefahr für die Herrschaft seines Onkels Luchino, der deshalb ihn und seine Brüder 1346 verbannte (Exil in Flandern und Frankreich). 1349 wurde er von seinem Onkel, dem Ebf. Giovanni, zurückgerufen, der in den Söhnen Stefanos die ideale Unterstützung seiner Signorie sah. Im gleichen Jahr erkannte das Consiglio generale der Stadt B. V. und seine beiden Brüder als legitime Nachfolger in der Signorie an. Nach Ebf. Giovannis Tod (1354) erkauften die V.-Brüder von Ks. Karl IV. das Reichsvikariat und sicherten sich durch die Wahl des Roberto V. zum Ebf. die Kontrolle über die Kirche v. Mailand. Der städt. Consiglio bestätigte ihnen den Titel »domini generales« und ließ das Los über die verschiedenen Herrschaftsanteile entscheiden: B. V. erhielt das Gebiet jenseits der Adda (Bergamo, Brescia, Cremona und Crema); nach dem Tode Matteos II. 1355 (wahrscheinl. durch Bruderhand vergiftet) kamen noch Lodi, Piacenza und Parma hinzu. Auch Mailand selbst wurde unter den beiden überlebenden Brüdern aufgeteilt. Als Galeazzo sich klugerweise nach Pavia zurückzog, beherrschte B. V. schließlich die ganze Stadt und konnte sich der Tätigkeit widmen, die ihm, abgesehen von der Jagd, am liebsten war, dem Kriegführen. 1359 ging er daran, Bologna zurückzuerobern, das inzwischen von Giovanni da Oleggio (illegitimer Sohn des Ebf.s Giovanni Visconti) an die Kirche abgetreten worden war. Der Papst exkommunizierte B. V. 1362, rief zu einem Kreuzzug gegen ihn auf und versprach ihm schließlich 500000 Florin, wenn er auf Bologna verzichtete. 1367 kämpfte B. V. gegen die Liga, die Urban V. und Kard. Albornoz in Italien gegründet hatten und der 1368 auch Karl IV. beitrat, die schließlich am 11. Febr. 1369 durch einen Friedensschluß beendet wurde. Im folgenden Jahr kam es erneut zu einem Zusammenstoß zw. B. V. und dem Papst und dessen Bündnispartner Florenz, da B. V. den Kondottiere John →Hawkwood den gegen die Kirche rebellierenden Perugienern zu Hilfe gesandt hatte. Wiederum endete der Krieg ohne Ergebnisse (Frieden v. Bologna, Nov. 1370). 1371 bis 1375 kämpfte V. mit Niccolò II. d'Este, letztlich erfolgreich, um Reggio Emilia. Nach einem fruchtlosen Bündnis mit Florenz gegen Bologna, das militär. und polit. im Juli 1378 zum Abschluß kam, beanspruchte V. im Gebiet von Verona die Rechte seiner Frau auf Kosten der illegitimen Söhne des Cansignorio →della Scala, die ihm lieber 440000 Florin zahlten (1379), als sich in blutige und kostspielige Kriege verwickeln zu lassen. 1382 gewährte B. V. →Ludwig v. Anjou Waffenhilfe bei dessen Italienfeldzug (→Johanna I., →Neapel, Kgr.). Am 6. Mai 1385 wurde er von seinem Neffen und Schwiegersohn Gian Galeazzo (→6. V.) gefangengenommen und starb – vielleicht eher an den Folgen der Haft als durch Gift – am 19. Dez. des gleichen Jahres (Grabmal v. Bonino da Campione heute im Mus. Castello Sforzesco in Mailand). F. M. Vaglienti

Lit.: EncIt XXXV, 443–444 [L. Simeoni, ältere Lit.] – V. Vitale, B. V. nelle novelle e nella cronaca contemporanea, ASL, XXVIII, 1901, 261–285 – G. Romano, La guerra tra i Visconti e la Chiesa (1360–1376), BSPSP III, 1903, 412–437 – F. Novati, Per la cattura di B. V., ASL, XXXIII, 1906, 129–141 – M. Brunetti, Nuovi documenti viscontei tratti dall'Archivio di Stato di Venezia. Figli e nipoti di B. V., ASL XXXVI, 1909, 5–9 – C. de Tourtier, Un mariage princier à la fin du XIVe s. Le dossier des noces d'Agnès V. et de François Gonzague aux Archives de Mantoue (1375–1381), BEC, CXVI, 1958, 107–135 – V. Negri da Oleggio, Verde Visconti figlia di B., contessa del Tirolo (»La Martinella di Milano«, XXII/3–5, 1968 passim) – A. R. Natale, Per la storia dell'Archivio visconteo, ASL CII, 1976, 35–82; ASL CIII, 1977, 9–46 – F. M. Vaglienti, Cacce e parchi ducali sul Ticino (1450–1476) (Vigevano e i territori circostanti alla fine del Medioevo) [im Dr.].

3. V., Elisabetta → Elisabeth, Hzgn. v. Bayern-München (12. E.)

4. V., Filippo Maria, dritter Hzg. v. Mailand, * 3. Sept. 1392 in Mailand, † 13. Aug. 1447, zweiter Sohn des Gian Galeazzo [→6. V.] und der Tochter Bernabòs, Caterina. Nach dem Tod des Vaters (1402) erbte er Titel und Gft. Pavia und die Signorie über Novara, Vercelli, Alessandria, Tortona, Verona, Vicenza, Feltre, Belluno, Bassano, Riva di Trento und die Ländereien jenseits des Mincio. Heftige Faktionskämpfe nach dem Tod Gian Galeazzos schwächten die Regentschaftsregierung und beschleunigten die territoriale Aufsplitterung des Dominiums: Padua, Feltre und Belluno, Verona und Vicenza wurden von Venedig erobert, in anderen Städten versuchten die alten Familien, ihre Autonomie zurückzugewinnen. Um Pavia dem Hzm. zu bewahren, setzte die Regentin Caterina V. 1403 dort ein, um, zumindest nominell, der effektiven Machtergreifung der Familie Beccaria und später des Facino →Cane (1410) entgegenzuwirken. Nach der Ermordung Giovanni Marias durch eine Adelsverschwörung heiratete V. auf Vorschlag getreuer Ratgeber die Witwe Facinos, →Beatrice di Tenda, Gfn. v. Biandrate, die zwar beträchtl. älter war als V., aber die Ländereien, das starke Söldnerheer und den Reichtum ihres Mannes geerbt hatte. Nach dem Sieg über Bernabòs Sohn Astorre und seinen Enkel Giovanni Carlo, die inzwischen in Mailand die Herrschaft angetreten hatten, zog V. am 16. Juni 1412 in die Stadt ein. Giovanni flüchtete zu Ks. Siegmund, der danach trachtete, das lombard. Hzm. für das Reich zurückzugewinnen und einen Feldzug gegen V. zu unternehmen, den er jedoch 1415 abbrechen mußte. Am 15. Feb. 1416 erhielt V. die ksl. Legitimierung seiner lombard. Titel und Privilegien und schritt zur Wiedergewinnung aller Teile seines Herrschaftsgebiets. Teils durch Rückeroberung, teils durch Kauf fielen Como, Lodi (1416), Vercelli, Trezzo d'Adda, Piacenza (1418), Cremona (1420), Parma, Reggio, Bergamo und Brescia wieder an die V.-Herrschaft. Am 21. Dez. 1421 kapitulierte Genua vor Carmagnola. Ks. Siegmund erkannte die Notwendigkeit von Handelsbeziehungen zw. Mailand und den rhein. Städten und zeigte sich in Geheimverhandlungen (1418) bereit, V. als Hzg. zu investieren. Obgleich die Allianz- und Friedensverträge Eingriffe des Hzg.s jenseits der Linie Pontremoli–Crostolo ausschlossen, griff er als Antagonist von Florenz in Forlì ein und eroberte das Zentrum der Signorie der Malatesta, Borgo Sansepolcro (1422–24). Daraufhin unterstützten das – offiziell neutrale – Venedig und Amadeus VIII. v. Savoyen Florenz (1426) und übertrugen Carmagnola die militär. Leitung der Allianz. Die Folgen der schweren Niederlage bei Maclodio (11. Okt. 1427) konnte V. durch ein Bündnis mit dem Hzg. v. Savoyen mildern (Abtretung von Vercelli 1427, wohl nie vollzogene Ehe mit dessen Tochter Maria). V., der von Kindheit an kränkl. gewesen war, zeigte nun auch Anzeichen mentaler Störungen, die zwar seine polit. Fähigkeiten noch nicht beeinträchtigten, ihn aber zu einem normalen Leben unfähig machten. In dem mit Venedig und Florenz geschlossenen Frieden von Ferrara (19. April 1428) trat der Hzg. u.a. Brescia und Bergamo an Venedig ab; Mailand wurde jede Einmischung in der Romagna und Toskana untersagt. Dennoch schickte V. seinen besten Heerführer und Verlobten seiner legitimierten natürl. Tochter Bianca Maria (von seiner Geliebten Agnese del Maino), F. →Sforza, dem von Florenz bedrängten Lucca zu Hilfe (1430). Durch die Papstwahl des Venezianers G. Condulmer (→Eugen IV.) konnten Florenz und Venedig eine massive Offensive gegen V. organisieren, die mit dem 2. Frieden v. Ferrara (26. April 1433) endete. V. konzentrierte seine militär. Operationen nun auf die Romagna, in der der Papst die Autorität des Hl. Stuhls nicht völlig durchsetzen konnte, und auf den Süden, wo er im Kampf um das Kgr. Neapel anfänglich →René v. Anjou unterstützte, dann aber mit →Alfons I. (V.) v. Aragón ein Geheimabkommen schloß, das die Aufteilung Italiens in zwei große Einflußbereiche (Mittel- und Norditalien bis unterhalb von Bologna unter V.s Herrschaft, der Süden unter Alfons) vorsah. Florenz und Venedig (mit F. Sforza als Kondottiere) bekämpften daraufhin den Mailänder Vorstoß (Barga 1437, Anghiari 1440) und unterstützten die Anjou in Neapel. Die Unzuverlässigkeit seiner Heerführer zwang den Hzg. zum Friedensschluß (Cavriana, 20. Nov. 1441). Eine unbesonnene Schaukelpolitik trieb V. in den letzten Regierungsjahren in die polit. Isolation, so daß Venedig darangehen konnte, die Gebiete der V.herrschaft systemat. zu erobern. Als nach dem Sieg über die hzgl. Truppen bei Casalmaggiore (1446) die Serenissima sogar Mailand bedrohte, rief der letzte, nunmehr schwerkranke, Visconti seinen Schwiegersohn zu sich, um den Bestand des Hzm.s zu sichern (→Sforza, →Ambrosianische Republik).

F. M. Vaglienti

Q. und Lit.: – Visconti, Familie – P. C. Decembrio, Vita di F. M. V., hg. E. Bartolini, 1983 – G. Porro Lambertenghi, Trattato tra il duca F. M. V. e Alfonso di Napoli, ASL, VI, 1879, 357–360 – G. Romano, Contributo alla economia e politica nella »deditio« di Genova a F. M. V. (1422), ASL, CVIII–CIX, 1982–83, 65–83 – A. Lanza, Firenze contro Milano. Gli intellettuali fiorentini nelle guerre con i V. (1390–1440), 1991 – Diz. Biogr. delle Donne Lombarde, hg. R. Farina, 1995 – G. Soldi Rondinini, F. M. V., duca di Milano, DBI [im Dr.].

5. V., Galeazzo II., * um 1325, † 4. Aug. 1378, dritter Sohn des Stefano und der Valentina →Doria; ⚭ 1350 auf Wunsch seines bfl. Oheims Blanca v. Savoyen, die Schwester Amadeus' VI. Er lebte mit seiner Mutter unter dem Schutz des Cousins Azzone und begab sich um 1343 mit dem Gf. v. Hennegau nach Palästina und anschließend nach Flandern. Nach seiner Rückkehr nach Mailand wurde er zusammen mit seinen Brüdern exiliert, da er eine mögliche Gefahr für die legitime Nachfolge seines Onkels Luchino darstellte. V. fand bis 1348 bei →Amadeus VI. v. Savoyen Zuflucht, dann verbündete sich der Gf. mit Luchino und zwang V. zur Flucht. Er fand Aufnahme im Waadtland bei der Witwe seines Cousins Azzone, Katharina v. Savoyen. 1349 wurde er von seinem Oheim, Ebf. Giovanni, der alleiniger Signore v. Mailand geworden war, zurückgeholt. Im gleichen Jahr erkannte das Consiglio Generale der Stadt offiziell Matteo, Bernabò und G. als legitime Nachfolger für die Signorie an. In demselben Jahr besetzte er Bologna. Nach dem Tod des mächtigen Ebf.s 1354 erhielt V. von dem städt. Consiglio die Signorie über das nordwestl. Territorium (Como, Novara, Vercelli, Asti, Alba, Alessandria und Tortona), zu dem nach dem Tod Matteos II. (1355) auch Vigevano und die Gebiete am Oberlauf des Tessin traten. Im W durch die Expansionspläne Johannes' II. Palaiologos v. Montferrat gegenüber Mailand, die von der antivisconteischen ksl. Politik gefördert wurden, in Schach gehalten, verlor V. Asti, eroberte aber 1360 Pavia, wobei er von Karl IV., der eine Schaukelpolitik betrieb, auch die Bestätigung des Vikariats für seine alten und neuen Besitzungen erwirkte. Im gleichen Jahr schloß er die Verhandlungen für die Vermählung seines einzigen männl. Erben, Gian Galeazzo (→6. V.), mit Isabella v. Valois ab. V. fuhr in der Verteidigung der Westgrenzen seines Herrschaftsgebietes fort, die 1376 von seinem Schwager bedroht wurden, verlor zwar die Gebiete um Vercelli, konnte Amadeus VI. jedoch das Protektorat über →Montferrat entziehen. Er überließ Mailand seinem Bruder Bernabò (→2. V.), zog sich nach Pavia zurück und ließ dort ein prachtvolles Kastell inmitten eines Parks erbauen, ausgestattet mit einer reichen Bibliothek. An seinem Hof umgab er sich mit berühmten Literaten und Künstlern, darunter auch →Petrarca. Auch die Gründung der Univ. v. Pavia geht auf ihn zurück. Für Kunst und Kultur aufgeschlossen, hatte V. auch sehr grausame Charakterzüge: So führte er (nicht Bernabò) die für Staatsverräter bestimmte »Quaresima« ein: eine 40 Tage dauernde Tortur, in der zw. den Folterungen jeweils Pausen eingelegt wurden. F. M. Vaglienti

Lit.: EncIt XXXV, s.v., 445f. [F. COGNASSO] – C. ROMUSSI, Petrarca e Milano, 1874 – Z. VOLTA, L'età, l'emancipazione e la patria di Gian Galeazzo V., ASL XVI, 1889, 581–606 – G. ROMANO, Delle relazioni tra Pavia e Milano nella formazione della signoria viscontea, ASL XIX, 1892, 549–589 – C. MAGENTA, I Visconti e gli Sforza nel castello di Pavia e le loro attinenze con la Certosa e la storia cittadina, 2 Bde, 1893 – A. R. NATALE, Per la storia dell'Archivio visconteo signorile, ASL CV–CVI, 1979/80 – F. M. VAGLIENTI, Cacce e parchi ducali sul Ticino (1450–1476), (Vigevano e i territori circostanti alla fine del Medioevo [im Dr.]).

6. V., Gian Galeazzo, erster Hzg. v. →Mailand, * 16. Okt. 1351 als Sohn Galeazzos II. und der Blanca v. Savoyen, Schwester Gf. →Amadeus' VI., † 3. Sept. 1402 in Melegnano. In früher Jugend wurde er mit Isabella v. Valois († 1372), der Tochter Kg. Johanns II. v. Frankreich, verlobt, der nach der Niederlage bei Poitiers (1355) Kg. Eduard III. v. England ein Lösegeld von 4000000 Écus zahlen mußte und für die ihm von Galeazzo II. gebotenen 300000 Scudi die Verschwägerung akzeptierte. G. G. V. führte seit 1361 nach der Mitgift Isabellas, der Gft. →Vertus (Champagne), den Titel »Conte di Virtù«. Der Ehe (1365) entstammten die Tochter Valentina (1366) und die Söhne Azzone (1369–80), Carlo (1372–76) und Gian Galeazzo († 1376). 1372 leitete V. die Eroberung v. Asti. Am 8. Jan. 1375 erklärte ihn sein Vater für großjährig, um seine Rechte vor dem präpotenten Bernabò (→2. V.) zu schützen, und übergab ihm die Herrschaft über alle Gebiete westl. des Tessin. Nach dem Tode Galeazzos II. ließ sich G. G. V. in Pavia nieder und unterwarf sich scheinbar einige Jahre lang der Herrschaft des Onkels Bernabò, dessen Tochter Caterina er 1380 heiratete. Daß G. G. V. sich nicht mit der Überlegenheit des Onkels abfinden wollte, beweist, daß er schon 1379 von Ks. Wenzel das Vikariat erwirkte. Nach wachsenden Spannungen mit Bernabò (nicht zuletzt um Jagdrechte) ließ G. G. V. am 6. Mai 1385 den Onkel und dessen Söhne Ludovico und Rodolfo bei einem informellen Zusammentreffen gefangennehmen und in das Kastell von Porta Giovia bringen. G. G. V. bemächtigte sich der Stadt und der Schätze Bernabòs und ließ sich vom Rat der 900 zum Dominus generalis proklamieren. Nachdem er sich die Kontrolle über die Mgft.en Monferrat und Saluzzo und die Neutralität des Hauses Savoyen gesichert hatte, begann G. G. V. mit einem gewaltigen Eroberungsfeldzug im Veneto und in der Toskana, um das größte Ziel der Visconti zu erreichen, den Titel eines Kg.s der Lombardei und Tusziens. G. G. V.s Unterstützung Urbans IV. gegen seinen avign. Rivalen ließ diesen Plan als realisierbar erscheinen. 1386 begann V. zum Ruhm der Stadt und seines Hauses mit dem Bau des Mailänder Domes (☉ S. Maria) aus weißrötl. Candoglia-Marmor. Ein Abkommen mit Venedig ermöglichte es ihm, die Signorie der →Della Scala zu stürzen und Verona und Vicenza in seine Gewalt zu bringen (1387). Auf den von Florenz initiierten Versuch, ein Anti-Visconti-Bündnis mit den dt. Fs.en, die mit den Nachkommen Bernabòs verschwägert waren, mit den Gf.en v. Savoyen und mit Frankreich zustandezubringen, und auf die neue Konsolidierung der Carraraherrschaft in Padua (1390) reagierte er durch die Verheiratung seiner Tochter Valentina (→9. V.) mit Hzg. Ludwig v. Orléans. Um den wachsenden frz. Einfluß auf it. Boden auszugleichen, erwirkte er von Kg. Wenzel für sich und die legitimen männl. Nachkommen die Investitur mit dem Hzm. Mailand (11. Mai 1395), die Gf.entitel v. Angera und Pavia (1396) und schließl. den Hzg.stitel der Lombardei (1397). V. reorganisierte und zentralisierte das Hzm. durch legislative Maßnahmen, sicherte sich die Kontrolle über die Vergabe der Kirchenlehen und errichtete neue polit., diplomat., jurist. und administrative Institutionen und Steuerbehörden. Er förderte die Univ. Pavia als Ausbildungsstätte für seinen Beamtenapparat und unterstützte die Wirtschaft u. a. durch Steuerentlastungen, Privilegien und internat. Handelsverträge. Um die Beziehungen mit Frankreich – dessen Neutralität er für seine Expansionspolitik benötigte – nicht zu trüben, verzichtete er nach der Einnahme Carraras und der Lunigiana auf seine Eroberungspläne bezügl. Genua und Savona zugunsten des frz. Kg.s (1396). Er brachte Pisa unter die Oberherrschaft Mailands, besetzte Perugia, Assisi und Siena und wandelte Lucca in eine Art Protektorat um. Das bedrohte Florenz fand in →Ruprecht von der Pfalz, als polit. Gegenspieler Wenzels den Visconti feindlich gesonnen, einen Verbündeten. Bei seinem Italienfeldzug erlitt der dt. Kg. jedoch eine schwere Niederlage bei Brescia (1401). Der plötzl. Tod des Hzg.s, vielleicht an der Pest oder an einem Fieber, bewahrte Florenz vor der Übergabe an die Visconti. G. G. V.s Testament (1397) zeigt das Bestreben, nach dem Vorbild der großen europ. Dynastien die Sakralität seiner Person und seiner Nachkommen (Giovanni Maria [→7. V.], Filippo Maria [→4. V.], legitimierter unehel. Sohn Gabriele Maria) zu betonen. F. M. Vaglienti

Q. und Lit.: EncIt XVI, 1932, 959–961 [F. COGNASSO, frühe Lit.] – D. M. BUENO DE MESQUITA, G. G. V. Duke of Milan (1351–1402), 1941 – N. VALERI, G. G. V. nella storia del Rinascimento, 1943 – A. CUTOLO, I precedenti e gli albori della signoria di G. G. V., 1950 – Gratiarum cartusia. Nel VI centenario della nascita (1351–1951) e nell'XI cinquantenario della morte (1402–1952) di G. G. V., 1952 – G. TRAVERSI, L'importanza storica di G. G. V. nella vita politica e artistica del '300, 1954 – H. GOLDBRUNNER, Il dominio visconteo a Perugia (Storia e cultura in Umbria..., 1972), 423–455 – G. SOLDI RONDININI, La dominazione viscontea a Verona (Verona e il suo territorio IV, 1978), 5–237 – G. LUCCARELLI, I Visconti di Milano e Lucca risorta a stato autonomo, 1984 – A. LANZA, Firenze contro Milano. Gli intellettuali fiorentini nelle guerre con i Visconti (1390–1440), 1991 – F. M. VAGLIENTI, Del sistema fortificato e della flotta viscontei. Note a margine [im Dr.].

7. V., Giovanni Maria, 2. Hzg. v. Mailand, * 7. Sept. 1388, † 16. Mai 1412 (ermordet), erster Sohn des Gian Galeazzo und dessen zweiter Frau Caterina, Tochter des Bernabò Visconti. Nach dem plötzl. Tod Gian Galeazzos (1402) trat er aufgrund der testamentar. Verfügungen des Vaters die Nachfolge im Hzm. an. Er unterstand aber der Regentschaft seiner Mutter Caterina und des Consiglio Segreto, nicht allein wegen seiner Minderjährigkeit, sondern auch infolge des Mißtrauens, das sein Vater ihm gegenüber wegen seines düsteren Charakters gehegt hatte; Gian Galeazzo zog ihm von Anfang an seinen zweiten Sohn Filippo Maria (→4. V.) vor, dem er testamentar. eine Reihe von Herrschaften zuwies, die die Gebiete von V. kreisförmig einschlossen, wodurch die Brüder zu einer gemeinsamen Politik gezwungen wurden. V. fielen außer dem Hzm. Mailand Brescia, Cremona, Bergamo, Como,

Lodi, Piacenza, Parma, Reggio Emilia, Bobbio und Bologna zu, zumindest in der Theorie. Die Machthaber der Apenninenhalbinsel benutzten die Krise nach dem Tode Gian Galeazzos und fachten geschickt die Parteikämpfe im Inneren des Hzm.s an, um die verlorenen Herrschaften wiederzugewinnen. Bonifaz XI. erhielt auf diese Weise Bologna, Perugia und Assisi zurück (25. Aug. 1403) und gab damit den Anstoß zur raschen Aufsplitterung der Mailänder Herrschaft durch die alten lombard. Familien, die ihre frühere Führungsposition erneut einnahmen: die →Beccaria wurden wieder Signoren v. Pavia, die Vignati v. →Lodi, die Benzoni v. →Crema, Cabrino →Fondulo wurde Signore v. Cremona. Anfang 1404 versuchte Caterina mit Hilfe ihres Ratgebers Francesco Barbavera mit Gewalt, die ghibellin. Faktion in der Stadt zurückzudrängen. Ihre Führer trieben jedoch den schwachen V. zur Rebellion. Caterina wurde mit den Vertretern der guelf. Partei aus Mailand vertrieben und zog sich zur Organisierung eines Gegenschlags nach Monza zurück. Durch Verrat gefangengenommen, starb sie jedoch am 17. Okt. des gleichen Jahres, vielleicht durch Gift. Umgeben von Kondottieren, die unter dem Anschein, V.s Herrschaft zu verteidigen, rücksichtslos ihre eigenen Interessen vertraten, stand der Hzg. machtlos der Zersplitterung des Hzm.s gegenüber, das im Inneren in eine Reihe persönl. Signorien zerfiel. Sowohl Facino →Cane, der sich eines riesigen Territoriums in Piemont und der Lombardei bemächtigt hatte (u.a. Alessandria, Novara, Tortona, Piacenza), als auch die kommunalen Behörden, die ihm die Finanzverwaltung Mailands und des Contado entzogen hatten, beraubten ihn seiner effektiven Autorität. Als die wenigen V. treu gebliebenen Kondottieren, wie Jacopo dal →Verme, von ihm aus Neid oder Mißtrauen entfernt worden waren, stand er völlig isoliert da und fiel am 16. Mai 1412 einer ghibellin. Adelsverschwörung zum Opfer, die die Rückkehr der Erben Bernabòs zur Macht plante.

F. M. Vaglienti

Q. und Lit.: EncIt XVII, 1951, 269 – G. Romano, A proposito di un testamento di Gian Galeazzo V., BSP XVII, 1917, 13–42 – A. Fanfani, Le prime difficoltà finanziarie di G. M. V., RSI, s.v., 1939, 99–104 – G. Franceschini, Dopo la morte di Gian Galeazzo V., ASL LXXII-LXXIV, 1945–47, 49–62 – N. Valeri, Guelfi e Ghibellini a Milano alla scomparsa di Giangaleazzo Maria V., 1955 – G. C. Zimolo, Il ducato di G. M. V. (Fschr. A. Visconti, 1955), 389–440 – M. F. Baroni, I Cancellieri di G. M. e di Filippo Maria V., NRS 50, 1966, 367–428 – C. Porta–T. Grossi, G. M. V. duca di Milano. Comitragedia, 1975 – B. Betto, Il testamento del 1407 di Balzarino da Pusterla, ASL, CXIV 1988, 261–301.

8. V., Matteo I., * 15. Aug. 1250 in Invorio (Novara) als Sohn des Tebaldo (von den Torriani 1276 in Gallarate ermordet) und der Anastasia Pirovano, † 24. Juni 1322 in Crescenzago. 1269 ⚭ Bonacossa Borri († 13. Jan. 1321), Tochter des Squarcino, des Anführers der verbannten Adligen, den die exilierten Ebf. Ottone V. unterstützten. Als der Ebf. 1277 Signore v. Mailand geworden war, ließ er seinen Großneffen M. V. 1287 zum Capitano del Popolo wählen (seit 1289 Amtszeit auf fünf Jahre verlängert). Nach dem Sieg über Mgf. Wilhelm v. Montferrat (1290) erhielt M. das Kapitanat von Vercelli, 1292 das von Alessandria und Como und 1294 das Kapitanat über das Montferrat. Im gleichen Jahr erwirkte er mit Hilfe seines bfl. Großonkels von Adolf v. Nassau die Ernennung zum Reichsvikar der Lombardei (1298 von Albrecht I. bestätigt). 1302 zwang ihn die von Alberto Scotti, dem Signore v. Piacenza, angeführte Liga ins Exil (Nogarole bei Verona). Die Gelegenheit zum Gegenschlag kam 1310 mit dem Italienzug →Heinrichs VII.: M. huldigte ihm in Asti, zog mit ihm in Mailand ein und vertrieb durch eine Intrige Guido Della Torre und dessen Parteigänger aus der Stadt. 1311 bestätigte Heinrich VII. gegen eine Geldleistung das Reichsvikariat. Die Stärkung der ghibellin. Partei in Italien, die vom Ks. unterstützt wurde, ermöglichte es M., sein Expansionsprogramm wiederaufzunehmen, das zum großen Teil durch dem Klerus auferlegte Steuern finanziert wurde. 1315 beherrschte er, direkt oder durch seine Söhne (Galeazzo I., Marco, Giovanni, Luchino, Stefano), Piacenza, Bergamo, Lodi, Como, Cremona, Alessandria, Tortona, Pavia, Vercelli und Novara. Dynast. Machtkämpfe in Dtl. und der Plan Papst Johannes' XXII., in Italien ein guelf. Reich zu schaffen, zwangen M. V., sich gegen antivisconteische Kreuzzüge zu verteidigen; manchmal reagierte er darauf mit Diplomatie (Verzicht auf das Reichsvikariat gegen den weniger kompromittierenden Titel eines »Signore Generale« von Mailand, 1317), manchmal mit den Waffen – so besetzte er, mit den gleichfalls von den päpstl. Plänen bedrohten Scaligern, den Bonaccolsi und den Savoyen verbündet, Genua – und setzte schließlich auch sein Gold ein, indem er die guelf. Führer Philipp v. Valois (1320) und Hzg. Heinrich v. Kärnten (1322) bestach. Schließlich griff der Papst zum erprobten Mittel der Anklage wegen Häresie, auf die 1320 die Exkommunikation und 1321 das Interdikt über Mailand und im folgenden Jahr der Aufruf zum Kreuzzug gegen V. folgten. Am 23. Mai 1322 dankte M. V., der eine Kompromißlösung dem offenen Zusammenstoß vorzog, zugunsten seines Sohnes Galeazzo I. (* 1277) ab.

F. M. Vaglienti

Q. und Lit.: EncIt XXXV, 447 [L. Simeoni, Lit. vor 1937] – L. Frati, La contesa fra M. V. e Papa Giovanni XXII ..., ASL XV, 1888, 241–258 – C. Capasso, La signoria viscontea e la lotta politico-religiosa con il papato nella prima metà del sec. XIV, BSPSP VIII, 1908, 265–317, 408–454 – R. Michel, Le procès de M. et de Galeazzo V., MAH XXIX, 1909, 269–327 – P. Sambin, La lega guelfa in Lombardia nel biennio 1319–1320, Atti del R. Ist. veneto di scienze, lettere ed arti, 102, 1942–43; II, 1943, 371–385 – F. Cognasso, Le basi giuridiche della signoria di M. V. in Milano, BSBS LIII, 1955, 79–89.

9. V., Valentina (Valentine), * 1370, † 4. Dez. 1408, Tochter v. Gian Galeazzo V. und Isabella v. Frankreich, Tochter Kg. Johanns II. (→Jean le Bon); die Vermählung ihrer Eltern wurde 1360, zum Zeitpunkt des Vertrags v. →Brétigny, geschlossen, primär um mit Hilfe des Mailänder Geldes das Lösegeld für Johann den Guten aufzubringen. Die Ehe zw. V. und →Ludwig, dem Bruder Kg. →Karls VI. und künftigen Hzg.s v. →Orléans, der damals Hzg. v. →Touraine war, wurde 1387 vertragl. geschlossen und am 17. Aug. 1389 zu Melun gefeiert. Die Dos umfaßte die Gft. →Asti und 450 000 Goldgulden, ergänzt durch weitere Summen. Insgesamt erhielt Ludwig 649 000 Goldgulden, die ihm den Kauf mehrerer großer →Seigneurien (Gft.en Dunois und →Porcien) ermöglichten. Nach dem Tode Gian Galeazzos nahm Ludwig 1402 die Gft. →Vertus in Besitz. – V. hielt ihren Einzug in Paris am 22.–25. Aug. 1389, anläßl. der Krönung der Kgn. →Isabella. Die Erkrankung Karls VI. zwang V. 1396, den Hof zu verlassen, da sie von den Gegnern ihres Mannes beschuldigt wurde, den Kg. vergiftet oder behext zu haben. Sie residierte fortan auf den Schlössern ihres Gemahls. Als Hzg. Ludwig am 23. Nov. 1407 dem vom Hzg. v. →Burgund angestifteten Assassinat zum Opfer fiel, weilte V. auf Château-Thierry, von wo aus sie unverzügl. nach Paris reiste, um vor dem Kg. Klage zu führen, doch erreichte sie nur die Einsetzung in die Vormundschaft ihrer Kinder, darunter auch des 'Bastards v. Orléans' (→Dunois), und das Recht, in die Lehen des Hzg.s einzutreten. Schließlich zog sie sich nach Blois zurück. Ihr letztes Lebensjahr stand ganz im Zeichen des Kampfes um die Rehabilitation ihres ermordeten Gemahls: Als Führerin der Orléans-Partei erreichte sie (nach der öffentl. Rechtfertigung des Assassinats als →Tyrannenmord durch Jean →Petit), daß ihr Anhänger Thomas du Bourg, Abt v. Cerisy, vor dem versammelten Hof im großen Saal des Louvre eine Verteidigungsrede zugunsten Ludwigs halten konnte. Die Hzgn. hinterließ bei ihrem frühen Tode acht Kinder, unter ihnen →Charles d'Orléans, Hzg. und Dichter (* 1394); Philippe (* 1396); Jean (* 1400), Vorfahr von Franz I.; Marguerite, Vorfahrin von →Anna v. Bretagne. V. stand im Ruf hoher Weisheit und Tugend; die bereits von humanist. Geist geprägten Dichter haben ihr Lob gesungen: Eustache →Deschamps und Honoré →Bouvet, bes. aber die größte Autorin der Zeit, →Christine de Pisan, die V. als gute, in vorbildl. Weise um die Erziehung ihrer Kinder besorgte Mutter rühmt. F. Autrand

Lit.: Diz. biogr. delle Donne Lombarde, 1995, 1146–1148 [F. M. VAGLIENTI] – E. COLLAS, V. de Milan, duchesse d'Orléans, 1911 – F. M. GRAVES, Quelques pièces relatives à la vie de Louis I, duc d'Orléans et de V. V., sa femme, 1913 – A. COVILLE, Jean Petit. La question du tyrannicide au commencement du XIVᵉ s., 1932, 328–330 – M. NORDBERG, Les ducs et la royauté, 1964.

Visdomini → Vicedominus de Vicedominis

Visé, Frieden v. Als sich 942 in der karol.-robertin. Auseinandersetzung, in die kurz zuvor Papst →Stephan IX. eingegriffen hatte, an der Oise die Truppen des westfrk. Kg.s →Ludwig IV. und seiner Gegner, Hzg. →Hugo d. Gr., Gf. →Heribert II. v. Vermandois und Hzg. Otto v. Lothringen, gegenüberstanden, kam es nicht zum Kampf, sondern man vereinbarte einen Waffenstillstand, sandte Geiseln an Kg. →Otto d. Gr. und bat ihn um Vermittlung. Otto, dessen Schiedsrichterrolle sich aus seinen verwandtschaftl. Beziehungen zu Ludwig und Hugo, v.a. aber aus einem noch vorhandenen gesamtfrk. Denken erklären läßt, traf daraufhin im Nov. 942 in V. (an der Maas, nördl. von Lüttich) mit Ludwig IV. und dessen Kontrahenten zusammen. Die beiden Kg.e erneuerten ihre bereits vier Jahre zuvor geschlossene 'amicitia', Ludwig verzichtete sehr wahrscheinlich auf Lotharingien, das Viennois und das Lyonnais; Hugo wie auch Heribert und dessen Sohn huldigten Ludwig, der damit seine Stellung als Kg. festigen konnte. R. Große

Q.: RI II/1, n. 110a – Lit.: W. KIENAST, Dtl. und Frankreich in der Ks.zeit (900–1270), I, 1974, 64–66 – I. Voss, Herrschertreffen im frühen und hohen MA, 1987, 30f., 107, 136f., 186 – K. F. WERNER, Die Ursprünge Frankreichs bis zum Jahr 1000, 1989, 494f. – C. BRÜHL, Dtl.–Frankreich. Die Geburt zweier Völker, 1990, 479, 481f., 486f.

Visé, Schlacht v. (1106). Nachdem Ks. →Heinrich IV. der Gefangenschaft seines Sohnes in →Ingelheim entkommen war, begab er sich nach Niederlothringen und fand Zuflucht bei Bf. →Otbert v. Lüttich. 300 Berittene Kg. →Heinrichs V. unternahmen deshalb einen Vorstoß auf →Lüttich und bemächtigten sich der Maasbrücke bei Visé (nördl. v. Lüttich), wurden dort aber von einer kaisertreuen Streitmacht, zu der auch Milizen der Stadt Lüttich gehörten, unter Hzg. Heinrich I. v. Niederlothringen, Gf. Walram II. v. Limburg und Gf. Gottfried v. Namur am 22. März 1106, dem Gründonnerstag, vernichtend geschlagen. R. Große

Lit.: JDG H. IV. und H. V., Bd. 5, 1904, 298f., 359–362 – C. GAIER, Art et organisation militaires dans la principauté de Liège et dans le comté de Looz au MA, 1968, 231–234 – DERS., Grandes batailles de l'hist. liégoise au MA, 1980, 27–34 [abgedr. in: DERS., Armes et combats dans l'univers médiéval, 1995, 11–14] – J.-L. KUPPER, Liège et l'Église impériale, 1981, 151f., 346, 394.

Visegrád, ung. Stadt am rechten Ufer der Donau, ca. 30 km nw. von Budapest. Bereits um 1000 entstanden an der Stelle eines ehem. röm. Kastells die Burg eines →Gespans, die den offenbar früheren slav. Namen (»hohe Burg«) behielt, und eine Erzdiakonatskirche; allerdings ist ein »V.er Komitat« (→Komitat) nur einmal (1009) erwähnt, wohl weil das Gebiet ein kgl. Forst war. Um 1082 war Kg. →Salomon in der Burg eingekerkert (aber nicht in dem um 1250 erbauten, heute »Salomons Turm« gen. Wohnturm). 1053–1221 bestand ein gr. Basilianerkl. in der Nähe von V. Nach dem Mongolensturm wurde die Feste, die mit einer unteren Burg an der Ofen-Graner Landstraße verbunden war, als Zuflucht für die kgl. Familie und die Nonnen aus Pilis errichtet und blieb im Besitz der ung. Kgn.nen. Im 13. Jh. kamen dt. →hospites in das suburbium, doch die größere Siedlung im W war eine ung.; ein Rat wird in beiden Siedlungen seit 1350 erwähnt. In den Thronwirren nach 1301 fiel V. an Matthäus →Csák und wurde erst 1317 von →Karl I. Robert erobert, der dann die kgl. Residenz nach V. verlegte und auch die Krönungsinsignien nach V. bringen ließ. 1335 fand das wichtige Dreikönigstreffen zw. Kg. →Johann v. Böhmen, →Kasimir III. v. Polen und Karl I. Robert in V. statt, bei dem Johann auf die poln. Krone verzichtete, ein Schiedsspruch im Streit mit dem →Dt. Orden gefällt und ein böhm.-ung. Vertrag abgeschlossen wurde. Obwohl der Hof um 1350 wieder nach Ofen zog, blieb V. ein wichtiges Zentrum und erscheint 1381 unter den größten Städten Ungarns. Die →Stephanskrone wurde durch die Hofdame der Kgn. →Elisabeth v. Luxemburg aus V. für die Krönung des jungen →Ladislaus (V.) Postumus heiml. entwendet; nach ihrer Auslösung von Friedrich III. 1464 wurde die »Kronhut« in V. gesetzl. geregelt. Der Ausbau eines kgl. Palastes an der Landstraße, der von Siegmund vollendet wurde, begann – wie neueste Ausgrabungen beweisen – bereits in der Anjouzeit. J. Bak

Lit.: D. DERCSÉNY–M. HÉJJ, V. Pest megye műemlékei 2, 1958, 396–480 – M. HÉJJ, Ausgrabungsber. über die Erschließung des kgl. Wohnpalastes zu V. (Folia Archæologica 26, 1975), 191–197 – Medieval V., hg. J. LASZLOVSZKY (Dissertationes Pannonicae III, 4, 1995) [Lit.].

Viseu, Stadt, Bm. und (seit dem 15. Jh.) Hzm. im nördl. →Portugal, südl. des Duero. V., das im Bereich der röm. Prov. →Lusitania lag, gehörte zum Reich der (kath.) →Sueben (damit zur Kirchenprov. →Braga), dann zum (erst arian., seit 589 kath.) →Westgotenreich. Der Bf. v. V. wurde auf dem 3. Konzil v. →Toledo zu den konvertierten Bf.en gezählt; seine Diöz. rangierte seit 666 unter den Bm.ern der lusitan. Kirchenprov. v. →Mérida. 714 wurde V. von den Muslimen erobert. Erste Ansätze zur →Reconquista waren nur kurzlebig (→Alfons I. v. Asturien, um 754; Besiedlungspolitik →Alfons' III. v. Asturien, um 878; Belagerung durch →Alfons V. v. León, † 1028 an der hierbei erlittenen Verwundung). 1057/58 gelang →Ferdinand I. v. Kastilien-León die definitive Rückeroberung (Inbesitznahme 23. Juli 1058). Die einem Prior unterstellte Kirche wurde aber noch lange vom Bm. →Coimbra mitverwaltet. Von Ferdinand I. verliehene kirchl. Herrschaftsrechte über die Stadt wurden 1110 vom Gf.en →Heinrich (65. H.) bestätigt. 1121 bestätigte dessen Witwe Kgn. →Teresa der Kirche ihre Rechte; 1123 verlieh sie den Einwohnern einen →Fuero, ließ auch 1127 eine gerichtl. Untersuchung über die 'terra' v. V. durchführen, der 1258 unter Alfons III. v. Portugal eine weitere Inquisitio über die Besitzrechte folgte. 1146 wurde ein eigener Bf. v. V. eingesetzt; er kämpfte bei der Eroberung v. →Lissabon (1147) mit. Die Kirche v. V., die Kg. →Alfons I. v. Portugal von der kgl. Oberherrschaft befreite, wurde als

Bm. der alten Lusitania zum Gegenstand des Streites der Metropolen Braga und →Santiago de Compostela um die Jurisdiktionsrechte. 1199 entschied Innozenz III., daß V. Braga unterstehen solle. Die von Alfons I. verliehenen städt. Foralrechte wurden von Sancho I. (1187) und Alfons II. (1217) erneuert. Auf dem Rückzug befindl. kast. Truppen plünderten nach ihrer Niederlage bei →Aljubarrota (1385) V., das von Alfons V. mit neuen Mauern umwehrt wurde.

Der Titel des 'Hzg.s v. V.' wurde 1415/16 erstmals verliehen: Kg. →Johann I. belohnte mit ihm die Heldentaten seines 3. Sohnes, →Heinrichs 'des Seefahrers', bei der Eroberung v. →Ceuta. Der Infant und Regent →Pedro, Heinrichs Bruder, erneuerte ihm 1439 die mit dem Hzm. verbundenen Privilegien. Kg. →Alfons V. erhob 1461/62 seinen Bruder Ferdinand zum 2. Hzg. v. V. Dessen Sohn Johann wurde zum 3. Hzg., dessen Bruder →Diogo (Diego) zum 4. Hzg. ernannt. Als mutmaßl. Haupt einer Verschwörung wurde Diogo am 28. Aug. 1484 von Kg. →Johann II. eigenhändig erstochen, das Hzm. noch am selben Tag Diogos Bruder →Manuel (I.) als 5. Hzg. v. V. übertragen. P. Feige

Lit.: A. GIRÃO, V., Estudo de uma Aglomeração Urbana, 1925 – J. V. SERRÃO, Hist. de Portugal, 1977, passim – A. DOMINGUES DE SOUSA COSTA, Bispos de Lamego e de V. no século XV, Itinerarium 26, 1980, 189–216 – A. J. DE CARVALHO DA CRUZ, V.: roteiro bibliográfico, Beira Alta 40, 1981, 395–426.

Visier, um 1315 entstandener Gesichtsschutz der →Beckenhaube, der entweder an Schläfenbolzen drehbar oder an einem Scharnier in Stirnmitte hochklappbar war. Von Anfang an bildeten sich zwei Formen heraus: das Rundvisier und das Kantenvisier. Das Rundvisier wurde in Westeuropa bevorzugt, das Kantenvisier in Italien. Beim V. ist außerdem zw. Vollvisier mit eingeschnittenem Sehschlitz und Halbvisier zu unterscheiden, dessen Oberkante die untere Begrenzung des Sehschlitzes bildete. O. Gamber

Lit.: →Visierhelm.

Visierhelm, um 1315 entstandene Kombination der →Beckenhaube mit einem drehbaren oder aufklappbaren →Visier. Nach der Mitte des 14. Jh. entstand ein schnauzenartiges Visier, das dem →Helm den Namen »Hundsgugel« gab. Sie erhielt sich bis ins 1. Drittel des 15. Jh. Zu dieser Zeit kam in Italien der →Elmetto auf, ein Helm mit rundem Scheitel, vorne überlappenden Backenstücken und einem kantigen Halbvisier. Dazu gehörten Verstärkungen auf Scheitel und Stirn sowie ein vorschnallbarer →Bart. Zum Öffnen des Visiers diente ein sog. »Visierstengel« an der rechten Seite. In Dtl. und Frankreich entstanden ähnl. Helme (dt. *helmlin*, frz. *armet*), die sich aber enger an den Hals anschlossen und ein rundes Vollvisier hatten. Ein derartiger Helm ist auf dem Basler Heilspiegelaltar des Konrad →Witz um 1435 dargestellt. Obwohl die →Schaller häufig ein Visier besaß, zählt sie nicht zu den V.en, da sie den Hals nicht deckte. O. Gamber

Lit.: O. GAMBER, Harnischstud. V/VI, JKS 50/51, 1953/55.

Visierkunst (Doliometrie, Faßmessung). V. bezeichnet im 15.–17. Jh. das Bestimmen des Volumens von Hohlkörpern, v. a. von Fässern (s. a. →Faß, →Eichmaß, →Maße und Gewichte). Die Inhaltsbestimmung eines (ganz oder teilweise gefüllten) Fasses wurde innerhalb der prakt. Geometrie schon in der Antike betrieben (Heron, Metrika), wobei das Faß durch Mittelbildung einem Zylinder oder einem doppelten Kegelstumpf angenähert wurde. Ähnl. Formeln findet man auch in der um 1000 entstandenen »Geometria incerti auctoris«, bei →Robert v. York (Robertus Anglicus, Quadrans vetus), →Dominicus de Clavasio und seit dem 14. Jh. in it. Texten. Als Folge des aufstrebenden Handels seit dem HochMA und der Notwendigkeit, Zölle gemäß dem Inhalt der Fässer zu berechnen, wurden in den Städten *Visierer* eingestellt, die eine bedeutende Rolle im öffentl. Leben spielten, und es entstanden selbständige *Visiertraktate*. Den bislang ältesten konkreten Hinweis auf die Praxis des Visierens liefert Ulman →Stromer im »Puechel von meim geslechet und von abenteuer«. Die ältesten erhaltenen Hss. wurden kurz vor 1450 im Umfeld der Erfurter Univ. geschrieben; andere frühe Texte entstanden in Süddtl., Österreich (Wien: →Peuerbach, →Regiomontanus) und Flandern. Aus der Zeit bis 1650 sind mehr als 100 hsl. und gedruckte Darstellungen der V. erhalten. Der älteste Druck erschien 1485 in Bamberg. Nach 1500 verfaßten zahlreiche Rechenmeister (→Rechenkunst) Darstellungen der V., u. a. J. Köbel, H. Schreyber (Grammateus), E. Helm, U. Kern, S. Jakob, A. Ries, A. Helmreich, M. Coignet.

Die in den Visiertraktaten beschriebenen Meßverfahren wurden wahrscheinl. in Süddtl. entwickelt. Man benutzte *Visierruten* mit nichtlinear eingeteilten Maßstäben. Am weitesten verbreitet war die Quadratrute, bei der zwei Messungen (Länge und Faßdurchmesser) nötig waren. Bei der Kubikrute, die wohl in Österreich entstand, ist nur eine Messung (diagonal durch das Spundloch) erforderlich. Für die V. benötigte man nur wenige math. Kenntnisse. J. Kepler behandelte sie als erster in seiner »Nova stereometria doliorum vinariorum« (1615) auf wiss. Basis und gab der V. eine theoret. Begründung. M. Folkerts

Lit.: G. LEIBOWITZ, Die V. im MA [Diss. Heidelberg 1933] – P. BOCKSTAELE, De visierroede, Handelingen XLIe Congr. van de Federatie van de kringen voor oudheidkunde en geschiedenis van België, 1970, 526–527 – M. FOLKERTS, Die Entwicklung und Bedeutung der V. als Beispiel der prakt. Mathematik der frühen NZ, Humanismus und Technik 18, 1974, 1–41 – A. SIMI, La tenuta delle botti ed il calcolo degli scemi nelle opere di alcuni abacisti senesi dei secc. XV e XVI, Atti Accad. Fisiocritici, Ser. XV, T. 11, 1992, 1–8 – DIES., Regole per la determinazione della capacità delle botti ed il calcolo degli scemi in mss. it. dei secc. XIV, XV e XVI, Physis 30, NS, fasc. 2–3, 319–414, 1993 – A. MESKENS, Wine Gauging in Late 16th and Early 17th Cent. Antwerp, HM 21, 1994, 121–147.

Visierstengel → Elmetto; →Visierhelm

Visierung → Architekturzeichnung; →Visierkunst

Visio Baronti, der älteste als eigenständiges Werk überlieferte Visionsbericht des MA. Die Vision soll sich am 25. März 678/679 im Kl. Longoretus (später St-Cyran, Bm. Bourges) ereignet haben. Sie wurde von einem anonymen Mönch aufgezeichnet. Der Visionär war ein Mönch von adliger Herkunft namens Barontus. Seine Gleichsetzung mit dem hl. Einsiedler Barontus v. Montalbano (bei Pistoia) verdient keinen Glauben.

Dem Bericht zufolge verlor B. bei einem plötzlichen lebensgefährl. Fieberanfall das Bewußtsein und erlangte es erst am nächsten Tag wieder. Dann erzählte er den Mitbrüdern, daß zwei Dämonen versucht hatten, ihn in die Hölle zu schleppen. Der Erzengel Raphael rettete B. und trug die Seele des Mönchs zum Himmel empor, wobei ihn Gruppen von angreifenden Dämonen behinderten; sogar noch im Himmel, am vierten Himmelstor, mußten hartnäckige Dämonen vom Apostel Petrus, dem Patron des Kl. Longoretus, mit den Himmelsschlüsseln verjagt werden. B. begegnete namentl. gen. verstorbenen Mitbrüdern und erfuhr, daß noch nie ein Mönch seines Kl. dem Teufel anheimgefallen war. Auf dem Rückweg zum Körper sah die Seele die Hölle von außen und entdeckte dort zwei verstorbene Bf. e v. Bourges und Poitiers. – Das in Vulgärlatein abgefaßte, von den »Dialogi« Gregors d. Gr. beeinflußte Werk erlangte weite Verbreitung. J. Prelog

Ed.: MGH SRM 5, 1910, 368–394 [W. Levison] – *Lit.*: Brunhölzl I, 143f. – M. P. Ciccarese, La V. B. nella tradizione letteraria delle Visiones dell' aldilà, Romanobarbarica 6, 1981–82, 25–52 – C. Carozzi, Le voyage de l'âme dans l'Au-delà d'après la litt. lat. (V^e–XIIIe s.), 1994, 139–186.

Visio beatifica → Anschauung Gottes; →Johannes XXII. (38. J.); →Seligkeit, Ewige

Visio Dei → Anschauung Gottes; →Nikolaus v. Kues (27. N.)

Visio Godesc(h)alci, eine Sterbevision von 1189/90, die nach der Erzählung des todkranken Bauern Gottschalk aus Horchen (Mittelholstein) von zwei Priestern unabhängig, aber sachl. übereinstimmend aufgeschrieben wurde. Diese Jenseitsreise zeigt in seltener Deutlichkeit die Mischung von Elementen der vorchristl. Religion mit ihren Parallelen zu in altnord. Q. und im »Draumkvaede« überlieferten Vorstellungen von der anderen Welt (Dornenheide, schneidender Fluß, Helskor, Neunzahl u. a.) mit solchen des Christentums (Fegfeuer, Himml. Jerusalem u. a.). Die V. G. enthält auch zahlreiche Informationen über Alltagsleben und Rechtspraxis der Zeit. P. Dinzelbacher

Ed.: Godescalcus und V. G., ed. E. Assmann, 1979 – *Lit.*: P. Dinzelbacher, »verba haec tam mistica ex ore tam ydiote glebonis«. Selbstaussagen des Volkes über seinen Glauben, unter bes. Berücksichtigung der Offenbarungslit. und der Vision Gottschalks (Volksreligion im hohen und späten MA, ed. Ders.–D. Bauer, 1990), 57–99 – E. Bünz, Neue Forsch.en zur Vision des Bauern Gottschalk (1189), ZSHG 120, 1995, 77–111 – P. Dinzelbacher, Bäuerl. Berichte über das Leben in der anderen Welt (Du guoter tod, Kongreßakten Akad. Friesach) [i. Dr.].

Visio Gunthelmi, eine 1161 von einem engl. Mönch erlebte Vision, in der ihn der hl. Benedikt drei Tage lang durch das Jenseits führt. Der Hl. führt die Seele des Gunthelm zu einer Himml. Stadt, wo er mit der Jungfrau Maria sprechen kann, dann ins Paradies; der Erzengel Raphael zeigt ihm das Purgatorium und schließl. die unterste Hölle, wo er Judas erblickt. Der Schwerpunkt der Purgatoriumsschilderung liegt auf klerikalen Verfehlungen, die somit angeprangert werden. – Die kurze Vision ist im »Chronicon« des →Hélinand (um 1200) überliefert und wurde von →Vinzenz v. Beauvais in sein »Speculum historiale« übernommen (um 1250). Wie andere Visionen (→Vision, -slit., VII) wurde auch die V. G. (wohl im 13. Jh.) ins Altwestnord. übertragen und liegt dort sogar in zwei voneinander unabhängigen Übertragungen vor (»Maríu saga«, ed. C. R. Unger, 1871, 534–541; 1162–1168), von der die zweite dem lat. Text sehr nahe steht. In diesen Fassungen heißt der Protagonist Gundelinus, was wohl nur hsl. verlesen für Gundelmus ist. Die an. Version war auch für das norw. →»Draumkvaede« als Q. von Bedeutung. R. Simek

Lit.: KL XX, 171–186 [D. Strömbäck] – K. Liestøl, Draumkvaede. A Norwegian Visionary Poem from the MA, 1946.

Visio intellectualis. Beinahe das ganze MA folgt Augustinus, der in zwei klass. Texten obere von unterer Vernunft (De Trin., XII) und v. i. von visio corporalis und visio spiritualis (De Gen. ad litt., XI–XII) unterscheidet. Körperl. Vision betrifft das normale Sehen mit den Augen, das Vermögen äußerl. Dinge wahrzunehmen. Spirituelle oder geistige Vision dagegen bedeutet das Sehen von Phantasie- oder Traumbildern, das Schauen von Gedächtnisbildern, wobei in der Schwebe bleiben darf, woher die in das Gedächtnis (zurück)gerufenen Bilder entstammen: aus der Realität, aus der reinen Einbildungskraft oder aus beiden. V. i. bedeutet das begreifende Schauen, wobei der Sehende das intelligibile Wesen des betreffenden Gegenstandes schaut. So hat der Kg. Nebuchadnezar nur eine spirituelle (den Traum), der Prophet Daniel aber eine intellektuelle Vision (die wesentl. Deutung des Traumes: Dan 5, 5–28). Zw. diesen drei Visionen gibt es eine Rangordnung: das obere Vermögen beurteilt das untere und kann sich auch ohne dieses vollständig und vollkommen ausbilden, das untere ist jedoch für seine Vervollkommnung von dem oberen abhängig. Während man sich betreffl. der körperl. und geistigen Vision irren kann, ist dies hinsichtl. der intellektuellen Vision ausgeschlossen: entweder begreift man etwas, und dann ist es notwendig wahr; oder es ist nicht wahr, und dann kann man es auch nicht begreifen. Im 12. Jh. teilen z. B. Isaac de Stella (De an., MPL 194, 1878–1888), Wilhelm v. Conches und Alcher (De spir. et an., c. 6, MPL 40, 783–787) – unter Einfluß von Plotin, Augustin, Avicenna (De an., I, c. 5) und Dominicus Gundissalinus (De an., 10; De immort. an., II, c. 3) – die Seele in drei Vermögen ein: ratio (faßt die immateriellen Formen der körperl. Dinge), intellectus (erfaßt die immateriellen Formen der nicht-körperl. Dinge) und intelligentia (kennzeichnende Aktivität: Gotteserkenntnis). Petrus Lombardus zitiert in seinen Sentenzen die gen. Augustinustexte ausführl., stellt die untere Vernunft der sensualitas gleich, und überreicht also der Hochscholastik das Problem der Funktionsdifferenzierung von ratio inferior/superior, v. i., conscientia (Gewissen) und synderesis (die höchsten Prinzipien des ethischen Lebens). Später ist über die Streitfrage, ob diese v. i. von der himml. glückseligen Gottesschau (→Anschauung Gottes) wie auch von der rationellen, diskursiven, wiss. und indirekten Gotteserkenntnis durch die Wesenheiten der Geschöpfe (a posteriori Gottesbeweise, →natürl. Theologie) als eine eigenständige, vernünftige, intuitive Kontemplation und intellektuelle Gottesschau im diesseitigen Leben (visio Dei in via) zu unterscheiden sei, häufig diskutiert worden. J. Decorte

Lit.: J. Rohmer, AHDL 3, 1928, 122–124 – J. Peghaire, Intellectus et ratio selon S. Thomas d'Aquin, 1939 – M. D. Chenu, Ratio superior et inferior: un cas de philosophie chrétienne, Laval théologique et philosophique, I, 1945 – R. W. Mulligan, The New Scholasticism, 29, 1955, 1–32.

Visio Karoli III., Bericht über eine angebl. Vision Ks. →Karls III. d. Dicken, wahrscheinl. 900 (aber vielleicht schon 888/891) verfaßt. Der Text gibt sich als ein offizielles Schriftstück des Ks.s mit →Invocatio und →Intitulatio; Karl erzählt in der Ichform und läßt sich u. a. seine bevorstehende Entmachtung und seinen baldigen Tod voraussagen. – Eine Stimme kündigt dem Herrscher die Entrückung an, dann führt ihn eine Lichtgestalt mit Hilfe eines Fadens durchs Jenseits. Zuerst wird die Hölle aufgesucht. Dort sieht Karl (nicht namentl. gen.) Bf.e und weltl. Große aus dem Umkreis seines Vaters, Kg. →Ludwig d. Dt., sowie seiner Onkel, Ks. →Lothar I. und →Karl d. Kahlen, und seiner Brüder. Ludwig d. Dt. befindet sich im Fegfeuer. Lothar I. und sein Sohn →Ludwig II. hingegen haben dank der Fürbitten des hl. Petrus und des hl. Remigius das Paradies erlangt. Sie verkünden dem Visionär, daß der künftige Ks. →Ludwig d. Blinde – zur Zeit Karls III. noch ein Kind – das Gesamtreich erben soll. – Der Autor der V. K. war wohl Ebf. →Fulco v. Reims oder ein Kleriker aus seiner Umgebung, jedenfalls ein mit der Reimser Kirche verbundener Anhänger Ludwigs d. Blinden und der Reichseinheitsidee. Der Visionsbericht findet sich – neben der separaten Überlieferung – in →Hariulfs Chronik, bei →Wilhelm v. Malmesbury, →Helinand,

→Vinzenz v. Beauvais u. a., in frz. Übers. in den Grandes →Chroniques de France. J. Prelog

Ed.: Hariulf, Chronique de l'abbaye de St-Riquier, ed. F. Lot, 1894, 144–148 – *Lit.:* Wattenbach–Levison–Löwe V, 527f. [Lit.] – C. Carozzi, Le voyage de l'âme dans l'Au-delà d'après la litt. lat. (V^e–XIIIe s.), 1994, 359–368.

Visio Pauli, eine in zahlreichen gr., lat. und volkssprachl. Versionen verbreitete apokryphe Jenseitsreise, Fälschung des 3. Jh., dem Apostel wegen 2 Kor 12, 2ff. unterschoben. Die auf einer Petrus-Apokalypse basierende lange Urfassung enthält eine Himmels- und Höllenfahrt, die frühma. und späteren Bearbeitungen meist nur mehr die Strafregionen. Horrorszenarien dominieren, doch gewähren Michael und Christus den Verdammten eine Sabbat- bzw. Sonntagsruhe. Obgleich bereits von Augustinus u. a. verworfen, sind allein im Bereich der Westkirche ca. 200 Hss. bekannt. Den anhaltenden Erfolg zeigen die oriental., dt., mndl., an., mfrz., ptg., it., ae., me., walis. Versionen. Die V. beeinflußte sowohl motiv. (Strafarten) als auch strukturell (ep. Vorrücken von Ort zu Ort) zahlreiche spätere Jenseitsvisionen und auch Dante. Vgl. →Esdras-Apokryphen. P. Dinzelbacher

Ed.: Th. Silverstein, V. S. P., 1935 – Ders., Visiones et revelaciones Sancti P., Accad. Naz. dei Lincei 188, 1974, 3–16 – C. Carozzi, Eschatologie et au-delà, 1994 – *Lit.:* T. Pàroli, Dalla promessa alla sapienza tramite la descrizione, Annali del ist. univers. orientale di Napoli. Sez. germanica, studi nederlandesi, studi nordici 23, 1980, 241–279 – P. Dinzelbacher, Die Verbreitung der apokryphen V. P. im ma. Europa, MJb 27, 1992, 77–90 [Lit.].

Visio Philiberti, im 19. Jh. eingeführte Bezeichnung für ein in verschiedenen Fassungen überliefertes anonymes lat. →Streitgedicht des 12. Jh. in Vagantenstrophen. Die Seele eines vor kurzem verstorbenen vornehmen Mannes streitet mit ihrem toten Körper. Dieser Dialog ist in den Rahmen eines Visionsberichts gestellt; der Visionär, der nur in einer jüngeren Fassung (Walther 20421) als Einsiedler das kgl. Geschlecht namens Fulbertus (unrichtig Philibertus) vorgestellt wird, will den Streit im Traum gesehen haben. In den Hss. lautet der Titel meist »Disputatio (oder altercatio, conflictus, dialogus usw.) inter corpus et animam« o. ä.

Die Seele ist der Verdammnis anheimgefallen und beschuldigt den Leib, ihr mit seinen lasterhaften Neigungen dieses Schicksal bereitet zu haben. Der Leib verteidigt sich mit dem Hinweis auf seine Bestimmung zum Dienen; die Seele habe sich, statt ihn zu beherrschen, zu seiner Magd erniedrigt. Die Seele kann ihre Schuld nicht leugnen. Dann schieben die beiden sich gegenseitig die Hauptverantwortung zu. Schließlich packen zwei gehörnte, feuerspeiende Dämonen die Seele mit ihren Gabeln und schleppen sie in die Hölle.

Von der außerordentl. Beliebtheit des Stoffs im Spät-MA zeugen die sehr breite lat. Überlieferung, die größtenteils die älteste Fassung (Walther 11894) bietet, und die zahlreichen volkssprachl. Bearbeitungen, darunter mehrere deutsche (eine stammt von →Heinrich v. Neustadt). J. Prelog

Ed.: Th. Wright, The Latin Poems Commonly Attributed to Walter Mapes, 1841, 95–106 – H. Brandes, Zur V. Fulberti, 1897, 1–21 [mit Zusatzversen] – *Lit.:* Verf.-Lex.² IV, 707–710 [G. Eis; Lit.] – H. Walther, Das Streitgedicht in der lat. Lit. des MA, 1920 [Nachdr. 1984], 63–74, 189, 211–214, 262f., 280f. – M.-A. Bossy, Medieval Debates of Body and Soul, Comparative Lit. 28, 1976, 144–163.

Visio Thurkilli, Bericht des engl. Bauern Thurkill aus Stisted (Essex) über seine Jenseitsschau während einer mehrtägigen Bewußtlosigkeit im Okt. 1206. Geleitet von St. Julian und den Pilgerheiligen Jakobus und Dominus erblickt Thurkill in den jenseitigen Straforten viele Personen seines Dorfes und der näheren Umgebung. Er erfährt die Gründe und Arten ihrer Bestrafung und erleidet selbst wegen mangelnder Leistung des Zehnten die dafür vorgesehenen Qualen. Der Visionstext weist viele eigenständige und originelle Züge auf, u. a. das groteske Höllentheater am Samstagabend, auf dessen Bühne die Sünder ihre Vergehen wiederholen müssen. Die in vier Hss. überlieferte lat. Version ist vermutl. von Ralph, dem Abt der benachbarten Zisterze Coggeshall, aufgezeichnet worden. Kurzfassungen der nicht. anspruchsvollen Vision sind in die Chroniken des Matthew (→Matthaeus) Paris und →Roger Wendover aufgenommen worden.

P. G. Schmidt

Ed.: P. G. Schmidt, 1978 – *dt. Übers.:* Ders., 1987 – *Lit.:* Ders., The Vision of Thurkill, JWarburg 41, 1978, 50–64.

Visio Tnugdali, die erfolgreichste der ma. Jenseitsvisionen, 1149 in Regensburg von dem Schottenmönch Marcus in gutem Latein aufgezeichnet. Er beschreibt in einer Fülle von bizarr-sadist. genustyp. Motiven die Gesichte, die der sündhafte ir. Ritter Tundal während einer dreitägigen Katalepsie erlebte: das Tal voll brennender Kohlen, das mit einer eisernen Platte versiegelt ist, auf der die Seelen zerschmelzen, um in der Glut zu neuer Pein wiederhergestellt zu werden; die handbreite Nagelbrücke, unter der turmhohe, feuerspeiende Ungeheuer auf ihre Opfer lauern; die geflügelte Bestie, die die Seelen von Mönchen und Nonnen in einen Eissee hinein verdaut, wo sie mit Schlangen schwanger werden, die sie von innen zerfetzen; der auf einem Rost gefesselte Höllenfürst, der, selbst von Feuer gepeinigt, die Seelen mit seinen Krallen zerquetscht... Alle diese Pein muß T. selbst am eigenen »Leib« seiner Seele mitmachen. Von den paradies. Regionen wird nur kurz gehandelt. Der Text wurde früh gedruckt, in alle Vulgärsprachen (einschließl. Katal., Altnord., Altruss., Tschech. etc.) übersetzt, von Luther zitiert, und war noch im 17. Jh. auf dem Jesuitentheater zu sehen. Ins Dt. und Ndl. hat man die V. T. mindestens zwölfmal übertragen, wie etwa 40 erhaltene Hss. und 27 Frühdrucke zeigen. Während nur eine (von S. Marmion 1474 originell) illuminierte Hs. bekannt ist, enthalten mehrere Frühdrucke Holzschnitte. Die (auch gepredigte) V. T. wurde so zu einem wesentl. Träger der spätma. Katechese durch Angst. P. Dinzelbacher

Ed.: A. Wagner, V. T., 1882 (lat.-mhd.) – Duggals Leidsla, ed. P. Cahill (Stofnun Arna Magnússonar á Íslandi Rit 25) 1983 (lat.-an.) – *Lit.:* H. Spilling, Die V. T., 1975 – N. Palmer, V. T., The German and Dutch Translations and their Circulation in the Later MA, 1982 – J. Mourão, A Visão de Túndalo, 1988 – The Vision of Tnugdal, tr. J.-M. Picard, introd. Y. de Pontfarcy, 1989 – Th. Kren–R. S. Wieck, The Visions of Tondal from the Library of Margaret of York, 1990 – Margaret of York, Simon Marmion, and »The Visions of Tondal«, hg. Th. Kren, 1992 – K. Düwel, Die »Visio Tundali«. Bearbeitungstendenzen und Wirkungsabsichten volkssprachl. Fassungen im 12. und 13. Jh. (Iconologia Sacra, hg. H. Keller–N. Staubach, 1994), 529–545.

Visio(n), -sliteratur
A. Allgemein; Literatur – B. Ikonographie

A. Allgemein; Literatur

I. Allgemein – II. Mittellateinische Literatur – III. Deutsche Literatur – IV. Mittelniederländische Literatur – V. Skandinavische Literatur – VI. Englische Literatur – VII. Alt- und mittelirische Literatur – VIII. Französische und italienische Literatur – IX. Iberoromanische Literatur.

I. Allgemein: Ein aus wohl allen Epochen und Kulturen bekanntes psychosomat. Phänomen, bei dem der Erlebende den Eindruck hat, seine Seele – oder Leib und Seele – würde aus ihrer natürl. Umwelt in einen anderen Raum versetzt (vgl. dagegen →Erscheinung). Dabei befindet sich der Körper in Katalepsie, Trance oder im Schlaf. V.en sind in verschiedenen lit. Textsorten überliefert, die ep. strukturierte Erlebnisberichte, Predigtexempel, Autobiographien, V.sslg.en, hagiograph. Texte, Historiographie, Weissagungen usw. umfassen.

Die Konsequenzen für den Seher reichten von der bloßen Niederschrift bis zum Aufbruch zum Kreuzzug oder Kl.eintritt, auch zur Stiftung eines Klosters (Ks. Karl IV.) oder Ordens (Birgitta v. Schweden). Die Funktionen der visionären Texte für Aufzeichner und Rezipienten waren vielfältig: primär dienten sie religiöser Belehrung und Erbauung in privater Lektüre und monast. Tischlesung oder als Predigtexempel; sie hatten aber auch Unterhaltungswert.

Einige V.en bes. der Karolingerzeit sind offenbar rein fiktiv und verfolgen polit. Zwecke, wie etwa ein Ks. Karl III. unterschobenes Gesicht, das die Regelung seiner Nachfolge bestimmen möchte (→Visio Karoli III.). Auch weiterhin, im Investiturstreit oder im →Abendländ. Schisma, gehörten entsprechende V.en zur Propaganda der Parteien. Im SpätMA handelt es sich wohl öfter um Schauungen von echten Charismatikerinnen, die Partei ergriffen hatten, als um fingierte Texte (z. B. Marie Robine in Avignon, Constance v. Rabastens, Ende 14. Jh.).

II. MITTELLATEINISCHE LITERATUR: Die Aufzeichnung visionärer Erlebnisse führt zur Gattung der V.sliteratur; sie war der Antike bekannt, doch wenig umfangreich (Jenseitsreisen z. B. bei Plato, Politeia X; Plutarch, Moralia 563b–568; 589f–592e; Traumoffenbarungen z. B. des Aelius Aristides, Hieroi logoi). Vorbildcharakter für die V.slit. des frühen und hohen MA hatten weit mehr die jüd. und frühchristl. apokryphen Apokalypsen. Im MA bes. verbreitet war die →Visio S. Pauli.

In der ganzen Epoche scheinen kurze V.en in verschiedenen literarischen Genera auf, bes. häufig in der Geschichtsschreibung (Gregor v. Tours, Beda Venerabilis) und der Hagiographie (z. B. Vita des Furseus † 649, der →Ida v. Nivelles, Lukardis v. Oberweimar), in der Offenbarungserlebnisse im Verlauf des MA eher zunehmen. Im SpätMA finden sich V.en bes. häufig in Exempelslg.en, Erbauungsbüchern, myst. Traktaten etc. (s. u.). Hier können jedoch i. a. nur Texte erwähnt werden, deren Inhalt die eigenständige Erzählung einer oder mehrerer V.en bildet.

Wenigstens bis ins 12. Jh. wurden authent. V.en als Nahtoderlebnisse fast nur in Latein überliefert; Seher wie Aufzeichner waren meist Mönche. Der in dieser Epoche dominierende Inhalt ist die Vergeltung von Schuld und Verdienst im Jenseits, ihre dominierende Form die der ekstat. Seelenreise in die andere Welt. Dies gilt bereits für Texte in der Slg. von V.en, Auditionen, Erscheinungen und Träumen Papst Gregors I. im 4. Buch der Dialogi. Aufzeichnung und Überlieferung boten vielfache Möglichkeiten der Erweiterung, Kürzung, Umgestaltung, so daß die erlebte Schauung oft nur den Kristallisationskern für eschatolog. Motive darstellt.

Als eigene literar. Gattung tritt uns die V.slit. zuerst im letzten Drittel des 7. Jh. entgegen: der älteste selbständige Text ist die V. des Barontus (678/679), das erste V.sbuch einer Charismatikerin das der →Aldegundis v. Maubeuge († 694/695). In der karol. Epoche entstanden mehrere Jenseitsv.en, die auch bestimmte polit. Stellungnahmen zum Ausdruck brachten, wie die des Reichenauer Mönches Wetti († 824). Einer der ersten volksprachl. Texte, die stark auf apokryphen Apokalypsen aufbauende mittelir. V. des hl. →Adamnán (»Fís Adamnain«) mit ihren entsetzl. Strafschilderungen entstand wohl im 10. Jh. V.en und Erscheinungen verschiedenen Inhalts, eigene und fremde, finden sich am Ende des FrühMA in der Slg. des →Otloh v. St. Emmeram († 1070); primär eschatolog. in der Mirakelkollektion des →Petrus Damiani († 1072).

Das 12. Jh. war Höhepunkt und Achsenzeit der ma. Offenbarungslit., insofern in ihm einerseits die meisten, umfangreichsten und literar. anspruchsvollsten Jenseitsv.en verfaßt, und andererseits die ersten myst. Offenbarungen aufgezeichnet wurden. Mehr und mehr traten Laien neben Mönche als Empfänger der himml. Botschaft, z. B. ein Rittersohn in der V. des →Alberich v. Settefrati (um 1117). Die bekannteste ma. Jenseitsvision war die →Visio Tnugdali (1148). Ebenfalls weit verbreitet und vielfach übersetzt wurde der »Tractatus de Purgatorio S. Patricii«, die Geschichte des Ritters Owein im nordir. Pilgerheiligtum (Inkubationsstätte) Lough Derg. Von ihm hängt eine Gruppe späterer V.sberichte aus dem Fegfeuer ab, darunter die →Visiones Georgii. Ein überlieferungsgeschichtl. fast einmaliger Fall ist die unabhängig von zwei Geistlichen in Latein aufgezeichnete Fegfeuerwanderung eines holstein. Bauern, die →Visio Godescalci (1189). Drei weitere ausführl. visionäre Beschreibungen stammen aus England, die V. des Laien Ailsi, des Benediktiners →Edmund v. Eynsham (1196) und des Bauern Thurkil (1206, →Visio Thurkilli).

Eben in dieser Zeit setzt auch die Erlebnismystik ein und mit ihr die ganz oder teilweise aus V.en zusammengesetzten Offenbarungsbücher der Mystikerinnen. Mit der Integration der V. in myst. Erleben und Berichten (→Mystik) werden V.sbücher und Gnadenviten als Überlieferungsträger zahlreich, die nicht mehr nur *eine* große V. zum Inhalt haben, sondern Dossiers der verschiedenen Gnadengaben darstellen. In deutl. überwiegender Zahl sind die Offenbarungsempfänger ab dem 13. Jh. Frauen. Im Vordergrund steht jetzt nicht mehr die andere Welt, sondern die Begegnung mit dem Minne- und Passionschristus und seine Wortoffenbarungen. Die Werke →Hildegards v. Bingen allerdings erscheinen atypisch nicht von ihrem wohlkonstruierten Inhalt her, sondern auch von der unekstat. Art ihrer Inspiration. Mit →Elisabeths v. Schönau V.sbüchern beginnt der Typus der im Katholizismus bis in die Gegenwart reichenden Offenbarungsbücher myst. begabter Frauen, inhaltl. oft korrespondierend den liturg. Festen (Passionsgesch., Hl., Symbolisches). Das ästhet. faszinierendste und gedanklich anspruchsvollste Offenbarungsbuch des 13. Jh. sind wohl die »Visioenen« der fläm. Begine →Hadewijch. Stark von der liebenden Christusbegegnung geprägt erscheinen auch die Gesichte der drei Helftaer Nonnen →Mechthild v. Magdeburg, →Gertrud d. Gr. und →Mechthild v. Hackeborn im späten 13. Jh. Ähnliches gilt auch für die vielen süddt. Dominikanerinnen des 13. bis 15. Jh., deren Gnadenleben in Kl.chroniken bzw. Sammelviten überliefert ist, wobei die einzelnen V.en manchmal fast austauschbar wirken. Wesentl. detaillierter aufgezeichnet wurden die Schauungen einzelner Frauen, wie z. B. die der österr. Begine Agnes →Blannbekin († 1315), eine Mischung aus V.sberichten und biograph. Nachrichten, oder die Schauungen der kirchenpolit. engagierten Marie Robine († 1399).

Neben solchen Offenbarungsslg.en, die von den Charismatikern und Charismatikerinnen selbst aufgeschrieben oder diktiert wurden, stehen auch andere Sammelwerke, wie manche bes. an V.en und Erscheinungen interessierte Exempelkollektionen (z. B. der »Dialogus miraculorum« des →Caesarius v. Heisterbach oder »De diversis materiis praedicabilibus« von →Stephan v. Bourbon). Unter den Heiligenviten des SpätMA bestehen manche fast nur aus der Erzählung der Offenbarungserlebnisse (Viten der Alpais v. Cudot [† 1211], des Friedrich →Sunder [† 1328], der →Dorothea v. Montau u.a.).

Die bedeutendsten Vertreter des Genus im 14. Jh. sind zweifellos die »Revelationes« der →Birgitta v. Schweden; auch die Briefe sowie der »Libro« der →Katharina v. Siena enthalten visionäre Elemente. Von den zahlreichen anderen Offenbarungsbüchern des 14. Jh. seien nur noch die »Shewings« (1373) der →Julian v. Norwich erwähnt. Gemeinsame Charakteristika der meisten der V.en des 13. und 14. Jh. sind inhaltl. u.a. die Konzentration auf die Christusmystik sowie die permanente Verwendung symbol. Bilder und der Allegorese. Des öfteren sind diese Texte nun in den verschiedenen Volkssprachen abgefaßt.

Wenngleich diese Elemente vielfach ebenso die Werke des 15. Jh. prägten, tauchten damals auch andere (wieder) auf: einerseits eine verstärkte eschatolog. Komponente: Francesca Romana († 1440) etwa hatte neben zahllosen myst. V.en auch ausführl. Entraffungen in eine danteske Unterwelt, Isabetta di Luigi 1467 eine Jenseitsv., wie sie ähnl. im Früh- und HochMA typisch waren. Bei vielen Charismatikerinnen spielen Schauungen der Passionsorte im Hl. Land »in illo tempore« eine große Rolle (Margery →Kempe, Lydwy v. Schiedam, Veronika v. Binasco). Solche aus der Passionsfrömmigkeit erwachsene Offenbarungen, die die Berichte der Evangelien visionär nacherleben lassen bzw. sie ergänzen, kamen zwar schon seit Elisabeth v. Schönau vor, doch noch nicht so ausführl. (Einfluß des Passionsschauspiels und der Kunst).

Gegen Ende des Jh. treten auch einige Charismatiker auf, trotzdem bleiben Zahl und Bedeutung von Frauen als Offenbarungsempfängerinnen weit gewichtiger. →Nikolaus v. Flüe hat nur wenige seiner symbol. Schauungen der Mitwelt erzählt; die Echtheit von →Savonarolas Gesichten ist bezweifelbar; →Dionysius v. Rijkel ist mehr als Kompilator von (auch visionären) Schriften anderer bekannt geworden als durch seine eigenen ekstat. Schauungen. Wegen ihrer weiten Rezeption sei auch die erst dem späten MA angehörende gefälschte »Visio Lazari« erwähnt.

In Nachahmung der auf psychosomat. Erleben beruhenden V.en entsteht seit dem 12. Jh. eine reiche literar. Tradition didakt. Dichtungen. Zu diesen poet. Traumv.en zählen Werke religiöser Thematik, etwa →Walthers v. Chatillon »Dum contemplor animo«, →Rutebeufs »Voie de Paradis«, →Langlands »The Vision of William Concerning Piers the Plowman«. Bekannter Höhepunkt ist das Werk →Dantes. Geistl. oder weltl. Inhalte behandeln die teilweise von der »Consolatio Philosophiae« des →Boethius inspirierten Erscheinungen (→Alanus ab Insulis, →Bernart Metge, Geoffrey →Chaucer, John →Gower, →Johann v. Saaz u. v.a.). Unterscheidungsmerkmale gegenüber V.en mit Erlebnischarakter bilden u.a. äußerl. ihre Tradierung im Corpus eines poet. Werks, ihre meist gebundene Form, das Fehlen von Hinweisen in der Biographie des Dichters. An innerer Evidenz sind zu nennen: undramat. und toposhafter Beginn und Ende der Traumv., Begegnung kaum mit Gestalten des Glaubens, sondern meist mit Personifikationen, konstruierte Allegorismen, satir. und humorvolle Elemente, mangelnde Wahrheitsbeteuerungen, geringe Erschütterung des Sehers durch sein »Erlebnis«, fehlende Reaktion für seine weitere Lebensführung. Hierher gehören auch die zahlreichen spätma. Dichtungen à la »Roman de la Rose«, »Somnium viridarii« (→Songe du Vergier), »The Kingis Quair« etc., die zwar letztl. nach dem Vorbild der Jenseitsv.en gebildet sind, jedoch ganz profane Themen behandeln (Satire, Liebeskasuistik, Laudatio, polit. Ideale etc.). Eine auf Erleben beruhende Traumdichtung ist jedoch →Mussatos »Somnium in aegritudine«. Zu Byzanz →Hades, -fahrt(en).

P. Dinzelbacher

Bibliogr.: P. Dinzelbacher, Nova visionaria et eschatologica, Mediaevistik 6, 1993, 45–84 – *Lit.:* DSMA XVI, 949–1002 – EM VII, 533–546 – A. Rüegg, Die Jenseitsvorstellungen vor Dante und der übrigen lit. Voraussetzungen der »Divina Commedia«, 1945 – E. Benz, Die V., 1969 – H. J. Kamphausen, Traum und V. in der lat. Poesie der Karolingerzeit, 1975 – P. Dinzelbacher, V. und V.slit. im MA, 1981 – J. Amat, Songes et v.s. L'au-delà dans la litt. lat. méd., 1985 – P. Dinzelbacher, La litt. des révélations au MA, un document historique, RH 275, 1986, 289–305 – M. P. Ciccarese, V.i dell'aldilà in Occidente, 1987 – P. Dinzelbacher, Ma. V.slit. Eine Anthologie, 1987 – C. G. Zaleski, Otherworld Journeys: Accounts of Near-Death Experience in Medieval and Modern Times, 1987 – A. Morgan, Dante and the Medieval Other World, 1990 – P. Dinzelbacher, Revelationes, TS 57, 1991 – L. Bitel, In v.e noctis. Dreams in European Hagiography and Hist., 450–900, Hist. of Religion 31, 1991, 39–59 – S. Tanz-E. Werner, Spätma. Laienmentalitäten im Spiegel von V.en, Offenbarungen und Prophezeiungen, 1993 – C. Carozzi, Le voyage de l'âme dans la litt. lat., d'après la litt. lat., 1994 – P. Dinzelbacher, V.i e profezie (Lo spazio letterario del medioevo, II, 1994), 649–687 – P. E. Dutton, The Politics of Dreaming in the Carolingian Empire, 1994 – R. Pauler, V.en als Propagandamittel der Anhänger Gregors VII., Mediaevistik 7, 1994, 155–179 – P. Dinzelbacher, V. Lit. (Medieval Latin, ed. F. Mantello–A. Rigg, 1996), 688–693. →Erscheinung, →Mystik, →Traum.

III. Deutsche Literatur: Eine volkssprachige Tradition setzt in diesem Genus erst im 12. Jh. ein mit der frühmhd. Version der →Visio Pauli und zwei Übersetzungen der →Visio Tnugdali (»Albers Tundal«, »Mittelfrk. Tundal«, beide ca. 1190). Im SpätMA werden weitere lat. Jenseitsv.en in Dt. zugängl. gemacht, so die langen →Visiones Georgii (1353) durch Nikolaus v. Astau. Die Lazarus-Apokryphe wurde um 1400 dt. bearbeitet. Am öftesten übersetzt man im 15. Jh. wieder die »Visio Tnugdali«, von der auch mehrere Frühdrucke erschienen (»Tondalus der Ritter«). Eine religiöse lit. V. stellt der Besuch des Dichters im höf. Reich der Frau Welt dar, das in ein Flammenmeer umschlägt (»Weltlohn«, Mitte 14. Jh.).

Vielfach beteiligt ist die spätma. dt. Lit. an myst. Werken, die ganz aus V.en bestehen oder in denen solche häufig vorkommen. Mndt. bzw. mhd. schrieben →Mechthild v. Magdeburg, Friedrich →Sunder, Christine und Margareta →Ebner, →Elsbeth v. Oye, Heinrich →Seuse, Adelheid →Langmann, der Aufzeichner der Gesichte der Christina v. Hane (v. Retters, † 1292). Frühnhd. sind mit Ausnahme des Unterlindener alle anderen Dominikan. Schwesternbücher (Adelhausen, Oetenbach, →Töß, Weiler, →Katharinental u.a.), die V.en der →Magdalena Beutler u.a. Von den in Latein aufgezeichneten V.en der Mystikerinnen wurden Teile der »Revelationes« →Birgittas, die Offenbarungsbücher →Gertruds und →Mechthilds v. Helfta (gedr. 1503 bzw. 1505) übersetzt.

Dem im Dt. (verglichen mit Frankreich und England) wenig beliebten allegor. Genus gehören u.a. die »Minnelehre« des Johann v. Konstanz (um 1300) und die drei →Diguleville-Übers.en an (»Pilgerfahrt des träumenden Mönchs«). →Niklas v. Wyle übersetzte 1468 den »Traum von Frau Glück« des Aeneas Silvius Piccolomini (→Pius II.), der ins Schlaraffenland führt.

Kurze, meist fiktive V.en sind u.a. in Gesch.swerken zu finden, z.B. der »Kaiserchronik«, märchenhafte im Exempel (»Der Bräutigam im Paradies«), didaktische häufig in Hl.n- und Marienlegenden (Annolied 42; Veldeke, »Servatius« I, 1615ff., Rudolf v. Ems, »Barlaam«; Legenda aurea; Altes Passional etc.). Legendenhaft ist auch die (nicht visionäre, aber ähnl. Motive bietende) Übers. der Meerfahrt Brandans (→Navigatio S. Brendani).

P. Dinzelbacher

Lit.: Verf.-Lex.² s.v. – W. SCHMITZ, Traum und V. in der erzählenden Dichtung des dt. MA, 1934 – E. BAUER, Die Armen Seelen- und Fegefeuervorstellungen der adt. Mystik [Diss. Würzburg 1960] – W. HAUBRICHS, Offenbarung und Allegorese ... in frühen Legenden (Formen und Funktionen der Allegorie, ed. W. HAUG, 1979), 243–264 – N. F. PALMER, Visio Tnugdali, 1982 [dazu PBB (Tübingen) 107, 1985, 144–148] – A. M. HAAS, Traum und Traumv. in der Dt. Mystik, Anal. Cart. 106/1, 1983, 22–55 – K. SPECKENBACH, Jenseitsreisen in Traumv.en der dt. Lit. bis ins ausgehende 15. Jh., AK 73, 1991, 25–59. →Mystik.

IV. MITTELNIEDERLÄNDISCHE LITERATUR: Eine eingehende Untersuchung der mndl. V.sliteratur existiert noch nicht. Ausgangspunkte für eine systemat. Behandlung könnten die folgenden Stichworte liefern: die autochthone Mystik und Spiritualität (ausgehend von den 'mulieres religiosae' über →Ruusbroc und dessen Schule hin zur →Devotio Moderna), die Rezeption der allochthonen Mystik und Spiritualität, die Rezeption und Produktion eschatolog. V.en, die Legenden und Exempelkompendien, die enzyklopäd. Wissenschaft, die Ritterepik sowie die übrigen ep. Genres. Was die 'mulieres religiosae' angeht, steht das »Visioenenboek« der Begine →Hadewijch (13. Jh.) einsam an der Spitze, da es sich als eine Slg. von »allegoriae in factis« für die Gefährten des Kreises um Hadewijch präsentiert. Äußerst bemerkenswert sind auch die Christusv.en von →Lutgard v. Tongeren († 1246) und das anonyme »Twee-vormich Tractaetken« (Ende 13. Jh.), in dem eine Begine ausdrückl. vor den Gefahren des visionären Selbstbetrugs warnt. Ruusbroc († 1381) hat in »Die gheestelike brulocht« eine exakte V.slehre ausgearbeitet. Aus seinem Kreis verdient außerdem Jan v. Leeuwen († 1378) Beachtung. Für die Devotio Moderna sind Hendrik Mande († 1431) sowie einige Männer- und Nonnenviten von Bedeutung. Als herausragende Beispiele der Rezeption der allochthonen Mystik können die mndl. Übersetzungen des »Liber specialis gratiae« von →Mechthild v. Hackeborn († 1294?) und des »Sinte Franciscus leven« (zw. 1276 und 1282?, nach Bonaventura) von Jacob v. →Maerlant gelten. Für die Rezeption eschatolog. V.en verdienen v.a. »Tondalus' visioen« und »Sint Patricius' vagevuur« Beachtung, wohingegen die Höllenfahrt von Jacomijne Costers († 1503) ein gutes Beispiel für die Verfertigung derartiger V.en ist. Für die Legenden- und Exempelkompendien müssen in erster Linie »Der vader boec« und die »Gulden legende« genannt werden. Für die enzyklopäd. Wissenschaften muß der »Spiegel historiael« (ca. 1285) von Jacob v. Maerlant genannt werden, mit z. B. der berühmten V., durch die Karl d. Gr. das Jakobus-Grab in Compostela ausfindig macht. In der Ritterepik nehmen die zahlreichen V.en der »Haagse Lancelot-compilatie« (ca. 1324) einen vorrangigen Platz ein, besonders – aber nicht exklusiv – jene in der »Queeste van den Grale« und »Arturs doet«. Auch die Alexander- und Karlsepik enthält V.en. Unter den zahlreichen Vertretern anderer ep. Genres verdienen v.a. »De reis van Sente Brandane« und die »Legende van Beatrijs« bes. Erwähnung.

H. J. W. Vekeman

Lit.: W. J. A. JONCKBLOET, Roman van Lancelot (XIIIᵉ eeuw), 2 Bde, 1846–49 – Jacob van Marlant's Spiegel historiael, 4 Bde, 1861–79 [1982²] – R. VERDEYEN–J. ENDEPOLS, Tondalus' visioen en St. Patricius' vagevuur, 2 Bde, 1914–17 – C. DE VOOYS, Middelnederlandse legenden en exempelen, 1926 [1982²] – ST. AXTERS, Jan van Leeuwen, 1943 – L. REYPENS, S. Lutgarts mystieke opgang, OGE 20, 1946, 7–49 – P. MAXIMILIANUS, Sinte Franciscus leven, 2 Bde, 1954 – R. BROMBERG, Het boek der bijzondere genade van M. van Hackeborn, 1965 – J. DESCHAMPS, Middelnederlandse handschriften, 1970 (Der vader boec, nr. 56) – H. VEKEMAN, Angelus sane nuntius, OGE 54, 1976, 225–259 – N. F. PALMER, Visio Tnugdali. The German and Dutch Translations, MTU 76, 1982, 221–363 – TH. MERTENS, Hendrik Mande 1986 – W. WILLIAMS-KRAPP, Die dt. und ndl. Legendare des MA, 1986 – L. BREURE, Doodsbeleving en levenshouding, 1987 – J. ALAERTS, J. van Ruusbroec, Die geestelike brulocht (Opera Omnia 3), 1988 – H. VEKEMAN, Een cyclus van levensbeschrijvingen uit de Deventerkring (Wat duikers vent is dit! Opstellen voor W. HUMMELEN, hg. G. DIBBETS–P. WACKERS, 1989), 91–103 – W. WILMINK–W. P. GERRITSEN, De reis van S. Brandaan, 1994 – W. WILMINK–TH. MEDER, Beatrijs. Een middeleeuws Maria-mirakel, 1995 – I. DROS–F. WILLAERT, Hadewijch, Visioenen, 1996 – W. F. SCHEEPSMA, De helletocht van Jacomijne Costers, OGE 70, 1996, 157–185 – H. VEKEMAN, Eerherstel voor een mystieke amazone. Het Twee-vormich Tractaetken, 1996.

V. SKANDINAVISCHE LITERATUR: Aus dem ma. Island (→Altnord. Lit.) ist eine erstaunl. große Zahl lit. Jenseitsv.en überliefert. Die →»Visio Tnugdali« (Irland, 1149) wurde als »Duggals leizla« ins Anord. übersetzt und auch vom Autor der üblicherweise zu den →Fornaldarsögur gezählten »Eireks saga víðförla« benutzt und zum Teil wörtl. ausgeschrieben. Die frühchr. →»Visio S. Pauli« wurde schon um 1200 ins Anord. übersetzt und findet sich in zwei isländ. Hss. Die meisten V.en wurden aus dem Lat. übertragen: die →»Visio Gunthelmi« (an.: Gundelin-V.) findet sich in der Hss. der Marius saga in zwei unabhängigen Übertragungen, von der »Visio Dryctelmi« (oder Drihthelmi; engl., schon bei Beda Venerabilis), die aus →Vinzenz' v. Beauvais »Speculum historiale« übertragen wurde, ist nur ein Fragment erhalten (H. GERING, Islendzk Æventyri Nr. 101), nur die V. der →Elisabeth v. Schönau wurde offenbar aus dem Dt. übersetzt. Neben diesen Übertragungen finden sich aber auch einheim. Texte, so etwa die »Rannveigar leizla«, welche in die »Guðmundar saga Arasonar« (→Guðmundr Arason) eingebettet ist und von einer Ostisländerin im 13. Jh. erlebt wurde. Nicht nur die schon erwähnte »Eireks saga víðförla«, sondern auch die nach dem Nicodemus-Evangelium übertragene →»Niðrstigningar saga« als auch die »Barlaams saga ok Josaphats« (→Barlaam und Joasaph, VII) weisen deutl. Einfluß der V.slit. auf. Neben diesen Prosav.en sind im Anord. auch V.en in skald. Dichtung (→Skald) erhalten, so die V. der →»Sólarljóð« und der →»Leiðarvísan«. Das erst im 19. Jh. aus mündl. Überlieferungen aufgezeichnete norw. →»Draumkvæde« ist sowohl von der »Visio Gunthelmi« als auch von der »Visio Tnugdali« beeinflußt, wohl auch von der →»Visio Thurkilli« aus England (1206) und möglicherweise von der →»Visio Godescalci« aus Norddeutschland (1188).

R. Simek

Lit.: KL XIII, 154f. [T. GAD]; XIX, 53–56 [H. H. RONGE–T. GAD]; XX, 171–186 [D. STRÖMBÄCK] – K. LIESTØL, Draumkvaede, 1946 – O. WIDDING–H. BEKKER-NIELSEN, Elisabeth of Schönau's V.s in an Old Icelandic Ms. AM 764, 4ᵗᵒ (Opuscula 2, 1, 1961) [= Bibliotheca Arnamagn. 25, 1] – M. TVEITANE, En norrøn versjon av Visio Pauli, 1965.

VI. ENGLISCHE LITERATUR: V.en und V.slit. sind auch in der volkssprachl. Lit. des engl. MA verbreitet. Grundsätzl. sind auch hier zu unterscheiden Dokumente mit V.sberichten und V.sdeutungen. Letztere treten in ae. und me. Zeit v.a. in Gestalt der aus der Antike tradierten Traumlunare auf. Die eigtl. V.en – seien sie echte Berichte oder fiktionaler Natur – sind im frühen engl. MA fast ausschließl. religiös, erst im engl. SpätMA werden V.en profaner Natur häufiger.

[1] *Altenglische Literatur:* Von dem zeitl. nur schwer einzuordnenden ae. →»Dream of the Rood« abgesehen,

erscheinen die frühesten V.sberichte am Ende des 9. Jh. in Übers.en lat. Q.: →Gregor d. Gr., »Dialoge«, B. II (→Benedikt v. Nursia), B. IV (→Fegfeuer); →Beda, »Historia ecclesiastica«; Traumv. →Cædmons, die wohl dem Schema atl. Prophetenberufungen folgt, während die V.en Dryhthelms und →Fursas dem Muster der traditionellen Jenseitsv. folgen. Letztere sind von →Ælfric am Ende des 10. Jh. in zwei →Homilien verarbeitet worden und erlangen so selbständigen lit. Wert. Das gilt auch von der in einer Ebf. →Wulfstan v. York zugeschriebenen Homilie überlieferten V. Nials. Wegen ihrer Parallelen zur Behausung Grendels im →»Beowulf« von Bedeutung ist die ae. (Prosa-)Version der »Visio S. Pauli« in den →Blickling-Homilien. – Die bibl. V.sberichte des AT und NT sind sowohl in den ae. wie in den me. →Bibelübersetzungen (XII) faßbar.

[2] *Mittelenglische Literatur:* Überwiegend religiös geprägt ist auch die me. V.slit., wo V.en im reichen homilet. Schrifttum nichts Ungewöhnliches darstellen. Berichte von Einzelv.en sind aus England u. a. lat. überliefert. Tatsächl. (die me. Fassung der V. des Tundale [→»Visio Tnugdali«]; →Juliana v. Norwich; William Staunton in der Tradition der V. des St. Patrick's Purgatory [→Patrick]; Margery →Kempe) und literar. V.en religiöser (»Patience«, »Purity«, →Pearl-Dichter; →»Visio S. Pauli«; →Langlands »V. of Piers Plowman«; →Dunbar) sowie profaner Natur (→»Winner and Waster«; →»Parliament of the Three Ages«; die beiden Traumv.en Kg. Artus' im alliterierenden →Morte Arthure« und dessen Bearbeitung durch →Malory; →Chaucer: »The House of Fame«, »Parlement of Foules«, »The Legend of Good Women«; →»Mum and the Sothsegger«; →Lydgate: »Temple of Glas«; →»Assembly of Ladies«; →Skelton: »The Bowge of Court«) werden erst im engl. SpätMA greifbar. Bes. bei Chaucer ist der Einfluß des »Somnium Scipionis« (→Macrobius) nicht zu übersehen.   R. Gleißner

Lit.: M. Förster, Die ae. Traumlunare, 1925 – V. L. Seah, Marriage and the Love V. ..., 1978 – P. Dinzelbacher, V. und V.slit. im MA, 1981 [Lit.] – K.L. Lynch, The Medieval Dream-V.: A Study in Genre, Structure and Meaning, 1983 – A.J. Gurevich–A. Shukman, Oral and Written Culture of the MA: Two 'Peasant V.s' of the Late Twelfth-Early Thirteenth Centuries, 1984 – I. Taavitsainen, ME Lunaries, 1988 – D. N. DiDeVries, The Dream-V. in Fifteenth Century English Poetry, 1994.

VII. Alt- und mittelirische Literatur: Ir. V.slit. ist von einem frühen Zeitpunkt an sowohl in lat. und air. Sprache reich belegt; sie wird von zwei Typen repräsentiert: einerseits von einem einheim. (säkularen) Modell der 'Erfahrung' der Anderen Welt, das letztl. auf mytholog. Traditionen des alten Irland zurückgeht (und von einigen Kulturanthropologen bisweilen Phänomenen des →Schamanismus ['Seelenreise'] angenähert wird), andererseits von einem kirchl. Überlieferungsstrang, der am deutlichsten von den Hl.nviten vertreten wird. Parallel zum ersteren Typ entwickelte sich eine Schicht polit. inspirierter V.stexte, die mit dem Kgtm. (bes. sog. →'Hochkönigtum' v. →Tara) in Verbindung standen.

Trotz einer späteren hsl. Überlieferung der volkssprachl. (air.) V.stexte dürften diese ein höheres Alter besitzen als die lat.; ein Textzeuge einer sehr frühen Stufe ist z. B. »Aislinge Óenguso« ('Traum des Óengus'), erhalten in einer Fassung wohl des 8. Jh.: Óengus, der Sohn des Gottes Dagda (in etwa vergleichbar dem Zeus), verfällt der Liebeskrankheit durch die erot. Beziehung zu einer Frau aus der Anderen Welt (*serc écmaise*, 'Liebe zu einer Abwesenden'); diese lebt »ein Jahr lang in Vogel-, ein Jahr in Menschengestalt«. Sind auch die geschilderten Motive (Verwandlung/Metamorphose, Liebessiechtum) der antiken Lit. keineswegs unbekannt, so trägt die Gestaltung doch unverkennbar Züge der autochthonen ir. Mythologie.

Der kirchl. Überlieferungsstrang geht letztl. zurück auf Texte wie die →»Visio Pauli« (3. Jh. n. Chr.), doch dürfte selbst →Ciceros »Somnium Scipionis« (bes. über den Komm. des →Macrobius) Einfluß ausgeübt haben (verbreitete Beschreibungen von →Himmel und →Hölle in der hibernolat. exeget. Lit. des 7. Jh.). Das früheste Werk der chr. V.slit. ist des alten Irland der (verlorene) »Libellus« über Vita und Jenseitsreise des hl. →Fursa († 649/650), bekannt durch den Bericht →Bedas (Hist. eccl. III, 19: Engel und Dämonen im Kampf; Feuer der Falschheit, Begierde, Zwietracht und Ungerechtigkeit, welche die Welt zu verschlingen drohen; Schauung dahingeschiedener hl. Männer aus Irland, aber auch zum Höllenfeuer verdammter Verstorbener). Beda berichtet von einer ähnl. V. des Mönches Dryhthelm (Hist. eccl. V, 12); andere V.sberichte finden sich bei →Bonifatius (Ep. 10) und in der Vita des hl. →Guthlac v. Crowland (beide um 716). Alle diese Texte haben wohl die spätere »Vita Fursei« beeinflußt.

Einen deutlicheren polit./kirchenpolit. Akzent weisen frühe kontinentale V.sberichte auf (→Gregor d. Gr. in den »Dialogi«: Sturz Theoderichs in einen →Vulkan; →Gregor v. Tours, Libri hist. VII, I; VIII, 5); sie beeinflußten die →»Visio Baronti« (678/679). Dieser polit. Zug visionärer Lit. findet seine Entsprechung z.B. in dem air. polit. Traktat »Baile Chaind« ('Ekstase des Conn'), eine wohl zw. 675 und 695 abgefaßte Liste, in der die Namen der künftigen Kg.e v. Tara 'offenbart' werden. Eine im 9. Jh. erstellte Neufassung dieses Textes, »Baile in Scáil« ('Ekstase des Phantoms'), läßt den Gott Lug die segensreiche Regierung des Conn Céthathach und seiner Nachkommen weissagen. Beide Texte besitzen deutl. Propagandafunktion. Die Viten der ir. Hl.n, die in Irland (bzw. auf den Brit. Inseln) verblieben (etwa →Columba), enthalten manche V.stexte (Dämonen und Engel, polit. →Prophetien), denen aber die apokalypt. Dimension der visionären Texte vom Fursa- und Barontus-Typ fehlt.

Die ir. Gattung der Reiseerzählung (s. a.→Navigatio s. Brendani) vom Typ *immrama* ('Seefahrt') und *echtrae* ('Abenteuer'), deren Textzeugen zum T. auf Material des 7. Jh. zurückgehen, besitzt eine Variante in Form des »Fís Adomnán« ('V. des Adamnanus'; fälschl. →Adamnanus v. Hy zugeschrieben) aus dem 10./11. Jh. Dieser mittelir. Text, der die Himmel- und Höllenreise (mit Schilderung furchtbarer Höllenstrafen) eines ir. Klerikers beschreibt und zu großen Teilen wahrscheinl. die Übersetzung eines verlorenen Apokryphons darstellt, verschmilzt einheim. Erzählgut mit bibl. und apokryphen Elementen (Thomasakten, »Transitus Mariae«). Ein köstl. Pasticcio der gesamten Gattung ist die mittelir. Erzählung des 11.(?) Jh. »Aislinge Meic Conglinne« ('Traum des Mac C.'), in welcher der »Held« einen Dämon von unersättl. Freßlust aus dem Bauch des Kg.s v. →Munster, Cathal mac Finguine († 742), exorziert. Ausgehend vielleicht von Ep. 22 des hl. Hieronymus gegen die 'gula' verspottet der Text mit schonungsloser Offenheit die Habgier der zeitgenöss. Kirche. Eine didakt. Zielsetzung (doch ohne die genannte humorvolle Dimension) liegt anscheinend auch der →»Visio Tnugdali« (1149) zugrunde, die wohl Reformanliegen der ir. Geistlichkeit des mittleren 12. Jh. widerspiegelt. Der »Tractatus de Purgatorio S. Patricii« (→Patrick), verfaßt 1184 von dem anglonorm. Zisterzienser Heinrich v. Saltrey, schildert die Jenseitserfahrungen eines Ritters

Owein (um 1150) auf einer Insel des Lough Derg (heute Station Island, Gft. Donegal); der Waliser →Giraldus Cambrensis berichtet ähnl. Details in seiner »Topographia Hibernica« (1186). Die Höhle auf der Insel war seit dem späten 12. Jh. eine vielbesuchte Pilgerstätte.

D. Ó Cróinín

Lit.: F. SHAW, The Dream of Óengus, 1934 – F. J. BYRNE, Irish Kings and High-Kings, 1973, 54f., 91 – BRUNHÖLZL I, 143–146 – P. SIMS-WILLIAMS, Religion and Lit. in Western England, 600–800, 1990, 234–272 – M. HAREN–Y. DE PONTFARCY, The Medieval Pilgrimage to St Patrick's Purgatory, 1988 – J. M. PICARD–Y. DE PONTFARCY, The Vision of Tnugdal, 1989 – P. DUTTON, The Politics of Dreaming in the Carolingian Empire, 1994.

VIII. FRANZÖSISCHE UND ITALIENISCHE LITERATUR: V.en können als integrierender Teil von Legende und Mirakel auftreten und dort zur Legitimation der Heiligkeit des Protagonisten bzw. zur Demonstration des göttl. Gnadenzuspruchs an den sündhaften Menschen dienen. Als autonome lit. Erzählgattung lassen sich V.en in der lat. wie in den roman. Literaturen des MA, v. a. des 12. und 13. Jh., verfolgen. Drei Grundtypen sind zu unterscheiden: einmal die allegorisch-futuristischen, d.h. die Endzeitv.en, zum andern die typolog.-figuralen, d.h. die Jenseitsv.en, zum dritten – seit der 2. Hälfte des 13. Jh. – die didakt.-moral. Beschreibungen im visionären Gewand.

Zur ersten Gruppe gehören die mit »Antichrist« und »Fünfzehn Zeichen vor dem Jüngsten Gericht« betitelten Texte, die im Gefolge der bibl. Apokalypse stehen. Zur zweiten Gruppe rechnen die Jenseitsreisen, zur dritten die Beschreibungen von Paradies und Hölle, die zwar häufig auch mit »Weg« oder »Traum« betitelt sind, in denen die Reisemetapher aber keine konstitutive Rolle spielt.

Französische Literatur: An die kleine lat. Schrift »De Antichristo« von →Adso, die apokryphe Weissagungen mit der traditionellen Exegese verbindet, schließen sich sechs altfrz. gereimte »Antichrist«-Versionen an, u. a. von →Huon le Roi de Cambrai (zw. 1244 und 1248) und →Thibaut de Marly (2. Hälfte 12. Jh.), dazu eine altfrz. Prosa- und eine prov. Versfassung. »Die fünfzehn Vorzeichen des Jüngsten Gerichts«, die, ausgehend von Laktanz' christl. Umdeutung der 4. Ekloge Vergils, der heidn. Sibylle Prophezeiungen über das Erscheinen des ird. wie des endzeitl. Christus in den Mund legen, sind in acht altfrz. und in vier prov. Vers- und Prosafassungen überliefert.

In den eigentlichen, den typolog. V.en unternimmt ein ausgewählter Lebender eine Reise durch das Jenseits, wo er an den einzelnen Stationen von Hölle, Fegfeuer und Paradies den typolog. Zusammenhang zw. diesseitigem Verhalten des Menschen und jenseitiger Bestrafung bzw. Belohnung schaut oder gar am eigenen Leibe erfährt. Die Gattung »Vision« zielt innerhalb eines gläubigen Publikums auf moral. Abschreckung einerseits, auf Ermunterung zu einem Gott wohlgefälligen Leben andererseits.

Die »Paulusvision« als ältester, sich noch auf das NT (II Cor. 12, 2–4) berufender Typus der lat. Jenseitsreisen ist in acht frz. Versionen vertreten, darunter sechs in Versen, u. a. von Adam de Ros (Ende 12. Jh.), von Henri d'Arci (Mitte des 13. Jh.) und von Geoffroi de Paris (13. Jh.). In fast allen erscheint der Jenseitswanderer Paulus in der Doppelrolle des Hl.n sowie des mitleidsvollen Menschen, der gelegentl. sogar die göttl. Vorsehung in Frage stellt. – Noch ganz im Bann paganer Märchentradition steht »Brendans Meerfahrt« (→Navigatio s. Brendani), die sich, an eine lat. Vorlage anschließend, in je zwei frz. Vers- und Prosafassungen erhalten hat. Die älteste stammt von Benoit (1106). – Eine andere Akzentsetzung bietet das »Purgatorium des hl. Patricius«, insofern hier die theol. Unterweisung durch den persönl. Läuterungsweg eines sündhaften Jenseitswanderers vermittelt wird und damit Elemente der Spannung in den Handlungsablauf hineinkommen. Es sind sieben frz. Vers- und zwei frz. Prosafassungen überliefert. – Die Historizität des Protagonisten und seine fehlende Integrität bestimmen die bes. Erscheinungsweise der »Tundalusvision« (→Visio Tnugdali), für die der lat. Redaktor das Jahr 1149 als Zeitpunkt des realen Ereignisses angegeben hatte. Die darin stattfindende Begegnung zw. Jenseitswanderer und verschiedenen Zeitgenossen wird →Dante zur Grundlage der figuralen Konzeption seiner »Divina Commedia« ausbauen. Das in der »Tundalusvision« entwickelte System der sich an der Qualität der ird. Verfehlungen orientierenden Höllenstrafen wird zum Vorbild für Dantes contrapasso. Als Parodie auf die Gattung »Vision« = »Jenseitsreise« ist der originelle »Songe d'enfer« (vor 1234) des →Raoul de Houdenc zu verstehen. Eine ernstgemeinte und deshalb teilweise abstruse Replik darauf stellt die »Voie de paradis« (nach 1218/19) eines anderen Raoul dar. – Eine satir. Überbietung des Raoul de Houdenc versuchen →Huon de Méry mit seinem »Tournoiement Antecrist« (1234/35) und ein an. »Salut d'enfer« (2. Hälfte des 13. Jh.).

→Rutebeuf (um 1265) und →Baudouin de Condé (13. Jh.) wandelten das Schema der herkömml. Jenseitsreise unter Verzicht auf den typolog. Charakter um in das Medium einer moralisierenden Unterweisung. Ihre jeweilige »Voie de paradis« wird zu einem allegor. Stationenweg von christl. und höf. Tugenden.

Der Toskaner Brunetto →Latini schließlich hat in seinem auf frz. abgefaßten »Tesoretto« (zw. 1260 und 1266) den überlieferten Typus der Jenseitsreise verwandelt in eine neue Gattung, die enzyklopäd.-laizist. Wissensvermittlung mit der Form des Bildungsromans verbindet.

Italienische Literatur: Zu den it. Endzeitv.en gehören zwei Fassungen vom »Jüngsten Gericht«, nämlich »De die iudicii« (um 1300) des →Bonvesin de la Riva mit ausdrückl. moralisierender Intention und das an. »Del guidizio universale« (Ende 13. Jh.), dem ein allegor. »Streit von Seele und Körper« angegliedert ist, zudem der ebenfalls an. »Libro de la sentenzia« (ms. 15. Jh.), der außer dem »Jüngsten Gericht« eine Fassung der »Fünfzehn Vorzeichen« und eine allegor. Beschreibung des himml. Jerusalem und des infernal. Babylon enthält. – Von den beiden überlieferten »reinen« it. »Fünfzehn Zeichen«-Fassungen enthält Bonvesins de la Riva Text (um 1300) explizite Verweise auf die den bloßen Literalsinn transzendierende eschatolog. Bedeutung. – In der ven. »Antichrist«-Version fällt der polit.-zeitgenöss. Bezug in Form einer Kritik am Klerus und eines Aufrufs von Papst und it. Kg. zum Kampf (= Kreuzzug) gegen den »König Antichrist« auf.

Unter den it. Jenseitsreisen sprengt →Dantes »Divina Commedia« alle Maßstäbe und wird hier deshalb außer acht gelassen. – Der herkömml. Typus »Paulusvision« ist nur in einer mit Moralisationen durchsetzten it. Variante vertreten. – Von den vier it. Versionen der »Brendanreise« folgen die zwei toskan. eng einer lat., aus Venedig stammenden Vorlage. Die ven. volkssprachl. Version hingegen verknüpft Märchenhaft-Phantastisches mit Skeptisch-Rationalem. – Die Tendenz zur Rationalisierung läßt sich auch für die it. Version des »Purgatoriums des Hl. Patricius« konstatieren. – Wenig selbständig wirken dagegen die vier vor dem 14. Jh. angehörenden it. Fassungen der Tundalusvision, insofern sie z. B. ganz unreflektiert die Namen der ir. Kg.e aus der lat. Urfassung übernehmen. In einer der it. Versionen schlägt sich allerdings das späte Entstehungsdatum in vermehrt novellesker Ausgestaltung nieder.

Als Parodie der Gattung »Jenseitsreise« stellt sich der an. »Detto del gatto lupesco« dar. Dessen frühe Entstehungszeit (1. Hälfte des 13. Jh.) läßt erkennen, daß Jenseitsv. en in Italien schon vor den heute noch erhaltenen bekannt gewesen sein müssen. Protagonist des »Detto del gatto lupesco« ist ein Antiheld, nämlich »Jedermann«. Sein Beweggrund zur Reise ist nicht die christl. Läuterung, sondern die bloße Neugierde, also ein paganes und zugleich avantgardist. Motiv. Als kom. Reflex der Gattung repräsentiert der »Detto del gatto lupesco« zum ersten Mal den fiktionalen Umgang mit der Allegorie als Kunstform.

Allegor.-traktathaften Charakters ist das Doppelwerk des Giacomino da Verona »De Babilonia civitate infernali« (zw. 1226 und 1231) und »De Jerusaleme celesti« (um 1250 oder 1260) sowie der »Libro delle tre scritture« (1274) des Bonvesin de la Riva. U. Ebel

Ed.: GRLMA VI, 2, 1970; X, 2, 1989 – J.-M. PICARD – Y. DE PONTFARCY, Saint Patrick's Purgatory, 1985 – DERS., The Vision of Tnugdal, 1989 – Rutebeuf, Oeuvres complètes, I, 305–353 – *Lit.*: U. EBEL in: GRLMA, cit. – H. RÖCKELEIN, Otloh, Gottschalk, Tnugdal: Individuelle und kollektive V.smuster des HochMA, 1987 – L. BANFI, Studi sulla letteratura religiosa del sec. XIII al XV, 1992 – S. TANZ – E. WERNER, Spätma. Laienmentalitäten im Spiegel von V., Offenbarungen und Prophezeiungen, 1993 – A. MICHA, Les Visions de Saint-Paul en vers (Fschr. J. DUFOURNET, II, 1993), 963–969 – PH. MÉNARD, Le thème de la descente aux Enfers dans les textes et les enluminures du MA (Images de l'Antiquité dans la litt. française. Le texte et l'illustration, hg. E. BAUMGARTNER – L. HARF-LANCNER, 1993), 37–57.

IX. IBEROROMANISCHE LITERATUR: Das iberoroman. geistl. Schrifttum über Jenseitsvisionen(-reisen) ist eingebunden in die gemeineurop. ma. Überlieferung eschatolog. Werke (z. B. kast. und katal. Übers. bzw. Bearbeitungen der V. Pauli – »Revelación de Sant Pablo« –, 1494 bzw. 1495 gedr.). Die monumentale Ikonographie der hsl. Überlieferung des Apokalypsenkommentars von →Beatus v. Liébana setzt die Offb eindrucksvoll in Bilder um. Die in den Dialogi →Gregors des Gr. und in der altspan. Väterlit. (»Vitae Sanctorum Emeritensium«, Valerius v. Bierzo, »De Bonello monacho«, »De vana saeculi sapientia«) überlieferten visionären Erlebnisse haben als Predigtexempel, in der Hagiographie und Legende eine unüberschaubare Nachwirkung. Die hochma. V.en des Tundal, Drycthelm und des Ritters Owen im Fegefeuer zirkulierten auf der Iber. Halbinsel (z. B. die Sammelhs. im Escorial M-II-3 mit katal. Fassungen der V. Trictelmi, »Lo porgatori de sent Patrici«, »La visio del monestir de Clares Valles« – V. Tundali (Tnugdali) – und der Theophiluslegende). Ms. 937 der Kathedralbibl. Toledo enthält neben den V.en des Dominikaners Robert v. Uzès eine kast. Fassung der Tundalv. Die Pilgerreise zum ir. Patricius-Heiligtum beschreibt Ende des 14. Jh. der katal. Adlige Ramon de Perellós (Viatge al Purgatori), der seinem Bericht auch den »Tractatus de Purgatori Sancti Patricii« des Zisterziensers Hugo v. Saltrey beigibt (gedr. 1486). Im katal. Raum fanden im Zusammenhang mit den um die Wende zum 14. Jh. aufkommenden spiritualist. Bewegungen die Offenbarungen der Hl. →Birgitta und das Werk der Hl. →Katharina v. Siena (Dialogos e divinals colloquis, Escorial-Hs. d-IV-6) Verbreitung. Der »Libellus spiritualis doctrinae visionis et consolationum divinarum« der Seligen →Angela da Foligno liegt in 3 katal. Fassungen aus dem 15. Jh. vor. Antoni →Canals OP († 1419) entwirft in vor. »Scala de contemplació« (Buch II und III) eine Schau der himml. Herrlichkeit sowie eine Paradiesbeschreibung, während Felipe Malla im »Sermò de la Passió« (1417) mit der Erscheinung der Ecclesia einen Dialog über den Zustand der Kirche führt. Auch sein »Pecador remut« (gedr. 1495) enthält zahlreiche visionärkontemplative Passagen. Im allegor. Rahmen der Pilgerreise entfaltete der Zisterzienser Guillaume de →Deguilleville eine Jenseitsschau (kast. Übers. »El pelegrino de la vida humana«, gedr. 1490). Die Pedro Pascual zugeschriebene »Istoria de Sanct Latzer« schmückt den Evangelienbericht vom Tod des Lazarus und seiner Erweckung legendär-erbaulich aus.

Die früheste Jenseitsdarstellung der altspan. Dichtung gibt →Gonzalo de Berceo in der »Vida de Santa Oria« (nach den V.en der Hl. Auria, 2. Hälfte 12. Jh.). Span. Fassungen des Streites zw. Leib und Seele (»Revelación de un hermitaño« und »Disputa del cuerpo e del ánima«) des späten 14. Jh. gehen auf die →»Visio Philiberti« zurück. Die V. wird in der Dichtung des 15. Jh. häufig als Rahmen allegor. Darstellung verwendet (Francisco →Imperial, Santillana [→Mendoza], Juan de →Mena). Nach it. humanist. Vorbildern entwickelt sich die Apotheose (Diego de Burgos, Triunfo del Marqués). Das volkstüml. verbreitete »Testament d'en Bernat Serradell« (um 1420) wandelt die Jenseitsv. burlesk-sartir. ab. Pedro Manuel Ximénez de Urrea schaut in »Sepoltura de amor« sein eigenes Begräbnis nach dem Liebestod. Auch die antike Traum- und V.sliteratur findet Verbreitung (Ciceros »Somnium Scipionis«, kast. Übers. von Senecas Apocolocynthosis). In »Lo somni« schildert Bernat →Metge die Erscheinung des verstorbenen Kg.s Johann I. in Begleitung von Orpheus und Tiresias, die mit ihm über die Unsterblichkeit der Seele disputieren. Die Dante-Rezeption in Kastilien und Katalonien prägt im 15. Jh. die lit. Entwicklung der Jenseitsreise und Jenseitsschau (katal. Versübers. von Andreu Febrer, 1429, Kommentare u.a. von Joan Pasqual, Bernat Nicolau Blanquer und Jaume Ferrer de Blanes; →Enrique de Villena fertigte eine kast. Prosaversion für den Marqués de Santillana, der in seiner Bibliothek außer dem Original auch eine kast. Übers. des Kommentars von Benvenuto da Imola zum Purgatorio und Inferno besaß. Juan de Andújar ahmt in der »Visión de amor« Dantes Inferno (IV–V) nach. In der »Visión deleytable« (um 1440) stellt Alfonso de la →Torre das System der Sieben freien Künste im Rahmen einer Traumv. als Aufstieg zum Sitz der Wahrheit dar.

In der ma. span. Historiographie spielen V.en (z. B. die wunderbare Erscheinung des Apostels Jakobus bei der angebl. Schlacht von Clavijo 822, der auf einem weißen Pferd vom Himmel herabstieg, um das christl. Heer zum Sieg über die Mauren anzuführen) eine wichtige Rolle zur Legitimation der geschichtl. Sendung der Reconquista und zur polit. Identität der christl. Herrschaftsgebiete.

D. Briesemeister

Bibliogr.: R. MIQUEL I PLANAS, Llegendes de l'altra vida, 1984 – R. DE PERELLÓS, Viatge al Purgatori, ed. J. TIÑENA, 1988 – Diesseits- und Jenseitsreisen im MA, hg. W.-D. LANGE, 1992 – *Lit.*: GRLMA 6, 2, 231–257 – H. FROS, Visionum medii aevi latini repertorium (The Use and Abuse of Eschatology in the MA, ed. W. VERBEKE u.a., TS 57, 1988), 481–498 – CH. R. POST, Mediaeval Spanish Allegory, 1915 [Nachdr. 1971] – M. R. LIDA DE MALKIEL, La visión del trasmundo en las literaturas hispánicas (H. R. PATCH, El otro mundo en la literatura medieval, 1956), 371–470 – P. J. BOEHNE, Dream and Phantasy in 14th and 15th Cent. Catalan proses, 1975 – D. BRIESEMEISTER, Jenseitsv.en und Jenseitsreisen in der kast. und katal. Lit. des SpätMA, Quadems de Filologia 1984, 2, 47–51 – J. AMAT, Songes et visions. L'au-delà dans la litt. lat. méd., 1985 – M. C. DÍAZ Y DÍAZ, V.es del Más Allá en Galicia durante la Alta Edad Media, 1985 – M. C. ALMEIDA LUCAS, A literatura visionária na Idade Média port., 1986 – J. K. WALSH, The Other World in Berceo's Vida de Sta. Oria (Hispanic Studies in Honor of A. D.

Deyermond, 1986), 291–307 – M. P. Ciccarese, V.i dell'aldilà in Occidente, 1987 – A. Morgan, Dante and the Medieval Other World, 1990 – P. Dinzelbacher, Revelationes, 1, 1991 – J. A. Guiance, Sobre el espacio y el tiempo de trasmundo en la lit. cast. medieval (Temas medievales, ed. N. Guglielmi, 1992) – J. Rubio Tovar, Literatura de v. en la Edad Media románica, Ét. de Lettres, 3, 1992, 53–73 – S. Tanz – E. Werner, Spätma. Laienmentalitäten im Spiegel von V.en, Offenbarungen und Prophezeiungen, 1993 – G. Tardiola, I viaggiatori del Paradiso, 1993 – C. Carozzi, Le voyage de l'âme dans l'Au-delà d'après la litt. lat., 1994.

B. Ikonographie

Die Beziehung zw. visionärem Erleben und religiöser Kunst war wechselseitig: einerseits ließen sich immer wieder Erlebnismystiker von Kunstwerken anregen (z. B. →Flora v. Beaulieu), anderseits ließen sie selbst aufgrund ihrer Schauungen religiöse Darstellungen malen oder skulptieren: →Hildegard v. Bingen und Heinrich →Seuse entwarfen die einen integrierenden Bestandteil ihrer Werke bildenden Illuminationen, →Katharina v. Bologna und Antonio v. Stroncone waren selbst künstler. tätig. Bisweilen gingen V.en in die spätma. Ikonographie generell ein (so folgen Weihnachts- und Passionsdarstellungen im 15. Jh. den Schauungen →Birgittas v. Schweden).

Für die Illustrierung visionärer Texte bot das Bildschema der die Johannes-Apokalypse begleitenden Buchmalereien das wichtigste Vorbild: Der Inhalt des Geschauten wird neben oder über dem am Bildrand stehenden Seher dargestellt, bisweilen durch ein Wolkenband, einen Lichtkreis u. ä. hervorgehoben. Doch führten die mannigfachen Themen der V. immer wieder zu ikonograph. Neuschöpfungen. Der Unterschied zu Traumdarstellungen besteht darin, daß bei den letzteren der Träumer meist liegend und mit geschlossenen Augen gegeben ist, bei V.en meist mit geöffneten. Doch wurde die V.sliteratur eher selten illuminiert (→Visio Baronti; frz. Übersetzung der →Visio Pauli; Marmion's Tundal; →Visiones Georgii), wesentl. öfter visionäre Einzelszenen in Hl.nviten. Noch seltener finden sich die Schauungen hist. Visionäre in der Monumentalmalerei (z. B. der Francesca Romana-Zyklus, Tor de'Specchi, Rom). Die bekanntesten Künstler, die eigene Traumvisionen illustrierten, waren Dürer und Leonardo.

Separaten Traditionen gehören die zahlreichen illuminierten →Dante-Hss. an; in die allg. religiöse Ikonographie (bes. der Tugenden und Laster) wurden teilweise die innovativen Bilder zu den Traumtexten →Digullevilles aufgenommen. P. Dinzelbacher

Lit.: LCI IV, 461–463 – C. Frugoni, Le mistiche, le visioni e l'iconografia, rapporti ed influssi (Temi e problemi nella mistica femminile trecentesca: Convegni del Centro di studi sulla spiritualità medievale 20, 1983), 137–179 – J. Hamburger, The Visual and the Visionary. The Image in Late Medieval Monastic Devotions, Viator 20, 1989, 162–182 – C. Harbison, V.s and Meditations in Early Flemish Painting, Simiolus 15, 1985, 87–118 – D. Despres, Ghostly Sights. Visual Meditation in Late-Med. Lit., 1989 – Träume im MA. Ikonolog. Studien, hg. A. Paravicini Bagliani – G. Stabile, 1989 – S. Ringbom, Les images de dévotion, 1995 – K. Suzuki, Zum Strukturproblem in den V.sdarstellungen der Rupertsberger »Scivias«-Hss., Sacris erudiri 35, 1995, 221–291 – P. Dinzelbacher, Religiöses Erleben vor bildender Kunst in autobiograph. und biograph. Zeugnissen des Hoch- und SpätMA (Gesellschaftl., körperl. und visuelle Dimensionen ma. Frömmigkeit, hg. K. Schreiner) [im Dr.].

Vision de St. Paul → Visio Pauli

Visiones Georgii, Aufzeichnungen über den (für 1353 urkundl. nachgewiesenen) Besuch des Ritters Georg Grissaphan v. Ungarn im ir. Purgatorium Patricii aus der Feder eines prov. Augustiner-Eremiten. In dieser Fegfeuerhöhle trifft G. auf Verwandte und Bekannte, schaut die Arten der Qualen der Armen Seelen und das Paradies. Teufelserscheinungen wollen ihn zu Blasphemien verleiten, doch G. antwortet mit einem ausführl. Glaubensbekenntnis, wofür er von den bösen Geistern dem Feuer überantwortet, aber durch die Anrufung des Namens Jesu errettet wird. Eine breite Darlegung der Sinnhaftigkeit der Seelenmessen beschließt den Traktat, der sich bes. gegen die Lehren von Juden und Ketzern richtet. Diese Jenseitsvision ist in weit höherem Maß zum Vehikel theol., bes. christolog. Unterweisung gemacht, als irgendein anderer Text dieses Genres. Verbreitet waren die V. G. bes. in Österreich, Bayern und Böhmen, wo sie im 14./15. Jh. fünfmal ins Dt. übertragen wurden. P. Dinzelbacher

Ed.: V. G., hg. L. L. Hammerich (Det Kgl. Danske Videnskabernes Selskab, Hist.-filog. Medd. 18/2, 1930) – E. Herdawesky, Die Visionen des Ritters Georg v. Ungarn von Nikolaus v. Astau nach der Hs. 2875 der Wiener Nationalbibl. [Diss. Wien 1948] – Lit.: M. Voigt, Beiträge zur Gesch. der Visionenlit. im MA, 1924 – L. L. Hammerich, Studies to V. G., CM 1, 1938, 95–118; 2, 1939, 190–220 – B. Müller, Die illustrierten V. G.-Hss. (Poesis et pictura [Fschr. D. Wuttke, ed. St. Füssel – J. Knape, 1989]), 49–75 – P. Dinzelbacher, Das Fegefeuer in der schriftl. und bildl. Katechese des MA, StM [im Dr.].

Visitatio liminum. Unter V. l. sanctorum apostolorum Petri et Pauli versteht man den seit 1234 obligator. Besuch der Gräber beider Apostelfs.en in Rom durch die Ordinarien der Kirche zwecks Verehrung der Hl.n, Oboedienzbezeigung und Berichterstattung (relatio status) gegenüber dem Papst. 'Limen' steht seit Hieronymus, Ep. 24, 2 Ad Marcellum, für die Kirche eines Märtyrers bzw. Apostels. Die V. l. entstand aus der Teilnahmepflicht der röm. Suffragane an den Provinzialsynoden, wurde unter Leo I. auf Sizilien ausgedehnt und durch Gregor I. auf fünf Jahre festgelegt (Liber diurnus 42). 743 wurden unter Zacharias die vom Papst geweihten Bf.e Italiens einbezogen (D 93 c 4). In der Zeit der Kirchenreform des 11. Jh. dehnten Alexander II. und Paschalis II. die V. l. auf alle mit dem Pallium ausgestatteten Metropoliten aus, schließlich wurden seit dem frühen 13. Jh. alle vom Papst oder in seinem Auftrag geweihten Bf.e und exemten Äbte zur V. l. verpflichtet. Die Dekretalen Gregors IX. (X 2. 24. 4) legten das eidl. Versprechen einer jährl. V. l. aller Ebf.e bei der Palliumsübergabe fest. Nach 1417 fielen gemäß der päpstl. Konfirmation alle kath. Bf.e unter die Visitationspflicht (seit Sixtus V. [1585] je nach Entfernung von Rom auf alle drei bis zehn Jahre festgelegt). Dispens von der Reise nach Rom wurde anfangs bereitwillig erteilt, bis Alexander IV. sie ohne Erfolg zu erschweren versuchte: Stellvertretung der V. l. durch Prokuratoren ist im 15. Jh. sehr häufig zu beobachten (ASV Diversa Cameralia). L. Schmugge

Lit.: LThK² X, 649f. – J. B. Sägmüller, Die V. l. ss. apostolorum bis Bonifaz VIII., TQ 82, 1900, 69–117 – F. M. Capello, De v. ss. liminum, 2 Bde, 1912–13 – J. Pater, Die bfl. v. ss. Apostolorum, 1914 – L. Bauer, Die Ad-limina-Berichte der Bf.e v. Bamberg, 1994.

Visitation (Kirchenv., visitatio canonica, visitatio pastoralis), oberhirtl. Besuch, welchen der →Bischof in seinem Sprengel vornimmt, um durch eigene Umschau an Ort und Stelle die kirchl. Zustände eingehend kennenzulernen, ist Recht und Pflicht des Bf.s, der diese selbst oder durch Vertreter erfüllen kann. Aufgabe der V. ist es nicht unbedingt, zu bestrafen, zu korrigieren, sondern zu überwachen und das Band zw. der Autorität und den Untergebenen zu festigen. Die Aufgabe hat sich dabei im Laufe der Jahrhunderte geändert. Am Anfang des MA visitierte der Bf. jedes Jahr die Kirchen seiner Diöz., inspizierte die Bauten, examinierte die Kleriker, belehrte das Volk und kontrollierte die Kl. Vom 8. bis zum 12. Jh. war das Ziel der V. nicht nur die Sicherung des Zustandes der Gebäude, deren Erbauung und Restaurierung, wie es die älteren Konzilien vorgeschrieben hatten, sondern auch die Verbesserung der Sitten, verbunden mit der Aufdeckung von Verbrechen und der Bestrafung der Schuldigen. In dieser Zeit nahmen die V.en auch den Charakter von gerichtl. Versammlungen an bzw. fanden im Rahmen der Synode (des →Sends) statt. Diese Versammlung wurde so wesentl., daß man dann von der synodalen V. sprach. Ab dem 12. Jh. änderten sich die Zustände. Das V.srecht des Bf.s wurde ausgehöhlt.

Die V. nahm, wenn wir von den bibl. Ursprüngen absehen (1 Tim; 2 Tim), ihren Anfang in der östl. Kirche. Im 4. Jh., nach Verdrängung der →Chorbischöfe, visitierten die Bf.e durch Periodeuten die Landgemeinden (Synode v. Laodikeia um 380, c. 57). Die Gesetzgebung setzte erst etwas später ein. Im Westen war die V. der →Pfarreien seit dem 5. Jh. bekannt (Synode v. Tarragona 516, c. 8). Als Q.n kommen neben dem NT v. a. die Kirchenväter in Frage. Sie praktizierten die V.: →Athanasios (»Gegen die Häretiker«; er war einer der ersten, der seine Diöz. visitierte), →Gregor v. Nyssa (er spricht von der Sorge des Hirten, seine Herde zu bewachen), →Johannes Chrysostomos, aber auch westl. Kirchenväter, z. B. →Hieronymus, der die Gewohnheit der Bf.e herausstreicht, die Dörfer und Orte zu visitieren. Auch über die V.sreisen →Martins v. Tours sind wir informiert (→Sulpicius Severus). Das Recht des MA, v. a. der ersten westl. Konzilien, kodifizierte die Praxis der Kirchenväter, so das Konzil v. Tarragona 516. Dessen c. 8 schreibt vor, daß die Bf.e jedes Jahr die Kirchen der Diöz. gemäß altem Brauch visitieren müssen, um ihren Zustand festzustellen und um die notwendigen Verbesserungen durchzuführen. Ein Konzil v. Braga (572) forderte den Bf. auf, sich der Aufgaben der Kleriker anzunehmen: →Exorzismus der Katechumenen 20 Tage vor ihrer Taufe, Glaubensinstruktion der Katechumenen, Abhalten der Gläubigen von Idolatrie und Sünden. Damals wurden auch schon die Kosten der V. geregelt (z. B. c. 7 des Konzils v. Toledo 646). Die Kl. unterstanden in dieser Zeit noch der V. des Bf.s.

Vom 8. bis zum 12. Jh. sind die Q.n, die uns über die V. informieren, die →Konzilien und die →Kapitularien. Das wichtigste Kapitular ist jenes von Toulouse unter Karl d. Kahlen (844). Drei von neun Kanones widmet es der V.; v. a. die Kosten der V. werden beschränkt. Später waren es dann die Sendgerichte, die die Funktionen der V. mit übernahmen (vom Rheinland ausgehend). Die weltl. Hand unterstützte in dieser Periode die V., z. B. in der Form, daß →missi des Kg.s daran teilnahmen. Chorbischöfe und →Metropoliten (auch als kgl. missi) unterstützten den Bf. Im 10. Jh. wurde die V. des →Klerus und der Laien zeitl. und örtl. getrennt. In dieser Zeit entwickelte sich auch ein immer weitergehendes Recht des Metropoliten, in Ausnahmefällen zu visitieren, z. B. wenn der Bf. abwesend oder nicht fähig war. Das →Decretum Gratiani faßte die bisherige Praxis und das Recht zusammen: Gratian zitiert Konzilien und Kirchenväter. Der Bf. selbst visitiert die Diöz. Die V. hat jedes Jahr stattzufinden. Sie wendet sich in erster Linie an Kleriker und Laien, um sich über deren Stand und Leben zu informieren. Sie betrifft aber auch die Gebäude, in erster Linie die Kirchen (C. 10 q. 1 c. 9, 12). Auch die Begleitung des Bf.s wird geregelt. Der Bf. soll nicht länger als einen Tag in jeder Pfarrei bleiben (C. 10 q. 3 c. 8). In der folgenden Periode zogen die Metropolit (Im IV. Konzil v. Konstantinopel war sein V.srecht schon verankert worden. Innozenz IV. verpflichtete 1246 den Metropoliten, zuerst seine Diöz. zu visitieren.) bzw. der →Archidiakon das V.srecht an sich. Der Archidiakon wurde zunächst als Vertreter des Bf.s tätig, dann ging das V.srecht überhaupt auf ihn (den Archidiakon jüngerer Ordnung) über. Die Archidiakone visitierten seit dem 11. Jh. kraft eigenen Rechts. Hier bestand der enge Zusammenhang zw. V. und Send. Archidiakone scheinen den Aufwand bei V.en übertrieben zu haben. So hat das III. →Laterankonzil (1179 c. 4) eingegriffen. In dieser Periode entwickelte sich aber auch die →Exemtion. Die exemte Abtei unterstand nicht mehr dem Bf. und anerkannte auch nicht sein V.srecht. Verursachend waren seit dem 11. Jh. →Cluny und seit dem 13. Jh. die Bettelorden. Kirchen, Kollegien, Kl., Kapellen, Hospitäler und selbst die Kathedralkapitel waren von der V. des Bf.s ausgenommen. Diese Privilegien wurden zunächst durch die Päpste verliehen, später auch usurpiert. So wurden im 13. Jh. V.en durch die Bf.e von Kl., auch von nicht exemten, abgelehnt. Mit der einsetzenden Reform kam es zur Gegenbewegung. Erwähnt sei das V. Laterankonzil (1515-16); es gestattete der V. des Bf.s in Pfarreien, die durch Religiosen und andere Mönche administriert wurden. Die Bf.e visitierten nun diese Pfarrkirchen, soweit es sich um die Ausübung des geistl. Amtes und die Verwaltung der Sakramente handelte, und inspizierten auch die Konvente der Frauenorden, die dem Hl. Stuhl unterstellt waren, einmal im Jahr. 1246 hatte Innozenz IV. (»Romana ecclesia« [VI 3. 20.1]) eine aufschlußreiche Rechtsgrundlage für den Ablauf der V. geschaffen. Als Besonderheit ist noch der Prokuration zu nennen, eine Abgabe anläßl. der V., die in bestimmten Teilen an den Hl. Stuhl abgeliefert wurde. Exzesse versuchte z. B. das II. Konzil v. Braga 572 einzuschränken.

Visitationsakten(-protokolle) sind in großer Zahl erhalten. Bald entwickelten sich auch Kataloge der Fragestellungen, die auf V.en zu überprüfen waren. Am Anfang stehen (nach Vorläufern) die »Libri de synodalibus causis« des →Regino v. Prüm (ungefähr 906). Der dort beinhaltete Fragenkatalog betrifft die Güter, die den Klerikern übertragen sind, die Kirche, Amt und Leben der Priester, Fehler, Sünden, Verbrechen und Delikte des göttl. und menschl. Rechts bei den Laien (Mord, Ehebruch, Tötung von Kindern, Raub, Sakrileg usw.). Aus dem England des 13. Jh. sind die V.sartikel zu nennen. Die V.sakten (protokollar. Niederschriften des Hergangs und des Ergebnisses von V.en) sind heute eine wichtige Geschichtsq., auch über das tägl. Leben. In ihnen spiegeln sich die kirchl. Reformbestrebungen wider. Das gilt für die V.en des frühen und hohen MA und für die Kl.v.en des 14. bis 15. Jh. Die Akten der V.en der Archidiakone spielen eine Rolle für die Wirtschaftsgeschichte. Seit dem 15. Jh. gab es dann auch landesherrl. V.en; sie weisen auf den kirchenpolit. Standpunkt hin. So stellt sich das über die V.en Erhaltene als wichtige Geschichtsq. dar. Ziel und Aufgabe der V.en haben sich im Laufe der Jahrhunderte gewandelt. Das V.srecht war auch ein wichtiger Machtfaktor, deswegen wurde es den Bf.en immer wieder aus der Hand genommen.

R. Puza

Lit.: DDC VII, 1512-1536 – LThK² X, 813f. – WETZER und WELTE's Kirchenlex. XII, 1901, 1013-1015 – TH. REILLY, V. of Religious, 1938 – A. L. SLAFKOSKY, The Canonical Episcopal V. of the Diocese, 1941 – FEINE, passim – PLÖCHL I, 173f., 335f., 357f.; II, 134ff., 173f. – G. HUYGHE, La visite canonique et le rôle du directeur diocésain dans les communautés religieuses: L'Année Canonique 6, 1958, 133-148 – F. PAULY, Die V.sordnung der Stiftspfarrei Münstermaifeld um 1330, TThZ 69, 1960, 168-173 – W. HELLINGER, Die Pfarr-V. nach Regino v. Prüm, ZRGKanAbt 48, 1962, 1-116 – N. COULET, Les visites pastorales, 2 T.e, 1977-85 – *Visitationsakten(-protokolle)*: LThK² X, 814f. – G. MÜLLER, V. als Geschichtsq., Dt. Geschichtsbll. 8, 1907, 287-316 – J.

LÖHR, Method.-krit. Beitr. zur Gesch. der Sittlichkeit des Klerus… am Ausgang des MA (Reformationsgeschichtl. Studien und Texte 17, 1910).

Vita. Die ma. V. ('Lebensbeschreibung') hat ihre Wurzeln teils in der pagan-antiken V. ('Bios'), v. a. aber in der Bf.s- und Mönchsv. der chr. Spätantike (→Biographie, →Hagiographie). Sie unterscheidet sich von der 'Passio', die nur das Lebensende eines Märtyrers ins Auge faßt, und von der Gattung →'Gesta', die die Taten des V.-Trägers in den Mittelpunkt stellt. Bezügl. der autobiogr. V. →Autobiographie.

[1] In der mittellat. Lit. überwiegt zahlenmäßig die *hagiographische Vita*, d.h. die Lebensbeschreibung eines Hl.n oder (seit 1000) eines zur Kanonisierung empfohlenen heiligmäßigen Menschen; bis zur karol. Epoche herrscht sie ausschließlich. Sie steht in der patrist. Tradition sowohl hinsichtl. des gewählten Personenkreises (Bf.e, Mönche, Asketen beiderlei Geschlechts) als auch hinsichtl. der theol. Intention, die auf Glaubensversicherung zielt: das heroische Hl.nleben und die mit ihm verknüpften Wunder sind Nachweise der göttl. Präsenz in der Zeit zw. Himmelfahrt und Wiederkunft Christi. Neu hinzu kommt (wohl unter dem Einfluß germ. Denkens) ein lokal-personaler Bezug: die V. eines Gründers einer geistl. Gemeinschaft oder eines Bm.s, bzw. die V. eines Hl.n, dessen Reliquien am Ort ruhen, wird am Jahrestag des Todes verlesen und fungiert quasi als 'Schutzbrief' der betreffenden Gemeinschaft, weil sie den Hl.n zur fortwährenden Interzession bei Gott verpflichtet. Einer ähnl. Zielsetzung kann auch die V. eines Sippenhl.n (→Adelsheiliger) oder eines 'National'hl.n (→Martin v. Tours) dienen.

Bei der (kirchen-)polit. herausragenden Stellung von Bf.en und Äbten seit der Karolingerzeit konnte es nicht ausbleiben, daß die hagiograph. Bf.s- und Abts-V. ab dem 9. Jh. auch zum Forum wurde für (kirchen-)polit. Auseinandersetzungen und Programme (vgl. z.B. die V.en →Ansgars, →Bruns v. Köln, der Äbte v. Cluny →Odo, →Maiolus, →Odilo und →Hugo [21. H.]). In verschärfter Form gilt dies für die polem. V.en in der Zeit des Investiturstreits (vgl. etwa die V.en →Gregors VII., →Annos II. v. Köln, →Gebhards III. v. Konstanz, →Gebhards v. Salzburg, Abt →Eginos v. St. Ulrich und Afra).

Im 12. Jh. endet die große Zeit der 'polit.' Bf.s- und Abts-V.en. An ihre Stelle treten die V.en spiritueller Erneuerer, wie z.B. die V. eines →Anselm v. Canterbury, →Bernhard v. Clairvaux, →Norbert v. Xanten, →Franziskus v. Assisi, →Dominikus, doch geht im Spät-MA die Produktion neuer Hl.nv.en insgesamt stark zurück (vgl. den Bestand der →'Legenda aurea') – mit einer Ausnahme: von der Mitte des 12. Jh. an bis zum 15. Jh. häufen sich die V.en hl. Witwen, Nonnen, Seherinnen, Mystikerinnen, wie die der Paulina v. Paulinzella, →Hildegard v. Bingen, →Elisabeth v. Schönau, Mechthild v. Dießen, →Maria v. Oignies, →Elisabeth v. Thüringen, Jutta v. Sangerhausen, →Christine v. Stommeln, →Birgitta v. Schweden, →Katharina v. Siena. (Nach einer Blüte weibl. Hagiographie in der Merowingerzeit war zw. 750 und 1150 nur wenigen zeitgenöss. Frauen die Ehre einer V. zuteil geworden: Kgn. →Mathilde und →Ludmila, Ksn. →Adelheid und →Kunigunde, der hochadligen Asketin →Ida v. Herzfeld. Wiborada v. St. Gallen verdankte ihre V. dem Märtyrertod, Herluka v. Bernried ihrem Einsatz für die gregorian. Reform).

Weniger stark besetzt, jedoch wirkungsmächtig waren zwei Untergruppen der hagiograph. V.: die V. eines hl. Laien (Gangulf, →Geraldus v. Aurillac, Ranieri v. Pisa u.a.) und die V. (vita et passio) 'moderner' Märtyrer (→Bonifatius, Pelagius v. Cordoba, →Wenzel v. Böhmen, →Adalbert Vojtěch, →Brun v. Querfurt, →Thomas Becket, →Engelbert v. Köln [1. E.], →Petrus Martyr, Nepomuk [→Johannes v. Pomuk]).

[2] Bei der *nichthagiographischen Vita* ist zu unterscheiden zw. der V. von Laien und der V. von Personen geistl. Standes. Thema des erstgen. Typs sind lange Zeit nur Fs.en (z. B. →Karl d. Gr., →Ludwig d. Fr., →Robert II. v. Frankreich, →Mathilde v. Tuszien, →Heinrich IV., →Karl d. Gute, →Ludwig VII. v. Frankreich), bis die humanist. Neubewertung geistig-schöpfer. Leistung auch das Leben von Dichtern und Denkern beschreibenswert machte (z.B. →Dante, →Petrarca, →Boccaccio, →Pico della Mirandola. Dem vorausgegangen war ein neu erwachtes Interesse an den Lebensbeschreibungen antiker Philosophen (→Johannes Gallensis, →Walter Burleigh).

Die V.en nichtkanonisierter Bf.e und Äbte sind den hagiograph. V.en in zweifacher Hinsicht ähnl.: in ihrer Tendenz zu hagiograph. Typisierung und in ihrer Verwurzelung in der 'Haustradition' (vgl. etwa die V.en der Äbte v. Fulda, Corbie, Corvey, Fleury oder Bec). Dennoch reduzierte der Umstand, daß es sich um keine anerkannten Hl.n handelte, den Zwang zur Stilisierung und schuf Freiräume für wirklichkeitsnähere, auch negative Züge nicht scheuende V.en wie etwa die des →Meinwerk v. Paderborn, →Benno v. Osnabrück, →Albero v. Trier, →Adalbert II. v. Mainz.

Nicht selten werden V.en desselben Typs (Mönchs-, Bf.s-, Papst-, Frauen-V.en u. ä.) zu Reihen geordnet. Bereits →Gregor v. Tours hatte Väter-, Märtyrer- und Bekennerv.en zusammengestellt, →Aldhelm die der Bf.e v. York. Am Muster der Papstbiographien (→'Liber pontificalis') richten sich Bf.sbiographien aus wie die im 'Pontificale' Bf.→Gundekars II. v. Eichstätt versammelten. In säkularer, antiker Tradition verpflichteter Form präsentieren sich hingegen die V.enslg.en des Humanismus: Petrarcas 'De viris illustribus' und Boccaccios 'De claris mulieribus'.

[3] *Form:* Die gewöhnl. Form der V. ist die Prosa; zumeist wird gehobene Kunstprosa angestrebt (so schon bei Gregor v. Tours). Hieraus erklären sich die zahllosen stilist. Umarbeitungen älterer V.en. Dem Bestreben nach repräsentativer Feierlichkeit entspricht auch das Umgießen von Prosa- in Versfassungen (vgl. die V.en des Martin v. Tours, →Cuthbert, →Germanus v. Paris, →Amandus, →Gallus, Gangulf, Anno) bzw. die parallele Herstellung einer Prosa- und Versfassung (s. die V.en des Anselm v. Lucca und die →Willibrord-V.en Thiofrids v. Echternach). Dies gilt freil. vorzugsweise für die hagiograph. V.; die weltl. V. steht auch bezügl. der Form näher bei der →Historiographie. Zu den volkssprachl. Lit.en →Biographie, →Hagiographie, →Vidas und razos; zur Kunstgesch. →Vitenillustration. B. K. Vollmann

Lit.: W. BERSCHIN, Biographie und Epochenstil, bisher 3 Bde, 1986–91 [einzige übergreifende Darstellung; Q. und Forsch.slit.] – C. PETERSOHN, Die V. des Aufsteigers. Sichtweisen gesellschaftl. Erfolgs in der Biografik des Quattrocento, HZ 250, 1990, 1–32 – ST. HAARLÄNDER, V.ae episcoporum, 1997.

Vita activa/vita contemplativa. Der antike Begriff der Philos. (vgl. Platon, Phaedrus 243E–257B; Staat, 7. Buch), insbes. die Unterscheidung zw. dem βίος θεωρητικός und dem βίος πρακτικός (Aristoteles, Nikomach. Ethik I 3. 6. 13; VI, 1–3; X, 7–9) und die daran anschließenden spätantiken Traditionen bilden den Hintergrund des ma. Verständnisses von v. activa und v. contemplativa. Das bibl. weder der Sache noch dem Begriff nach begründete Modell wird bereits bei Clemens v. Alexandria (vgl. Stromateis II 10.46, VII 16. 102) chr. adaptiert und in der Bibelauslegung des →Origenes in einer die Wirkungsgesch. bestimmenden Form auf Lk 10, 38–42 bezogen (In Lucam homiliae, fragm. 72, ed. SIEBEN, 1996, II, 458f.). Die Christus bewirtende Martha und die zu seinen Füßen sitzende Maria werden in dieser Deutung zu allegor. Figuren der v. activa und der v. contemplativa. Die beiden Begriffe werden so einer bibl. →Typologie und einer theol. Anthropologie subsumiert, die in ähnl. Weise Rachel und Lea (Schönheit/Fruchtbarkeit) und Johannes und Petrus (Kontemplation/Aktion) einander gegenüberstellt. In dieser chr. Deutung tritt das antike Ideal philos.-kontemplativer Autarkie in den Hintergrund zugunsten einer eschatolog. Spannung zw. Alltagspraxis und Beschauung (Gottesschau, Gottesgemeinschaft), wie sie in der allegor. Deutung der Lukasperikope zum Ausdruck kommt. Zunächst bedeutet dies (etwa bei Origenes und Evagrios Pontikos) die Privilegierung der contemplatio im Sinne des asket. Mönchsspiritualität und damit eines kontemplativen Einheitsideals. Radikalen, asket.-gnost. Interpretationen dieser Lehre (bei den Messalianern, bei Ps-Makarios und bei Cassian), die im Anschluß an Evagrios Pontikos zw. Praktikern und Theoretikern, zw. Arbeitenden und Betenden als soziale Gruppen unterscheiden und nur die pneumat. Theoretiker als der Vollkommenheit fähig erachten, steht schließlich die für das MA wichtigste Neudeutung des Modells bei Augustinus und Gregor d. Gr. (vgl. Orationes 4, 113, MPG 35, 649B) gegenüber. Augustinus bestreitet nicht den Vorrang des kontemplativen Lebens, insofern dieses den Vorgriff des ird. Lebens auf die visio beatifica ausdrückt; er begreift indes die Spannung zw. v. activa und v. contemplativa als eine dialekt. Einheit, die christolog. begründet ist. Aktion und Kontemplation sind demnach dem Menschen im ird. Leben notwendige Aspekte einer Existenz, die sich analog der ekklesiolog. Verschränkung von Immanenz und Transzendenz, von Diesseits und Jenseits entfalten. Die allegor. gedeuteten bibl. Figuren Lea, Martha, Petrus sind darin als Bilder des Diesseits und der v. activa, die Figuren Rachel, Maria, Johannes als Präfigurationen des Jenseits und der v. contemplativa verstanden. In ihrer Verschränkung bestimmen v. activa und v. contemplativa in analoger Weise das Leben des Individuums wie dasjenige der Kirche. Leben in via bedeutet gleichzeitig contemplatio inchoata und ministerium (Augustinus, Serm. 103 und 104, MPL 38, 613–617). Damit ist die vita actualis immer als vita mixta verstanden (Augustinus, De civitate Dei XIX 19, MPL 41, 647), wobei festzuhalten ist, daß im Rekurs auf die eschatolog. Bestimmung der chr. Existenz weiterhin am Primat der v. contemplativa in ihrer Verbindung mit der vita futura und der visio beatifica festgehalten wird. Vermittelt auch durch Julianus Pomerius und durch Gregor d. Gr. (vgl. Hom. in Ez. 2, 2, MPL 76, 953A) prägt dieses Augustin. Modell einer ekklesiolog. und christolog. verstandenen Einheit von v. activa und v. contemplativa das hochma. Denken, während die bei Cassian (Collationes 14, 3. 4, MPL 49, 995Bff.) überlieferte Position des oriental. Mönchtums nur punktuell weiterwirkte (vgl. Richard v. St-Victor, Benjamin major I 1–5, MPL 196, 67C). Die Privilegierung des Augustin. Modells bedeutete auch, daß das aktive Leben zunehmend in das kontemplative Leben einbezogen und – so bei Bernhard v. Clairvaux, Wilhelm v. St-Thierry und Hugo v. St-Viktor – ausdrückl. als Teil davon begriffen wurde. Am deutlichsten kommt diese Tendenz in der Position der Mendikanten und in der Aufwertung der Predigt und Lehre im Dominikanerorden zum Ausdruck. Hier stehen Lehr- und Predigtauftrag (contemplata aliis tradere) im Zentrum einer v. activa, die als notwendiger intellektueller Ausdruck der v. contemplativa begriffen ist (Thomas v. Aquin, S. th. II–II q. 188 a. 6 resp. und III q. 40 a. 1 ad 2). Im Rückgriff auf Aristoteles wird das Augustin. Modell bei Thomas v. Aquin in diesem Sinne neu und systemat. entfaltet (q. 179 und 182), ohne daß indes das Verhältnis zw. den beiden Seiten des Lebens neu begriffen würde. Im Unterschied dazu begegnet bei Meister Eckhart und Johannes Tauler eine grundlegende Verschiebung der Perspektive, die sich im Rückgriff auf das Theologumenon der 'Gottesgeburt im Menschen' und in einer Neubewertung der Marthafigur ausdrückt. Hier ist – zweifellos auch unter dem Einfluß der zeitgenöss. Beginenspiritualität – erstmals in solch deutl. Form Martha und mit ihr die v. activa als übergeordnete Lebensform gesehen, zu der sich Maria und v. contemplativa als Vorstufe verhalten (ed. QUINT, 1936ff., III, Pr. 86). Eckhart privilegiert die v. activa, in der die v. contemplativa vollkommen aufgehoben ist. Freiheit und Einheit sind damit nicht mehr Aspekte einer der actio gegenüber immer privilegierten Gottesschau, sondern Elemente eines von der 'Gottesgeburt im Menschen' und von der 'Weiselosigkeit des Gottfindens' her verstandenen, grundsätzl. einheitl. Lebensvollzuges. Dieser Neubewertung der Martharolle und dem neuen Verständnis der Einheit von v. activa und v. contemplativa folgen in verschieden nuancierter Weise Johannes Tauler und z. T. Jan van Ruusbroc, doch hält gerade dieser und die →Devotio moderna mit einem großen Teil spätma. Texte (Johannes Carlerius de Gerson, Dionysius d. Karthäuser, »Imitatio Christi«) unter dem vorherrschenden Einfluß von Bonaventura am traditionellen, dualist. Modell und damit an einer Privilegierung der v. contemplativa fest. S. a. →Askese; →Martha; →Mönch, Mönchtum; →Mystik; →Vollkommenheit. N. Largier

Lit.: DSAM II, 1643–2193 [Contemplation]; X, 664–674 [Marthe et Marie]; XVI, 591–623 [vie active – vie contemplative; Lit.] – LThK² X, 815–817 [V. contemplativa] – A. J. FESTUGIÈRE, Contemplation et vie contemplative selon Platon, 1936 – H. U. v. BALTHASAR, Aktion und Kontemplation. Komm. zu Thomas v. Aquin, S. th. 2–2, q. 179–182 (Dt. Thomas-Ausg. 23, 1954) – R. JOLY, Le thème philosophique des genres de vie dans l'antiquité classique, 1956 – J. LECLERCQ, Études sur le vocabulaire monastique du MÂ, 1961 – D. MIETH, Die Einheit von v. activa und v. contemplativa in den dt. Predigten Meister Eckharts und bei Johannes Tauler, 1969 – A. J. FESTUGIÈRE, Études de philosophie grecque, 1971, 116–156 – DERS., Le sage et le saint, 1974, 63–85 – B. FRALING, Mystik und Gesch., 1974 – Arbeit, Muße, Meditation, hg. B. VICKERS, 1985 – P. HADOT, Exercices spirituels et philosophie antique, 1987 – A. M. HAAS, Gottleiden–Gottlieben, 1989, 97–109 [Lit.] – B. McGINN, The Presence of God, 1992ff. [Lit.].

Vita Adae et Evae, Geschichte der Voreltern nach ihrer Vertreibung aus dem Paradies bis zu ihrem Tod, auf der Grundlage einer verlorenen, mutmaßl. vorchr. (1. Jh. v./n. Chr.) hebr./aram. (griech.?) Vita in griech. (»Apokalypse des Mose«) und lat. Sprache und weiteren Übers. en ins Arm., Georg. und Slav. erhalten, verwandt mit verschiedenen »Adamsbüchern« (»Schatzhöhle«). Sie berichtet von der Buße der beiden im Jordan, von Evas erneuter Verführung durch den Satan, von ihrer Nachkommenschaft, dem Gang des Seth und Evas zum Paradiesestor, um für Adam im Sterben das Öl der Barmherzigkeit zu erlangen (vgl. →Nikodemusevangelium, c. XIX), von der Vision Seths (Begräbnis Adams im Paradies und göttl. Verheißungen) und vom Bericht Evas vor ihrem Tod über den Sündenfall, dessen Geschichte sie ihren versammelten Kindern auf Stein und Ton aufzuzeichnen befahl.

P. Ch. Jacobsen

Ed.: W. Meyer, AAM I. cl., 14. Bd., 3. Abh., 1879 [2 lat. Fassungen] – D. Bertrand, La vie grecque d'Adam et d'Ève, 1987 – *Lit.*: EM I, 89–99 [L. Röhrich] – LThK³ I, 188f. [F. Deixinger–C. Scholten] – RBMA I, V. A. et E. (Apocalypsis Moysis), Nr. 74, 1–40, 26–31 – RGG I, 91 [R. Meyer].

Vita S. Alexii. Leben des hl. Alexius v. Edessa (Fest: 17. Juli, Griechen 17. März, Monophysiten Syriens 12. März), eines Asketen und Gottesmannes (homo Dei: Festevangelium Mt, 19, 29ff.; Festepistel I. Tim 6, 6ff.); Kern der syr. Vita (5. Jh.): Ein röm. Patrizier, von seinen Eltern zur Ehe bestimmt, flieht am Hochzeitstag nach Edessa. Dort stirbt er nach verborgenem Leben in Armut. Griech. Erweiterung der Vita vor dem 9. Jh.: Der jetzt Alexius (A.) Genannte verpflichtet seine Braut zum Jungfräulichkeitsgelübde, flieht nach Edessa, kehrt ungewollt nach Rom zurück, wo er 17 Jahre unerkannt im Elternhaus lebt, arm und verlassen stirbt. Nach seinem Tod wird das Geheimnis seiner Person offenbart. Diese u. a. vom Hymnographen Joseph im Kanon zum Fest des A. benutzte Legende wurde auch im ganzen Abendland lit. (afrz. →Alexiuslied, →Konrad v. Würzburg) wie künstler. (z. B. Rom: S. Alessio, S. Clemente) rezipiert. 978 wurde die Bonifatiuskirche auf dem Aventin A. geweiht. Die ältesten bekannten lat. Viten sind die Versionen A und B. Vita B wurde 1724 von den Bollandisten ediert; sie war Vorlage für die Mehrzahl der lat. A.viten in Vers und Prosa, für das →Marbod v. Rennes zugeschriebene Hexametergedicht (12. Jh.), die in Vagantenzeilen abgefaßte Vita Multi post dominice tempus passionis, den Rhythmus Pater Deus Ingenite (11. Jh.), zwei Hexameterviten, das umfangreiche Gedicht des Joseph Bripius sowie für die Prosafassungen des →Speculum historiale, der →Legenda aurea, der →Gesta Romanorum und des →Catalogus martyrum et sanctorum. Nach seiner Konsekration wurde das Schicksal des hl. A. zum Thema zahlreicher lat. Hymnen, Sequenzen und Gebete, er selbst zum beliebten Fürsprecher bei Gott. Die heroische Askese des A. hat zweifellos zur außerordentl. Verbreitung der A.vita beigetragen. Hugo v. Hofmannsthals Interpretation ist ein beredter Beweis für den Lebensgehalt der über 1000jährigen Vita.

F. Wagner

Q.: BHG 51–56 – BHL 286–301 – BHO 36–44 – AASS Jul IV, 238–270 – *Lit.*: EM I, 291–295 [mit Lit.] – LCI V, 90–95 – LThK³ I, 381f. – TRE II, 264–266.

Vita Ambrosiana → Terenz

Vita apostolica. Um eine Lebensform, die sich am apostol. Ursprung orientiert, geht es in diesem Konzept christl. Existenz, das seit Origenes (GCS X, 421) bes. den asket. Verzicht auf Besitz und Ehe meint. In monast. Bewegung und klerikaler »vita communis« wirksam, inspiriert die V. a. im 11. Jh. die Gregorian. Reform des ma. Klerus (röm. Synode 1059 – Mansi 19, 873), oft im Wettstreit zw. Kanonikern und Mönchen (Rupert v. Deutz zugeschrieben: »De vita vere apostolica«, MPL 170, 609–664). Amtl. Vollmacht und Leben. Berufung, beide vom apostol. Ursprung her begründet, werden unterschiedl. gewichtet. Doch Leben in Gemeinschaft ohne Privateigentum und Ehe wird als »regula apostolica« das Ideal für die Ausübung amtl. Vollmacht. Der Rückgriff auf den Ursprung führt im 12. Jh. zu neuen religiösen Bewegungen, die entweder im Widerspruch zur amtl. verfaßten Kirche (z. B. →Katharer, bald auch →Waldenser) oder im kirchl. Rahmen das ursprüngl. Wanderapostolat erneuern. Obwohl sie eher an evangel. Beispiel Jesu und seiner Jünger orientiert sind, fördert das Konzept der V. a. ihre monast. bzw. klerikale Assimilation (z. B. Stephan v. Muret, →Grammontenser, →Robert v. Arbrissel,

Orden v. →Fontevrault, →Norbert v. Xanten, →Prämonstratenser. Im 13. Jh. erscheinen die →Bettelorden als neue Form der V. a., bes. die Predigerbrüder des →Dominikus, während die »vita evangelica« nach →Franziskus sich diesem traditionell monast.-klerikalen Konzept nicht so leicht anpassen läßt.

J. Schlageter

Lit.: DSAM XII, 1121–1131 – TRE III, 473–477 – H. Grundmann, Religiöse Bewegungen im MA, 1935 [Neudr. 1961] – M. H. Vicaire, L'imitation des apôtres, 1963 – D. V. Lapsanski, Perfectio evangelica, VGI 22, 1974 – U. Horst, Evangel. Armut und Kirche, 1992.

Vita communis. Diese in →Klöstern und →Stiften, aber auch laikalen Gruppen geübte Lebensweise sah die Gemeinschaft von Wohnung, Tisch und Gütern bei Gleichförmigkeit von Kleidung und Nahrung unter einheitl. Leitung vor; sie ist nach ihrer Haltung zu Arbeit, Gebet, Askese und Studium zu unterscheiden. Der Gedanke einer Lebensgemeinschaft entstand unter →Koinobiten am Vorbild der Urgemeinde und entwickelte sich in Abgrenzung zum →Eremitentum. Die Grundformen des Ordenswesens wurden durch die →Regula s. Benedicti für →Mönche (mit persönl. Armut bei Gemeinbesitz unter strengem Gehorsam gegenüber dem Vorsteher) vereinheitlicht. In Anlehnung daran wie an röm. Gewohnheiten und ältere Synodalstatuten führte Bf. →Chrodegang v. Metz um 755 mit der Regula Canonicorum einen kl. ähnlichen Lebenswandel auch für den Kathedralklerus ein. Ursprünge lagen in der räuml. Nähe von Bf.shof und Domkapitel, das mit dem Diözesanoberen Mahlzeit und Schlafstätte teilte und aus der mensa canonica versorgt wurde; die Intensivierung von →Gottesdienst und →Stundengebet verlangte eine strukturierte Tagesordnung. Mit den als verbindl. Richtschnur für die gesamte nichtmonast. Geistlichkeit des Frankenreiches geltenden →Institutiones Aquisgranenses v. 816 (c. 15) wurden den Kanonikern die Nutzung individuellen Erwerbs und die Trennung von Präbenden zugestanden. Die Vorgabe eines gemeinsamen Refektoriums und Dormitoriums wurde im Laufe der Zeit zugunsten von selbständigen Haushalten und Privatunterkünften aufgegeben. Leitidee späterer Erneuerungsbestrebungen wurde die Aufhebung der freien Eigentumsbestimmungen des karol. Regelwerks. Vor dem Hintergrund einer intensiven Wahrnehmung der ird. Existenz Christi und auf das apostol. Armutsideal ausgerichtet, erkannten einzelne Kanonikergemeinschaften in der um Augustinus versammelten Klerikergemeinde ein nachahmenswertes Beispiel. Die Reformen unter →Nikolaus II. auf der Lateransynode v. 1059 (c. 4) schrieben dem gesamten Säkularklerus grundsätzl. vor, pastorales Amt mit klösterl. Zucht zu verbinden (D. 32 c. 6). Normativen Rang erhielt ein durch strikte Disziplin (districtio monachia) geordnetes priesterl. Leben. Von →Petrus Damiani und →Gregor VII. propagiert, konnte sich eine Regulierung von Chorherren mit feierl. →Profeß nachhaltig in →Kongregationen und einzelnen →Kollegiatstiften durchsetzen. Die beiden unter →Regularkanonikern befolgten Regeln, das Praeceptum (→Augustinusregel) und der Ordo monasterii (→Augustiner-Chorherren), hatten jeweils eine andere Ausgestaltung des kommunitären Alltags festgelegt. In zahlreichen Disputen um das authent. Verständnis ihrer Observanz geriet ein der strengeren Ordnung folgender ordo novus in dauernden Widerspruch zum ordo antiquus, der Freiräume in der persönl. Lebensführung zuließ; stets blieb die Gefahr, daß eigenrechtl. Kommunitäten geschaffen wurden, die ihre liturg. Pflichten vernachlässigten. Im Zuge der →Devotio moderna des 14. und 15. Jh. schlossen sich in bewußter Absetzung vom traditionellen Mönchtum die →Brüder vom gemeinsamen Leben zusammen – von der Welt zurückgezogen, doch ohne Regel oder Gelübde – und bildeten einen Status tertius aus, der Vorstufe zu Ordensstand bzw. Priesterschaft sein konnte. A. Rüther

Lit.: DSAM II, 1156–1161 – LThK² X, 817f. – Ch. Dereine, Vie commune, règle de Saint Augustin et chanoines réguliers au XIᵉ s., RHE 41, 1946, 365–406 – Ders., Le Problème de la vie commune chez les canonistes, d'Anselme de Lucques à Gratien, StGreg 3, 1948, 287–298 – La Vita comune del clero nei secoli XI e XII, 1962 – F. Poggiaspalla, La vita comune del clero dalle origini alla riforma gregoriana (Uomini e dottrine, XIV, 1968), 152–158 – M. Zacherl, Die V. c. als Lebensform des Klerus in der Zeit zw. Augustinus und Karl d. Gr., ZKTh 92, 1970, 385–424 – K. Elm, Die Bruderschaft vom gemeinsamen Leben (Ons geestelijk erf 59, 1985), 470–496 – G. Picasso, Gregorio VII e la disciplina canonica, StGreg 13, 1989, 151–166 – H.-J. Derda, V. c. Stud. zur Gesch. einer Lebensform im MA und NZ, 1992 – J. Semmler, Die Kanoniker und ihre Regel im 9. Jh. (Stud. zum weltl. Kollegiatstift in Dtl., hg. I. Crusius, 1995), 62–109.

Vita Cuthberti, erstes schriftl. Zeugnis über St. →Cuthbert (†687) und dessen Kult, verfaßt von einem anonymen Mönch aus →Lindisfarne, der im Auftrag von Bf. Eadfrith (698–721) schrieb. Die Niederschrift der V. ist aufgrund einiger im Text enthaltener Bezüge zw. 699 (mindestens ein Jahr nach der 698 erfolgten Translatio des Hl.n) und 705 (Todesjahr Kg. →Aldfriths v. Northumbria) anzusetzen. Q. ist die mündl. Überlieferung in Lindisfarne. Der Anonymus verzeichnet meistens sehr sorgsam die Namen der Augenzeugen und der Begünstigten der von Cuthbert vollbrachten Wunder sowie deren Schauplätze. Die V. ist in vier Bücher eingeteilt, entsprechend den vier Phasen des Lebens des Hl.n: Kindheit und Jugend, Eintritt ins Kl., Einsiedlerleben auf der Insel Farne, Episkopat in Lindisfarne. Vorbilder des Anonymus waren die »Vita s. Martini« von →Sulpicius Severus, die von →Evagrios aus der griech. Originalfassung des →Athanasios übersetzte »Vita s. Antonii« und die »Dialogi« →Gregors d. Gr. Im Vergleich zu der zeitgenöss. insular-lat. hagiograph. Literatur ist in der V. ein Mangel an phantast. Elementen zu beobachten. Die anonyme V. war die Basis der wenig später von →Beda verfaßten Überarbeitungen: die »Vita s. Cuthberti metrica« (705–716) und die neue Prosafassung der »Vita s. Cuthberti« (um 721), die ebenfalls von Bf. Eadfrith in Auftrag gegeben worden war und sich auf Kosten der anonymen älteren V. in der insularen hsl. Überlieferung durchsetzte. C. Bottiglieri

Ed.: BHL, 2019 – B. Colgrave, Two Lives of St. Cuthbert, 1940 [Nachdr. 1969 u. ö.]. – Lit.: W. Berschin, Biographie und Epochenstil im lat. MA, II, 1988, 266–284 – St. Cuthbert, his Cult and his Community to AD 1200, hg. G. Bonner, D. W. Rollason, C. Stancliffe, 1989.

Vita Edwardi regis, älteste Lebensbeschreibung →Eduards des Bekenners, noch zu dessen Lebzeiten Ende 1065 begonnen. Im 1. Buch stellt der Autor, ein vom Kontinent stammender Schützling Kgn. →Ediths, zum Dank für ihre Hilfe die Gesch. ihrer Familie dar, neben den Taten ihres Gatten auch die ihres Vaters →Godwin v. Wessex und ihrer Brüder →Harald und →Tostig. Nach Eduards Tod brachte er das 1. Buch rasch zum Abschluß und fügte erst 1067 ein 2. Buch hinzu, das ganz dem spirituellen Leben des Kg.s (Wunder, Prophezeiung) gewidmet ist. Nähe zum Kg.shaus bedingt den Q.wert, kunstvolle prosimetr. Anlage die lit. Qualität: Regelmäßig eingefügte Verspartien (leonin. Hexameter) bekunden meist in Jubel und Klage die enge Anteilnahme des Autors am Geschehen. Ähnl. Funktion besitzen die zwei langen, als Dialog des Verfassers mit seiner Muse angelegten Versprologe. Die versuchte Zuschreibung an →Goscelin v. St-Bertin ist kaum zu halten, die an Folcard v. St-Bertin reine Spekulation. Die V. beeinflußte die späteren Viten Eduards, ist aber selbst nur in einer Hs. unvollst. erhalten. B. Pabst

Ed.: F. Barlow, 1992² [Lit.] – Lit.: B. Pabst, Prosimetrum, 1994.

Vita Gregorii → Johannes Diaconus (92. J.)

Vita Heinrici IV. imperatoris. Die von einem begeisterten Anhänger →Heinrichs IV. unter dem unmittelbaren Eindruck seines Todes (7. Aug. 1106) verfaßte V., die nur in einer einzigen aus St. Emmeram zu Regensburg stammenden Hs. (heute Clm 14095), vermutl. dem Widmungsexemplar, überliefert ist, erscheint äußerl. in der Gestalt einer Totenklage. Der an klass. Autoren, bes. an Sallust geschulte Verfasser stellt das von schweren Schicksalsschlägen geprägte Leben des Ks.s ganz unter das Zeichen der laun. →Fortuna. Der nicht immer fehlerfreie Überblick über die Regierung Heinrichs IV. gipfelt in der Schilderung der im Zusammenhang mit dem Mainzer Reichslandfrieden v. 1103 gesehenen ksl. Friedenspolitik (c. 8). Konkrete hist. Bezüge treten gegenüber einer moral. Wertung der Ereignisse häufig in den Hintergrund. So findet der eigtl. Anlaß für den Konflikt mit Gregor VII. (→Investiturstreit) keine Erwähnung. Ängstl. ist der Verfasser darauf bedacht, daß das Ansehen des Papsttums keinen Schaden nimmt. Wenn der Verfasser den Ks. entgegen der Realität freiwillig abdanken läßt, dann ist dahinter das Bestreben erkennbar, die Legitimität der Herrschaft Heinrichs V. nicht in Frage zu stellen. Um den Sohn vom Verdacht des Verrats freizuhalten, wird die Empörung Heinrichs V. dem negativen Einfluß der Fs.en zugeschrieben. Die vorsichtig taktierende Haltung des auf Wahrung seiner Anonymität bedachten Verfassers paßt gut zur Persönlichkeit des mehrfach die Fronten wechselnden Bf.s →Erlung v. Würzburg. Die erstmals von W. Giesebrecht erwogene Autorschaft Erlungs, der dann auch als Dichter des →»Carmen de bello Saxonico« angesehen werden muß, ist deshalb durchaus denkbar. Die von höchster sprachl. und stilist. Meisterschaft zeugende V., die in Heinrich IV. v. a. den Förderer des Speyerer Dombaus und den consolator pauperum erkennen möchte, bezeichnet einen Höhepunkt der nicht eben zahlreich vertretenen ma. Herrscherbiographie. T. Struve

Ed.: W. Eberhard (MGH SRG [58], 1899) – I. Schmale-Ott, AusgQ 12, 1963, 407–467 [mit dt. Übers.] – Lit.: Manitius III, 577–581 – Wattenbach-Holtzmann-Schmale, II, 378–385; III, 120*f. – Verf.-Lex. II², 603–605 [Lit.], s.v. Erlung v. Würzburg – S. Hellmann, Die V. Heinrici IV. und die ksl. Kanzlei, HVj 28, 1934, 273–334 – H. F. Haefele, Fortuna Heinrici IV. imperatoris (VIÖG 15, 1954) – H. Beumann, Zur Hs. der V. Heinrici IV. (Clm 14095), (Fschr. J. Spörl, 1965), 204–223 – J. Schneider, Die V. Heinrici IV. und Sallust, 1965 – L. Bornscheuer, Miseriae regum (Arbeiten zur FrühMAforsch. 4, 1968), 149–168 – F. Lotter, Zur lit. Form und Intention der V. Heinrici IV. (Fschr. H. Beumann, 1977), 288–329 – M. Schluck, Die V. Heinrici IV. imperatoris (VuF Sonderbd. 26, 1979) – H. Beumann, Zur Verfasserfrage der V. Heinrici IV. (Fschr. J. Fleckenstein, 1984), 305–319 – R. M. Stein, Signs and Things: The 'V. Heinrici IV. imperatoris' and the Crisis of Interpretation in Twelfth-Century History, Traditio 43, 1987, 106–119.

Vita beate virginis Marie et Salvatoris rhythmica, anonyme lat. Dichtung der 1. Hälfte des 13. Jh. von ca. 8000 paarweise gereimten Vagantenzeilen. Vier durch Prologe eingeleitete Bücher schildern das Leben Marias von der Vorgeschichte ihrer Geburt bis zur Himmelfahrt, verknüpft mit ausgewählten Teilen des Lebens Jesu. Die schlichte, oft redundante Darstellung unterbrechen deskriptive (Beschreibung Marias 665–760 und Jesu 3124–3315) und didakt.-erbaul. Partien (Soliloquium

3450–3621; regula Mariae 6612–6741), ferner Serien von Planctus und Laudes (5004–5807 bzw. 7496–7961). Der vielleicht im SO des dt. Sprachraumes wirkende Verfasser selbst charakterisiert die Vita als naives Marienlob, kompiliert aus zahlreichen, auch apokryphen Q., die er in Marginalien angibt.

Der reichen hs. Tradition (60 Hss.) entspricht der Einfluß der Vita als Ganzes und in Auszügen auf die lat. und v. a. dt. spätma. Marienlit. (Walther v. Rheinau, Philipp v. Seitz; theol. Epilog →Hugos v. Trimberg). P. Orth

Ed.: A. Vögtlin, 1888 [Korrekturen und Marginalien bei M. Päpke, Das Marienleben des Schweizers Wernher, 1913, 119–170] – *Lit.*: BHL 5347 – Walther 17250 – Verf.-Lex.² IV, 280f.; VII, 593f., 596f. [Lit.] – Marienlex. VI, 1994, 644–646 [Lit.] – S. Schmolinsky (Maria in der Welt. Marienverehrung im Kontext der Sozialgesch. 10.–18. Jh., 1993), 81–93.

Vita Meinwerci episcopi Patherbrunnensis. Die wohl um 1160 in seiner Kl. gründung Abdinghof entstandene V. vermittelt vor dem Hintergrund der Reichsgesch. ein lebensvolles Bild des in der Sorge um seine Kirche aufgehenden Bf.s →Meinwerk v. Paderborn. Der Verfasser konnte sich hierfür auf die in →Paderborn reichl. vorhandene Überlieferung, insbes. auf die im Dom- und Kl. archiv aufbewahrten Urkk., stützen. Im Mittelpunkt der V. stehen weniger die für die Gattung typ. Wundergeschichten, sondern eine Bestandsaufnahme der Rechts- und Besitztitel der Paderborner Kirche (c. 31–129). Mit der nach Stand und Geschlecht geordneten Aufzählung der Tradenten sollte jedoch nicht nur ein Beispiel für vorbildl. Frömmigkeit gegeben werden; deutl. ist vielmehr das Bestreben, durch Eingriffe in die Vorlagen die Rechtsverhältnisse zugunsten des Kl. bzw. der bfl. Kirche zu verbessern. Der als Verfasser der V. ermittelte Abt Konrad v. Abdinghof (1142–73), der auch als Urheber der sog. Abdinghofer Fälschungen zu gelten hat, hat sich für diese Manipulationen auf Meinwerk selbst berufen, dessen widerrechtl. Handlungen zugunsten seiner Kirche als pia violentia (c. 184) gerechtfertigt werden. Aufgrund des vielfach allein hier überlieferten urkundl. Materials ist die V. eine wichtige Q. nicht nur für die Lokalgesch., sondern auch für die wirtschaftl. und gesellschaftl. Verhältnisse des nordwestdt. Raumes. T. Struve

Ed.: F. Tenckhoff (MGH SRG [59], 1921) – *Lit.*: Manitius III, 611–613 – Wattenbach-Holtzmann-Schmale II, 72; III, 28* – Kl. Honselmann, Der Autor der V. vermutl. Abt Konrad v. Abdinghof, WZ 114, 1964, 349–352 – H. Bannasch, Fälscher aus Frömmigkeit (Fschr. W. Heinemeyer, 1979), 224–241.

Vita S. Nili, eines der wichtigsten Zeugnisse der italogriech. und gesamtbyz. hagiograph. Lit. (BHG 1370). Ihr Protagonist ist →Neilos v. Rossano (Kalabrien), * um 910, † 1004, der Gründer des Kl. S. Maria di Grottaferrata bei Rom. Der Verfasser der Vita ist einer seiner Schüler, dessen Identität noch ungeklärt ist (Bartholomäus v. Grottaferrata?). Er liefert genaue und konkrete Informationen über Neilos' spirituellen Weg und seine Lebensschicksale: Die Jahre, in denen er der Schüler des hl. Phantinos d. Jüngeren war, seine Askese, sein Verhältnis zu Ks. Otto III., der Besuch in →Montecassino und sein Dialog mit den Benediktinermönchen. Die Erzählung spiegelt mit ungewöhnl. Genauigkeit die hist. Realität wider und läßt der üblichen Topik nur wenig Raum. Zu dieser lebhaften Schilderung des italogriech. Mönchtums in seiner Blütezeit trägt auch die bes. eindringliche Sprache und der persönl., wirkungsvolle Stil bei. In mehrfacher Hinsicht erhebt sich also diese Vita weit über das übliche Niveau der griech. Hagiographie und wurde zu Recht als Meisterwerk bezeichnet. E. V. Maltese

Ed.: G. Giovanelli, Βίος καὶ πολιτεία τοῦ ὁσίου πατρὸς ἡμῶν Νείλου τοῦ Νέου, 1972 (neugriech. Bearb. 1991, Maxime) – *Übers.*: G. Giovanelli, Vita di S. Nilo fondatore e patrono di Grottaferrata, 1966 – *Lit.*: J.-M. Sansterre, Les coryphées des apôtres, Rome et la papauté dans les Vies des Saints Nil et Barthélemy de Grottaferrata, Byzantion 55, 1985, 516–543 – Atti Congr. internaz. su S. Nilo di Rossano, 28 sett.–1° ott. 1986, 1989.

Vita Notkeri Balbuli. Die lat. Lebensbeschreibung →Notkers I., in Cod. Sangall. 556, 325ᵃ–358ᵇ als Autograph enthalten, wurde nicht vor 1220 (vermutl. 30er Jahre des 13. Jh.) wohl in →St. Gallen verfaßt. Als Vorlage dienten v. a. die Casus s. Galli →Ekkehards IV. (gut die Hälfte des Textes). Der anonyme Autor berichtet, daß Papst Innozenz III. Abt Ulrich VI. v. Sax aufgefordert habe, die Verehrung Notkers zu fördern. Die Darstellung betont die Strenge der mönch. Lebensführung Notkers und rühmt seine Sequenzendichtung. Nach einer ersten Abschrift des Werkes Mitte des 15. Jh entstand 1526 eine weitere in Cod. Sangall. 613, 151–235; an diese schließen sich die Akten der Kanonisierung Notkers an (erfolgte 1513 in päpstl. Auftrag für die Diöz. Konstanz). Eine dt., wohl von dritter Seite erstellte Fassung wurde von Conrad Haller niedergeschrieben (Cod. Sangall. 590 v. J. 1522, 7–310). Ch. Bretscher-Gisiger

Ed.: E. Lechner, Die V. N. B. [Diss. Innsbruck 1969], 1–80 – *Lit.*: BHL 6251 – Verf.-Lex.² VI, 1185f. [P. Stotz] – E. Lechner, V. N. B. Geistesgesch. Standort und hist. Kritik (Mitt. zur vaterländ. Gesch., hg. Hist. Verein des Kantons St. Gallen, 47, 1972) – J. Duft, Notker der Stammler in St.-Galler Mss. (Ders., Die Abtei St. Gallen, II, 1991), 127–135.

Vita Sancti Sabae Hierosolymitani, verfaßt von →Kyrillos v. Skythopolis um die Mitte des 6. Jh. (BHG II 1608), verbreitete sich sehr rasch und wurde bald epitomiert. Die in der 2. Hälfte des 10. Jh. von →Symeon Logothetes, gen. Metaphrastes (10. S.; BHG 1610), angefertigte Fassung wurde von Lipomano und Surio in ihre Slg.en aufgenommen. Die von Kyrillos verfaßte Vita wurde in das Georg. (Garitte, 403–404) und in das Lat. (BHL 7406) übersetzt: letztere, noch nicht in den Acta Sanctorum ed. Version, wurde nach Siegmund, 272 von griech. Mönchen, die in oder bei Rom lebten, angefertigt; den einzigen konkreten Hinweis auf die Entstehung bieten jedoch die Hss., die die lat. V. überliefern, von denen die ältesten auf das 11. Jh. zu datieren sind und meistens aus dem Cassines. Umkreis stammen, wo der hl. →Saba seit dem Anfang des 11. Jh. (Martyrologien) verehrt wurde. Einige Fragmente einer vielleicht früheren Übersetzung finden sich in den »Acta« I und V des zweiten Konzils v. →Nikaia, die von →Anastasius Bibliothecarius übersetzt wurden. Von dem Mönch →Teuzo stammt eine durch eine Prosavorrede eingeleitete Hexameterfassung (237 Verse) von drei Kapiteln (76–78) des Kyrillos-Textes, die die Bedeutung des in Christi Namen vollzogenen Gehorsams herausstreichen (BAV, Archivio S. Pietro A 5 [fol. CCLVIII–CCLXV]).

M. Cortesi

Ed.: E. Schwartz, Kyrillos v. Skythopolis, 1939, TU 49,2, 85–200 – L. Lipomano, De vitis sanctorum, VI, Venedig 1581 – L. Surio, De probatis sanctorum historiis partim ex tomis Aloysii Lipomani ... collectis, IV, Köln 1575 – A. Siegmund, Die Überlieferung der griech. christl. Lit. in der lat. Kirche bis zum zwölften Jh., 1949 – G. Garitte, Le Calendrier palestino-géorgien du Sinaiticus 34 X siècle, 1958 – M. Cortesi, Teuzone e Bellizone tra grammatica e agiografia (La biblioteca di Pomposa, 1994), 67–150.

Vita, Fra, Baumeister und Bildhauer der ersten Hälfte des 14. Jh. aus Kotor (Montenegro), wo er als Franziskaner im dortigen Minoritenkl. lebte. Im Auftrag der serb. Kg.e Stefan Uroš Dečanski († 1331) und Stefan Dušan (1331–55, seit 1345 Ks.) erbaute er an der Bistrica in der

Provinz Metohien (Serbien) die für die serb. ma. Architektur sehr bedeutende, monumentale Klosterkirche →Dečani im romano-got. Stil. Die dreischiffige Kuppelbasilika ist in ihrer inneren Konstruktion nach dem byz.-liturg. Codex der Raška-Schule errichtet worden, die Außenfassaden jedoch in romano-got. Stil, versehen mit einer plastischen, inhaltl. ikonograph. reichen Dekorierung. Die Ausschmückung knüpft in roman. Nachahmung an die Tradition der Klosterkirche von →Studenica aus dem 12. Jh. an. Meister V. hinterließ am Tympanon des Südportals seinen Namen in der kyrill.-serb. Inschrift: dt. »Fra Vita, Kleiner Bruder, Protomeister aus Kotor, der Stadt der Könige, erbaute diese Kirche Hl. Pantokrator dem Herrn Stefan Uroš III. und seinem Sohn, dem Herrn König Stefan. Sie wurde in acht Jahren erbaut und im Jahre 1335 ganz vollendet.«

Die beiden Meister aus Dečani und Studenica arbeiteten in roman. Stil unter lombard. künstler. Einfluß. In Dečani sind, neben V., auch weitere anonyme Mitarbeiter als Helfer bei der plast. Dekorierung tätig gewesen, deren Arbeit man stilistisch in einigen Gruppen erkennen kann. Studenica zuvor und dann Dečani indizieren, daß an der Süd-Adriaküste Dubrovnik und Kotor eine Brückenposition einnahmen, von der aus die westl. Kunst tief ins serb. Binnenland eindrang, das nach byz. Ritus lebte. Die Skulpturen und die reliefplast. Dekoration zeigen in Dečani das hohe künstler. Niveau des Meisters V. als eines von westl. Kultur geprägten, hervorragenden Baumeisters und Bildhauers in Südosteuropa.

D. Nagorni

Lit.: RByzK I, 1161–1178, Abb. 1–4 [Dečani; DJ. MANO-ZISSI] – V. PETKOVIĆ–DJ. BOŠKOVIĆ, Manastir Dečani, I-II, 1941 – R. KOVIJANIĆ, Vita Kotoranin. Neimar Dečana, 1962 – A. DEROKO, Monumentalna i dekorativna arhitektura u srednjevekovnoj Srbiji, 1962, 77–85, Abb. 103–119, 133–142.

Vitae patrum → Vitas patrum

Vital de Cañellas → Vidal de Canellas

Vitale da Bologna (Vidalino di Aimo de Equis), * vor 1309, † zw. 1359 und 1361. V. war um die Mitte des 14. Jh. der führende Maler in Bologna und im östl. Oberitalien. Ausgehend von →Giotto sowie von der rimines., florentin. und sienes. Giotto-Nachfolge, verband er in seinem Schaffen Stilelemente des frühen Trecento mit der gesteigerten Expressivität und Realistik des mittleren 14. Jh. Hauptwerke: 'Hl. Georg als Drachentöter' (Bologna, Pinacoteca Naz.); 'Madonna dei denti' (signiert und datiert 1345; Bologna, Palazzo Davia-Bargellini); Polyptychon aus S. Salvatore in Bologna (Bologna, Pinacoteca Naz.); Fresken bzw. Freskenfragmente aus dem Refektorium von S. Francesco in Bologna, aus S. Apollonia in Mezzaratta (Bologna, Pinacoteca Naz.), im Dom v. Udine, in der ehem. Abteikirche v. Pomposa und in S. Maria dei Servi in Bologna.

J. Poeschke

Lit.: C. GNUDI, V. da B., 1962 – R. D'AMICO–M. MEDICA, V. da B., 1986 – C. GNUDI–P. CASADIO, Itinerari di V. da B.: Affreschi a Udine e a Pomposa, 1990.

Vitalian, hl. (Fest: 27. Jan.), Papst seit 30. Juli 657, * Segni, † 27. Jan. 672 Rom, ▢ ebd., St. Peter. Er zeigte Ks. →Konstans II. ordnungsgemäß Wahl und Weihe unverzügl. an. Die dogmat. Beschlüsse der Lateransynode v. 649 gegen den →Monotheletismus stellte V. in den Hintergrund. 663 besuchte Konstans II. Rom, mußte aber seine Pläne einer Schwerpunktverlagerung nach dem W wegen der Langobardenmacht aufgeben. Am 1. März 666 löste der Ks. die Kirche v. →Ravenna aus dem röm. Patriarchat und erklärte sie für autokephal. V. förderte die Abkehr Englands vom iroschott. Kirchenbrauch (Synode v. →Whitby 664) und bestimmte →Theodoros (1. Th.) zum Ebf. v. Canterbury. Nach der Ermordung Konstans' II. unterstützte V. dessen Sohn →Konstantin IV. Die von Gregor I. eingerichtete Chorschule im Lateran erfuhr unter V. reichen Ausbau (→Gregorian. Gesang).

G. Schwaiger

Q.: MPL 87, 999–1010 – JAFFÉ² I, 235–237; II, 699, 740 – LP I, 343–345; III [Register] – Lit.: E. CASPAR, Gesch. des Papsttums, II, 1933 [Register] – O. BERTOLINI, Roma di fronte a Bisanzio e ai Longobardi, 1971, 355–364 – V. MONACHINO, I tempi e la figura del papa Vitaliano (Fschr. E. DUPRÈ THESEIDER, 1974), 573–588 – Bisanzio, Roma e l'Italia nell'Alto Medioevo, 2 Bde, 1988 – J. N. D. KELLY, Reclams Lex. der Päpste, 1988, 90f. – R. SCHIEFFER, Kreta, Rom und Laon. Vier Briefe des Papstes V. v. J. 668 (Fschr. H. FUHRMANN, 1991), 15–30 – PH. LEVILLAIN, Dict. hist. de la papauté, 1994, 1729.

Vitalienbrüder. Die Gefangennahme →Albrechts III. v. Mecklenburg, Kg. v. Schweden, 1389 durch die Kgn. Margarete v. Dänemark löste in den folgenden Jahren einen schweren Konflikt zw. Dänemark und Mecklenburg aus, in dem es im Grunde um die Herausdrängung des mecklenburg. Herrscherhauses aus Skandinavien ging. Die Mecklenburger griffen ab 1391 zu einem ungewöhnl. Mittel, indem sie »allen, die das Reich Dänemark schädigen« wollten, die Häfen →Rostock und →Wismar öffneten. Verstreut operierende Seeräuber und Entwurzelte wurden unter der Führung des verarmten mecklenburg. Landadels zusammengefaßt und griffen unter dem Namen »Vitalienbrüder« in den Krieg ein. Die V. lösten sich wider Erwarten nach dem Friedensschluß 1395 und dem Rückzug der adligen Hauptleute nicht auf, sondern etablierten sich auf Gotland, bis sie 1398 von einer Flotte des Hochmeisters des Dt. Ordens, →Konrads v. Jungingen, vertrieben wurden. Die V. wichen in die Nordsee zu den ostfries. →Häuptlingen aus, wo sie sich trotz wiederholter hans. Angriffe bis zur Zerstörung der Sibetsburg 1435 halten konnten. Die berühmtesten Exponenten der V. sind Klaus Störtebeker und Godeke Michels, deren Gesch.sbild allerdings stark durch die Mythen- und Legendenbildung späterer Jahrhunderte geprägt wurde.

M. Puhle

Lit.: K. KOPPMANN, Der Seeräuber Klaus Störtebeker in Gesch. und Sage, HGBll Jg. 1877, 37–58 – M. PUHLE, Die V. Klaus Störtebeker und die Seeräuber der Hansezeit, 1994².

Vitalis und Agricola, hll., Märtyrer in Bologna, deren Leiber vom dortigen Bf. Eustathius, nicht vom hl. →Ambrosius aufgefunden wurden, wie dessen Biograph Paulinus behauptet (Vita Ambr. 29, 1). Ambrosius nahm 393 oder 394 an der Translation der Reliquien A.s teil und legte einige davon in einer Basilika in Florenz nieder (Exhort. virg. 1); seinem Bericht zufolge war V. ein Sklave von A., der seinem Herrn im Martyrium vorausging und nach verschiedenen Foltern gekreuzigt wurde. Da die Leiber der Märtyrer im jüd. Friedhof Bolognas bestattet wurden, nahm man deshalb an, daß beide – oder zumindest A., der eine am. bei röm. Bürgern nicht angewandte Hinrichtungsart erlitt – jüd. Herkunft waren. Hist. wertlos ist der fälschl. Ambrosius zugeschriebene Brief über die Auffindung der Reliquien und die Passion von V. und A., in dem das Martyrium auf einen 4. Nov. in der Regierungszeit Diokletians und Maximinians angesetzt wird. Reliquien von A. finden sich bereits 396 in Rouen, von V. und A. 403 in Nola und um die Mitte des 5. Jh. in Clermont. In Rom und in Ravenna wurden Anfang des 5. Jh. die Reliquien von V. mit denen der Mailänder Märtyrer Gervasius und Protasius verbunden, vielleicht weil sie eine Schenkung der Mailänder Kirche waren, die nur die Reliquien eines der beiden Märtyrer von Bologna besaß. Das erklärt, daß in beiden Städten den Hl.n V., Gervasius und Protasius eine Kirche geweiht wurde, in Rom die Basilika des Titulus Vestinae, seit dem 6. Jh. als San Vitale bekannt, in Ravenna die Basilika San Vitale, die von Bf. Ecclesius (522–542) auf den Resten des von Galla Placidia (die 409 mit den Reliquien der drei Hl.n nach Ravenna gekommen war) gegründeten Vorgängerbaus errichtet wurde. Die Verbindung von V. mit den beiden Mailänder Märtyrern ließ im 5. oder 6. Jh. eine neue Legende entstehen, die Gervasius und Protasius zu Söhnen von Valeria und V. macht, einem miles consularis, der zusammen mit dem Arzt Ursicinus in Ravenna das Martyrium erlitten habe. Das Fest der Märtyrer V. u. A. wird im Mart. Hieron. am 3. und 27. Nov. und am 3. Dez. begangen, später aber durch den 4. Nov. ersetzt (Bologneser Calendarium des 9. Jh.), im Mart. Rom. werden V. v. Ravenna und seine Gattin Valeria am 28. April kommemoriert. Auf diesen Tag setzen einige ma. Martyrologien die Kommemoration eines V., Märtyrers in Rom oder in Ravenna, es handelt sich aber wahrscheinl. um den Jahrestag der Weihe der gleichnamigen Basilika in einer der beiden Städte.

F. Scorza Barcellona

Q.: BHL 8689–8696; Novum Suppl. 8689–8695 [V. und A.]; BHL 8699–8704; Novum Suppl. 8700–8704 [V. v. Ravenna] – AASS Apr. III, 562–565 [V. v. Ravenna]; Nov. II, 1, 233–253 [V. und A.] – *Lit.*: Comm. Mart. Hier. 584–585; 623–624 – Comm. Mart. Rom. 159–160 [V. v. Ravenna]; 495–496 [V. und A.] – Vies des Saints, XI, 132–139 – EC XII, 1520 – LThK² X, 821 – Bibl SS XII, 1225–1228 [V. und A.]; 1229–1231 [V. v. Ravenna] – LCI VIII, 576–577 [V. v. Ravenna]; 579 [V. und A.] – Vitale e A. Il culto dei protomartiri bolognesi attraverso i secoli, hg. G. Fasoli, 1993.

Vitalis

1. V. v. Blois, 12. Jh., gilt als Erfinder der sog. →Elegienkomödie. Von ihm sind zwei Werke erhalten: »Geta« (1125–1130) und »Aulularia« (um 1145), mit denen er Plautus nachahmen will, vielleicht aber nur spätantike Bearbeitungen imitiert (Braun, Bertini 1987). Sein Vorbild in sprachl. Hinsicht ist Ovid; es finden sich jedoch auch Echos anderer klass. Autoren wie Horaz, Terenz, Maximianus (Ratkowitsch, Bertini 1992, Pillolla, Smolak). »Geta« entspricht dem plautin. »Amphitruo«; die »tragicomedia« von der theban. Feldherrn wandelt sich zur Satire über den falschen Philosophen, der am Schluß bekennen muß: Reddidit insanum de me dialectica stulto (V. 419). Die Komödie läuft also darauf hinaus: Versuch einer, dem es an Verstand mangelt, die Dialektik zu erlernen, wird er verrückt (Bertini 1981, Riedel). Die »Aulularia« ist nach dem Vorbild des anonymen spätantiken »Querolus« gearbeitet. Im »Geta« gibt V. eine meisterhafte Charakteristik der Sklaven Geta und Byrrhia. In der »Aulularia« sind seine Darstellungen von Sardana (Bertini 1974, Molina Sanchez) und von Gnaton hervorzuheben, dem ehem. Sklaven und seinem ihm ebenbürtigen Komplizen (die ohne Erfolg den Protagonisten Querolus um sein väterl. Erbe bringen wollen) sowie die subtile Parodie des →Bernardus Silvestris und der Philosophenschulen v. Chartres und Paris (Bertini 1979). »Geta«, von dem mehr als 100 Hss. erhalten sind, die den gesamten Text, Auszüge oder Florilegien bieten, war bis zur Renaissance in volkssprachl. Versionen in Italien, Spanien und Frankreich verbreitet (Bertini 1980). Die »Aulularia« ist nur in zwei Hss. sowie in einem umfangreichen Auszug in 200 Versen und einem frühen Druck (Bertini 1994) überliefert.

F. Bertini

Ed.: F. Bertini (Commedie lat. del XII e XIII s., I, 1976, 7–137; III, 1980, 139–242 [mit it. Komm.]) – J. Suchomski-M. Willumat, Lat. Comediae d. 12. Jh., 1979, 63–135, 246–257 [mit. dt. Üb., Komm.] – *Lit.*: F. Bertini, Il personaggio di Sardana nell'»Aulularia« di V. Ipotesi sull'origine di un nome, MR 1, 1974, 365–374 – Ders., Il »Geta« di V. e la scuola di Abelardo, Sandalion 1, 1979, 257–265 – Ders., Anfitrione e il suo doppio: da Plauto a Guilherme Figueiredo (La semiotica e il doppio teatrale, 1981), 307–336 – M. Molina Sánchez, Los personajes de Sycophanta y Sardanapallus del Querulus y sus correspondientes en la Aulularia de V., MR 10, 1985, 339–347 – L. Braun, Die 'dramat.' Technik des V. und sein Verhältnis zu seinen Q. (The Theatre in the MA, 1985), 60–83 – F. Bertini, Da Menandro e Plauto alla commedia lat. del XII s. (Filologia e forme letterarie, Fschr. F. Della Corte, V, 1987), 319–333 – K. Ratkowitsch, Die Wirkung der Elegien Maximians auf die Comoediae elegiacae des V. und Wilhelms v. B., WS 100, 1987, 227–246 – F. Bertini, Terenzio nel »Geta« e nell'»Alda«, Maia 44, 1992, 273–276 – M. P. Pillolla, Presenze terenziane in V., ebd., 277–284 – F. Bertini, La commedia elegiaca (Lo spazio letterario del Medioevo, I, II, 1993), 217–230 [mit älterer Lit.] – V. Riedel, »Sosia philosophus«. Ein Amphitryon-Motiv in Antike, MA und NZ, MJb 29, 2, 1994, 29–42 – F. Bertini, A che punto è oggi l'edizione critica delle commedie elegiache (La critica del testo mediolat., hg. C. Leonardi, 1994), 225–238 – K. Smolak, Wiener Humanist. Bll. 36, 1994, 65–89.

2. V. de Furno (Jean du Four) OMin, Kard., * ca. 1260 in Bazas, Gascogne, † 16. Aug. 1327 in Avignon; aus guter Familie stammend, trat als jüngerer Mann in den Minoritenorden der Prov. Aquitanien ein. 1285 wurde er auf das Studium generale des Ordens in Paris entsandt, wo er unter dem magister regens Jacobus de Carceto 1291–92 studierte; dort selbst als magister regens (1292–94), in Montpellier lector am Generalstudium des Ordens (1295–98). Nach dem Tode des Petrus Johannis →Olivi (1298) beteiligte sich V. an den theol. Debatten und nachfolgenden Prozessen gegen Olivi und seine Anhänger. 1307 Provinzial Aquitaniens, wurde V. von Papst Clemens V. mit diversen Aufgaben betraut. Als Generalvikar des Ordens setzte er auf päpstl. Befehl vom 23. Juli 1312 den Provinzial und elf Oberste in der Provence ab und wurde darauf von Clemens V. in das Kard.skollegium berufen. Sein Einfluß auf die päpstl. Politik, v. a. während der Vakanz des Hl. Stuhles (1314–16), blieb auch nach der Wahl Johannes' XXII. bestehen, der ihn 1321 zum Bf. v. Albano ernannte. Als 1322 der sog. Armutsstreit ausbrach, verteidigte er zusammen mit dem Ordensgeneral →Michael v. Cesena die radikale Armutsauffassung gegen Johannes v. Neapel OP und fiel dadurch beim Papst in Ungnade, unterwarf sich aber später der päpstl. Entscheidung über die Armut Christi. In seinen philos.-theol. Beiträgen begnügte V. sich damit, die wichtigsten Meinungen seiner Zeitgenossen (Johannes Peckham, Johannes de Murro, Wilhelm v. Ware, Petrus Johannis Olivi, Roger Marston, Matthaeus v. Acquasparta, Richard v. Mediavilla, Heinrich v. Gent, Gottfried v. Fontaines, Aegidius Romanus) kompilator. darzulegen. Sicherl. Vertreter der sog. 'ersten' Franziskanerschule, verteidigte er die Theorie der →Vernunftkeime und die Notwendigkeit der göttl. Illumination für die menschl. Erkenntnis. Zu den ihn kennzeichnenden Ansichten gehören die Ermöglichung der Erkenntnis der individuellen materiellen Dinge durch species particulares (De cogn., q. 1), die Abweisung der aristotel. →Intellectus agens-Theorie und daher die Verneinung einer eigenen natürl. Aktivität der menschl. Seele (ebd. q. 3), die Abweisung des realen Unterschieds zw. Existenz u. Essenz zugunsten des intentionellen (Heinrich v. Gent; De cogn., qq. 6, 8).

J. Decorte

Ed.: Quodlibeta tria, ed. F. Delorme, FF 9, 1926, 438–454, 468–471; 18, 1935, 113–142 – Ders., Spicilegium Pontif. Athen. Anton. 5, 1947 – Quaest. de cognitione, ed. F. Delorme, AHDL 2, 1927, 151–337 – De rerum principio (Duns Scoti Opera omnia, IV, ed. L. Wadding, 1894), 267–346 – F. Delorme, AHDL 4, 1929, 493–566 – Speculum morale totius sacrae Scripturae, ed. Iuntina, Venedig 1594, 1600, 1603 – zu noch nicht (krit.) hg. Werken s. DThC XV, 3105–3113 – Gilson, Hist.,

694f. – *Lit.:* F. DELORME, FF 9, 1926, 421–471 – E. LONGPRÉ, RFN 18, 1926, 32–42 – P. GLORIEUX, La litt. quodl., II, 1935, 280–283 – F. DELORME, Sophia 10, 1942, 290–327 – A. PISVIN, WuW 12, 1949, 147–162 – L. v. UNTERVINTL, CF 25, 1955, 53–113, 225–258 [Bibliogr.] – S. DUMONT, AFrH 77, 1984, 81–109.

3. V. (Vital) **v. Savigny**, sel., Eremit, Gründer der Abtei →Savigny, * um 1050/60 in Tierceville (Basse-Normandie, dép. Calvados), † 16. Sept. 1122 in Savigny; von bescheidener Herkunft, nach sorgfältiger Ausbildung (wohl in →Bayeux und vielleicht Lüttich) zum Priester geweiht, stieg er auf zum Kapellan des Gf.en Robert v. →Mortain (Halbbruder →Wilhelms des Eroberers), nicht zuletzt dank seiner wortmächtigen Predigt (nach Zeugnis seines Hagiographen), wohl aber auch als Schützling des Gf.en (dieser war Grundherr von Tierceville), der V. als Kanoniker des Kollegiatstifts St-Evroul de Mortain (1082 vom Gf.en gegr.) einsetzte.

Um 1095 änderte V. vollständig sein Leben: Unter Aufgabe seines Besitzes (Pfründenverzicht) und seiner kirchl. Karriere wandte er sich dem Einsiedlerdasein zu und zog sich in das waldreiche Grenzgebiet zw. →Normandie, →Maine und →Bretagne zurück; hier traf er mit anderen großen Eremiten zusammen: →Robert v. Arbrissel, Raoul de la Futaie und →Bernhard v. Tiron. Auch V. wechselte zw. Aufenthalten in der 'Wüstenei' (Eremus), wo er als geistl. Vater Gleichgesinnte anleitete, und ausgedehnten Predigtreisen, die ihn bis nach England führten. Seine durch das gelebte Beispiel von Armut und Askese glaubwürdige Predigertätigkeit hatte die 'conversio', die reuige Umkehr, und die Mahnung zur Eintracht, die den Racheakten ein Ende setzen sollte, zum Gegenstand und zog zahlreiche Anhänger an. Nach siebzehnjährigem Einsiedlerleben und einem ersten, fehlgeschlagenen Versuch einer Klostergründung (1105, 'aumône de Mortain') erhielt V. vom Gf.en Raoul I. v. →Fougères den Forst v. Savigny übertragen mit dem Auftrag der Kl.gründung. Die letzten zehn Lebensjahre wirkte V. als Abt benediktin. Prägung, der sorgsam auf Wahrung des Grundbesitzes bedacht war. – Die hohe Frömmigkeit dieses Eremiten und Klostergründers wurde betont durch seinen →Totenrotel, seine vor 1178 verfaßte Vita, zwei Reliquientranslationen (1181, 1243, letztere mit Mirakelbericht) und eine Bittschrift Raouls v. Fougères an die röm. Kurie (1244), die aber V. nie kanonisierte; gleichwohl wurde ihm Verehrung zuteil. B. Poulle

Q. und Lit.: Vitae beatorum V. et Gaufridi, ed. E. P. SAUVAGE, AnalBoll I, 1882, 355–410 – Rouleau mortuaire du B. Vital, ed. L. DELISLE, 1909 – J. VAN MOOLENBROEK, Vital l'ermite, 1990.

Vitas patrum (Vitae patrum), im MA geläufiger vulgärlat. Titel eines in seinem Corpus variierenden Sammelwerks von Lebensbeschreibungen, Lehrgesprächen und Aussprüchen der ersten chr. Eremiten und Mönche in der ägypt., palästinens. und syr. Wüste.

[1] *Lateinisch:* Den ältesten Kern der komplexen, fast ausschließl. auf gr. Originaltexten beruhenden lat. Slg., die erst im Laufe ihrer über tausendjährigen Tradierung zu einem Kompendium zusammenwuchs, bilden umfangreiche Viten der ersten Eremiten und Gründer von Mönchsgemeinschaften, an ihrer Spitze die von →Athanasios verfaßte, durch →Evagrios v. Antiochia 370 ins Lat. übertragene Vita des Eremiten →Antonius und die originär lat., ca. 370–390 verfaßten Paulus-, Hilarion- und Malchusviten des →Hieronymus. Im Laufe der nächsten Jh.e kommen weitere Viten von Eremiten, Kl.gründern und auch Büßerinnen hinzu: die Vita des →Pachomios (lat. durch →Dionysius Exiguus), des →Symeon Stylites, des Einsiedlers Onuphrius, die von →Ephraem Syrus verfaßten Viten von Abraham d. Eremiten und seiner Nichte Maria, Büßerinnenviten wie Pelagia, Maria Aegyptiaca, Thais u. a. m. Die bis heute einzige Gesamtausg. der V. p., die allerdings nicht auf einer krit. Sichtung der Überlieferung gründet, wurde von Heribert Rosweyde 1615 herausgegeben und enthält 16 'vitae virorum' und 11 'vitae mulierum' (Buch I). Ebenfalls zum ältesten Kern der Slg. gehören als zweite Gattung die in Form eines Reise- und Erfahrungsberichts gestalteten Kurzbiographien und Schilderungen der ersten Mönchsgemeinschaften in der Wüste, die »Historia monachorum« in der lat Bearbeitung des →Rufinus v. Aquileia vom Ende des 4. Jh.; die von ägypt. und palästinens. Asketen und Asketinnen ähnl. berichtende »Historia Lausiaca« des →Palladios (um 419/420) wurde wohl erst im 6. Jh. ins Lat. übertragen. Als dritte Gattung kommen Slg.en von kurzen Lehrgesprächen, Beispielerzählungen und Aussprüchen der Wüstenväter (→Apophthegmata patrum, →Verba seniorum) hinzu, die im 6./7. Jh. ins Lat. übertragen wurden: »Adhortationes sanctorum patrum«, »Liber geronticon«, »Commonitiones sanctorum patrum« und »Sententiae patrum aegyptiorum«.

Eine Gesch. der V. p., die das Zusammenwachsen der verschiedenen Texte der Wüstenväterlit. zu einem Sammelwerk genau dokumentieren würde, steht noch aus. Trotz mehrerer Versuche westl. Kirchenlehrer, in dieses »wahre Hausbuch fast jeden Klosters« (SCHULZ–FLÜGEL, 289) auch westl. monast. Vorbilder zu integrieren, behielten die V. p. ihre östl. Prägung durch die ganze MA hindurch in vollem Umfang bei. Sie lieferten von Anfang an auch die spirituellen Grundlagen für das abendländ. Mönchtum. Ihr wichtigster Vermittler in den W, Johannes →Cassianus, stellte sich mit seinem Schrifttum ganz in die Tradition der Wüstenväter. In den ältesten Ordensregeln des Westens, →»Regula magistri« und →»Regula Benedicti«, wurden die V. p. als Grundwissen zur Lektüre vorgeschrieben. Bei Ordensgründungen und -reformen, die einen Neuanfang durch die Rückbesinnung auf die Ursprünge des Mönchtums anstrebten, kam ihnen immer wieder eine herausragende Rolle zu; für spätere Ordenschroniken lieferten sie vielfach das literar. Vorbild (»Vitas fratrum« des Dominikaners Gerard v. Frachet und des Augustinereremiten →Jordanus v. Quedlinburg). Zudem wurden die V. p. häufig in anderen Werken mittradiert, z. B. Viten in Legendaren wie der →Legenda aurea, Beispielerzählungen in den großen Exempelsammlungen des MA.

[2] *Volkssprachliche Übersetzungen:* Die V. p. wurden in mehrere europ. Sprachen übersetzt. Im dt. Sprachraum folgten der versifizierten Übers. der V. p. im →Väterbuch (vor 1300) im 14./15. Jh. mehrere Prosaübers.en. Ihre ältesten, die in der 1. Hälfte des 14. Jh. im Umkreis der dt. Mystik anonym entstandenen »Alemannischen Vitaspatrum« (ed. U. WILLIAMS, 1996 [TTG 45]), die einen Vitenteil mit sieben Einzelviten bzw. »Historia monachorum« sowie einen Verba-Teil mit einer aus verschiedenen lat. Verba-Slg.en kontaminierten Fassung enthalten, waren im ganzen dt.sprachigen Raum verbreitet. Um 1400 entstand im bair./frk. Grenzraum eine weitere anonyme »Verba seniorum«-Übers., die wiederum zusammen mit den »Alem. V. p.« und einigen Legenden aus der →»Heiligen Leben« um 1430 in Nürnberg zu einem neuen Gesamtcorpus bearbeitet wurde. Im 1. Drittel des 15. Jh. wurde in Melk, wahrscheinl. durch Johannes v. Speyer, eine dritte »Verba seniorum«-Übers. verfertigt. Vom Kartäuser Heinrich Haller

stammt schließl. eine Vitenübers., die nach dem erhaltenen Autograph aus der Kartause Schnals auf 1467 datiert.

Aus dem Ndl. sind im MA zwei umfangreiche Übers.en bezeugt. Die kurz nach 1360 entstandenen »Südmittelniederländischen Vitaspatrum« durch den 'Bijbelvertaler van 1360', einen Kartäuser aus dem Kl. Herne (→Bibelübersetzungen, XI), enthalten einen Vitenteil mit 10 Einzelviten und der »Historia monachorum« sowie einen auf den »Adhortationes sanctorum patrum« basierenden Verba-Teil. Die vor 1417 entstandenen, von mehreren Übersetzern verfaßten und v.a. im Umkreis der →Devotio moderna verbreiteten »Nordmittelniederländischen Vitaspatrum« basieren auf einer lat. Redaktion der V. p. in fünf Büchern, die nur aus Verba und kurzen Mönchsbiographien besteht. In den »Kölner Vitaspatrum«, einer wohl in Köln vor der Mitte des 15. Jh. entstandenen Slg., werden Einzelviten der alem. und der südmndl. V. p. mit einer neuen Verba- und »Historia monachorum«-Übers. zu einem Werk zusammengefaßt.

Aus Skandinavien sind zwei ma. Prosaübers.en der V. p. überliefert. Um 1300 entstand eine anonyme altwestnord. Übers. (ed. C. R. UNGER, Heilagra manna sxgur II, 1877, 335–671) und, wohl in Vadstena gegen Ende des 14. Jh., die aschwed. Übertragung »Helga manna leverne« (ed. K. E. KLEMMING, Klosterläsning, 1877/78, 179–304). Beide enthalten die »Historia monachorum« und eine umfangreiche Verba-Slg. In England wurden zwar Einzeltexte der V. p. in me. Legendare und Predigtslg.en aufgenommen, eine vollständige Übers. auf der Grundlage eines frz. Frühdrucks lieferte jedoch erst William →Caxton kurz vor seinem Tod 1491 (Erstdr. 1495).

Im roman. Bereich wurden die V. p. schon früh in die Volkssprache übertragen. Ein anonymer Templer in Temple Bruer (Lincolnshire) übersetzte Ende des 12. Jh. Teile der V. p. in anglonorm. Alexandriner (→Henri d'Arci). Im 13. Jh. entstanden mehrere »Vies des pères« in afrz. Prosa. Vor 1212 übertrug Wauchier de Denain eine Slg. von Einzelviten, die »Historia monachorum« und »Verba seniorum« für Philipp v. Namur in Prosa mit Verseinlagen. Vor 1229 verfertigte ein Anonymus eine mit einem Reimprolog versehene umfangreiche Prosaübers. der V. p. für Blanca v. Navarra (→Tedbald III.). Diesen folgten im 13. Jh. noch zwei weitere anonyme Prosaübers.en; aus dem 15. Jh. ist schließl. eine fünfte, umfangreiche Prosaübertragung der V. p. überliefert. In Italien stellte Domenico →Cavalca OP zusammen mit seinen Mitarbeitern nach 1320 die für ihre Sprache gerühmte freie Übertragung »Vite dei Santi Padri« her, die breit rezipiert wurde. Von der iber. Halbinsel sind sowohl eine katal. V. p.-Übers. wie eine weitere katal. »Verba seniorum«-Übers. aus dem späten 14. Jh. überliefert; im 15. Jh. übertrug Gonzalo García de Santa María die V. p. ins Kast.; diese Version wurde mehrfach gedruckt. Auf ptg. sind mehrere Einzelviten der V. p. in Hss. des 15. Jh. bezeugt.

Aus dem östl. Mitteleuropa ist eine tschech. Prosaübers. der V. p. aus der 1. Hälfte des 15. Jh. überliefert (ed. E. SMETÁNKA, Životy svatých otcû, 1909). U. Williams

Ed. und Lit.: zu [1]: Ed.: H. ROSWEYDE, Vitae patrum sive historiae eremitae libri decem, 1615 [abgedr. MPL 21 und 73/74] – Für weitere Ed. und Lit. s. a. die Art. zu den einzelnen Teilcorpora – Lit.: DSAM XVI, 1029–1035 – Pélagie la pénitente. Métamorphoses d'une légende, hg. P. PETITMENGIN, I, 1981; II, 1984 – W. BERSCHIN, Biographie und Epochenstil im lat. MA, I, 1986, bes. 188–191 – E. SCHULZ-FLÜGEL, Zur Entstehung der Corpora Vitae Patrum, Studia Patristica 20, 1989, 289–300 – Hagiographies. Int. Gesch. der lat. und einheim. hagiograph. Lit. im Abendland von den Anfängen bis 1550, hg. G. PHILIPPART, I, 1994; II, 1996 – zu [2]: Lit.: Dt. und Ndl.: Verf.-Lex.² X [im Dr.]

– Skand.: KL VI, 310f. [Helga manna leverne]; XX, 195f. [Vitae patrum] – Engl.: M. GÖRLACH, ME Legends 1220–1530 (Hagiographies I, 1994), 479f. – Frz.: HLF 33, 1906, 254–328 – It.: DBI XXII, 1979, 577–586 [Dom. Cavalca] – Iber. Halbinsel: C. M. BATTLE, L'antiga versió catalana de la Vita Pauli monachi del ms. Montserrat 810, Anal. Montserratensia 9, 1962, 297–324 – DERS., Dues versions medievals catalanes d'Apostegmes, Studia Monastica 18, 1976, 55–66 – Bibliogr. of Old Spanish Texts, 1984³, Nr. 2397, 2410 – J. MATTOSO, Le Portugal de 950 à 1550 (Hagiographies II, 1996), 84–102.

Vitebsk, städt. Handelszentrum in Weißrußland, gelegen am Einfluß der Vit'ba in die →Düna, seit 12. Jh. eigenständiges Teilfsm. der Rus'. Erste Siedlungsspuren sind für das 9./10. Jh. nachgewiesen. Die Version der V.er Chronistik des 18. Jh., in der die Gründung der Stadt →Ol'ga (10. Jh.) zugeschrieben wird, ist Legende. In der →Povest' vremennych let wird V. erstmals 1021 als Schenkung →Jaroslavs I. (2. J.) an den Polocker Fs. Brjačislav erwähnt. V. blieb im 11. Jh. Teil des Fsm.s →Polock. Nach dem Tod Fs. →Vseslavs 1101 fiel es als eigenständiges Fsm. an dessen Sohn Roman. In das 12. Jh. fallen die Entwicklung der zweigliedrigen burgstädt. Anlage zu einem größeren Siedlungs- und polit. Zentrum (ca. 11 ha) sowie der Bau der Mariä-Verkündigungs-Kirche. 1165 ging die Macht an die Fs.en v. →Smolensk über, bevor V. 1235 erstmals litauisch wurde und unter →Mindowe blieb. Ende des 13. Jh. erneut im Machtbereich der Fs.en v. Smolensk, fiel V. 1320 als Erbe Jaroslav Vasil'evičs an dessen Schwiegersohn →Olgerd, der 1345 Gfs. in →Wilna wurde. Unter →Jagiełło wurde V. litauisches Kronland und blieb in der Folge begehrtes Streitobjekt der Fs.en Litauens. Die Belebung des Düna-Dnepr-Handels durch Kaufleute der Hanse seit der Gründung →Rigas (1201) förderte die ökonom. Entwicklung V.s, das v. a. Waldprodukte lieferte. Die Kriegsereignisse des 16. Jh., während derer V. mehrfach zerstört wurde, ließen den Handel zurückgehen. Erst im 17. Jh. erholte sich V. wieder, nachdem ihm 1597 von Sigismund III. →Magdeburger Recht verliehen worden war. K. Brüggemann

Lit.: O. N. LEVKO, V. XIV–XVIII vv., 1984 – Drevnjaja Rus'. Gorod, zamok, selo, 1985 – O. N. LEVKO, Torgovye svjazi Vitebska v X–XVIII vv., 1989.

Vitelleschi, Giovanni, Kardinal und Kriegsmann, * um 1400, † 2. April 1440 als Gefangener in der Engelsburg, Rom, stammte aus einer illustren Familie von Corneto (Tarquinia). V. lernte das Waffenhandwerk bei dem Kondottiere Tartaglia, trat dann in den Dienst Papst Martins V. und schlug die kirchl. Laufbahn ein, in der er jedoch weiterhin militär. Aktionen leitete. Protonotar, Bf. v. Recanati und Macerata (1431), Kommissär der päpstl. Truppen in Latium und im Patrimonium S. Petri in Tuscia, regierte er in den Marken mit solcher Härte, daß er heftigen Widerstand gegen die päpstl. Herrschaft auslöste. 1434 gelang es ihm jedoch, gestützt auf ein Bündnis mit den Orsini, dem Papst Rom zurückzuerobern; 1435 zwang er den aufrührer. Stadtpräfekten Giovanni di →Vico, ihm Vetralla zu übergeben, zog ihn dann vor Gericht und ließ ihn enthaupten. →Eugen IV. verlieh V. daraufhin die Patriarchenwürde v. Alexandria und ernannte ihn zum Ebf. v. Florenz. Während eines neuerlichen Aufstands der röm. Barone 1436 zerstörte V. die Festungen der →Savelli und der →Colonna, darunter Lariano und →Palestrina. Im Frühjahr 1437 zog er wieder gegen den aufrührer. Adel zu Felde und machte Palestrina dem Erdboden gleich. Die Portalsturzpfosten der Kathedrale wurden auf den Eingang des Palazzo, den er in Corneto baute, übertragen. Vom Papst zum Gouverneur v. Traù ernannt, unterstützte V. die Anjoupartei in den Kämpfen um die Nachfolge auf den Thron v. Neapel. Die Gefangennahme des mächtigsten Parteigängers der Aragonesen, Antonio Orsini, Fs. v. Tarent, trug ihm den Kardinalspurpur ein (9. Aug. 1437). 1439 eröffnete er erneut den Kampf gegen die Barone: Er zerstörte die von Lorenzo Colonna gehaltene Festung Zagarolo, besiegte Niccolò Savelli und Corrado →Trinci, wodurch er →Foligno unterwarf. In Rom versuchte er die Wiederbevölkerung der Leostadt durch Gewährung des Asylrechts, Steuererleichterungen und eigene Jurisdiktion zu fördern, und dotierte das Ospedale di Santo Spirito. Am 19. März 1440 nahm ihn auf Betreiben der Florentiner Antonio Rido, der Kastellan der Engelsburg, auf verräter. Weise gefangen. Es ist nicht gesichert, ob er in der Folge an den im Handgemenge davongetragenen Verwundungen starb oder getötet wurde. F. Vaglienti

Lit.: EncIt XXXV, 486 – L Boffi, Il palazzo dei V. in Corneto, 1886 – A. da Mosto, Ordinamenti militari delle soldatesche dello Stato romano dal 1430 al 1470, QFIAB V, 1902, 19–34, bes. 30 – C. Pinzi, Lettere del legato V. ai priori di Viterbo dal 1435 al 1440, ASRSP XXXI, 1908, 357ff. – M. Caravale, Lo Stato pontificio da Martino V a Gregorio XIII (Storia d'Italia, hg. G. Galasso, XIV, 1978), 53, 55, 62f.

Vitelli, Vitellozzo, Sohn der Pantasilea degli Abbocatelli und des Niccolò (1414–86), Kondottiere, der die polit. Macht seiner aus dem röm. Umland stammenden Familie popolaren Ursprungs begündete, * Mitte des 15. Jh. in Città di Castello, † 31. Dez. 1502. V. kämpfte zuerst im Dienst Karls VIII. v. Frankreich gegen die Aragonesen v. Neapel, stand dann im Krieg gegen Pisa im Sold von Florenz und trat schließlich in päpstl. Dienste (Einnahme Viterbos 1500 im Auftrag Alexanders VI., Statthalter Cesare Borgias bei den Toskanafeldzügen, Einnahme von Piombino). 1502 führte er eine Koalition der Orsini, Baglioni und Petrucci an, die sich mit Arezzo, Cortona und den Vertretern des Chianatals verbündeten, die gegen die Herrschaft der Republik Florenz rebellierten, übernahm im Namen Cesare Borgias die Signorie über die gen. Städte und eroberte Borgo S. Sepolcro, Anghiari und weitere Gebiete der florent. Einflußsphäre. Als Florenz mit Hilfe der frz. Truppen des Antoine de Langres seine Territorien zurückgewann, nahm V. aus Besorgnis über das Bestreben des Borgia, sich der wichtigsten päpstl. Lehnsträger zu entledigen, an der Verschwörung der Orsini in Magione teil (9. Okt. 1502), um – mit Hilfe Venedigs – dem Zugriff des Papstes auf den röm. Adel und Cesare Borgias (der sich mit Frankreich verbündet hatte) auf Mittelitalien zu begegnen. Er besiegte die Truppen des Borgia bei Fossombrone und rückte gegen Imola vor. Cesare Borgia gelangte jedoch zu einem Einverständnis mit den aufständ. Statthaltern, die zu schwach waren, seinen europ. Verbündeten die Stirn zu bieten. V. wurde zusammen mit seinem Schwiegervater Paolo Orsini und anderen Verbündeten durch Verrat gefangengenommen und auf Geheiß Cesare Borgias in Sinigallia stranguliert. Von seiner Frau Borgia Orsini hatte er keine Nachkommen. Als erster Kondottiere setzte er die Infanterie, bewehrt mit eiserner Sturmhaube und Brustpanzer, Piken und Hellebarden, in geschlossener Schlachtordnung ein.

Auch V.s Brüder waren bedeutende Kriegsleute. Camillo († 1496, Gf. v. Montone) war der erste Kondottiere, der reitende Arkebusiere verwendete. Paolo, Spitzenahn der Mgf.en v. Cetona und Signoren v. Amatrice, kämpfte im Dienst Karls VIII. bei Fornovo und gegen das Kgr. Neapel. 1498 hatte er das Oberkommando der florent. Truppen im Krieg gegen Pisa, wurde aber wegen Verrates (Begünstigung der Medici-Partei) am 1. Okt. 1499 hingerichtet. Giovanni stand im Dienst Innozenz' VIII. und starb bei der Belagerung von Osimo (1487). Giulio, ein natürl. Sohn Niccolòs, wurde Bf. v. Città di Castello und zugleich päpstl. Kondottiere. F. M. Vaglienti

Q.: N. Machiavelli, Discorsi sopra la prima deca di Tito Livio, hg. C. Vivanti, 1983, 143 n. 8, 312 n. 1, 385 n. 1, 402 und n., 466 – P. Vaglienti, Storia dei suoi tempi 1492–1512, hg. G. Berti, M. Luzzati, E. Tongiorgi, 1982, ad indicem – *Lit.*: EncIt XXXV, 1486ff. – Enc. Militare VI, 1933, 1452 – P. Litta, Famiglie celebri italiane, 1819f., fasc. 35, tavv. II, IV – M. Caravale, Lo Stato pontificio da Martino V a Gregorio XIII (Storia d'Italia, hg. G. Galasso, XIV, 1978), 147, 157–158.

Vitenillustration. Schon in der Antike wurden Heroen-Viten gelegentl. in Szenenfolgen illustriert (z. B. Herkulestaten, vgl. noch die karol. Elfenbeine an der Kathedra Petri, St. Peter, Rom). Das frühe Christentum entwickelt Zyklen des →Lebens Christi (und Mariae), die, ausgebaut und variiert, Hauptthemen der ma. Kunst bleiben. Daneben werden im MA vornehml. Hl.nviten (→Hagiographie) illustriert, oft in formaler Anlehnung an Szenen der Vita Christi, während Viten von Herrschern, Bf.en etc. (→Biographie) nur selten Bildschmuck enthalten. Hl.nviten werden seit frühchr. Zeit in der Monumentalmalerei und Skulptur und in der Schatzkunst illustriert, v. a. an ihren Grabstätten: Paulus-Vita von 42 Szenen ehemals an der linken Langhauswand von St. Paul vor den Mauern, Rom, Mitte 5. Jh.; Petrus-Vita ehemals im Querhaus von Alt-St. Peter in Rom, 7. Jh; Ambrosius-Vita am Goldaltar von S. Ambrogio, Mailand, 2. Viertel 9. Jh.; Savinus-Passio, Krypta von S. Savin-sur-Gartempe, spätes 11. Jh.; Heribert-Vita, Emails am Heribertschrein, St. Heribert, Köln, um 1160/70; Franziskus-Vita im Langhaus der Oberkirche von S. Francesco, Assisi, Ende 13. Jh. Im Buch stehen Illustrationen von Hl.nviten meist beim Vitentext oder bei den Gebeten zum Fest, als repräsentative Bilder des Protagonisten (Initialen der »Vitae Sanctorum« aus Cîteaux, Dijon ms. 641, 1. Drittel 12. Jh.), als Einzelszenen aus der Vita (Initialen im Drogo-Sakramentar, Paris, BN lat. 9428, ca. 845/855; Passionale aus Zwiefalten in Stuttgart, WLB bibl. fol. 56–58, ca. 1120/35) oder als ganze Bildfolgen, bes. in den sog. »Libelli« (Wormald), Textsammlungen zum Fest des Patrons. Bildfolgen können in die Textkolumne eingesetzt sein (Kilians- und Margareten-Vita aus Fulda, Hannover, NLB Ms I 189, spätes 10. Jh.; Benedikts- und Maurus-Vita im Lektionar v. Montecassino, Rom, BAV Vat. lat. 1202, ca. 1071; Martins-Vita, Tours ms. 1018, spätes 11. Jh., vielleicht auf älteren Zyklen basierend; Radegundis-Vita, Poitiers ms. 250, spätes 11. Jh.) oder ganzseitig, dem Text vorangestellt oder integriert (Albinus-Vita aus Angers, Paris, BN n. a. lat. 1390, spätes 11. Jh.; Edmund-Vita aus St. Albans, New York, Pierpont Morgan-Libr. M 736, um 1130). Illustrierte Herrscherviten sind im HochMA noch extrem rar: Donizos Vita der Mgfn. Mathilde v. Tuszien in Rom, BAV Vat. lat. 4922, oberit., ca. 1115, mit ganzseitigen Bildern Mathildes und ihrer Ahnen, z. T. szenisch. Die Karls-Szenen am Aachener Karlsschrein, frühes 13. Jh., sind als Hl.nvita konzipiert, ebenso die illustrierten Vies de Saint Louis, Paris, BN fr. 5716 und 13568, um 1330/40. Erst im England des mittleren 13. Jh. werden im Umkreis von London und in St. Albans neben Hl.nviten (frz. Vers-Vita Thomas Beckets, London BL/ J. P. Getty; Matthew Paris, Albanus-Vita, Dublin, Trinity Coll. MS 177 [E.I.40]; Edward-Vita, Cambridge, UL MS Ee. 3. 59) auch des Matthew Paris Viten der Offas, zweier altengl., nicht als Hl.e verehrter Kg.e (London, BL MS Cotton Nero D. I), in der gleichen neuartigen Anordnung (Querformat über den Textspalten) und dramat. Gestaltung illustriert; vgl. auch des Thomas v. Kent anglonorm. Versvita Alexanders d. Gr. in Cambridge, Trinity Coll. MS 0.9.34, eine der ältesten illustrierten Hss. des Alexander-Stoffs. Im späteren MA finden sich neben ausführl. Illustrationsfolgen zu Hl.nviten (z. B. Thomas Becket-Vita, bas-de-pages im Queen Mary-Psalter, London, BL MS Royal 2.B.VII, um 1310/20) auch zunehmend solche zu Helden- und Herrscherviten, so die it. und frz. Hss. der Alexanderdichtungen (→Alexander d. Gr.), ferner die zeitgenöss., die frz. Kg.e Johann den Guten und Karl V. betreffenden Teile der Grandes Chroniques de France für Karl V., Paris, BN fr. 2813. Die Autobiographie Ks. Karls IV., Wien, ÖNB Cod. 619, hat nur wenige historisierte Initialen. U. Nilgen

Lit.: A. BOECKLER, Das Stuttgarter Passionale, 1923 – N. MORGAN, Early Gothic Mss. 1190–1285, 2 Bde, 1982/88 – B. BRENK, Das Lektionar des Desiderius v. Montecassino, Cod. Vat. Lat. 1202, 1987 – F. WORMALD, Some Ill. Mss. of the Lives of the Saints (DERS., Collected Writings, II, 1988, 43–56 [Lit.]) – La vie de Sainte Radegonde par Fortunat, ed. R. FAVREAU, 1995, 146–192, 223 [Lit.].

Viterbo, Stadt in Mittelitalien (Latium). Erste Erwähnung eines Castrum Viterbii im 7. Jh.; V. wurde jedoch erst im 11. Jh. durch die starke Zuwanderung aus den ländl. Gebieten der Umgebung ein bedeutendes Zentrum. In dieser Zeit wurden der Mauerring gebaut und die Kommune begründet (1095). Die frühe kommunale Periode V.s war durch ständige Kämpfe mit den umliegenden Ortschaften und mit Rom gekennzeichnet. Gleichzeitig wurden die Grundlagen für das bes. Verhältnis der Stadt zu den Päpsten gelegt, das V.s Blütezeit entscheidend prägte. 1146 hielt sich Eugen III. auf der Flucht vor den sich gegen ihn erhebenden Römern sieben Monate in V. auf. 1147 wehrten die Viterbesen, die sich um den Papst geschart hatten, den Angriff der Römer ab. 1164 zog sich der Gegenpapst Paschalis III. während seines Kampfes mit Alexander III. nach V. zurück, das unter dem Schutz Ks. Friedrichs I. Barbarossa stand. 1167 begab sich der Ks. nach V. und gewährte der Stadt für den Empfang, den sie ihm bereitet hatte, umfassende Privilegien. 1172 zerstörte V. Ferento und zwang dessen Bevölkerung, sich in V. anzusiedeln. So wurde V. zur wichtigsten Kommune in der Tuscia Romana, was 1192 durch die Erhebung zum Bm. bestätigt wurde. 1207 war Innozenz III. in V. (wo die Patarin. Häresie Fuß gefaßt hatte), um jede häretische Tendenz zu bekämpfen und eine eventuell aufkommende kaiserfreundliche Orientierung im Keim zu ersticken. Anfänglich schien sein Versuch erfolgreich zu sein; die Ks.wahl Friedrichs II. stärkte jedoch die ghibellin. Faktion, so daß sie sich 1237 der polit. Führung der Kommune bemächtigen konnte. 1240 zog der Ks. selbst in V. ein. Die von ihm eingesetzte Garnison wurde jedoch 1243 von einer Revolte der Guelfen vertrieben (die spätere Stadtpatronin, die hl. →Rosa, soll bereits im Alter von acht Jahren daran teilgenommen haben). Die ghibellin. Faktion gewann 1247 von neuem die Oberhand. V. blieb bis zum Tode Friedrichs II. (1250) kaiserlich und fiel dann wieder an die Kirche. Innozenz IV. erließ daraufhin eine Generalamnestie und bestätigte alle Privilegien und Immunitäten. Von 1257 bis zu seinem Tod 1261 hielt sich Alexander IV. während seines Kampfes mit den Römern und mit →Manfred in V. auf. Seit dieser Zeit residierten die Päpste bis 1281 fast ohne Unterbrechung in V. Dazu trug das Angebot der Kommune bei, für die Päpste einen Palast als Sitz ihrer Kurie zu errichten (nach der Portalinschrift 1266 fertiggestellt). Alle Päpste von Urban IV. bis Martin IV. (mit Ausnahme Innozenz' V.) wurden in V. gewählt. Das Konklave, aus dem Gregor X. hervorging, dauerte zwei Jahre und zehn Monate (1268–71) und kam erst zum Abschluß, als die Viterbesen das Dach des Versammlungssaales abdeckten und die Lebensmittelversorgung reduzierten. 1281 drangen die Viterbesen in das Konklave, das sich in die Länge zog, ein und nahmen einige Kard.e in Haft. Der gewählte Papst, Martin IV., beschloß deshalb, V. zu verlassen und verhängte die Exkommunikation gegen die Stadt. Damit begann der Niedergang. Das 14. Jh. war durch Kämpfe zw. der Familie Gatti und den Präfekten v. →Vico gekennzeichnet. Um die Mitte des Jh. schien Giovanni di Vico sich durchzusetzen, 1357 wurde V. jedoch von Kard. →Albornoz eingenommen. Die Vico übten für kurze Zeit wieder die Signorie aus (1375–87, 1391–96), ohne ihre Macht konsolidieren zu können. Kard. →Vitelleschi führte ihren Sturz herbei und ließ 1435 Giacomo di Vico enthaupten. In den anschließenden Wirren konnten sich für kurze Zeit die Gatti durchsetzen. Die Päpste, die in den ersten Jahrzehnten des 16. Jh. regierten, befriedeten die Stadt und reduzierten schrittweise ihre Selbständigkeit. Der Papstpalast wurde dem Verfall preisgegeben und erst Anfang des 19. Jh. restauriert. A. Menniti Ippolito

Lit.: AAVV, V. città pontificia, o. J. – J.-C. MAIRE VIGUEUR, Comuni e signorie in Umbria, Marche e Lazio (Storia d'Italia, hg. G. GALASSO, VII/2, 1987).

Viterbo, Verträge v., zwei in der Papstresidenz v. V. geschlossene Verträge →Karls I. v. Anjou, Kg.s v. →Sizilien, mit Wilhelm v. Villehardouin, Fs.en v. Achaia (24. Mai 1267), bzw. – Balduin II. v. Courtenay, Titulärks. v. Konstantinopel (27. Mai 1267). Ziel war die Restauration des 1261 von den Byzantinern zurückeroberten →Lat. Ksr. es unter Karls Führung. Der 1. Vertrag beinhaltete ein Hilfeversprechen Karls, der dafür sich und seinem Haus die Anwartschaft auf das Fsm. Achaia (Heiratsprojekt zw. Anjou und Villehardouin) erwarb (doch unter Wahrung des Nießbrauches von Wilhelm). Der 2. Vertrag umschrieb eingehend die Bedingungen, unter denen Karl (oder seine Erben) die Wiederherstellung des Lat. Ksr. es durchführen sollte: Karl sollte binnen sechs oder sieben Jahren ein Expeditionskorps von 2000 Reitern auf ein Jahr in die Romania entsenden; als Gegenleistung wurde ihm die →Suzeränität über Achaia zugesichert, ferner Küstenbesitz in →Epeiros (u. a. →Korfu), doch unter Lehnshoheit Balduins. Der durch künftige Eheallianz (Philipp v. →Courtenay, Sohn Balduins II. und der Maria v. →Brienne, mit Beatrix, Tochter Karls v. Anjou) untermauerte Vertrag sah für Karl die Zusicherung eines Drittels der zu erobernden Gebiete in der Romania vor, in voller Souveränität; den Rest sollte Balduin erhalten. Im Falle des Todes Balduins oder seines Sohnes Philipp ohne legitimen Erben sollte der Thron v. Konstantinopel an das Haus →Anjou fallen. Venedig erhielt für seine unentbehrl. Flottenhilfe die alten Rechte im Lat. Ksr. zugesichert.

Als Resultat der Verträge v. V. wurde das frk. Griechenland (→Morea) zu einer Dependance des angevin. Kgr.es Sizilien: 1278 kam das Fsm. Achaia unmittelbar an Karl v. Anjou. Noch 1289 garantierte →Karl II. v. Anjou (in seiner Eigenschaft als Kg. v. Sizilien) der Isabella, anläßl. ihrer Heirat mit Floris v. Hennegau, den Besitz des Fsm.s Achaia als Lehen.

Eine weitere Folge der Verträge v. V. war die Proklamation Karls v. Anjou 1272 zum Kg. v. →Albanien. Nach dem Scheitern des angevin. Restaurationsprojekts des Lat. Ksr.es (1273) und der Papstwahl des von den Anjou abhängigen →Martin IV. (1281) wurde am 31. Juli 1281 in Orvieto ein neuer Vertrag zw. Karl I. v. Anjou, Philipp v. Courtenay (als Titularks. v. Konstantinopel) und Venedig in Hinblick auf einen Kreuzzug nach Konstantinopel (bis spätestens April 1283) abgeschlossen, der alle älteren Vereinbarungen (insbes. auch die Bestimmungen der Verträge v. V.) anerkannte. Im Gefolge des Vertrags v. Orvieto exkommunizierte der Papst am 18. Okt. 1281 den byz. Ks., womit er die Union v. →Lyon (1274) aufkündigte. Obwohl die →Siz. Vesper und die Eroberung Siziliens durch →Peter III. v. Aragón (1282) die Realisierung des Kreuzzugsprojekts unter Karl I. unmögl. gemacht hatten, wurde es von den Anjou später mehrfach wiederaufgenommen. S. Schein

Q.: TAFEL-THOMAS III, 287-295 – G. DEL GIUDICE, Codice dipl. del regno di Carlo I e II d'Angiò, II, 1863, 30ff. – *Lit.*: J. LONGNON, Le rattachement de la principauté de Morée au royaume de Sicile en 1267, Journal des Savants, 1942, 134–143 – D. GEANAKOPLOS, Emperor Michael Palaeologus and the West, 1959 – K. M. SETTON, The Latins in Greece and the Aegean from the Fourth Crusade to the End of the MA (CMH, IV, 1, 1966), 908–938 – A Hist. of the Crusades, ed. K. M. SETTON, II, 1969, 255–274 [J. LONGNON]; III, 1975, 27–68 [D. GEANAKOPLOS] – P. HERDE, Karl I. v. Anjou, 1979.

Vitéz, Johann (János), * um 1408, † 9. Aug. 1472 in Gran, ung. Prälat, Diplomat und Humanist; seit 1436 in der kgl. Kanzlei Siegmunds, seit 1453 Kanzler, seit 1445 Bf. v. →Großwardein, seit 1465 Ebf. v. →Gran. Verwandter des Johannes →Hunyadi und Erzieher seiner Söhne. Er spielte eine wichtige Rolle bei der Kg.swahl von Matthias Corvinus und führte die Verhandlungen mit Ks. Friedrich III. um die Rückgabe der →Stephanskrone. 1471 trat V. zum poln. Bewerber um die ung. Kg.swürde, Kasimir, Sohn Kg. →Kasimirs IV., über, fiel deshalb bei Matthias Corvinus in Ungnade und starb nach kurzer Haft. – V. ließ in Großwardein und Gran Bauten im Renaissancestil errichten, war ein bedeutender Humanist (→Humanismus, C), gründete eine Bibliothek und in →Preßburg eine Universität (→Academia Istropolitana 1467). Er stand mit ung. und ausländ. Humanisten in Verbindung, u. a. mit Enea Silvio de' Piccolomini (→Pius II.), Georg v. →Peuerbach und Johannes →Regiomontanus, und förderte seinen Neffen →Janus Pannonius. V. verfaßte humanist. Briefe und Reden. A. Kulcsár

Lit.: I. VITÉZ DE ZREDNA, Opera quae supersunt, ed. I. BORONKAI, 1980 – K. CSAPODI-GÁRDONYI, Die Bibl. des J. V., 1984 – T. KLANICZAY, Das Contubernium des J. V. (Forsch.en über Siebenbürgen und seine Nachbarn, 2, 1988).

Viticev (Uvetiči), Ort unterhalb von →Kiev am Dnepr, Sammelpunkt für Handelskarawanen nach Konstantinopel (→Konstantin VII. Porphyrogennetos, »De admin. imp.«), im Aug. 1100 Ort eines Fs.entreffens. Nach →Ljubeč (1097) war V. ein weiterer Versuch, durch Beilegung dyn. Konflikte innerhalb der →Rjurikiden und eine territoriale Neuregelung – diesmal im SW der Rus' – eine dauerhafte Stabilisierung des Reiches v. Kiev zu erreichen. Auslösendes Moment war der Bruch der Ljubečer Gemeinsamkeitsbekundungen (auf der Grundlage der Unantastbarkeit des 'Vatererbes'; →Votčina) durch den Jaroslav-Enkel Davyd Igor'evič, der mit Unterstützung des Kiever Fs.en →Svjatopolk Izjaslavič den tatkräftigen Terebovler Fs.en Vasil'ko Rostislavič gefangengesetzt u. geblendet sowie Teile von dessen Herrschaftsgebiet an sich gerissen hatte, was einen Rachefeldzug der Rostislaviči und eine drohende Haltung →Vladimir Monomachs gegenüber Kiev ausgelöst hatte. Die Vereinbarung v. V., die von den Fs.en Svjatopolk Izjaslavič, Vladimir Vsevolodovič sowie Oleg und Davyd Svjatoslavič bei Anwesenheit Davyd Igor'evičs beschlossen wurde, beinhaltete dessen Verzicht auf (das an Jaroslav, den Sohn Svjatopolks, übergebene) →Vladimir in Volhynien. Er wurde mit Bužsk, Ostrog, Duben und Čertorysk (später auch noch Dorogobuž) sowie einer Geldsumme entschädigt. Der Plan, das Herrschaftsgebiet der Rostislaviči Volodar' und Vasil'ko auf Peremyšl' zu beschränken, scheiterte am Einspruch Vladimir Monomachs unter Hinweis auf die Vereinbarung v. Ljubeč. Wie diese bedeutete die Übereinkunft v. V. lediglich eine durch die konkrete polit. Situation ermöglichte ad hoc-Regelung ohne prinzipielle verfassungspolit. Konsequenzen. Allerdings konnte die nach V. gewonnene innere Ruhe endlich zu einem aktiven militär. Vorgehen gegen die Polovcer (→Kumanen) genutzt werden; die Siege (1103, 1107, 1111) der vereinten Kräfte der Fs.en Svjatopolk, Vladimir und Davyd Svjatoslavič hinterließen einen nachhaltigen Eindruck bei den Zeitgenossen. H. Rüß

Lit.: SOLOV'EV, IR, I – M. S. GRUŠEVSKIJ, Očerk istorii Kievskoj zemli ot smerti Jaroslava do konca XIV stoletija, 1891 – V. O. KLJUČEVSKIJ, Sočinenija, I (Kurs russkoj istorii, č. 1), 1956 – HGeschRußlands I, 1981 [H. RÜSS].

Vitigis, Kg. der →Ostgoten 536–540, † 542, stammte aus »keinem glänzenden Haus«, doch waren sowohl sein Onkel als auch sein Neffe bereits hohe Truppenführer. Noch in den letzten Tagen →Theoderichs muß sich V. bei der Belagerung einer Stadt so ausgezeichnet haben, daß er →Athalarichs 'Comes spatharius', Schwertträger, wurde. Er diente im »Auswärtigen Amt« v. Ravenna wie als Gesandter im Ausland und kam sogar nach Konstantinopel. Als selbständiger Heerführer wehrte er 530 den Angriff der →Gepiden auf Sirmium erfolgreich ab. Die Karriere des V. beginnt daher erst gegen 526; daß er schon im sirmiens. Krieg v. 504 dabeigewesen sei, ist ein Irrtum des Prokop. V. wird kaum vor 500 geboren worden sein. Kg. →Theodahad übernahm V. als Schwertträger und übertrug ihm den Oberbefehl über das mobile Gotenheer, das sich 536 südl. von Rom sammelte. Hier kam es Ende Nov. 536 zum Abfall von Theodahad, worauf das Gotenheer V. zum Kg. machte. V. begründete seine Herrschaft als Heerkönigtum. Sein Programm – Ansippung durch Idoneität – verlangte, daß der neue Kg. sich →Ravennas bemächtigte und die Enkelin Theoderichs d. Gr., Matasuntha, heiratete. Allerdings mußte er vorher seine Frau verstoßen, von der er mindestens einen Sohn hatte. Gleichzeitig schloß V. den überfälligen Vertrag mit den →Franken und überließ ihnen die Schutzherrschaft über Gallien, die Alamannen und andere ostalpine Völker. Darauf zog er die ostgot. Truppen aus Gallien ab, marschierte mit dem Hauptheer wieder gegen Rom und griff gleichzeitig die Römer in Dalmatien an. Vom 21. Febr. 537 bis Anfang März 538 belagerten die Goten mit schweren Verlusten erfolglos die Ewige Stadt. Danach zog sich V. nach Ravenna zurück und versuchte, die militär. Rückschläge mit diplomat. Erfolgen zu kompensieren. Got. Gesandte gingen zu Franken, Langobarden und Persern, um sie gegen das Imperium zu mobilisieren. Die →Langobarden lehnten ab. Die frk.-burg. Hilfe führte 539 zu chaot. Vorstößen der nördl. Nachbarn nach Ligurien (Mailand) und wurde 540 ihrerseits abgelehnt, als sie erneut angeboten wurde. Als sich die Situation an der pers. Grenze für die Römer verschlechterte, schien Justinian bereit, das Angebot V.' anzunehmen, Italien zw. einem got. Kgr. in Ligurien und Venetien und dem Imperium zu teilen. Der ksl. Feldherr →Belisar verweigerte aber die Unterschrift unter dem Vertrag. Darauf dürfte es Verhandlungen gegeben haben, die sowohl Belisars Erhebung zum Gotenkg. wie Kars. des Westreiches bezweckten, jedenfalls V. in die Lage manövrierten, in der er sich nur mehr ergeben konnte. Kampflos zog die ksl. Armee im Mai 540 in Ravenna ein. V. und Matasuntha wurden mit zahlreichen Goten nach

Konstantinopel gebracht. Während die got. Krieger 541 gegen Persien geschickt wurden, blieb V. als →Patricius in der Ks.stadt, wo er 542 starb. H. Wolfram

Lit.: PLRE 3 B, 1382–1386 [teilw. fehlerhaft und unvollständig] – H. WOLFRAM, Die Goten, 1990³, 341–349.

Vitoria, Stadt in Nordspanien, nördl. →Kastilien, in der ehem. Gft. Álava (einer der →Bask. Provinzen), am Rio Zapardiel, im N der Gft. Treviño, in der Krondomäne. Der Überlieferung nach soll V. bereits im späten 6. Jh. an einem baskischen 'Gazteiz' genannten Ort vom westgot. Kg. →Leovigild zu Ehren des Sieges über abtrünnige Basken errichtet worden sein; tatsächlich dürfte die Stadtgründung aber erst 1181 durch Kg. →Sancho VI. d. Weisen v. →Navarra erfolgt sein; die Bask. Provinzen (und mit ihnen V.) fielen aber bereits 1200/05 an →Kastilien. Am Ende des 12. Jh. wurde die Stadt 'besiedelt' (→Repoblación) aufgrund des ihr verliehenen →Fueros v. →Logroño, der ihr u. a. das Privileg der Wahl von Richtern und →Alcalden, die einen →Concejo bildeten, zugestand. Die Stadt war ein 'castrum', überragt von zwei Burgen (eine davon war die mächtige Festung 'Zaldiarán'), welche die Flußbrücke und das fruchtbare Umland der Stadt kontrollierten. Im 13. Jh., bereits unter kast. Herrschaft, entwickelten sich die Kaufmannsviertel, die *Judería,* das Hospital v. Santiago und die Bettelordenskonvente; um 1200 zählte die Stadt an die 8000 Einwohner. Die Kg.e v. Kastilien bestätigten und erweiterten den Fuero v. V. und verliehen ihn (im Zuge der Wiederbesiedlung) an andere Städte.

Heeresaufgebote aus V. sind für alle Feldzüge der kast. Monarchie bezeugt, von Las →Navas de Tolosa (1212) über die Reconquista der andalus. Städte bis zur Schlacht am →Salado (1340). Die großen Adelsfamilien der Provinz Álava gehörten auch der adligen Führungsschicht (*Hidalguía*) v. V. an: die →Haro, Ayala, →Mendoza, Leiva, Gaune (Herren v. Gamboine), →Guevara (Herren v. →Oñate). Auch in V. wurde der städt. Concejo von zwei Adelsgruppierungen dominiert: *Gamboinos* und *Oñacinos*. 1330 gründete Kg. Alfons XI. zu V. den kgl. Ritterorden der 'Banda', in dem Fernán Pérez de Ayala (Vater des Dichters Pedro →López de Ayala), Juan Martínez de Leiva und Juan Ruíz de Gauna stark hervortraten. Zw. der Bruderschaft der 'Arriaga', in der die →Hidalgos der Provinz Álava zusammengeschlossen waren, und dem Concejo v. V. entstand damals ein Streit um den Besitz der 45 Dörfer des Umlandes mit ihren grundherrl. Nutzungsrechten, namentl. den Weiderechten; am 22. Febr. 1332 sprach Alfons XI. 4 Dörfer der Arriaga-Bruderschaft, 41 dagegen der Stadt V. zu, aufgrund eines Schiedsspruchs des mächtigsten Herrn in Álava, Juan Martínez de Ayala.

Im Bürgerkrieg zw. →Peter d. Grausamen und seinem Halbbruder →Heinrich (II.) Trastámara hielten die Gamboinos zum Kg., die Oñacinos vom Hause →Trastámara. Peter d. Grausame trat →Karl II. v. Navarra, dessen Bündnis er suchte, Territorien in den Provinzen Álava und →Rioja ab, darunter V. und Logroño. 1367 fanden bei und um V. wichtige Schlachten des Bürgerkrieges statt. Der für den Frieden wirkende päpstl. Legat Gui de →Boulogne zwang 1372 Karl II., V. an Heinrich II. (Kg. seit 1369) zu restituieren.

1431 wurde V. in den Rang einer 'Ciudad' erhoben. 1483 öffnete die Stadt der Kgn. →Isabella v. Kastilien die Tore; diese beschwor vor dem Tor v. Arriaga die Wahrung des Fuero v. Álava. 1492 wurde (wie überall in Kastilien) die jüd. Einwohnerschaft von V. vertrieben; aufgrund ihrer Verdienste als Ärzte erwirkten die Juden, daß ihr Friedhof (→Friedhof, D) weiterhin von der Stadt erhalten wurde. Während des Comunero-Aufstandes von 1520 blieb V. Ks. Karl V. treu. B. Leroy

Q. und Lit.: J. DE LANDAZURI Y ROMARATE, Hist. civil y eclesiastica, politica y legislativa de la muy leal ciudad de V., 1780 [Neudr. 1980 – E. SERDÁN Y AGUIRREGAVIDIA, V., el libro de la Ciudad, 2 Bde, 1926–27 – G. MARTÍNEZ DÍEZ, Álava medieval, 2 Bde, 1974.

Vitoria, Francisco de OP, * 1492/93 in Burgos, † 1546, stud. in Paris, lehrte 1522–26 in Valladolid, 1526–46 in Salamanca. Zu seinen Lebzeiten veröffentlichte er keine seiner Schriften, bereitete aber dreizehn seiner fünfzehn *relectiones* für den Druck vor; erhalten blieben auch zahlreiche Vorlesungsmitschriften seiner Schüler. Die ersten sechs relectiones (1528–39) spiegeln in komprimierter Form sein Denken über die brennendsten polit. und ethn. Fragen dieser Jahre wider: Ursprung der weltl. Macht, Grenzen der päpstl. Gewalt, Rechte des Konzils im Verhältnis zum Papsttum, Rechtmäßigkeit der Ansprüche der Spanier auf eine Eroberung →Amerikas, ihr Recht der Kriegführung (→bellum iustum) gegen die amerikan. Ureinwohner (→Indianer).

Nach V. ist jede echte weltl. Gewalt legitim, da ihr Ursprung in Gott liegt und sie vom Menschen als einem von Natur aus sozialen Wesen ausgeht. Zur Darlegung dieser These zieht er die aristotel. Lehre von den vier Gründen heran. V. ist zudem einer der Begründer des nz. →Völkerrechts, das er mit internationaler Solidarität der Völker rechtfertigt, der brüderl. Verbundenheit aller Menschen.

Die Frage nach der Rechtmäßigkeit der Eroberung und span. Präsenz in Amerika beantworten die berühmten Rechtstitel V.s (acht rechtmäßige, sieben rechtswidrige), die auch Kritik an der ma. →Zwei-Schwerter-Lehre üben. Rechtmäßige Gründe für die Eroberung Amerikas sind: das Recht der Spanier auf unbehinderte Bewegungsfreiheit in den entdeckten Ländern; ihr Recht, in Amerika den chr. Glauben zu verkünden; der Schutz der zum chr. Glauben bekehrten Ureinwohner vor Verfolgung durch noch heidnische; das Recht des Papstes, den Eingeborenen, falls sie sich großenteils zum kath. Glauben bekehren, einen chr. Fs.en zu geben und ihren ungläubigen Fs.en abzusetzen; die Tyrannei eingeborener Herrscher, die unmenschl. Gesetze erlassen; die freie Entscheidung der amerikan. Ureinwohner zugunsten der Spanier; Freundschaft oder Bündnis der amerikan. Eingeborenen mit den Spaniern; das Recht, den nur selten zivilisierten Eingeborenen, die kaum über echte Staatswesen verfügen, einen chr. Fs.en aufzuzwingen – ein Rechtstitel, der bereits V. selbst zweifelhaft erscheint.

V. beteiligte sich im Juli 1541 an der theol. Disputation in Salamanca über die Taufe amerikan. Ureinwohner: Danach sollte eine Taufe erst nach ausreichender chr. Unterweisung erfolgen und erst nach dem Aufweis der völligen Abkehr von heidn. Praktiken. →Naturrecht, IV.

J. I. Saranyana

Ed.: F. de V., De Indis..., lat.-dt., hg. W. SCHÄTZEL, 1952 – Obras de F. de V. Relecc. teol., lat.-span., hg. T. URDANOZ, 1960 – F. de V., Relectio de Indis (1539), hg. L. PEREÑA–J. M. PÉREZ PRENDES, 1967 [mit span. Übers.] – *Lit.:* L. WECKMANN, El pensamiento político medieval y los orígenes del derecho internacional, 1950, 1993² – J. MULDON, Popes, Lawyers, and Infidels, 1979, bes. 143ff. – I. FETSCHER–H. MÜNKLER, Pipers Hb. der polit. Ideen, III, 1985, 84f., 147–149 [Lit.] – J. BRUFAN PRATS, La Esc. de Salamanca ante el descubr. del N. M., 1989 – Gesch. des Christentums 8, Die Zeit der Konfessionen, 1992, 816–819.

Vitré, Stadt in der östl. →Bretagne (Westfrankreich, dép. Ille-et-Vilaine), zählte zu jener Generation bret. Städte, die auf eine Burg aus der Zeit der Jahrtausendwende zurückgehen. 1008 verlieh Hzg. Geoffroy (Godfredus) einem Vasallen namens Riwallon die auf einem Schiefersporn über der Vilaine gelegene frühe Befestigung, welche die von →Rennes in die 'Marken' führende Straße kontrollierte, den Grenzraum zw. dem Hzm. und den großen Lehen des Kg.s v. Frankreich beherrschte und bald zum Sitz einer mächtigen Baronie wurde. Die entstehende Stadt breitete sich an den Ausläufern des nun eine Burg tragenden Bergsporns und auf einem benachbarten Hügel aus; ihre topograph. Entwicklung wird anhand der Bildung von Prioraten und Pfarreien deutlich. Um 1060 stattete Robert I., ein Nachkomme des Gründers, die Eigenkirche Notre-Dame als Kanonikerstift mit Pfarrei aus; doch wurden die Augustinerchorherren nachfolgend (1116) von Benediktinern aus St-Melaine de Rennes abgelöst (1208 Einsetzung eines Pfarrvikars). Robert I. schenkte um 1064 der Abtei →Marmoutier ein ehem. Burggelände zur Gründung des Priorats Ste-Croix, der künftigen Pfarrei des westl. 'Faubourg'. Im östl. 'Faubourg' dagegen bestand nur die Kapelle St-Martin (1434 Taufbecken).

Die Burg V., deren dreieckiger Grundriß im wesentl. auf die Zeit Andrés III., des letzten Vertreters der urspgl. Herrenfamilie, zurückgeht, kam mit der Baronie 1239 aufgrund einer Heirat (Guy VII. v. Laval ∞ Erbtochter Philippa) an die mächtigen Herren v. →Laval, die V. mit ihrem in elf Kastellaneien gegliederten Hausbesitz vereinigten, hier mit Vorliebe residierten und die Burg vom späten 13. bis 15. Jh. zu einem Hauptwerk der got. Wehrarchitektur (berühmtes *Châtelet*) ausbauten.

Die Stadt V., die – wie →Fougères – Mitte des 15. Jh. die hohe Einwohnerzahl von ca. 4000 erreichte, war mit einer Stadtmauer umwehrt (Untergeschosse der Kurtinen und spätma. Türme teilweise erhalten). V. diente im Bret. Erbfolgekrieg (→Bretagne, B.II) dem Haus Blois-→Penthièvre als Stützpunkt, erlag aber im späten 15. Jh. der Truppenmacht Karls VIII. v. Frankreich (frz. Besetzung Sept. 1487). Die ma. Altstadt (Pfarrkirche Notre-Dame: roman.-got., Flamboyantstil; Bürgerhäuser in Fachwerk; altertüml. Straßen: rue de la Baudrairie 'Schwertfegergasse', Poterie 'Töpfergasse', Saulnerie 'Salzsiedergasse') war umgeben von volkreichen Vorstädten: St-Martin (Kirche des 15. Jh.) und Racha(p)t mit Hospital St-Nicolas (reiches Archiv).

Wichtigstes Gewerbe war im MA die Tuchmacherei, belebt durch Flüchtlinge aus der Normandie (nach der frz. Niederlage v. Azincourt, 1415), v.a. Leineweberei mit Export über →St-Malo nach Südengland, Flandern und Portugal, über Paris ins Lyonnais. Träger des Leinwandhandels war die Bruderschaft und Gilde der 'Marchands d'Outre Mer' (1473: 41 Mitglieder), der Patrizierfamilien wie die Bernardays, Gennes, Le Moenne (La Borderie) sowie der Vater des hzgl. Schatzmeisters Pierre →Landais angehörten. Weiterhin ist Handel mit Leder, Salz, Bausteinen (Steinbruch La Goupillière), Produkten des Ackerbaus und der Weidewirtschaft zu nennen; →Kaufhaus (bret. 'cohue'), Wechslerbänke und Jahrmarkt (Notre-Dame, 25. März) belegen lebhaften Handelsverkehr. Die berühmte Außenkanzel v. Notre-Dame war Schauplatz leidenschaftl. Predigten (bis in die Zeit der Religionskämpfe des 16. Jh.).

Die Stadtverwaltung, die im Kreuzgang v. Notre-Dame tagte, umfaßte (neben einem Rat der Notabeln) einen städt. Prokurator, einen *miseur* (Finanzbevollmächtigten), einen Finanzkontrolleur u. a. städt. Amtsträger. Die Stadt genoß Privilegien, entsandte Delegierte zu den →États des Hzm.s Bretagne und zahlte durchschnittl. 400 *livres bretonnes* an direkten Steuern (→'Aides'), die weniger drückend als die ländl. Herdsteuer ('Fouage') ausfielen.
J.-P. Leguay

Lit.: Y. LABBÉ, Les débuts d'une ville bretonne. V. aux XVᵉ et XVIᵉ s., Mém. Soc. d'Hist. et d'Archéologie de Bretagne 24, 1944, 61–146 – A. MUSSAT, Le château de V. et l'architecture des châteaux bretons du XIVᵉ au XVIᵉ s., BullMon 133, 1975 – J.-P. LEGUAY, Un réseau urbain au MA. Les villes du duché de Bretagne aux XIVᵉ et XVᵉ s., 1981.

Vitrified Forts ('Glasierte Befestigungen'). Dieser Begriff wird für einen bestimmten Typ von Hügelbefestigungen in Schottland verwendet, bei dem die Hauptverteidigungsanlagen aus Steinmauern bestanden, die, durchschnittl. 3 m–12 m breit, um ein Gerüst aus großen Holzstämmen errichtet worden waren. Diese »timberlaced« Mauern weisen eine Glasierung im Mauerwerk auf, was darauf hindeuten würde, daß das Holz zufällig oder vorsätzl. in Brand geraten ist. Dieses Feuer müßte eine so große Hitze erzeugt haben, daß das silikathaltige Material im Stein geschmolzen ist, wobei eine feste, verschmolzene Masse sowie das glasartige Aussehen entstanden sind. Derartige Feuer können hervorgerufen worden sein entweder durch einen feindl. Angriff, der außerhalb der Befestigung erfolgt war, oder durch versehentl. in Brand geratene Wohnviertel, die aus dicht nebeneinander errichteten Holzhütten im inneren Bereich der Befestigung bestanden. Die frühesten schott. Hügelbefestigungen werden auf das 8. Jh. v. Chr. datiert, d.h. vor den Beginn der eisenzeitl. Kultur in Schottland, aber der größte Teil der Befestigungen stammt wahrscheinl. aus der Eisenzeit, und ein kleiner Teil scheint noch im MA in Gebrauch gewesen zu sein. Nur wenige der vielen bekannten Hügelbefestigungen zeigen Spuren der Glasierung, aber diese gehören zu den berühmtesten, z.B. Knock Farril (Ross), Creag Phadruig (Inverness), Tap o' Noth (Aberdeenshire), Dunsinnan (Perthshire) und Abernethy (Perthshire). Sehr wenige glasierte Befestigungen konnten vollständig ausgegraben werden, eine Ausnahme bildet Clatchard Craig (Fife), das jedoch als Steinbruch diente und weitgehend zerstört wurde.
G. W. S. Barrow

Lit.: D. CHRISTISON, Early Fortifications in Scotland, 1898 – R. FEACHEM, The Hillforts of Northern Britain (A. L. F. RIVET, The Iron Age in Northern Britain, 1966) – DERS., Guide to Prehistoric Scotland, 1977².

Vitriol (Vitriolum), chemotechn. bergmänn. (Neben-)Produkt, verwendet für die Ledereinfärbung (»Schusterschwärze«), als Scheidewasser, für die Schädlingsbekämpfung, für alchemist. und iatrochem. Zwecke, für die Farbenherstellung sowie als Ausgangsstoff für Schwefelsäure (→Oleum vitrioli). Im SpätMA unterschied man blauen, weißen und grünen V., d.h. Kupfer-, Zink- und Eisenv. Basis der Produktion waren Schwefel- oder Kupferkiese, wobei Schwefelkiese bei einem schwachen Eisengehalt auch zu →Alaun verarbeitet werden konnten. Die »großtechn.« Erzeugung dürfte von Italien ausgegangen sein: belegt für →Massa Marittima (Monterotondo) 1311; für →Goslar (hier zunächst Eisenoxidsulfat = grüner V.) 1352. →Theophilus Presbyter empfiehlt Eisenv. (atramentum, auch a. sutorium) zur Tintenherstellung sowie zur Grundierung beim Vergolden.
K.-H. Ludwig

Vitruv. Die von den Griechen übernommenen und die röm. Antike bestimmenden Vorstellungen von Architektur-Gestaltung hat der röm. Architektur-Theoretiker Marcus Vitruvius in seinen, zw. 33 und 22 v.Chr. geschriebenen, Augustus gewidmeten »Decem libri architecturae« formuliert und damit die Vorstellung von →Augustinus, →Boethius und →Isidor v. Sevilla sowie karol.

Autoren wie →Hrabanus Maurus, →Einhard und →Lupus v. Ferrières beeinflußt. Etwa 55 ma. V.-Hss. sind bekannt, sie gehen alle direkt oder indirekt auf einen verlorenen Archetypus zurück, der in ags. Minuskel geschrieben war. Die älteste und getreueste Abschrift ist die Hs. im Brit. Mus., Harley Ms 2767 (9. Jh.) mit der Besitzeintragung »Goderamnus praepositus«, Propst von St. Pantaleon in Köln, ab 1011/13 erster Abt des von Bf. Bernward, Erzieher Ottos III., gestifteten Kl. St. Michael in Hildesheim. →Alkuin und Einhard besaßen ebenfalls einen V.-Codex. Nach V. besteht die Baukunst aus ordinatio, dispositio, eurythmia, symmetria, decor und distributio. »Ordinatio ist das richtige Gleichmaß der Bauglieder im einzelnen und im ganzen der Bezug der Proportion zur Symmetrie. Die dispositio ist die passende Zusammenstellung der Dinge und die durch die Zusammenstellung geschmackvolle Wirkung mit qualitas. Eurythmia ist das anmutige Aussehen und der in der Zusammensetzung der Glieder symmetrische Anblick«, es ist die der arithmetisch meßbaren symmetria anhaftende, qualitativ zu wertende ästhetische Erscheinung. Die symmetria ist erreicht, wenn die einzelnen Teile des Gebäudes in richtigen Verhältnissen auf der Grundlage eines berechneten Teils (modulus) zueinander in Einklang stehen. »Decor ist das fehlerfreie Aussehen eines Bauwerks, das aus anerkannten Teilen würdevoll (cum auctoritate) geformt ist«; dazu gehört die Befolgung der Gesetze der symmetria ebenso wie die Berücksichtigung der Natur und die Verwendung anerkannter Formen, die V. v.a. in der dor., ion. und korinth. Bauordnungen sieht. Distributio schließlich »ist die angemessene Verteilung der Materialien und des Baugeländes und eine mit Überlegung auf Einsparung ausgerichtete, zweckmäßige Einteilung der Baukosten«. Generell müssen diese Anlagen »so gebaut werden, daß sie Festigkeit (firmitas), Zweckmäßigkeit (utilitas) und Anmut (venustas) berücksichtigen«. Ohne Symmetrie und Proportion kann nach V. kein Tempel eine vernünftige Formgebung haben, die Glieder eines Tempels müssen wie die Glieder eines wohlgeformten Menschen in einem bestimmten Verhältnis zueinander stehen, die in einfachen Bruchzahlen zur Gesamthöhe des Körpers auszudrücken sind. Schon bei Platon findet sich die Auffassung, daß die menschl. Seele Abbild der Harmonie der Weltseele ist; Kennzeichen dafür ist die Ausstattung des Menschen mit Sinn für Ordnung, Maß, Proportion und Harmonie. Das Wesen des Schönen und Guten ist im rechten Maß und in der Symmetrie, d. h. dem angemessenen Verhältnis, enthalten. Das Interesse an V. endete im 11./12. Jh. Erst die it. Humanisten entdeckten sein Werk wieder (1415 im Kl. St. Gallen durch G. F. Poggio →Bracciolini). Ob und in wieweit V.s Architekturtheorie auf die ma. Architektur eingewirkt hat, ist bisher ungeklärt; das Interesse in karol. Zeit lag wohl mehr im literarisch-antiquar. Bereich.

G. Binding

Ed.: F. KROHN, 1912 – *Lit.:* Lex. der Kunst VII, 1994, 648–650 [Lit.] – C. FENSTERBUSCH, V., Zehn Bücher über Architektur, 1964 – H. KNELL, V.s Architekturtheorie, 1985 – H.-W. KRUFT, Gesch. der Architekturtheorie, 1985, 20–30 – G. POCHAT, Gesch. der Ästhetik und Kunsttheorie, 1986, 72–77 – F. ZÖLLNER, V.s Proportionsfigur, 1987 – G. BINDING, Der früh- und hochma. Bauherr als sapiens architectus, 1996.

Vitry-en-Perthois (heute V.-en-François), Stadt und Herrschaft in der →Champagne (dép. Marne), Bm. →Châlons-sur-Marne. V. gehörte ursprgl. zum Patrimonium der dem Ebf. v. →Reims unterstehenden großen Abtei St-Remi. Einer päpstl. Bulle von 1179 zufolge verfügte die Reimser Kirche über die Suzeränität von V., einem der Kerngebiete der späteren Gft. Champagne. 953 eroberte Heribert d. Ä., Gf. v. →Vermandois, V. für Kg. →Ludwig IV. Nach dem Tode seines Sohnes →Heribert III. (980–984) wurde V. mit →Épernay und →Vertus seinem Neffen Heribert d. J., Sohn von Robert, Gf. v. Meaux, übertragen. Als 1022 →Odo II., Gf. v. →Blois und Enkel Roberts, die Gft.en →Troyes und →Meaux erbte, ging V. an sein Haus über. Odo III., dem nach der Erbteilung die Champagne überlassen wurde, belehnte um 1061 Raoul v. →Valois, Gf. v. →Amiens und →Vexin, mit V., der durch Heirat →Bar-sur-Aube erworben hatte. Nach seinem Tode (1078) verteidigte sein Sohn Simon das Erbe gegen Kg. →Philipp I., der V. und Bar einem seiner Schwiegersöhne übergeben wollte. Nachdem Simon sich in das Jurakl. →St-Claude zurückgezogen hatte, beanspruchte →Tedbald III. (1037–89), Gf. v. Blois und Nachfolger seines Neffen in der Champagne, im Namen seiner Frau Adela v. Bar, einer Schwester Simons, 1078 V. und Bar für sich. Anläßl. eines Konfliktes zw. →Tedbald II. (IV. als Gf. v. Blois) und Kg. →Ludwig VII. wurde V. 1142/43 niedergebrannt (V.-le-Brûlé), das Perthois vom Kg. besetzt und als Gft. Odo 'le Champenois' zugewiesen. Nachdem Tedbald deshalb dem Hzg. v. →Burgund den Lehnseid geleistet hatte, bemühte sich der Kg. 1144 durch Restitution V.s um eine Wiederannäherung. Unter →Heinrich I. 'le Libéral' (1152–81), der V. als Vorleistung auf sein Erbe empfangen hatte, fand die endgültige Trennung der Gft.en in Blois und Champagne statt. Heinrich behielt sich →Troyes und →Provins vor, so daß V. bis zum Tode von Kgn. →Johanna (1305), Erbtochter →Heinrichs III. v. Champagne und Navarra und Gemahlin Kg. →Philipps IV., im Besitz der Gf.en der Champagne blieb.

H. Brand

Lit.: H. D'ARBOIS DE JUBAINVILLE, Hist. des ducs et des comtes de Champagne, 1859–66 – F. LOT, Herbert le Jeune et la succession des comtes champenois, Annales de l'Est 15, 1901 – K. F. WERNER, Unters. zur Frühzeit des frz. Fsm.s, WaG 2, 1960, 87–119 – M. POINSIGNON, Hist. gén. de la Champagne et de la Brie, 1974³ – M. BUR, La formation du comté de Champagne v. 950–v. 1150, 1977.

Vitry, Jakob v. → Jacob v. Vitry (32. J.)

Vitry, Philippe de → Philippe de Vitry (7. Ph.)

Vitskøl (Withscuele, 'Vitae Schola'), einziges Kl. SOCist im Bm. →Viborg (Dänemark), in Himmerland südl. des Limfjords gelegen. Mit der Stiftung des Kl. erfüllte Kg. →Waldemar I. auf Drängen Ebf. →Eskils sein Gelübde nach dem Sieg bei Grathe Hede 1157 (→Dänemark, C. I) und bot damit aus Clairvaux gekommenen Mönchen im schwed. →Varnhem einen neuen Standort in Dänemark. Als Stiftungsdatum gilt der 1. April 1158. 1165 gründete der Konvent ein Tochterkl. in Sminge im Bm. →Aarhus, das in →Øm weiterbestand. Der Grundbesitz v. V. lag weitgehend in der Gegend um den Limfjord. 1287 durch Feuer beschädigt, wurde von der Kl.kirche wenig mehr als der Chor mit dem rechtwinkligen Kapellenkranz und das Querschiff vollendet; der Westflügel des Kl. entstand erst gegen Ende des MA.

T. Nyberg

Q.: Scriptores Minores Hist. Danicæ Medii Ævi II, 1922 [1970], 134–146 – *Lit.:* V. LORENZEN, De danske Klostres Bygningshistorie 11, 1941, 23–44 – K. NIELSEN, Om V. kloster, Fra Himmerland og Kjær Herred, 1980, 9–62 – B. P. McGUIRE, The Cistercians in Denmark, 1982 – J. FRANCE, The Cistercians in Scandinavia, 1992 – T. NYBERG, Monasticism in Northern Europe, 1997.

Vittorino (oder Venturino) **da Feltre**, * um 1378 (nach SABBADINI [1928], der dem Biographen Sassolo da Prato folgt, 1373) in Feltre als Sohn des Notars Bruto Rambaldoni und der Monda Enselmini, † 2. Febr. 1446 in Mantua, ◻ S-Spirito, ebd. Seit 1396 studierte V. die →studia humanitatis in Padua, gestützt auf die Familie seiner Mutter (u. a. bei Giovanni Conversini und Gasparino →Barzizza). 1415 lernte er in Venedig bei Guarino Griechisch, mit dem er enge Freundschaft schloß. 1418–19 hielt er dort gleichzeitig mit Guarino und Francesco →Filelfo Schule. 1421–22 lehrte er in Padua Rhetorik, danach unterrichtete er in Venedig Kinder des Patriziats, bis er im Okt. 1423 von Gian Francesco →Gonzaga als Prinzenerzieher nach Mantua berufen wurde. Von da an bis 1445 leitete er die berühmt gewordene Schule in der vom Fs.en überlassenen Villa Zoiosa. Dessen Gemahlin Paola →Malatesta kümmerte sich selbst um die Aufnahme begabter Söhne aus anderen Ständen und um die finanziellen Belange der Schule (CORTESI, 103–106). Das Curriculum gipfelte im Studium der naturwiss. Fächer, philos. Lehren und der Musik, die v. a. wegen ihrer erzieher. und eth. Funktion geschätzt wurde. V. standen auch griech. Mitarbeiter zur Seite (Gerhard v. Patras, Petrus Creticus, Georgios Trapezuntios, Theodorus Gaza), die ihre Sprache lehrten und den Auftrag hatten, die Hss., die V. sich mit Hilfe von Freunden beschaffte, abzuschreiben, um seine eigene wie auch die Gonzaga-Bibliothek, zu der er freien Zugang hatte, zu vergrößern. In all den Jahren hatte er Mantua nur 1443 wegen einer Reise nach Florenz und wahrscheinl. nach Rom verlassen, die er zusammen mit Paola Malatesta und Carlo Gonzaga unternahm. Erhalten sind nur wenige Briefe und ein kurzer Traktat über die Orthographie (Padua, Bibl. Univers. 1291, ff. 135v–155v), der in Padua entstand, als V. noch keine Griechischkenntnisse besaß (SABBADINI, Ortografia, 214f.) und für den Elementarunterricht bestimmt war. V.s Porträt ist auf einer Medaille →Pisanellos überliefert. M. Cortesi

Ed.: Vespasiano da Bisticci, Vita di uomini illustri del sec. XV, ed. A. GRECO, I, 1970, 573–580 – L. LUZIO, Cinque lettere di V. da F., Arch. Ven. 36, 1888, 329–41 – C. DE' ROSMINI, Idea dell'ottimo precettore nella vita e disciplina di V. de' suoi discepoli, 1801 – G. PESENTI, V. da F. e gli inizi della scuola di greco in Italia, Athenaeum 2, 1924, 241–260; 3, 1925, 1–16 – A. CASACCI, Un trattatello di V. da F. sull' ortografia latina, Atti del R. Ist. Veneto di sc. lett. e arti, 86, 1926–27, 911–945 – E. GARIN, Il pensiero pedagogico dell' Umanesimo, 1958, 713–17, 504–699 [Vite] – A. BELLODI, Per l'epistolario di V. da F., IMU 16, 1973, 337–345 – D. S. CHAMBERS, An Unknown Letter by V. da F., JWarburg 52, 1989, 219–221 – *Q. und Lit.*: R. SABBADINI, L' Ortografia latina di V. da F. e la scuola padovana, Rendic. Accad. naz. lincei, cl. di sc. mor. e lett., s. VI, 4, 1928, 209–221 – V. da F. studente padovano, Rev. ped. 21, 1928 – V. da F. Pubblicazione commemorat. del V centenario della morte, hg. Comitato mantovano, 1947 [mit Bibliogr.] – M. CORTESI, Libri e vicende di V. da F., IMU 23, 1980, 77–114 – V. da F. e la sua scuola: umanesimo, pedagogia, arti, hg. N. GIANNETTO, 1981 – G. MÜLLER, Mensch und Bildung im it. Renaissance-Humanismus, 1984 [Lit.] – N. G. WILSON, From Byzantium to Italy, 1992, 31–41 – M. CORTESI, Lettura di Plutarco alla scuola di V. da F. (Fschr. G. RESTA, 1996), 411–436.

Vitus (Veit, frz. Guy), hl. (Fest: 15. Juni). Mit dem Mart. Hieron. ist ein Martyrium in Lukanien anzunehmen. →Gelasius I. erwähnt eine Kirche des Bekenners V. Die Passio (um 600) kennt V. als siz. Knaben, läßt ihn mit seinem Erzieher Modestus und der Amme Crescentia nach Lukanien flüchten, unter Diokletian in Rom foltern und in Lukanien begraben. Sie benutzt Motive oriental. Hagiographie. 755/756 gelangte das Korpus in den Bereich von →St-Denis, 836 nach →Corvey. Nach älterer Verbreitung in Italien, wohl auch aus St-Denis, strahlte der Kult von Corvey über Sachsen aus in das Reich, bes. auch nach Prag (wohl 935) und in den Osten. →Widukind v. Corvey verband mit V. die Geschicke des ostfrk.-sächs. Reiches und Ottos I. Im 14. Jh. ging die Verehrung in N-Dtl. zurück, nahm aber südl. des Mains noch zu. Ks. Karl IV. erhielt 1355 für den Prager Veitsdom eine Schädelreliquie aus Pavia. Im 30jährigen Krieg gingen die Corveyer Reliquien verloren. Rund 150 Orte wollen heute V.-Reliquien besitzen, über 1300 weisen ein Patrozinium auf. Der höchst populäre Hl. wurde als einer der Vierzehn →Nothelfer gegen →Veitstanz bzw. →Epilepsie angerufen, half bei einem Dutzend weiterer Übel und wurde Patron von zahlreichen Berufsgruppen (z. B. Schauspieler, Kesselschmiede) und von Bruderschaften. Dargestellt wird V. bartlos mit einem fußleckenden Löwen, mit Buch und Adler, mit dem Palmzweig der Märtyrer und gelegentl. in einem Kessel. K. H. Krüger

Lit.: BHL 8711–8723 – MartHieron, 319f. – BiblSS XII, 1244f. – DHGE XXII, 1241–1243 – HWDA VIII, 1540–1544 – LCI VIII, 579–583 – LThK² X, 825–827 – Vies des Saints VI, 246, 248–250 – H. KÖNIGS, Der hl. V. und seine Verehrung, 1939 – M. ZENDER, Gestalt und Wandel, 1977, 366–370 [mit Verbreitungskarte] – P. JOUNEL, Le culte des saints, 1977, 246 – K. H. KRÜGER, Westfalen 55, 1977, 309–345 [in Corvey] – I. SCHMALE-OTT, Translatio s. V. i martyris, 1979 [Ed.] – AnalBoll 113, 1995, 449.

Vitztume v. Apolda. Erstmals mit dem 1162/71 genannten Dietrich v. A. tritt ein Angehöriger der seit 1123 bezeugten Ministerialenfamilie v. Apolda als Inhaber des Mainzer V.-Amtes (→Mainz) in →Erfurt entgegen. Als Leiter der ebfl. Mainzer Güterverwaltung standen die V.e v. A. gemeinsam mit dem vor 1192 abgespaltenen Zweig der Schenken v. Apolda an der Spitze der Mainzer Ministerialität in Thüringen und hatten zusammen mit diesen den von ihnen vor 1289 zur Stadt erhobenen Stammsitz Apolda als Mainzer Lehen inne. Im 13. Jh. in den Herrenstand aufgestiegen, nahmen sie den Titel 'V.' als Eigennamen an und teilten sich nach der Mitte des 13. Jh. in drei Linien: die V.e v. Eckstedt (nö. Erfurt), die das Amt des V.s in Erfurt bis zu seinem Verkauf 1342 an den Mainzer Ebf. innehatten; die V.e v. A., seit 1348 alleinige Herren in ihrer Zugehörigkeit zw. dem Mainzer Ebf. und den Wettinern schwankenden Stadt Apolda, und die V.e v. Roßla (w. von Apolda), die im 15. Jh., insbes. mit den Brüdern Busso († 1467) und Apel V. († 1474) unter Hzg. Wilhelm III. (1445–82) in Zusammenhang mit dem →Sächs. Bruderkrieg, als Räte der wettin. Landesherren großen polit. Einfluß erlangten und umfangreiche Herrschaftsrechte zw. Saale, Unstrut und Arnstadt erwarben. M. Werner

Lit.: Hist. Stätten Dtl. IX, 1989², 16f. – F. SCHNEIDER–A. TILLE, Einf. in die Thür. Gesch., 1931, 48–51 – R. GF. VITZTHUM v. ECKSTEDT, Beitr. zu einer Vitzthumschen Familiengesch., 1935 – Gesch. Thüringens, hg. H. PATZE–W. SCHLESINGER, II, 1, 1974, 199f.

Vivaldi (V., Ugolino und Vadino), Kaufleute und Seefahrer aus →Genua, 2. Hälfte des 13. Jh., unternahmen 1291 den Versuch, mit zwei Galeeren durch die Straße v. →Gibraltar durch Umschiffung →Afrikas den direkten Seeweg nach →Indien zu finden. Der Versuch hing offenkundig zusammen mit dem Fall des Kreuzfahrerstaates (→Jerusalem, Kgr.) in Palästina (→Akkon als letzter chr. Stützpunkt wurde im gleichen Jahr von den →Mamlūken eingenommen), der dadurch erfolgten Erschwerung des Handels mit oriental. Luxusgütern über den arab. Zwischenhandel und einem päpstl. Verbot (→Embargo) des Handels mit den Sarazenen. Die Expedition der V. erreichte anscheinend bei Kap Juby die marokkan. Küste, mit der Genua Handelsbeziehungen unterhielt, und ist dann verschollen. Die Nachricht stammt aus den Annalen der Stadt Genua, seinerzeit von Jacopo →Doria, einem Angehörigen der gleichnamigen einflußreichen Familie, geführt, dessen Neffe an der Ausrüstung der Expedition beteiligt war. Der kurze Eintrag bezeichnet das Unternehmen als »eine Fahrt, wie sie bis dahin noch keiner gewagt hatte«. Spätere Q.überlieferungen aus dem 14. und 15. Jh. – u.a.

A. →Usodimare, der im Auftrag →Heinrichs des Seefahrers selbst Fahrten entlang der afrikan. Westküste durchführte – nehmen direkt oder indirekt Bezug auf das Unternehmen der Brüder V., das heute von der Forsch. übereinstimmend als Vorläufer der europ. →Expansion im Atlantik seit dem 15. Jh. angesehen wird.   H. Pietschmann

Q. und Lit.: G. MOORE, La spedizione dei fratelli V. e nuovi documenti d'archivio, Atti della Società Ligure di Storia Patria, N. S. 12, 1972, 387–402 – F. SURDICH, Gli esploratori genovesi del periodo medievale (Misc. di storia delle esplorazioni, hg. DERS., 1975), 9–117 – Dokumente zur Gesch. der europ. Expansion, hg. E. SCHMITT, I, 1986, 40ff. – Das geogr. Weltbild um 1300. Politik im Spannungsfeld von Wissen, Mythos und Fiktion, 1989 (ZHF, Beih. 6).

Vivarais → Viviers

Vivarini, ven. Künstlerfamilie, begründet von *Antonio* (* um 1415 Murano, † zw. 1476 und 1484 Venedig), aus einer Muraneser Glasmacherfamilie stammend. Bereits sein erstes datiertes Werk (1440, Polyptychon in Parenzo, S. Eufrasiana) zeigt Figuren von ruhiger, geschlossener Plastizität, die sich von der Spätgotik Jacobellos del Fiore absetzt. 1441–50 schuf Antonio in enger Zusammenarbeit mit seinem Schwager Giovanni d'Alamagna große Polyptychen, deren Pracht durch reichgeschnitzte Rahmungen gesteigert wird (1443 S. Zaccaria: drei Reliquienaltäre; 1444 S. Pantalon: Marienkrönung; 1446 Accademia: Madonna mit den Kirchenvätern in einheitl. Architektur). Die 1448 mit den Gewölben begonnene Ausmalung der Ovetari-Kapelle (Padua) brach er nach dem Tod Giovannis 1450 ab (1944 zerstört, vgl. →Mantegna). Im gleichen Jahr setzen mit einem Polyptychon in Bologna die gemeinsam mit Antonios jüngerem Bruder *Bartolomeo* (* gegen 1430, † nach 1491) hergestellten, signierten und oft datierten →Retabel ein, mit denen die Werkstatt bis in die siebziger Jahre in Venedig führend blieb (in den Frari, S. Giovanni e Paolo, S. Maria Formosa, S. Andrea di Certosa) und in geringerer Qualität die umliegenden Prov.en bis nach Apulien und ins Bergamaskische belieferte (letztes Datum: Triptychon in Bergamo, Accademia Carrara 1491). Bartolomeo rezipierte den neuen Stil der Paduaner um →Squarcione und Mantegna mit seiner Spannung zw. Körper und Gewand und dessen graph. Faltenstruktur. Antonios Sohn *Alvise* (* 1442/53 Venedig, † ebd. 1503/05) läuterte diesen Stil (Polyptychon aus Montefiorino, erstes datiertes Werk 1476, Urbino; Kreuztragender Christus, S. Giovanni e Paolo) und überwand ihn unter dem Eindruck von →Antonello da Messinas atmosphär. vereinheitlichendem Licht (Sacra Conversazione, 1480, aus Treviso in Venedig; Pala di S. Ambrogio, letztes Werk, von Marco Basaiti vollendet für die Frari, Venedig). Wie Bartolomeo malte er zahlreiche halbfigurige Madonnen, doch wandte er sich auch dem Bildnis (u. a. 1497, London) und der Historienmalerei zu (verloren, ehemals Dogenpalast [1488] und Scuola di S. Gerolamo).   Ch. Klemm

Lit.: R. PALLUCCHINI, I V., 1962 – J. STEER, Alvise V., 1982 – P. HUMFREY, The Bellini, The V. and The Beginnings of the Renaissance Altarpiece in Venice (Italian Altarpieces, 1250–1550, 1994), 139–176.

Vivarium → Cassiodor(us), III

Vivian-Bibel, sog. erste Bibel Karls d. Kahlen (Paris, BN lat. 1), Hauptwerk der karol. →Buchmalerei der Schule v. →Tours, im Skriptorium des dortigen, mit Kanonikern besetzten Kl. St-Martin 845/846 hergestellt und laut Widmung vom Laienabt Gf. Vivian (844–851) und der Kl.gemeinschaft Karl d. Kahlen zugeeignet, offenbar als Dank für die 845 erfolgte Bestätigung der Immunitätsrechte von St-Martin. Bes. reich und qualitätvoll mit 87 Initialen, Kanontafeln, Zierrahmen etc. und 8 ganzseitigen Titelbildern in Gold und Farben ausgestattet: Bibelübers. des Hieronymus (zu den Vorreden), Gesch. Adams und Evas (zu Gen), Moses empfängt und verkündet das Gesetz (zu Ex), David verfaßt die Psalmen (zu Ps), Majestas Domini mit Propheten und Evangelisten (zu NT/Evangelien), Bekehrung des Paulus (zu Paulusbriefen), Darstellungen aus der Apokalypse (zu Offb), Widmungsbild (beim Widmungsgedicht). Aus spätantiken Vorbildern werden hier für die Folgezeit vielfach gültige neue Formulierungen geschaffen, die das den karol. Pandekten generell zugrundeliegende Konzept der Einheit von AT und NT thematisieren.   U. Nilgen

Lit.: W. KOEHLER, Die Schule v. Tours (Die karol. Miniaturen, 1, 1930) – F. MÜTHERICH–J. GAEHDE, Karol. Buchmalerei, 1976 – H. L. KESSLER, The Illustrated Bibles from Tours, 1977 – DERS., A Lay Abbot as Patron: Count Vivian and the First Bible of Charles the Bald (Sett. cent. it. 39, 1992), 647–675 – DERS., 'Facies Bibliothecae revelata' (ebd. 41, 1994), 533–584.

Vivianus Tuscus, Bologneser Jurist in der 2. Hälfte des 13. Jh., Sohn des Oseppus Tuscus, des Führers der Popolaren, der i. J. 1228 den Zünften den Eintritt in die Stadtregierung erkämpfte. Der Beiname Tuscus weist auf toskan. Herkunft der Familie und deren Zugehörigkeit zur Gesellschaft der Tusci in Bologna hin, in deren Matrikeln V. i. J. 1259 erscheint. V. schrieb →Casus Digesti veteris, Infortiati und Codicis, die am Ende des 15. Jh. in zwei Sammelwerken und seit 1513–16 wiederholt in Ausg.en des →Corpus iuris civilis als Zusätze zur Glosse des →Accursius gedruckt wurden.   P. Weimar

Lit.: COING, Hdb. I, 219f. [P. WEIMAR; Anfang der Casus Codicis: »Quatuor partes hec constitutio habet«] – SAVIGNY V, 339f., 346ff. – R. FEENSTRA, Les Casus Institutionum de Guido de Cumis, MHDB 29, 1968–69, aber ibid. 1972, 231–253, bes. 253 (auch in: DERS., Fata iuris Romani, 1974, 260–282, bes. 282) – R. FEENSTRA, Les Casus Codicis de Guido de Cumis dans les mss. et dans l'éd. incunable des Casus longi cum casibus brevibus Codicum, SG 19, 1976, 175–204, 181.

Vivières (Viviers, Vivarium), Kl. OPraem, Diöz. →Soissons, etwa 5 km von Villers-Cotterêts entfernt, 1153 nach Valsery verlegt. GRAUWEN hat aufgrund der »Vita Norberti« (→Norbert v. Xanten) 1126 sowie 1124 als Eintrittsdatum der Prämonstratenser angenommen. WEINFURTER und BRUNEL vertreten die Ansicht, daß 1121 als Reformjahr zu gelten habe, weil die Reihenfolge der Stifte in der Bestätigungsurk. des Papstes Honorius II. für Prémontré vom 16. Febr. 1126, in der V. an zweiter Stelle genannt wird, als chronolog. Abfolge der Gründungen der ersten Prämonstratenser-Niederlassungen zu verstehen sei.   L. C. Van Dyck

Lit.: ST. WEINFURTER, Norbert v. Xanten – Ordensstifter und Eigenkirchenherr, AK 59, 1977, 77 – F. J. FELTEN, Norbert v. Xanten. Vom Wanderprediger zum Kirchenfs.en (Norbert v. Xanten, hg. K. ELM, 1984), 124 – W. M. GRAUWEN–L. HORSTKÖTTER, Norbert Ebf. v. Magdeburg (1126–34), 1986, 84f. – G. BRUNEL, L'implantation des ordres religieux de Prémontré, Cîteaux et Fontevraud dans la région de Villers Cotterêts au XIIe s., Mém. des Soc. d'hist. et d'archéol. de l'Aisne 32, 1987, 208–210.

Viviers, Vivarais
I. Stadt – II. Bistum – III. Landschaft Vivarais.

I. STADT: V., Stadt in Südostfrankreich, am rechten Ufer der →Rhône, dép. Ardèche (chef-lieu de canton, arr. Privas), Bm. Die Stadt geht zurück auf eine Siedlung, gelegen auf dem Hügel des 'Chateauvivieux' (vielleicht bereits Standort eines Oppidums der gall. Helvier), der das Schwemmland am gegenüberliegenden Ufer der Rhône, die hier den Bergbach Escoutay aufnimmt, beherrscht. Im letzten Viertel des 5. Jh. siedelte der Bf. aus dem etwa 15 km entfernten Alba ('civitas Albensium') nach V. über.

Zwar fehlen schriftl. Q. aus der Zeit vor dem 13. Jh. weithin, dafür erfuhr V. als nahezu vollständig erhaltene ma. Stadt eingehende archäolog. Erforschung. Umgeben von einer bereits im 11. Jh. bestehenden, im 14. Jh. erneuerten Befestigung, birgt die 'ville haute' den Kathedralkomplex mit Kathedrale, Bf.spalast, Kreuzgang und weiteren Bauten des Kathedralklerus; auf den sich zur Rhône und ihrer Straße hin senkenden Berghängen erstreckt sich, nahe dem alten Flußhafen, die 'ville basse'.

Erst spät, nach der Eingliederung des Languedoc in den Machtbereich des Kg.s v. Frankreich und der Einbeziehung des bfl. Territoriums in die kapet. Krondomäne, erhielt V. unter dem Einfluß der kgl. Amtsträger ein Freiheitsprivileg (→'charte de franchises', verliehen am 10./11. Nov. 1321 von Bf. Peter III.) und damit städt. Verfassung (u. a. jährl. Wahl zweier →Syndici, seit dem letzten Viertel des 15. Jh. als →Konsuln bezeichnet). Die Zahl der Einwohnerschaft (maximal 2000) umfaßte Ritter sowie (durch das Tuchgewerbe z. T. wohlhabend gewordene) Bürger mit Haus- und Grundbesitz, weiterhin Pächter, Bauern und Handwerker.

II. BISTUM: Als Vorort der galloröm. Völkerschaft der Helvier und einfache 'civitas' zu lat. Recht tritt *Alba* in der 2. Hälfte des 4. Jh. als Bf.ssitz auf, einer der zahlreichen Orte, an denen sich →Kontinuität zw. Spätantike und chr. FrühMA ablesen läßt. Nach der Liste, enthalten in der 'Charta vetus' des Bf.s Thomas II. (Mitte des 10. Jh.), residierten fünf der frühen Bf.e nacheinander in Alba; am besten bekannt ist Auxonius, bezeugt auf einem Konzil in Arles (471/475). Im späten 5. Jh. wurde der Bf.ssitz (ein in der Gesch. der frühen Diöz. der Narbonensis einmaliger Vorgang) aus dem im Landesinneren gelegenen Alba an das Rhôneufer, nach V., verlegt. Sind auch die Gründe hierfür im einzelnen nicht feststellbar, so dürfte doch ein Zusammenhang mit der Festsetzung der →Westgoten in dieser Region und der durch sie erfolgten Ablösung der spätröm. Institutionen bestehen.

Aus der Zeit vor 815 sind nur wenige Nachrichten überliefert. Am 15. Juni 815 wurde durch ein Aachener Diplom Ludwigs d. Fr. dem Bf. v. V. und seinen Nachfolgern →Immunität gewährt; dieses Privileg wurde von Lothar I. (850) und Karl d. K. (877) bestätigt. 1147 ließ sich Bf. Wilhelm I. von Konrad III. die →Regalien verleihen; dieses Privileg, das den Bf. zum unanfechtbaren Herrn des Vivarais machte, wurde von Friedrich Barbarossa (1177) und Friedrich II. (1214) bestätigt. Zu den Einnahmequellen des Bf.s zählten an erster Stelle die Silberminen v. Largentière, welche die Begierde →Raimunds VI. v. →Toulouse erregten; 1198 sah sich Bf. Nikolaus genötigt, mit dem Gf.en über sie ein Conseniorat zu schließen. Allmähl. lockerten sich die Bindungen der Bf.e zum Imperium angesichts des Vordringens der kapet. Monarchie ins Languedoc; der kgl. Seneschall v. →Beaucaire übte bereits im 13. Jh. starken Einfluß in V. aus, bevor die Diöz. durch ein dem Bf. aufgenötigtes Abkommen mit Philipp d. Schönen (Vincennes, 2. Jan. 1308) dem Kgr. Frankreich inkorporiert wurde.

Das Bm. V., das in der Frühzeit →Arles, seit 445 dann →Vienne unterstand, war in fünf Archipresbyterate gegliedert; es umfaßte die Region v. Les Boutières und die Hochplateaus entlang dem Rhônelauf und in der Ardèche. Nach den bfl. Registern verfügte die Diöz. über 174 Benefizien, Pfarreien und Priorate. Die einzige →Visitation, für die ein Protokoll vorliegt, wurde 1501 von Bf. Claude de Tournon durchgeführt.

Innerhalb der Diöz. sind mehrere Männerabteien zu nennen: die Abtei OSB Cruas (geweiht 1095), die Zisterzienserabteien Mazan und Les Chambons, die Kartause Bonnefoy. In der Stadt Aubenas bestanden seit Mitte des 13. Jh. Konvente der Minoriten (Cordeliers) und Klarissinnen sowie ein Dominikanerkonvent (gegr. 1264).

III. LANDSCHAFT VIVARAIS: Die Vorstellung vom Vivarais als einer Territorialeinheit begegnet erst spät; einen frühen,˙ vereinzelten Hinweis liefert ledigl. ein Diplom Ludwigs d. Fr. (6. Juli 817) mit Nennung zweier Gf.en des Vivarais, Eribert und seines Sohnes Elpedonius; diese karol. Gf.engewalt wurde wohl in der Folgezeit von der bfl. Herrschaft absorbiert. Im SpätMA geht der Bildung einer eigenen Ständeinstitution des Vivarais die schrittweise Durchdringung des Languedoc durch die Monarchie der →Kapetinger voraus, intensiviert nach dem Tode →Alfons' v. Poitiers (1271), was zur Schaffung von kgl. Gerichtshöfen unter Oberaufsicht des Seneschalls von Beaucaire führte: in Villeneuve-de-Berg (1306) und dann Boucieule-Roi. Danach entstanden die *États de Vivarais*, denen die Mitwirkung bei Steuerbewilligung und -erhebung oblag, zunächst anläßl. von außerordentl., dann auch bei regulären kgl. Steuern und Abgaben.

An der ersten Versammlung der États (1422, Villeneuve-de-Berg) nahmen Vertreter der Diöz. V., aber auch der dem Verband des →Dauphiné angehörenden Diöz.n →Vienne und →Valence teil, aufgrund der fiskal. Einbeziehung der rechts der Rhône gelegenen Territorien dieser beiden Bm.er in den Steuerbezirk des Vivarais. Die Fiskalpolitik der frz. Monarchie trug somit bei zu einer administrativen und territorialen Zusammenfassung der Plateaulandschaften entlang dem Lauf der Rhône und am Südostabhang des Massif Central.

Die territoriale Autonomie des Vivarais blieb kurzlebig. Bereits um 1425 wurden die États des Vivarais (wie die États des →Velay und des →Gévaudan) der Hoheit der →*États provinciaux* des Languedoc unterstellt; den États des Vivarais verblieb die Aufteilung der ihnen von den États provinciaux zugewiesenen Steuerlast unter die einzelnen Gemeinschaften der Landschaft. Das Vivarais, das sich durch die Bildung von États immerhin einer eigenständigen 'Identität' bewußt geworden war, fungierte nur mehr als eine der 22 *diocèses civils* des Languedoc.

Innerhalb der États des Vivarais repräsentierten 13 Barone den Adel, 13 Städte den 'Tiers État'. Als singuläres Phänomen ist die (fast völlige) Nichtbeteiligung des Klerus zu erwähnen: Der Bf. v. V. gehörte zwar im frühen 15. Jh. noch in seiner Eigenschaft als Prälat den États an, dann jedoch nur mehr als feudaler Seigneur. Das den États erst spät zugestandene Recht auf eigene Verwaltungsräte (ein →*receveur*, ein *greffier*, 'Sekretär') stärkte zweifellos die Effizienz, mit der sie Forderungen im Rahmen der Provinz und der Monarchie zu artikulieren vermochten.

V. Chomel

Lit.: [allg. und zu I]: LThK² X, 831 – J. RÉGNÉ, Hist. du Vivarais, 3 Bde, 1914–45 – Hist. du Vivarais, hg. G. CHOLVY u. a., 1988 – Y. ESQUIEU, V., cité épiscopale. Études archéol., 1988 – DERS., Autour de nos cathédrales. Quartiers canoniaux du sillon méditerranéen, 1992 – *zu* [II]: DOM J.-M. BESSE–G. LETONNELIER u. a., Abbayes et prieurés de l'ancienne France, IX, 1932, 147–176 – Recueil des historiens de la France, VII, hg. J. CALMETTE–E. CLOUZOT, 1940, CXIII–CXXIV, 437–497 – P. BABEY, Le pouvoir temporel des évêques de V. au MA, 815-1452, 1956 – J. CHARAY u. a., Petite hist. de l'Église diocésaine de V., 1977, 350f. – *zu* [III]: J. RÉGNÉ, La situation économique du Vivarais d'après les estimes de 1464, Rev. du Vivarais, 1923–25 – A. LE SOURD, Essai sur les États du Vivarais depuis leur origine, 1926 – A. GRIMAUD, Hist. de Villeneuve-de-Berg, 1942.

Vivilo, Bf. v. →Passau 739–746, † 20. Febr. 746, war bei der kirchl. Organisation Bayerns durch →Bonifatius (10. B.) der einzige von Papst Gregor III. in Rom ca. 731/

737 geweihte Bf. Er wirkte als Konsekrator einer nicht eindeutig zu identifizierenden Marienkirche. Die Nachricht der in der 2. Hälfte des 12. Jh. aufgezeichneten Passauer Bf.slisten, V. habe zur Zeit des bayer. Hzg.s →Odilo wegen der Vernichtung der (erz)bfl. Kirche v. Lorch seinen Sitz von dort nach Passau verlegt, erscheint in voller Ausgestaltung Mitte des 13. Jh. im Zusammenhang einer zweiten Rezeption der →Lorcher Fälschungen.

A. Zurstraßen

Q. und Lit.: LThK² X, 664 – M. HEUWIESER, Gesch. des Bm.s Passau, I, 1939, 106, 115 – Die Reg. der Bf.e v. Passau, I: 739–1206, bearb. E. BOSHOF, 1992, Nr. 1–8.

Vizconde → Vicecomes

Vizegraf → Vicecomes

Vizekanzler

I. Deutsches Reich – II. Päpstliche Kanzlei – III. Königreich Sizilien.

I. DEUTSCHES REICH: Infolge der Entwicklung des Kanzleramts (→Kanzlei, Kanzler, A. I), dessen Träger zunehmend vom Hof abwesend waren oder das mitunter länger vakant blieb, wurde die Bestellung ständiger Leiter der Herrscherkanzlei erforderl. Diese Aufgabe nahm seit dem 12. Jh. der →Protonotar wahr. Die erste Erwähnung eines V.s unter Wilhelm v. Holland ist eine Ausnahmeerscheinung und stand wahrscheinl. mit der Kanzlei in keinem unmittelbaren Zusammenhang. Unter den ersten Habsburgern wird der Titel V. fallweise von einzelnen Protonotaren geführt, insbes. bei Vakanz des Kanzleramts, doch wurde damit kein eigenes Amt geschaffen. Vorbild für den Titel war wohl die päpstl. Kanzlei. V. konnten zu Kanzlern aufsteigen, wie Ebernand v. Aschaffenburg unter Adolf v. Nassau. Unter den Luxemburgern kam der Titel des V.s wieder außer Gebrauch. Erst gegen Ende der Reichsregierung Wenzels wird der Protonotar Franz v. Gewicz als V. bezeichnet, vereinzelt findet sich auch die Bezeichnung »Unterkanzler«. Unter Siegmund begegnet zunächst (ab 1411) ein V., Propst Johann v. Gran, als Leiter der Kanzlei, bis 1418 ein Kanzler ernannt wurde. Johann hatte auch das Siegel des Herrschers in Verwahrung. Später führte einer der Protonotare den Titel eines V.s, seit 1429 war dies Kaspar →Schlick, der 1433 selbst zum Kanzler aufstieg. Auch in der Kanzlei Friedrichs III. wurde diese Praxis – wenngleich nicht regelmäßig – fortgesetzt, wobei inoffiziell auch die Bezeichnung Unterkanzler auftritt, seit 1454 aber mit Ulrich Weltzli ein V. als Leiter der Kanzlei im Amt war, der 1458 Kanzler wurde. Unter seinem Nachfolger als Kanzler lag die Leitung der Kanzlei wieder in den Händen eines Protonotars. 1471, nach der Übernahme des Kanzleramts durch den →Erzkanzler →Adolf II. v. Nassau, Ebf. v. Mainz, wurde ein V. als ständiger Vertreter bestellt. Maximilian I. mußte als Wahlzugeständnis gleichfalls dem Erzkanzler, Ebf. →Berthold v. Mainz, die Leitung der Reichskanzlei zugestehen. In seiner Kanzleiordnung v. 1494 sah Berthold *undercantzler* vor. Ein regelrechtes V.amt kam jedoch nicht zustande, zumal der Ks. Reichs- und Hofkanzlei wieder vereinigte. Nach dem Tod Maximilians akzeptierte Karl V. den Ebf. v. Mainz in seiner Funktion eines Erzkanzlers als Leiter der Reichskanzlei und räumte ihm das Recht der Ernennung eines Stellvertreters, eines Reichsv.s, ein. Dieses Amt blieb bis zum Ende des Reiches 1806 bestehen.

P. Csendes

Lit.: BRESSLAU I, 519, 537ff., 559 – S. HERZBERG-FRÄNKEL, Gesch. der dt. Reichskanzlei 1246–1308, MIÖG Ergbd. 1, 1885, 268f., 282 – H. KRETSCHMAYR, Das dt. Reichsv.amt, AÖG 84, 1893, 381–502 – W. ERBEN, Die Ks.- und Kgs.urkk. des MA, 1907 [Nachdr. 1967], 79ff. – E. FORSTREITER, Die dt. Reichskanzlei und deren Nebenkanzleien unter Ks. Sigmund v. Luxemburg [Diss. masch. Wien, 1924], 17ff., 22ff. – I. HLAVÁČEK, Das Urkk.- und Kanzleiwesen des böhm. Kg.s Wenzel (IV.) (MGH Schr. 23, 1970), 173, 206 – D. HÄGERMANN, Stud. zum Urkk.wesen Wilhelms v. Holland, ADipl Beih. 2, 1977, 33f. – H. MOSER, Die Kanzlei Ks. Maximilians I., 1977 – J. HEINIG, Zur Kanzleipraxis unter Ks. Friedrich III. (1440–1493), ADipl 31, 1985, 391–442.

II. PÄPSTLICHE KANZLEI: Der V. (anfängl. S. R. E. cancellarii vicem gerens, später allg. vicecancellarius S. R. E.), urspgl. nur Stellvertreter des Kanzlers (→Kanzlei, Kanzler, B), ist in den Zeiten, in denen ein Kanzler nicht (mehr) ernannt wird (ständig seit 1216), der Leiter der Apostol. Kanzlei, seit 1320 regelmäßig im Kard.srang; seit 1312 wird er seinerseits vertreten durch den →regens cancellariam. Der V. führt den Vorsitz, wenn »Kanzlei« gehalten wird (→Judikatur); er befiehlt die Weiterleitung der unbeanstandeten Urkk. an die →Bullaria und trägt zum Zeichen dafür in der linken und rechten oberen Ecke eigenhändig seinen Kanzleivermerk ein (Anfangsbuchstabe seines Namens). Er hat das Recht, mit der Formel »Concessum ut petitur« Suppliken bestimmten Inhalts zu signieren (letzte Kanzleiregel) und sie zu datieren. Bei Konsistorialprovisionen fertigt er die Contracedula an. Er ernennt das Kanzleipersonal, sofern dies nicht der Papst selbst tut; seit sich in der Kanzlei im 15. Jh. das System der officia venalia vacabilia durchsetzt, ist ihm der Verkauf einer Reihe von Stellen (u. a. 21 →Abbreviatoren- und 25 Sollizitatorenstellen) vorbehalten. Auch das Konzil v. →Basel errichtete das Amt eines V.s.

Th. Frenz

Q. und Lit.: Iohannes Ciampini, De S. R. E. vicecancellario illiusque munere, auctoritate et potestate…, Rom 1691 – BRESSLAU I, 244–266, 289–298 – W. v. HOFMANN, Forsch.en zur Gesch. der kurialen Behörden vom Schisma bis zur Reformation, 1914, I, 20–37; II, 69–76 – P. HERDE, Beitr. zum päpstl. Kanzlei- und Urkk.wesen im 13. Jh., 1967², 1–8 – TH. FRENZ, Papsturkk. des MA und der NZ, 1986, passim – DERS., Die Kanzlei der Päpste der Hochrenaissance, 1986, passim.

III. KÖNIGREICH SIZILIEN: Ebenso wie der Kanzler befaßte sich der V. kaum mit der Urkk.ausstellung, sondern nahm hauptsächl. polit. und militär. Aufgaben wahr. Das Amt wurde von Roger II. 1149 für →Maio v. Bari († 1160), vorher scriniarius (Archivar) der Kg.skanzlei, geschaffen. Nach Maio bekleidete der bisherige Notar (seit 1166 magister notariorum) →Matheus v. Salerno (de Aiello) das Amt (Dez. 1169–89); zum Dank für die ihm zu verdankende Wahl zum Kg. v. Sizilien ernannte →Tankred v. Lecce ihn zum Kanzler († 1193). Auch der Leiter der Kanzlei Kg. Konradins, der Protonotar Petrus de Prece, nannte sich gelegentl. V. (Jan. 1268). Unter Karl I. v. Anjou waren die V. seit 1268 Stellvertreter des →Kanzlers (Jean de Mesnil 1268–73, Guillaume de Faronville 1273–78). Nach 1273 wurde das Amt des Kanzlers nicht mehr besetzt; seine Funktionen wurden von den V.n wahrgenommen, die, wie die Kanzler, Kleriker waren.

H. Houben

Lit.: H. ENZENSBERGER, Beiträge zum Kanzlei- und Urkk.wesen der norm. Herrscher Unteritaliens und Siziliens, 1971, 49, 56f., 74 – C. BRÜHL, Urk. und Kanzlei Kg. Rogers II. v. Sizilien, 1978, 47f. – P. HERDE, Karl I. v. Anjou, 1979, 54, 74 – C. BRÜHL, Diplomi e cancelleria di Ruggero II, 1983, 39, 103.

Vizekönig (*virrey*; *virrei*), innerhalb der Krone →Aragón Bezeichnung für die Stellvertreter der Kg.sgewalt in bestimmten größeren, geschlossenen Territorien (wie →Mallorca) oder abhängigen Kgr.en, die seit 1397 den Titel *vicereges* oder *virreis* führten. Seit Beginn des 15. Jh. finden sich V.e in →Sardinien und →Sizilien, in den einzelnen Kronländern spezielle *Lugartenientes* (katal. *Lloctinents*, 'locotenentes', 'Statthalter'), die ebenfalls manchmal *Virrey* genannt wurden, als 'alter nos' des Monarchen galten und mit einigen speziellen Ausnahmen (in Katalonien z. B. Einberufung und Vorsitz der →Cortes, Ausrufung des allg. Kriegszustandes, Erlaß bestimmter Gesetze) alle seine Prärogativen ausüben konnten, sofern sie sich nicht über herrschendes Landesrecht hinwegsetzten, eine Einrichtung, die unter Ferdinand II. v. Aragón 1479 (→Kath. Kg.e) systemat. und dauerhaft auf alle Länder der Krone Aragón ausgedehnt wurde. In der 2. Hälfte des 15. Jh. erfolgte eine ähnl. Stellvertretung des Kg.s auch im Kgr. →Navarra, wo die Amtsinhaber ebenfalls *Lugartenientes* oder *Virreyes (visorreyes)* genannt wurden. Seit dem 16. Jh. tritt 'V.' als Titel des kgl. Generalstatthalters der span. Besitzungen in →Amerika *(Las Indias)* auf.

L. Vones

Lit.: Dicc. d'Hist. de Catalunya, 1992, 622f. – J. REGLA, Els virreis de Catalunya, 1956 – J. LALINDE ABADÍA, Virreyes y lugartenientes med. en la Corona de Aragón, CHE 31-32, 1960, 98-172 – DERS., La gobernación gen. en la Corona de Aragón, 1963 – DERS., La institución virreinal en Cataluña (1471-1716), 1964 – L. G. DE VALDEAVELLANO, Curso de Hist. de las instituciones españolas, 1975⁴.

Viztum → Amtmann; →Vicedominus; →Vitztume v. Apolda

Vlachen. Das in allen slav. Sprachen vorhandene Wort, entlehnt aus germ. *walhos* (mit nhd. *welsch* verwandt), hat die gemeinsame Grundbedeutung 'romanisch', vgl. poln. *Włoch*, sloven. *Lah* 'Italiener'; ukrain. *Voloch*, serb., bulg. *Vlah*, 'Walache', 'Rumäne'. Im MA bezeichnete das Wort sowohl ethn. wie auch soziale Kategorien. V., erstmals in Q. des 10. Jh. unter diesem Namen belegt, romanisierte altbalkan. Restbevölkerung, lebten als transhumante Viehzüchter (→Transhumanz), in den Q. klar getrennt von der seßhaften Agrarbevölkerung (z. B. Serben, Kroaten). Sie waren im Raum Thessaliens und des Balkangebirges sowie im Hinterland der Adriaostküste bis nach Istrien konzentriert. Für Thessalien ist der Name 'Megale Vlachia' belegt. Bis heute hat sich die Landschaftsbezeichnung →Valachei gehalten, wo es wie in der →Moldau im SpätMA zu einer vlach. dominierten Herrschaftsbildung kam. Zu finden ist auch die Bezeichnung 'Maurovlachen' (hieraus Morlacchi). Die ethnograph. Lit. nennt als Nachfahren der V. Aromunen, *Karaguni, Karačani, Crnovunci, Sarakačani, Kucovlasi* oder *Ašani*.

Die transhumanten V. im ma. Serbien, Bosnien und Kroatien lebten in festen *katuni* (Familienverbänden) von 20 bis 40 *kletišta* (Haushalten). Die Ältesten hießen *katunari* oder *primićuri*. Gruppen von *katuni* unterstanden einem vom Herrscher eingesetzten →*knez*. Untereinander waren die V. nach ihren Rechten und Pflichten differenziert. Die sozial höchste Schicht war zum Heeresdienst verpflichtet; die große Gruppe der *kjelatori* (< rumän. *călător* 'Reisender') erbrachte Transport- und Weidedienste und zahlte Abgaben in Naturalien (kleiner Zehnte); die unterste Schicht leistete Frondienste. In Serbien waren je 50 Haushalte von V. zu Fiskaleinheiten zusammengefaßt. Die Türken gaben ztw. der gesamten Bevölkerung der Grenzgebiete denselben Status wie den V., um von ihr entsprechende Dienste, v. a. militärische, zu verlangen.

M. Blagojević

Lit.: EJug, Band VIII, 514-516 [Lit.] – J. CVIJIĆ, Balkansko poluostrvo i južnoslovenske zemlje, I, 1922 – M. J. DINIĆ, Dubrovačka srednjevekovna karavanska trgovina, Jug. Ist. Časopis 3, 1937, 119-146 – Katun u našoj istoriografiji (Simpozijum o srednjovekovnom katunu, 1961), 1963 – G. SOULIS, The Thessalian Vlachia, ZRVI 8/1, 1964, 271-274 – I. Božić, Katuni Crne Gore, Zb. Fil. fakulteta Beograd X/1, 1968, 245-250 – G. G. LITAVRIN, Vlachi vizantijskich istočnikov X-XIII vv. 1972 – M. BLAGOJEVIĆ, Zakon svetoga Simeona i svetoga Save ('Zakon Vlahom'), Istorija i predanje, 1979 – G. SCHRAMM, Frühe Schicksale der Rumänen, ZB 21-24, 1985-87 – T. J. WINNIFRITH, The Vlachs, 1987 – S. MIŠIĆ, Humska zemlja u srednjem veku, 1996.

Vlad

1. V. I. der Usurpator, Fs. der →Valachei 1394-97, möglicherweise aus dem Haus →Basarab (Verwandter →Dans I. [?]), von →Bāyezīd I. mit der Zustimmung einiger Bojaren während der Kämpfe →Mirceas d. Ä. gegen die Osmanen eingesetzt. Nach dem Sieg in der Schlacht v. →Rovine (1395) eroberten Mircea und das ung. Heer zwar die Festung Turnu (nördl. der Donau, gegenüber Nikopolis), doch die Osmanen nahmen die Fs.enresidenz Argeş ein und bedrohten das siebenbürg. Burzenland. Mircea floh nach Siebenbürgen; V. fügte dem ung. Heer schwere Verluste zu. Kg. Siegmund v. Luxemburg und Mircea d. Ä. schlossen am 3. Juli 1395 in Kronstadt einen Bündnisvertrag. Nach der Schlacht v. →Nikopolis (1396) floh V. in die Festung Dâmboviţa. Dort griff ihn Stibor, Wojevode Siebenbürgens, auf und setzte ihn gefangen; damit endete V.s Interregnum in der Valachei, eine historiographisch meist ignorierte Episode. K. Zach

Lit.: →Vladislav I. (5. V.).

2. V. II. Dracul, Fs. der →Valachei 1436-42 und 1443-47, aus dem Hause →Basarab, Sohn des Fs.en →Mircea d. Ä., Bruder der Fs.en →Mihai(l) I., →Radu II. Praznaglava und →Alexander I. Aldea; ∞ Tochter des Fs.en der Moldau, →Alexander I. d. Guten (trat als Witwe unter dem Namen Eupraxia in den geistl. Stand ein). Die Deutung von V.s Beiname ist umstritten (Dracul = 'der Teufel' oder Hinweis auf seine Mitgliedschaft in Kg. Siegmunds Drachenorden). Während der militär. und polit. schwachen Herrschaft seines Bruders Alexander lebte V. im siebenbürg. Schäßburg (1430/31-36) und wurde, obgleich noch nicht Fs., hochrangiges Mitglied des →Drachenordens (1431). 1437 erneuerte V. →Kronstadt das alte Handelsprivileg. Die Gelegenheit zum Griff nach der Herrschaft gab ein osman. Raubzug in die Valachei und Siebenbürgen, an dem sich V. beteiligte: 1438 wurden außer Kronstadt und Hermannstadt alle siebenbürg. Städte belagert und geplündert; 1442 erfolgte ein zweiter Angriff. V., der mit den Städten verhandelte, wurde mit seinen Söhnen →Radu (III.) und →Vlad Ţepeş in Adrianopel in Festungshaft genommen, floh aber 1443. Darauf begleitete er das ung. Heer Johann →Hunyadis auf den (erfolglosen) Kriegszügen von Sofia (1443), →Varna (1444) und an der Donau (1445), wechselte aber 1447 erneut die Seite. Hunyadi nahm ihn bei Bălteni (Ilfov) gefangen und ließ ihn köpfen. K. Zach

Lit.: →Vladislav I. (5. V.) – M. CAZACU, La Valachie et la bataille de Kossovo (1448), 1971 – G. GÜNDISCH, Siebenbürgen und die Türkenabwehr 1395-1526, 1974.

3. V. III. Ţepeş, auch: Draculya, Fs. der →Valachei 1448, 1456-62, 1476 (Nov./Dez.), aus dem Hause →Basarab, * ca. 1428, † 1476, Sohn von 2 und einer Tochter →Alexanders des Guten v. der Moldau; Bruder von →Radu dem Schönen, Halbbruder v. →Vlad IV.; ∞ kath. Prinzessin aus Ungarn; Söhne: Fs. Mihnea cel Rău ('der Böse', 1508-10), ein (namentl. unbekannter) kath. Geistlicher an der bfl. Kurie v. →Großwardein sowie Vlad der Prätendent (vorehel.). – Bedeutung der Beinamen: *Drăculea* = Sohn des (Vlad) Dracul; *Ţepeş* ('der Pfähler', erstmals 1455) weist hin auf die von V. exzessiv (über das zeitübliche Maß hinaus) praktizierte Tötungsart. – Nach bekanntem Muster lavierte V. außenpolitisch zw. den beiden Hoheitsmächten der Valachei, →Ungarn und dem →Osman. Reich, das er 1443/44 als Geisel (mit seinem Vater) in →Adrianopel kennengelernt hatte. Gute Beziehungen zum Paşa v. Nikopoli ermöglichten V. eine erste kurze Herrschaft (Herbst 1448), doch wurde er von →Vladislav

II. (aus dem Zweig der Dăneşti) wieder verdrängt. Die zweite Herrschaft erlangte V. mit Unterstützung Johann →Hunyadis, der Siebenbürger →Sachsen und →Stefans III. d. Gr., seines moldauischen Vetters. Da die siebenbürg.-sächs. Städte trotz eines Handels- und Schutzabkommens V.s mit Kronstadt (1456) drei gegner. Prätendenten aufnahmen, übte V. grausame Rache und ließ zw. 1457 und 1460 41 Kaufleute aus Kronstadt pfählen, 300 lebendig verbrennen sowie siebenbürg. Orte niederbrennen. V.s Türkenkriege (1461, 1462) verliefen mit wechselndem Erfolg: Er überwand Hamza-Paşa, den Statthalter v. Giurgiu, durch List und ließ ihn samt seinem Gefolge vor den Toren v. Tîrgovişte pfählen, die Festung Giurgiu verbrennen. Der Straffeldzug Sultan →Meḥmeds II. führte zur Einnahme v. →Tîrgovişte, der Einsetzung Radus des Schönen, der das osman. Heer begleitete, und der Flucht V.s zu →Matthias Corvinus, der ihn aber (beeinflußt wohl von Kronstädter Intrigen) wegen angebl. Paktierens mit dem Sultan (zugunsten eines osman. Unterwerfung →Siebenbürgens) auf →Visegrád gefangensetzen ließ (1462–66); danach lebte V. in Pest und nahm ztw. an den Balkankriegen des Kg.s v. Ungarn teil. Der kurzen dritten Regierungszeit setzte →Basarab III. d. Ä. (aus der Partei der Dăneşti) mit türk. Hilfe ein Ende; V. wurde mit seiner Garde erschlagen, sein Grab ist unbekannt. Die rumän. Lit. und Historiographie rühmt V. trotz seiner Grausamkeit als Volkshelden im Kampf gegen die Türken (neben Stefan d. Gr.).

Die späte Gleichsetzung V.s mit der Vampirgestalt des 'Gf.en Dracula' durch den anglor. Romancier Bram Stoker (1897) und seine zahlreichen Nachfolger ist reine lit. Fiktion, die aber wohl indirekte Anregungen vom diabol. Bild des Fs.en, das bereits in einigen Werken der Publizistik des späten 15. Jh. gezeichnet wurde, empfing (dt. Frühdrucke: »Dracole Waida« bei Hans →Sporer, →Bamberg, Abschn. V; aruss. Erzählung →»Dracula«).

K. Zach

Lit.: BLGS IV, 420–422 – D. C. GIURESCU, Ţara Românească în sec. XIV şi XV, 1973 – DERS., Bd. II, 1976 – DERS., Probleme controversate în istoriografia română, 1977 – ST. ANDREESCU, V. Ţ. (Dracula) zw. Legende und hist. Wahrheit, 1976 – Dracula. Essays on the Life and Times of V. T., hg. K. W. TREPTOW, 1991.

4. V. IV. Călugărul ('der Mönch'), Fs. der →Valachei, 1481 (Sept.–Nov.), 1482–95, * ca. 1430/35, † 1495, ▭ Kl. Glavacioc, außerehel. Sohn von 2, Halbbruder von →Radu d. Schönen und 3, Vater von →Radu d. Gr. und Mircea; obgleich in seiner Jugend als Mönch eingekleidet, war V. zweimal verheiratet: mit Smaranda (Klostername: Simonida), dann mit Rada (Eupraxia). Nicht zu verwechseln mit dem Prätendenten Vlad Dragomir (Radu voievod) Călugărul, der 1521 den Fs.en Tudosie verjagte. – V. lebte jahrelang als Prätendent in →Siebenbürgen (u. a. in Amlaş) und gelangte als Kandidat des Moldaufs.en Stefan III. d. Gr. 1481 kurzfristig an die Macht. Vom regierenden Fs.en →Basarab d. J. aus der Gegenpartei der Dăneşti wieder verdrängt, setzte sich V. 1482 mit Hilfe Ali-Begs, eines Paşas von der Donau, durch. Als treuer Gefolgsmann der →Osmanen nahm der Fs. persönlich an den türk. Feldzügen teil: 1484 unter Sultan →Bāyezīd II. gegen die Moldau →Stefans d. Gr., Einnahme der (moldauischen) Donauhäfen →Kilia und →Aqkerman; 1485 Belagerung →Suceavas. Gute Beziehungen unterhielt V. aber auch zu den siebenbürg. Städten →Kronstadt und →Hermannstadt, die er mehrmals über osman. Truppenbewegungen unterrichtete, bis sich ab 1492 das gute Einvernehmen wegen Beherbergung von gegner. Prätendenten (Söhne Vlads III.) trübte. – V. trat hervor als frommer Stifter an valach. Kl. (Tismana, Govora, Bistriţa, Cozia, Cotmeana, Snagov) sowie an den →Athos.

K. Zach

Lit.: A. LAPEDATU, V.-Vodă Călugărul, 1903 – s.a. Lit. zu 3 [D. C. GIURESCU, 1973; D. C. GIURESCU, 1976; 1977].

Vladimir

1. V.-Rasate, Fs. v. →Bulgarien 889–893, ältester Sohn von Fs. →Boris I., geriet 880 beim Feldzug gegen Serbien, den er anführte, in Gefangenschaft. Nach dem freiwilligen Rücktritt des Vaters bestieg V.-R. den bulg. Thron. Indem er den innen- und außenpolit. Kurs änderte, suchte er die Rückkehr zum Heidentum durchzusetzen (Verfolgung chr. Geistlicher); er verbündete sich mit dem ostfrk. Kg. →Arnulf v. Kärnten gegen die Slaven im mittleren Donauraum. Sein Vater, der als Mönch lebte, vertrieb ihn mittels eines Putsches vom Thron, ließ ihn blenden und in den Kerker werfen. V.-R.s Schicksal diente der lat. ma. Überlieferung als abschreckendes Beispiel.

V. Gjuzelev

Lit.: ZLATARSKI, Istorija I/2, 243–252 – V. GJUZELEV, Knjaz Boris Părvi. Bălgarija prez vtorata polovina na IX vek., 1969, 459–469.

2. V. I. Svjatoslavič der Hl. (Taufname: Vasilij), Fs. v. →Kiev aus der Dynastie der →Rjurikiden, * nach 962 (?), † 15. Juli 1015 in →Berestovo, illegitimer (Mutter Maluša, 'Schlüsselbewahrerin' der Fsn. →Ol'ga) und jüngster der drei Söhne von →Svjatoslav Igor'evič, die beim Tode des Vaters (972) vermutl. noch nicht zu selbständiger Regierung in den ihnen übertragenen Herrschaftsgebieten (Jaropolk in Kiev, Oleg im Lande der →Drevljanen, V. in →Novgorod) fähig waren. Als 977 im Bruderzwist zw. Jaropolk und Oleg letzterer bei Ovruč ums Leben kam, floh V. mit seinem Oheim →Dobrynja, einem früheren Gefolgsmann Svjatoslavs, nach Schweden, von wo aus er 979 oder 980 mit angeworbenen waräg. Söldnern (→Waräger) zurückkehrte, Novgorod ohne nennenswerten Widerstand wieder in seine Gewalt brachte und auf dem Weg nach Süden Polock eroberte, den dort herrschenden skand. (nichtrjurikid.) Fs.en →Rogvolod und seine beiden Söhne erschlug und dessen Tochter Rogneda († 1000) zur Heirat zwang. Kampflos fielen ihm Kiev und (durch Verrat) Jaropolk in die Hände, den er umbringen ließ.

Als Alleinherrscher sah sich V. zunächst mit Forderungen seiner waräg. Gefolgsleute konfrontiert, die ihm zur Macht verholfen hatten. Er soll sie nach Byzanz gewiesen, gleichzeitig aber den byz. Ks. vor ihnen gewarnt haben. In einer Reihe von Feldzügen demonstrierte V. seine Macht als neuer Kiever Herrscher (981, 982 Wiederherstellung der Tributherrschaft bei den →Vjatičen, 984 endgültige Unterwerfung der →Radimičen, 981 Eroberung der sog. Červenischen Burgen zw. nördl. Bug und oberem San, wo die Nachkommen der ostslav. →Duleben wohnten, 983 Zug gegen die balt. →Jadwinger sowie ztw. Ausdehnung des Einflusses bis zum äußersten NW hin in das Gebiet der →Esten, 985, 994, 997 Angriffe gegen die →Wolgabulgaren). An den Flüssen Desna, Oster, Trubež, Sula, Stugna ließ V. gegen das Reiternomadenvolk der →Pečenegen (Überfälle 992, 995, 997; 1015 Feldzug Boris Vladimirovičs gegen sie) Grenzfestungen errichten. Unter V. wurden mit der Kampfesweise der Pečenegen vertraute türk. Hilfsvölker (Torki, Berendei) als Grenzwächter eingesetzt (sog. *černye klobuki*). 1012/13 wurde eine Verschwörung seines Sohnes Svjatopolk (nach anderer Lesart seines Stiefsohnes, Kind der griech. Frau Jaropolks) aufgedeckt, die dieser mit seinem Schwiegervater →Bolesław Chrobry angezettelt haben soll.

Das epochale Ereignis der Regierungszeit V.s war die Christianisierung der Rus' (→Byz. Reich, E. III; →Mission, C). Das hagiograph. Bild V.s beinhaltet eine starke

Prof. Dr. Ljubomir Maksimović
Filozofski fakultet, Beograd: *Geschichte Südosteuropas*

Prof. Dr. Helmut Meinhardt
Zentrum für Philosophie und Grundlagen der Wissenschaft, Universität Gießen: *Philosophie und Theologie des Mittelalters*

Prof. Dr. Volker Mertens
Germanisches Seminar, Freie Universität Berlin: *Deutsche Literatur*

Prof. Dr. Peter Moraw
Historisches Institut – Landesgeschichte, Universität Gießen: *Deutsche Geschichte im Spätmittelalter*

Prof. Dr. Hubert Mordek
Historisches Seminar, Universität Freiburg i. Br.: *Kanonisches Recht; Kirchengeschichte und Kirchenverfassung*

Prof. Dr. Dr. Hans-Georg v. Mutius
Seminar für Semitistik, Universität München: *Geschichte des Judentums*

Prof. Dr. Erwin Neuenschwander
Institut für Mathematik, Universität Zürich: *Geschichte der Mathematik, Astronomie und Mechanik*

Mrs. Stella Mary Newton, London: *Kostümkunde*

Prof. Dr. Dr. h. c. Konrad Onasch, Halle/Saale: *Russische Kunst*

Prof. Dr. Paul Ourliac
Institut d'Études Politiques, Université des sciences sociales, Toulouse: *Romanisches Recht*

Prof. Dr. Edith Pásztor
Istituto di Storia Medioevale, Università di Roma: *Häresien*

Prof. Dr. Alexander Patschovsky
Fachgruppe Geschichte, Universität Konstanz: *Häresien*

Dr. Joachim M. Plotzek
Erzbischöfliches Diözesan-Museum, Köln: *Buch-, Wand- und Glasmalerei, Mosaikkunst*

Prof. Dr. Günter Prinzing
Historisches Seminar, Abt. Byzantinistik, Universität Mainz: *Byzantinische Geschichte und Kultur*

Prof. Dr. Adolf Reinle, Zürich: *Skulptur*

Prof. Dr. Marcell St. Restle, München: *Byzantinische Kunstgeschichte*

Prof. Dr. Michael Richter
Fachgruppe Geschichte, Universität Konstanz: *Keltologie*

Prof. Dr. Jonathan Riley-Smith
Royal Holloway College, London University: *Geschichte der Kreuzzüge*

Prof. Dr. Burkhard Roberg
Historisches Seminar, Universität Bonn: *Kirchengeschichte und Kirchenverfassung*

Prof. Dr. Werner Rösener
Historisches Institut, Abt. Mittelalter, Universität Gießen: *Agrar- und Siedlungsgeschichte*

Prof. Dr. Luciano Rossi
Romanisches Seminar, Universität Zürich: *Romanische Literaturen und Sprachen (Teilbereich)*

Prof. Dr. Walter Rüegg, Veytaux: *Humanismus; Universitäten, Schulwesen*

Prof. Dr. Hans Sauer
Institut für Anglistik/Amerikanistik, Technische Universität Dresden: *Altenglische Literatur; Mittelenglische Literatur*

Prof. Dr. med. et phil. Heinrich Schipperges, Heidelberg: *Geschichte der Medizin*

Prof. Dr. Peter Schreiner
Institut für Altertumskunde. Abt. Byzantinistik, Universität Köln: *Historische Grundwissenschaften in Byzanz, Südost- und Osteuropa*

Prof. Dr. Ursula Schulze
Germanisches Seminar, Freie Universität Berlin: *Deutsche Literatur*

PD Dr. Dr. Sigrid Schwenk
Forstwissenschaftlicher Fachbereich, Universität Göttingen: *Jagdwesen*

Prof. Dr. Klaus von See
Institut für Skandinavistik, Universität Frankfurt: *Skandinavische Literatur; Politische und Rechtsgeschichte Skandinaviens* (unter Mitarbeit von Dr. Harald Ehrhardt)

Prof. Dr. Josef Semmler
Abt. Mittelalter, Universität Düsseldorf: *Mönchtum*

Prof. Dr. Rolf Sprandel
Institut für Geschichte, Universität Würzburg: *Handel, Gewerbe, Verkehr, Bergbau, Bankwesen*

Prof. Dr. Heinz Stoob †
Institut für vergleichende Städtegeschichte, Münster: *Städtewesen*

Prof. Robin L. Storey, M. A., Carlisle: *Englische Geschichte im Spätmittelalter*

Prof. Dr. František Svejkovský
Dept. of Slavic Languages and Literatures, University of Chicago: *Slavische Literaturen*

Prof. Dr. Giovanni Tabacco, Torino: *Geschichte Italiens im Spätmittelalter*

Prof. Dr. Andreas Tietze, Wien: *Geschichte der Osmanen*

Prof. Dr. Adriaan Verhulst
Faculteit van de Letteren en Wijsbegeerte, Rijksuniversiteit Gent: *Agrar- und Siedlungsgeschichte; Geschichte der Niederlande*

Prof. Dr. Giulio Vismara, Milano: *Italienische Rechtsgeschichte*

Dr. Ludwig Vones
Historisches Seminar, Universität Köln: *Geschichte der Iberischen Halbinsel*

Prof. Dr. Peter Weimar
Rechtswissenschaftliches Seminar, Universität Zürich: *Römisches und gemeines Recht*

Prof. Dr. Karl Ferdinand Werner, Paris/Rottach-Egern: *Geschichte Deutschlands und Frankreichs im Hochmittelalter*

Prof. Dr. Hartmut Zapp
Kanonistisches Seminar, Universität Freiburg i. Br.: *Kanonisches Recht*

Prof. Dr. Klaus Zernack
Geschichtswissenschaften Freie Universität Berlin: *Geschichte Ostmitteleuropas im Spätmittelalter*

MITTEILUNG AN DIE BEZIEHER DER LIEFERUNGSAUSGABE

Das LEXIKON DES MITTELALTERS wird acht Bände mit je 1128 Seiten und einen Ergänzungsband umfassen. Je 10 Lieferungen zu je 7 Druckbogen (= 112 Seiten) und eine Titelei ergeben einen Band. Der Verlag behält sich vor, auch Lieferungen mit einem größeren Umfang und entsprechend höherem Bezugspreis zu disponieren. Zusammen mit der letzten Lieferung eines Bandes kann auf Wunsch eine Einbanddecke bezogen werden. Die Titelei erscheint mit der letzten Lieferung eines Bandes.

Die vorliegende Lieferung ist die 8. Lieferung des achten Bandes. Sie umfaßt 7 Druckbogen = 112 Seiten. Der Subskriptionspreis für die Fortsetzungsbezieher beträgt DM 50,– / SFr. 50,– / ÖS 365,–, der Einzelbezugspreis DM 60,– / SFr. 60,– / ÖS 438,–. Dieser Preis ist auf der Grundlage der Effektivkosten des Jahres 1993 berechnet.

REDAKTION MÜNCHEN

Dr. Mag. phil. Gloria Avella-Widhalm
Dr. Liselotte Lutz
Roswitha Mattejiet, M. A.
Ulrich Mattejiet, M. A.

ARBEITSSTELLE LEXIKON DES MITTELALTERS AM HISTORISCHEN SEMINAR DER UNIVERSITÄT ZÜRICH

Dr. Charlotte Bretscher-Gisiger
Dr. Thomas Meier

ANSCHRIFTEN

für München:
LexMA Verlag, Hackenstraße 5, D-80331 München
Telefon (089) 23 68 03-0, Telefax (089) 26 44 99

für Zürich:
Arbeitsstelle LexMA, Münstergasse 9, CH-8001 Zürich
Telefon (01) 262 37 73, Telefax (01) 262 47 92

© 1997 LexMA Verlag GmbH, München.
Alle Rechte, einschließlich derjenigen des auszugsweisen Abdrucks,
der fotomechanischen und elektronischen Wiedergabe, vorbehalten.
Satz und Druck: Laupp & Göbel, Nehren b. Tübingen
Printed in Germany. ISBN 3-89659-878-3

Der Umschlag dieser Lieferungsausgabe wurde auf chlorfreiem Papier gedruckt.